中国企业集团发展的

理 论 与 实 践

ZHONGGUO QIYE JITUAN

FAZHAN DE

LILUN YU SHIJIAN

盛毅 主编

冉敏 卢阳春 副主编

人民出版社

责任编辑:陈 登

图书在版编目(CIP)数据

中国企业集团发展的理论与实践/盛毅 主编. -北京:人民出版社,2010.12
ISBN 978-7-01-009458-8

Ⅰ.①中… Ⅱ.①盛… Ⅲ.①企业集团-经济发展-研究-中国
Ⅳ.①F279.244

中国版本图书馆 CIP 数据核字(2010)第 224501 号

中国企业集团发展的理论与实践
ZHONGGUO QIYE JITUAN FAZHAN DE LILUN YU SHIJIAN

盛 毅 主编 冉 敏 卢阳春 副主编
人民出版社 出版发行
(100706 北京朝阳门内大街 166 号)

北京瑞古冠中印刷厂印刷 新华书店经销

2010 年 12 月第 1 版 2010 年 12 月北京第 1 次印刷
开本:710 毫米×1000 毫米 1/16 印张:29.5
字数:437 千字 印数:0,001-3,000 册

ISBN 978-7-01-009458-8 定价:58.00 元

邮购地址 100706 北京朝阳门内大街 166 号
人民东方图书销售中心 电话 (010)65250042 65289539

前　言

　　为了加速从计划经济体制向市场经济体制的转变，提高综合国力和国际竞争力，我国政府在 20 世纪 80 年代就开始探索组建企业集团，并在 20 世纪 90 年代，先后通过国有资本授权持股、公司制改造、购并重组等方式，组建了一批以产权纽带为主要特征、包括以技术和产品等要素控制为纽带的企业集团。进入新世纪后，在建立现代企业制度、完善法人治理结构、鼓励和引导生产要素向优势企业集中、进一步调整国有经济战略布局、大力发展非公有制企业等的推动下，我国迎来了企业集团规范化、规模化和国际化发展的第一轮新高潮。如今，越来越多的企业集团迅速崛起，成为我国经济建设的中流砥柱；一批企业集团开始在国际竞争中崭露头角，进入大型跨国公司行列，成为国际上同行业最有影响力的公司。

　　面对我国企业集团这一新型组织形式的兴起和迅猛发展态势，迫切需要从理论上进行研究，以指导企业集团的发展；迫切需要从实践上进行总结，以丰富企业集团的理论。到目前为止，我国学者已经从不同角度、运用不同方法对其相关问题进行了广泛探讨，积累了大量有价值的研究成果。然而，已有关于企业集团的研究，要么集中于对企业集团某一方面的问题，如财务管理、战略管理、文化整合、人力资源、预算控制等作的探讨；要么通过对特定行业或特定企业的实际运营进行分析；对一般企业集团理论进行介绍，有针对性地对中国企业集团发展进行全面性和系统性研究的专著相对较少。随着我国改革开放的深入推进，中国企业更加广泛深入地参与到国际经济竞争中，企业集团在适应新的形势和新的发展环境方面遇到的新问题，在既要遵循企业集团发展的一般规律又要结合我国现实进行创新方面遇到的新问题，需要在中国特色社会主义理论指导下，进行理论创新与实践总结。

鉴于中国特色的社会主义道路，在经济发展道路上与市场经济国家有较大不同，反映在市场主体中最重要的微观组织——企业集团的发展理论和实践形式上，也有其特殊性，仅仅用现有企业集团的理论尤其是成熟的市场经济条件下的理论进行分析，难以对中国企业集团的产生和发展过程进行科学的探究、对未来发展方向提供切合实际的指导。为此，本书在对我国企业集团进行系统认识的基础上，充分吸收学术界已有的研究成果，进行相关理论梳理和实践总结，力求形成一部介绍中国企业集团发展、揽括理论探讨和案例分析的专著。全书在对国内外企业集团发展的理论与实践作全面评述的基础上，围绕企业集团产生的理论依据、企业集团的形成与演变、企业集团的组建及组织结构、企业集团的产权结构、企业集团的竞争战略、企业集团的管控模式、企业集团的内部分工、企业集团的投资管理、企业集团的财务管理、企业集团的人力资源管理、企业集团的跨国经营、政府对企业集团的管理等方面进行研究，并结合近年来我国企业集团化改造与完善法人结构等内容进行剖析。

本书的研究思路与总体框架由盛毅教授设计，陈映（第一章）、卢阳春（第二章、第三章、第十一章）、盛毅和孔令德（第四章）、王磊和张明（第五章）、邵平桢（第六章）、冉敏（第七章、第九章）、袁静（第八章）、杜雪锋（第十章）、盛毅和欧阳小远（第十二章）分别完成了相应篇章的写作。全书在盛毅教授审阅并修订后，由卢阳春完成了前期编辑，冉敏完成了统撰和校订工作。

本书的出版受到了四川省社会科学院产业经济学学科建设专项资金资助，得到院领导和宏观经济与工业经济研究所各位同事的关心、支持和帮助，我院产业经济学研究生胡成卉、杨博、倪麟、姬飞、高丹参与了讨论并提供了相关资料，谨此向他们表示真诚的谢意！

在本书的写作过程中，我们参考了大量相关领域的中外研究文献。虽然我们尽可能将这些文献完整地标注，但是依然可能会有遗漏。在此，我们谨向已标注的和未标注的参考文献的作者们表示诚挚的感谢！

感谢人民出版社的陈登编辑，是他认真负责的工作态度和严谨求实的编辑精神，才使我们能够将编撰中的失误减少到最低限度，并使本书如期出版。

　　理论研究是无法穷尽丰富多彩的现实世界的，由于各种主客观因素的制约，本书中难免会存在不足甚至错误，在此我们坦诚地欢迎专家和读者批评指正。

作　者

2010 年 5 月

目 录

导言　企业集团的基本概念

一　企业集团的定义

　　虽然企业集团的雏形产生于欧美①，但企业集团（Business Group）作为经济学与管理学中一个专业性词汇，或者说明确给出企业集团的定义，则来自于第二次世界大战后的日本。在日本的各种经济类辞典以及许多学者的著作中都对企业集团进行了定义，其中最常被我国学者所引用的是日本学者金森久雄、荒宪治郎、森口亲司在 1998 年主编的《有斐阁经济辞典》所给出的定义。在此辞典中，作者用了三个近似的概念来定义企业集团②：（1）联合公司（Complex）："在多数企业保持其相对独立性的前提下，以都是银行和综合商社为中心，通过系列融资、相互持股、集团内交易、干部派遣、技术协作等形成的具有紧密关系、相互协调的企业群体。"（2）企业系列（Keiretsu）："一般由大企业与中小企业之间形成的纵向关系，即以大企业为母公司，对系列所属企业进行投资、干部派遣、技术指导、融资等。"（3）企业集团（Group）："广义上和'企业集团'同义，狭义上对应于大企业之间通过横向关系而形成的企业集团，但也用于指母公司为中心而形成纵向关系的'企业

---

　　①　欧美国家虽没有明确的"企业集团"的概念，但是以垄断形式存在的卡特尔（Cartel）、辛迪加（Syndicate）、托拉斯（Trust）和康采恩（Konzern）等组织，在西方各国的经济领域中一直发挥着企业集团的功能。而且这些组织形式产生于 19 世纪初期，早于日本，因而本书认为这些垄断组织是企业集团产生的雏形。

　　②　金森久雄、荒宪治郎、森口亲司：《有斐阁经济辞典》（第 3 版）。有斐阁 1998 年版。

系列'。"席酉民、梁磊认为"这三者是很相近的,其中'联合公司'①可以视为一个统称,而'企业系列'和'企业集团'则是纵向和横向联合的企业集团的特例,是其具体化。"②

　　20世纪80年代中期,企业集团开始在我国出现。为了打破计划经济"条块分割"的局面,中央提出开展"横向经济联合"的方案,于是出现了各种形式的企业联合。在1984年的《中国企业管理百科全书》中提及了"联合公司"这一概念,但真正提及"企业集团"这一词汇,则可追溯到原国家体改委、国家经委于1987年印发的《关于组建和发展企业集团的几点意见》,该文件指出:"企业集团是适应社会主义有计划商品经济和社会化大生产的客观需要而出现的一种具有多层次组织结构的经济组织……企业集团具有多层次的组织结构,一般由紧密联合的核心层、半紧密联合层以及松散联合层组成。"③ 此后,1997年4月,国家计委、国家经贸委和国家体改委发布《关于深入大型企业集团试点工作的意见》,提出要"建立以资本为主要联结纽带的母子公司体制"。随后,国家体改委发布《关于企业集团建立母子公司体制的指导意见》,明确提出企业集团要"确立母子公司的出资关系,建立资本联结纽带……"。而从国家决策层面,明确给出了企业集团定义的文件则是国家工商行政管理局在1998年4月发布的《企业集团登记管理条例》,该条例对于企业集团的界定是这样的:"企业集团是指以资本为主要联结纽带的母子公司为主体,以集团章程为共同行为规范的母公司、子公司、参股公司及其他成员企业或机构共同组成的具有一定规模的企业法人联合体。企业集团不具有企业法人资格。"④

　　由此,我国学者不断根据中国企业集团演变发展的情况,从不同角

---

　　① 在席酉民主编,梁磊、王洪涛著的《企业集团发展模式与运行机制比较》一书中,将complex翻译成"企业集团",本书认为"联合公司"更为恰当。因而在引用时,为避免出现歧义,将其改为"联合公司"。

　　② 席酉民、梁磊、王洪涛:《企业集团发展模式与运行机制比较》,机械工业出版社2003年版。

　　③ 徐金发、顾家麒主编,国家经济体制改革委员会生产体制局编:《企业集团的组织与管理》,浙江人民出版社1998年版。

　　④ 席酉民、梁磊、王洪涛:《企业集团发展模式与运行机制比较》,机械工业出版社2003年版。

度对企业集团进行了定义,如方甲指出:"企业集团是企业联合的高级形态,是多种联合形态的复合。它是以一个或若干大型企业或大型公司为核心,通过协作、联合、兼并等方式,把具有生产技术经济联系的各个独立法人组织,以产权联结和以契约合同为纽带而建立起来的一种大规模、多层次、多种联合形式结合的企业法人联合组织形态。"① 陈佳贵、黄素建则认为:"企业集团是企业在市场竞争力中为拓展自己的经营业务、增强自身的竞争能力而形成的、有多个法人组成的、以产权关系为其基本纽带并依此形成的多层次、具有多种功能、一般从事多国化与多样化经营的经济组织。"② 席酉民、梁磊和王洪涛认为:"企业集团是一些具有相对独立性的企业为了适应市场经营环境和企业内部组织的变化,按照特定要求和借助某些机制相互结合而组成的企业有机联合体。"③

综上所述,可以看出,无论是国内外学者的定义,还是政府文件的规定,"企业集团"这个作为特定对象的专业性术语,由于其使用的目的、范围、角度等的不同,其内涵也存在着相应的差异。但无论怎样,其都没有摆脱将"企业集团"视为一种企业群体的社会经济组织形式,也无法摆脱美籍日裔学者今井贤一所指出的"用于对付市场失败与内部组织失败的制度创造"④ 这一本质。由此,本书认为,企业集团指的是以一个实力雄厚的大型企业为核心,以资本联结为主要纽带,并辅之以产品、技术、人员、契约等多种手段,联结一系列企事业单位,最终形成以母子公司为主体,包括参股公司及其他协作单位,具有多层次结构的法人联合体。

二 企业集团的基本特征

企业集团是为了适应企业系列化生产和产业调整的要求而形成的企

---

① 方甲:《产业经济组织理论与政策研究》,中国人民大学出版社 1993 年版。

② 陈佳贵、黄素建:《企业经济学》,经济科学出版社 1998 年版。

③ 席酉民、梁磊、王洪涛:《企业集团发展模式与运行机制比较》,机械工业出版社 2003 年版。

④ 今井贤一:《现代产业组织》,岩波书店 1976 年版。转引自席酉民、梁磊、王洪涛:《企业集团发展模式与运行机制比较》,机械工业出版社 2002 年版。

业间联合。随着社会经济、科技发展的需要，企业集团逐步走上以产权为纽带的现代企业集团的基本模式。总的来说，现代意义上的企业集团具有以下几个基本特征：

一、非法人性

虽然企业集团内部成员企业中除了分公司外，大都是自主经营、自负盈亏、独立的法人实体，通过产权或契约相联结形成法人联合体。尽管企业集团在组织上具有整体性，并且通过其核心企业控制和影响其他企业，从而实现整体目标，但是企业集团本身并不是法人，也不具备法人资格以及相应的民事权利。一般来说，企业集团中母公司可以代表集团对内行使管理权，对外行使外交权。子公司和其他成员只能以自身名义行使对内对外的法人权。[①]

二、资本联结性

虽然企业集团内部成员企业之间的联结有多种形式，但是其中最为主要的联结纽带是由股权资本投资所形成的产权关系。简单地说，母子公司关系是企业集团成员企业间最为基本的关系。当然，在企业集团内部还存在着技术、人员或契约关系，而且随着经济的发展，社会分工日趋细化，企业间通过契约联结而形成上下游或横向伙伴关系日趋频繁，如企业网络正成为当前经济社会中的新型企业关系形式。但是，对于企业集团这种企业联合体来说，资本联结或许正是其区别于其他企业间关系的本质特点。

三、多层次性

企业集团具有金字塔式垂直控制的分层次的组织结构，集团企业之间按资本关联程度不同形成多层次的企业组织结构，其第一层次企业是集团母公司，实质上是控股公司。第二层次由控股子公司、参股子公司和协作层企业构成。其中控股子公司包括全资子公司、相对控股和绝对控股子公

---

① 梁莹、乔栋良、刘建斌编：《企业集团预算管理的原理与应用》，黑龙江人民出版社2007年版。

司三种，其又被称为紧密层；而那些没有达到控股权份额的参股子公司则被称为半紧密层；协作层企业通常由那些同母公司或控股子公司签订相关契约的成员企业构成，其又被称为松散层。第三层次由一级子公司、关联公司再投资设立的二级子公司、关联公司组成。总之，组织形式的多层次性是企业集团区别于单体企业等其他组织形式的一个基本特征。

四、多元化发展

单体企业在不断适应市场、技术、政策等内外部环境的变化过程中，为了降低成本、占领市场或分散风险，通过新建、并购或参股而形成了企业集团这种联合体组织。甚至可以说，企业集团就是诞生于多元化经营，尤其是随着近年来企业之间的竞争日益加剧、技术的日新月异以及消费需求的日益多样化，企业集团日益演变成为拥有各种功能的企业集体，不仅拥有生产中心、贸易中心，而且还拥有研究开发中心、投资发展中心，甚至是非银行金融机构。基本上多元化发展已经成为企业集团经营的常态。

五、独立性与协同性相统一

企业集团是一个多法人的经济联合体，其成员企业在法律上都是独立的法人，承担着一切民事责任和义务，在生产经营上具有相应的独立性。但是，企业集团之所以形成就是为了通过协同作用实现这些单体法人企业所不能独自完成的一些任务和目标。因此，为了实现共同目标，客观上要求各成员企业在生产经营活动中协同运作，形成集团优势，实现企业集团的聚集效应。[1] 总之，独立性与协同性相互统一是企业集团区别于其他经济组织的一个基本特征。

六、社会经济组织的中间性[2]

按照企业理论，市场和企业是实现资源配置的两种基本方式。现实

---

[1]　梁莹、乔栋良、刘建斌编：《企业集团预算管理的原理与应用》，黑龙江人民出版社2007年版。

[2]　席酉民、梁磊、王洪涛：《企业集团发展模式与运行机制比较》，机械工业出版社2003年版。

经济中，一些资源的配置是在完全合并、一体化程度很高的科层组织——企业内进行的，而有的则完全按照契约方式在市场上进行，还有的同时利用组织和市场协调的中间组织——企业集团进行。这是由企业集团这种独特的社会经济组织形式兼具科层组织的行政调控机制和准市场的契约协商机制所决定的。由此，我们可以认为企业集团这类社会经济的中间组织，实现了"看不见的手"（市场机制）和"看得见的手"（行政机制）的"握手"，即实现了两者的相互协调。

三　企业集团的类型

根据不同的角度可以将企业集团分成不同的类型，总的来说，主要有以下三种分类方式：

一、按照企业集团所采取的多元化战略分类

按照企业集团所采取的多元化战略，可以分为纵向一体化企业集团、相关多元化企业集团和非相关多元化企业集团。

（1）纵向一体化企业集团：以主导产品的生产为中心，将经营范围沿着产品价值链的上、下游延伸。通常来说，纵向一体化企业集团多是通过成本最小化来获得竞争优势。

（2）相关多元化企业集团：以某种有形或无形的优势资源（如市场或技术）为中心，进行左右延伸发展与优势资源相关的多种经营。通常来说，相关多元化企业集团多是通过差异化来获得竞争优势。

（3）非相关多元化企业集团：通过在各种行业和领域中进行彼此没有直接联系的多种业务经营。通常来说，非相关多元化企业集团其目的是通过扩大经营领域和范畴来分散经营风险，从而确保其现有的竞争优势。

二、按照核心企业经营性质和目标分类

按照企业集团中核心企业的经营性质和目标分类，可以分为产业经营型企业集团和资本投资型企业集团两种。

（1）产业经营型企业集团：企业集团的核心企业通常具有明显的产业或产品特征，而子公司之间的经营活动有一定的相关性。在这种企业集团中，母公司通过整个企业集团的综合运作，以获取在某一个或几个产业中的成功，以该系列子公司的持续盈利，实现整个企业集团价值增值的目标。产业型企业集团根据核心企业的不同功能，又分为单纯控股型企业集团和混合经营控股型企业集团。在单纯控股型企业集团中，核心企业不直接从事生产经营，而仅仅扮演管控其他成员企业的角色，如制定集团战略、从事资本经营以及其他统一的集团经营活动；而混合经营控股型企业集团中，核心企业既从事资本经营、战略决策、监督控制等管理活动，又从事直接的生产经营活动，其内部设立有车间、分厂、分公司等组织。

（2）资本投资型企业集团：企业集团的核心企业通常是大型金融企业，或金融寡头，其投资子公司或其他成员企业的目的是将其再重新出售，从买卖价差中获利。

三、按照企业集团管控模式分类

按照企业集团内部母公司对子公司管控模式，可以分为战略管控型企业集团、财务管控型企业集团和操作管控型企业集团。

（1）战略管控型企业集团：母公司作为集团的战略和投资决策中心，以追求集团公司总体战略控制和协同效应的培育为目标，其主要管理下属单位的资产以及战略规划。

（2）财务管控型企业集团：母公司作为投资决策中心，以追求资本价值最大化为目标，它倾向于关注业务单元和协作单位的经营结果，着重于投资回报率。

（3）操作管控型企业集团：母公司作为决策中心和生产指挥中心，以追求企业经营活动的统一和优化为目标，对集团的资源和生产经营活动进行集中控制和管理。

主要参考文献

[1] 金森久雄、荒宪治郎、森口亲司：《有斐阁经济辞典》（第3

版），有斐阁 1998 年版。

［2］席酉民、梁磊、王洪涛：《企业集团发展模式与运行机制比较》，机械工业出版社 2003 年版。

［3］徐金发、顾家麒主编，国家经济体制改革委员会生产体制局编：《企业集团的组织与管理》，浙江人民出版社 1998 年版。

［4］方甲：《产业经济组织理论与政策研究》，中国人民大学出版社 1993 年版。

［5］陈佳贵、黄素建：《企业经济学》，经济科学出版社 1998 年版。

［6］今井贤一：《现代产业组织》，岩波书店 1976 年版。转引自席酉民、梁磊、王洪涛：《企业集团发展模式与运行机制比较》，机械工业出版社 2003 年版。

［7］梁莹、乔栋良、刘建斌编：《企业集团预算管理的原理与应用》，黑龙江人民出版社 2007 年版。

1　企业集团产生的理论依据

　　企业集团是现代企业发展的高级组织形式之一，是以一个或少数几个大型企业为核心，通过资本、契约、产品、技术等不同的利益关系，将一定数量的受核心企业不同程度控制和影响的法人企业联合起来，组成的一个具有共同经营战略和发展目标的多级法人结构经济联合体。从古典企业发展到现代企业，是企业组织结构的一次质的变化，而企业集团的出现乃是现代企业组织结构的再一次创新[①]，是市场经济高度发展的结果，是社会化大生产和专业化分工的必然产物。本章拟用专业化分工理论、交易费用理论、规模经济理论以及企业网络理论来分析企业集团的成因。

1.1　专业化分工理论

　　分工理论是经济学理论研究中的重点问题。在西方经济学说史上，亚当·斯密第一次确立了分工在经济学研究中的首要位置；马克思在批判继承亚当·斯密分工思想的基础上，对专业化分工与协作进行了深入的研究，提出了自己的分工理论；马歇尔对分工理论的贡献主要体现在报酬递增与工业组织上。此后，分工逐渐从主流经济学中淡出。20世纪80年代以来，新兴古典经济学用超边际分析方法成功地分析了分工

---

　　① 黄庆、覃蓉芳：《产权变革下的国有企业集团化战略研究》，科学出版社2005年版，第9页。

问题，将分工理论纳入了主流经济学的分析过程，分工理论重新受到应有的重视，分工在经济学中的地位在某种意义上正逐步回归。

1.1.1 古典经济学时期的分工学说

一、亚当·斯密的分工理论

虽然也有西方学者注意到了分工的重要作用，但第一次确立分工在经济学研究中首要位置的是亚当·斯密。斯密的分工经济思想主要体现在以下几个方面：

第一，分工和专业化的发展是提高劳动生产力、促进经济增长的源泉。在《国富论》（1776）中，亚当·斯密指出："分工是国民财富增进的源泉。"[①] 他认为，一国国民财富的积累，首要的原因是劳动生产率的提高，而劳动生产率的提高则是分工的结果。"劳动生产力上最大的增进，以及运用劳动时所表现的更大的熟练、技巧和判断力，似乎都是分工的结果。"[②] 他以制针工厂扣针制作的 18 个工序为例，从企业的基本操作规程设计入手，分析了企业效率的来源，说明了分工和专业化对提高劳动生产效率、促进经济增长的惊人效果。他还通过比较分析后得出结论：农业劳动生产率之所以比制造业劳动生产率低下，是因为农业生产不能向制造业那样采用比较高的分工制度。

第二，产生分工效率的原因。斯密不仅一般论述了采取分工生产的方式可以提高劳动生产率，还深入分析了产生分工效率的原因。他将分工划分为三种：一是企业内分工；二是企业间分工，即企业间劳动和生产的专业化；三是产业分工或社会分工。认为分工之所以能大幅度提高生产效率，原因主要有三点：一是工人的技巧因专而熟练程度增进，二是分工会节省工作转移的时间损失，三是分工便于改良工具和发明机器。

第三，分工是由人类固有的交换的倾向所引起的。斯密认为，"由

---

① Adam Smith, *An Inquiry into the Nature And Causes of the Wealth of Nations*[M]. Reprint, edited by Can-nan, Chicago: University of Chicago Press, 1976. 1.

② Adam Smith, *An Inquiry into the Nature And Causes of the Wealth of Nations*[M]. Reprint, edited by Can-nan, Chicago: University of Chicago Press, 1976. 3.

于我们所需要的相互帮忙，大部分是通过契约、交换和买卖取得的。所以当初产生分工的也正是人类要求相互交换这个倾向。"① 人们在交换中发觉，与其什么事情都自己做，还不如专门做一种事情，生产一种东西然后交换，这样可给自己带来更多利益。

第四，分工的范围和程度要受市场范围的限制。斯密认为，"分工起因于交换能力，分工的程度，因此总受交换能力的大小限制。换言之，要受市场广狭的限制。"② 他认为分工可通过市场来决定，而市场大小由运输效率决定。斯密在对企业的运作进行研究时，注意到了企业与市场之间的紧密联系，认为企业专业化分工水平受市场范围的限制，企业的规模，乃至企业的规程设置都与市场状况紧密相关。

由于受时代的限制，斯密研究的重点是劳动分工与社会财富的分配问题，而不是生产过程本身。他虽然没有将企业作为生产性组织进行研究，但这些缺陷并不妨碍斯密对企业与市场关系的考察和分析；虽然不过是松散地处理了分工与市场扩大之间的关系，但这并不影响斯密对专业化分工理论的杰出贡献。总之，亚当·斯密第一次把分工放到了经济增长研究的中心位置，认为分工带来的专业化导致技术进步，技术进步产生报酬递增，而进一步的分工依赖于市场范围的扩大。分工既是经济进步的原因又是其结果，这个因果累积的过程所体现出的就是报酬递增机制。因此，专业化和分工应该成为研究经济增长和社会发展的出发点。

二、古典经济学分工理论与企业理论的萌芽

以亚当·斯密为代表的古典经济学所处的时期还是资本主义工场手工业时期，其理论中不可能有专门的企业理论内容。但在当时，作为市场主体的企业组织形式已经萌芽，公司制度虽然处于特许阶段，但毕竟已经出现了这种组织形式。斯密将公司视为"公共机关"，他对公司制度的初步分析对后来不同范式企业理论的产生和发展有着非常重要的启

---

① 亚当·斯密：《国民财富的性质和原因的研究》（上），商务印书馆1996年版，第14页。

② Adam Smith, *An Inquiry into the Nature And Causes of the Wealth of Nations*, Reprint, edited by Can-nan, Chicago: University of Chicago Press, 1976. 7.

蒙性质。① 斯密"分工产生生产力"的观点以及对"分工是如何产生生产力"的阐释，是以企业内部分工与合作带来的效率为例子的。在其分工理论中，斯密并没有把社会分工与企业内部分工区别开来，这使得他不可能提出完整的企业理论来，但其分工思想对企业以及企业集团问题研究有很大启发性，其分工理论为从分工和专业化角度研究企业集团提供了理论依据。

1.1.2 新古典经济学时期的分工理论

一、马克思经济学的分工协作理论

在马克思经济学中，分工理论占有十分重要的地位。其分工理论的研究对象是生产分工，它包括两种类型：一是作为资本主义生产方式的企业内部分工，马克思将其看成是"政治经济学的一切范畴的范畴"，阐明了企业内部分工提高了商品的劳动生产率；二是研究生产的社会分工。马克思经济学分工理论的主要内容有：

分工的本质。分工是生产力发展到一定阶段产生的。马克思把分工的过程概括为自然经济的内部分工、简单商品经济的分工、资本主义分工三个基本的历史阶段和历史形态，并阐明了"分工是社会生产力进步的杠杆"以及"分工对社会生产关系具有制约性"的二重性。

分工的重要性。马克思指出，一个民族的生产力发展水平，最明显地表现于该民族分工的发展程度。任何新的生产力，只要它不仅仅是现有生产力的扩大（如开垦新的土地），都会引起分工的进一步发展。

企业内部分工与社会分工的联系和区别。马克思认为，企业内部分工与社会内部分工之间是相辅相成、不可分割的，工场手工业的分工要求社会内部的分工已经达到一定的发展程度。相反地，工场手工业分工又会发生反作用，发展并增加社会分工。

分工与协作的益处。马克思认为，分工之所以能够提高劳动生产力是因为分工组织能够产生协作力。"由协作和分工产生的生产力不费资

---

① 刘凤义：《企业理论研究的三种范式——新制度派、老制度学派和马克思主义的比较与综合》，经济科学出版社 2008 年版，第 41 页。

本分文。"[1] 建立在协作基础上的企业生产，可以产生比分散生产更大的效率。马克思认为，协作是古典企业的最初形式，协作"在历史上和逻辑上都是资本主义生产的起点"[2]，协作是最简单最基本的内部分工形式。关于协作如何带来规模经济效益，他认为，协作劳动不仅提高了个人生产力，而且还创造了一种集体生产力；协作可以缩小生产的空间范围，从而由于劳动者的集群、不同劳动过程的靠拢和生产资料的集群而节约费用。

马克思还认为，分工不仅是单个企业的生产组织制度，也是整个经济活动的生产组织制度。同时，分工不是没有历史背景的生产要素组织，而是以特定的经济制度，尤其是生产资料所有制为前提的，是所有制在具体生产组织上的反映（邹薇、庄子银，1996）。

二、阿尔弗雷德·马歇尔的分工经济思想

阿尔弗雷德·马歇尔是 19 世纪末经济学的集大成者。马歇尔继承了亚当·斯密对劳动分工的开创性观察，对分工经济思想的贡献主要体现在报酬递增与工业组织上。他把因任何一种产品的生产规模之扩大而发生的经济分为两类：外部经济（取决于产业的一般发展）和内部经济（取决于从事工商业的单个企业的资源，它们的组织以及它们的效率）。他以代表性企业为例，从外部经济和内部经济两个方面，在工业布局、企业规模生产、企业经营职能三个层次分析了分工对报酬递增的积极作用。首先，专门工业集中于特定地方，通过行业秘密公开化、辅助行业的形成、熟练和技术工人市场的形成等因素，可以实现代表性企业的外部经济进而产生报酬递增。其次，企业的大规模生产通过"技术的经济"、"机器的经济"、"原料的经济"等内部经济可产生报酬递增。再次，私人合伙企业、股份公司、合作社等组织对职能分工的发展有利于企业家的形成，分散经营风险，从而实现报酬递增，保持企业生命力。

---

① 马克思：《资本论》（第 1 卷），人民出版社 1975 年版，第 423 页。
② 马克思：《资本论》（第 1 卷），人民出版社 1975 年版，第 358 页。

三、新古典经济学时期的分工理论与企业集团的产生

马克思分工协作理论从分工和协作的角度对企业集团产生的原因做出了一些说明。他从社会分工演进的角度阐述了企业的产生和变迁，认为分工和协作是企业产生和变迁的自然动因和社会动因，是阐释企业本质及其内部结构的关键所在。按照马克思的观点，古典企业的最初形式是协作，建立在分工协作基础上的企业生产，可以产生比分散生产更大的效率。而劳动分工这一内生的过程既可以发生在企业内部，导致企业内部新工种、新部门的产生，也可以发生在企业与企业之间，某一新的生产环节会分离出去而成为一个独立的专业化的企业。

现代企业组织的形成，大体经过两个阶段：一是大规模分配和大规模生产的发展，二是这两者的结合（"一体化"）。所谓两者的结合，即"把大规模生产过程与大规模分配过程结合于一个单一的公司之内形成的"①。这种结合导致大量市场交易的内部化。结合向两个方向发展：一是纵向结合，即根据供、产、销的生产程序，企业向垂直方向的上下发展；二是横向结合，许多小的、单一单位的企业合并为一个大型企业，新行合并的企业把生产管理加以集中，然后再向上或向下实行联合。②由一个或少数几个独立的、专业化的企业，通过资本、契约、产品、技术等不同的利益关系，实行横向和纵向联合，组成一个具有共同经营战略和发展目标的多级法人结构经济联合体，通过集团成员企业间的合理分工，集权和分权的合理分配，能够在市场竞争的汪洋大海中形成"舰队"优势以抗击外部激烈的竞争。同时，还可以发挥集团的"协同"优势，在企业集团内部实行有效联合，产生"1＋1＞2"的总体效应。这种"协同"优势还体现在企业规模经营上和"范围经济"上，即通过企业之间的联合和兼并来实现经济效益的不断增加；集团通过对成员企业的专业化分工，合理地利用各种资源，使之获得最合理和最全面的开发。总之，对高效率和低成本的追求，成为企业集团形成的内在动因。

马歇尔的分工思想为企业集团的产生提供了一定的理论支撑。他不

---

① 钱德勒：《看得见的手——美国企业的管理革命》，商务印书馆1987年版，第328页。
② 胡雄飞：《企业集团和科斯的经济理论》，《社会科学战线》1995年第3期，第70页。

仅阐述了分工对企业效率的影响，而且进行了深化分析。他把企业比作"有机体"，认为企业分工沿着两个方向发展：一是分工深化，即"在工业上表现为分工、专门技能、知识和机械的发展等形式"，他称之为"微分法"；二是企业有机体各部分之间的联系的加强，他称之为"积分法"。① 他对企业规模经济进行了分析，认为规模经济既是专业化生产的结果，也是企业成长的内在要求。他认为，技术的经济、机械的经济和原料的经济，这三方面的技术的相互作用推动企业的成长，使企业从独资企业发展到合伙制企业，进而发展为股份制公司。②

1.1.3 古典经济学时期的分工思想的发展③

新兴古典经济学认为，企业的本质是一种用劳动市场代替产品市场的分工协调组织，当劳动的交易效率高于中间产品的交易效率时，分工会通过劳动市场和企业进行组织。对于一个规模较大的企业来说，为了获得分工产生的专业化经济，其内部往往存在着较为复杂的分工，这些分工是由企业来组织的。但是，当企业分工达到一定程度之后，分工带来的专业化经济开始不足以弥补内部组织成本的增加，企业的分工层次就此固定下来，企业无法进一步提高生产效率。

一、杨格的分工和报酬递增理论

杨格 1928 年在《报酬递增与经济进步》中重新阐述了斯密关于劳动分工与市场规模的思想，并对"斯密定理"进行了拓展，其分工理论第一次论证了市场规模与迂回生产、产业间分工的相互作用、自我演进的机制，第一次超越了斯密关于分工受市场范围限制的思想，揭示了劳动分工、市场规模、技术进步和规模经济之间的动态联系。杨格的分工理论大致包括三方面：

一是分工和专业化是报酬递增实现的机制。杨格深刻阐述了报酬递

---

① 马歇尔：《经济学原理》（上），商务印书馆 1997 年版，第 257 页。
② 刘凤义：《企业理论研究的三种范式——新制度派、老制度学派和马克思主义的比较与综合》，经济科学出版社 2008 年版，第 48—49 页。
③ 陈柳钦：《专业化分工理论与产业集群的演进》，《北华大学学报》2007 年第 4 期，第 23—30 页。

增与经济进步的关系，报酬递增的原因不是规模经济，而是产业的不断分工和专业化的结果。① 他从斯密定理出发，指出了一个不同于马歇尔的发展古典经济学思想的方向，即强调专业化经济和劳动分工才是经济进步的最重要源泉，深刻阐述了报酬递增与经济进步的关系，解释了分工对经济增长和经济发展的促进作用，认为只有以分工和专业化问题为核心来分析需求和供给，才是经济学的关键所在。

二是分工和市场规模互为限制。市场大小决定分工，分工也决定市场大小。市场规模引致分工的深化，又引致市场规模的扩大，且是一个循环累积、互为因果的演进过程，即分工受市场范围限制，同时市场范围也受分工的限制。杨格认为，劳动分工依赖于市场范围，而市场不仅由人口、区域决定，更是由购买力决定；购买力由生产力决定，而生产力则由分工决定。"分工一般地取决于专业化分工。"② 在杨格看来，劳动分工和专业化之所以会提高生产率，是因为劳动分工通过"迂回生产方法"实现了规模收益；反过来，规模收益递增又降低了生产的单位成本，并使给定的家庭收入购买力上升，从而扩大了市场规模，市场规模的扩大导致分工的进一步深化，分工深化进一步导致市场规模扩大，这是一个互动的过程，杨格将其称为经济进步。③ 市场规模引致分工深化，分工深化又引致市场规模的扩大，这意味着分工与市场具有了某种累进、自我繁殖的动态的良性循环机制。

三是分工可利用迂回生产方式。在杨格看来，现代形式的劳动分工总是表现为迂回生产，即在原材料和最终产品间插入越来越多的中间环节。规模报酬不仅产生于企业内部，而且产生于社会内部，产生于企业与企业间的分工与专业化及其协作上。他深刻揭示了劳动分工、迂回生产、产业间分工、市场规模扩大和技术进步间的相互关系，阐明了市场规模和技术进步都是内生的而不是给定的外在约束。

---

① Yung, Allyn A. , "Increasing Returns and Economic Progress"[J]. *Economic Journal*, 1928, Vol. 38, 527.

② Yung, Allyn A. , "Increasing Returns and Economic Progress"[J]. *Economic Journal*, 1928, Vol. 38, 527-532.

③ Yung, Allyn A. , "Increasing Returns and Economic Progress"[J]. *Economic Journal*, 1928, Vol. 38, 527-528.

二、杨小凯的分工思想

杨小凯继承并发展了斯密和杨格的分工思想，用超边际分析方法，采用数学上的线性规划和非线性规划原理，重新将古典经济学中关于分工与专业化的思想变成决策与均衡模型，为处理分工与专业化问题所涉及的问题提供了有力的武器。杨小凯从交易效率的角度研究分工与市场的关系，认为分工的演进扩大了市场规模，而市场规模的扩大又反过来促进了分工的发展，同时使交易费用上升，但只要劳动分工的经济收益的增加超过交易费用的增加，分工就有进一步演进的潜力。分工的演进是由于个人专业化所带来的熟能生巧、知识积累引起的，无疑会提高经济增长率。杨小凯把专业化和分工看成是两个紧密相联的概念。专业化一般是指个人集中精力完成一系列特定的任务，其在这项任务上的效率必然高于非专业化的劳动者，即专业化经济。所有人的专业化经济合起来就是分工经济，因此分工是一种制度性与经济组织结构性安排，牵涉到个人与个人、组织与组织的关系与协调。杨小凯认为：一定程度分工的演进，将会产生技术进步、生产率提高、个人及组织间依存度上升以及经济组织的结构性转变等现象。

三、贝克尔和墨菲的分工思想

贝克尔和墨菲（Becker and Murphy，1992）把分工等同于专业化，将劳动分工、协调成本和知识等变量整合在一个模型中，作为内生变量共同解释经济增长，从专业化加深引致的协调成本与知识的角度来分析经济增长问题。他们认为，斯密定理只适用于劳动者完全专业化这种特殊情形；在一般情形下，劳动分工主要取决于工人的协调成本和社会知识水平。知识与专业化分工之间不是单向决定的，而是互相促进的，二者的正反馈机制导致了经济的内生增长。在他们看来，分工能够获得专业化经济效果；分工不仅受市场容量的限制，更受到协调分工的成本以及社会知识水平的限制；分工深化导致报酬递增，但同时也增加了经济的协调成本。

四、新兴古典经济学时期分工思想与企业集团成因

新兴古典经济学认为，企业只是组织分工的一种形式，当劳动的交

易效率高于中间产品市场的交易效率时，分工会通过劳动市场和企业来组织。专业化分工对生产效率的促进作用主要体现在：使每个企业只专注于自己最具优势的生产环节，将资源禀赋的潜力发挥到极致。杨小凯等学者以分工和专业化为基础，将分工、交易费用等分析工具纳入企业的研究之中，不仅分工的演进被内生了，而且对经济增长及其过程中的各个侧面的解释能力也达到了前所未有的高度。分工利益是企业产生和组织形式演化的内在动力。新兴古典经济学关于分工和专业化是报酬递增、劳动分工通过"迂回生产方法"实现规模收益、分工是一种制度性与经济组织结构性安排、分工能够获得专业化经济效果等思想，为从分工和专业化角度研究企业集团问题提供了理论基础。

　　总之，在分工与专业化经济的引导和市场垄断需求的牵引下，以核心企业为中心，通过参股、控股、资金等多种纽带把众多企业联合在一起的企业集团，形成了一个多层次的内部组织结构。该组织形式表现为在社会化大生产及专业化分工基础上的企业联合。该联合所凝聚起来的巨大生产力、产生的聚合效应，是单体企业所无法比拟的。① 因为企业集团将企业的分工活动按照其核心程度进行不同程度的市场化，即将这些活动分散到集团内位居不同层次的企业中去，重要的活动交由核心企业完成，而相对次要的活动交给半紧密层或是松散层完成。企业集团的能力核心由于依然保持在核心公司内部而没有受到影响，同时集团中的每个子企业也可以专注于某一方面的能力培养，可能由于专业化经济的存在形成一群各有特色的企业。②

1.2　交易费用理论

　　交易费用理论是一种以交易为基本分析单位研究经济组织的比较制度理论。"交易费用"范畴和"科斯定理"的提出，开启了经济学研究

---

① 周治翰：《分工演进与企业集团组建分析》，东南大学硕士学位论文，2000 年。
② 周治翰、胡汉辉：《分工、企业组织演进与企业集团重组分析——以江苏牡丹汽车集团为例集团》，《中国工业经济》2001 年第 8 期，第 58 页。

的领域。科斯之后，一大批新制度经济学家通过"交易费用"① 范畴的广泛运用和内涵的不断扩展，使交易费用成为一个完整的理论体系。

1.2.1 科斯的交易费用理论

一、交易费用理论的提出

现代企业理论中的"交易费用理论"是最经典的学说之一，它论述和解释了企业存在的原因，解决了企业的边界问题。1937 年，著名经济学家罗纳德·科斯在《企业的性质》一文中首次用"交易费用"的概念来解释企业的边界。科斯不满足于新古典经济学的有关假说②，尤其是市场上价格机制运行交易费用为零的假说，认为"企业的显著特征就是价格机制的替代物"，市场通过契约形式完成交易，而企业则依靠权威来完成。企业形成的原因是将市场的交易转移到企业内部，而这种转移使交易成本降低。当企业扩大到如此程度——使得在企业内部再进行一次交易的费用等于同样的交易在市场上完成的费用时，这种互换就会停止，企业的边界就形成了。

二、交易费用理论的基本假设

科斯的交易费用理论认为，企业和市场是两种可以相互替代的资源配置机制，由于存在有限理性、机会主义、不确定性与小数目谈判，使得市场交易费用高昂，为了节省这种交易费用，代替市场的新的交易形式——"企业"便应运而生，交易费用决定了企业的存在，而企业采取不同的组织结构，最终目的也是为了节约交易费用。

三、交易费用产生的原因与决定因素

科斯虽揭示了交易费用普遍存在的客观事实，却没有专门深入分析交易费用产生或存在的原因。他赋予"交易"以稀缺性，或者说，他

---

① 所谓交易费用是指企业用于寻找交易对象、订立合同、执行交易、洽谈交易、监督交易等方面的费用与支出，主要由搜索成本、谈判成本、签约成本与监督成本构成。

② 一般而言，新古典经济学的假说主要包括：完全信息，完全理性，交易费用为零，完全竞争，市场和企业等制度是外生给定，技术外生假设，等等。

首先认识到交易（活动）的稀缺性，这一交易费用产生的根本性前提，仅仅是使分析"交易费用产生的原因"有了基础，但科斯并没有明确指出稀缺就是产生交易费用的根源，没有把"稀缺性"与交易费用产生的原因联系起来。

四、交易费用理论的主要结论

第一，市场和企业虽可相互替代，但却是两种不同的交易机制。

交易费用理论把交易细分为市场交易和企业内部交易。市场交易双方利益并不一致，但交易双方地位平等。企业内部交易一般是通过长期合约规定（如企业主和雇员），交易双方利益比较一致，但地位并不平等。市场交易导致机会主义，企业可以取代市场实现交易。

第二，企业取代市场实现交易有可能减少交易费用。

市场和企业是两种不同的组织劳动分工的方式（即两种不同的"交易"方式），无论是企业内部交易，还是市场交易，都存在着不同的交易费用；企业替代市场，是因为通过企业交易而形成的交易费用比通过市场交易而形成的交易费用低。一方面，企业作为一种交易形式，可以把若干个生产要素的所有者和产品的所有者组成一个单位参加市场交易，从而减少了交易者的数目和交易中的摩擦，因而降低了交易成本；另一方面，在企业之内，市场交易被取消，企业可以运用收购、兼并、重组等资本运营方式，将市场内部化，消除由于市场的不确定性所带来的风险，从而降低交易费用。

第三，市场交易费用的存在决定了企业的存在。

企业之所以产生就是因为企业在内化市场交易的过程中节省了交易费用，交易费用的节省是企业产生、存在以及替代市场机制的唯一动力。企业的边界也正是这种内外成本（交易费用）的均衡点。企业"内化"市场交易的同时会产生额外的管理费用，当管理费用的增加与市场交易费用节省的数量相当时，企业的边界趋于平衡（不再增长扩大）。

五、交易费用理论的重要意义

科斯的交易费用理论为现代产权理论奠定了坚实的基础。但科斯的思想在很长时间内一直被理论界所忽视，直到 20 世纪 60 年代才引起经济学家的广泛重视。尽管交易费用理论还很不完善，存在很多可以指责之处，如在强调交易费用的重要性时，忽视了组织变动对于直接生产等成本的影响；把交易费用看做是企业存在的唯一原因，完全忽视了企业组织在发挥协作劳动的社会生产力方面的不可替代的基本作用，等等。但是，交易费用思想突破了新古典经济学中对市场交易的不现实规定，即"市场交易中不存在成本"、"交易费用为零"的假设，把交易成本明确地引进了经济分析之中。其意义不仅在于其对经济理论的巨大创新意义，而且这一思想的提出，也挑战乃至改变了人们的传统观念。

1.2.2　新制度经济学对交易费用理论的发展和运用

一、阿尔钦和德姆塞茨对企业成本的分析

阿尔钦和德姆塞茨是科斯理论的重要推广者。1972 年，两人合著了《生产、信息费用和经济组织》，在书中他们认为，企业内部的管理也是一种契约，它与物品买卖的契约并无二致。契约的履行需要成本，也就是监督的成本。在对企业产权结构的分析中，他们提出了协作群生产假说（这种协作群后来被称为技术上的不可分的实体），即多人在一起合作生产的效率高于他们分别生产的总和的效率，因此适宜采取企业的形式。这就对企业横向联合以及纵向联合的原因提供了进一步的解释。

二、威廉姆森对交易费用理论的发展

奥利弗·威廉姆森（Oliver E. Williamson）等许多经济学家对交易费用理论进行了发展和完善。威廉姆森以有限理性和机会主义行为为假设前提，从交易所涉及的资产的专用性、交易所涉及的不确定性和交易发生的频率三个维度分析了交易的性质和对交易成本的影响，并认为资产的专用性是影响交易成本的一个最重要因素。威廉姆森对由市场失灵导致的纵向一体化进行了考察。他分析了市场失灵的原因，认为在涉及专用性资产的交易中，交易双方具有很强的依赖性。若采用市场体制，处在不利地位的一方就要面临被"要挟"而遭受损失的风险。威廉姆森还从资产专用性的角度解释了企业纵向一体化发展的动因，认为纵向

一体化可以使"潜在的交易成本"通过企业交易内部化，使企业规模延伸到生产程序的其他阶段中，可以防止市场交易中的机会主义，从而节约交易费用。由此，机会主义与交易专用性投资的结合是解释企业纵向一体化的主要因素。

威廉姆森形象地将交易费用比喻为"经济世界中的摩擦力"。他把交易费用分为事前的交易费用和事后的交易费用。事前的交易费用包括协议的起草、谈判的费用和保障协议执行所需的费用；事后的交易费用是指交易发生以后的成本，如退出某种契约的成本、改变价格的成本、续约的成本等。至此，"交易费用"概念真正成为经济组织分析的一个重要工具。

威廉姆森在科斯提出的交易成本概念的基础上，进一步研究了交易费用产生的原因以及影响交易成本的决定因素。他指出，影响市场交易费用的因素可分成两组：第一组为"交易因素"，尤其指市场的不确定性和潜在交易对手的数量及交易的技术结构——指交易物品的技术特性，包括资产专用性程度、交易频率等；第二组为"人的因素"——有限理性和机会主义。他指出，由于机会主义行为、市场不确定性、小数目谈判及资产专用性的存在，都会使市场交易费用提高。他认为，这些影响因素构成了市场与企业间的转换关系。然而，威廉姆森也没有指出交易费用为什么产生，只是列举了"交易"稀缺性的几个表现或仅指出了市场中交易费用上升的原因。

三、格罗斯曼和哈特、阿罗等对交易理论的研究

哈特的互补性理论是对企业性质的又一独特解释。他认为，企业之所以会存在，是因为组成它的资产之间具有互补性（即一种资产的存在增加了另一种资产的边际收益），因此企业比市场合约的效率高。1986年，格罗斯曼和哈特以契约的不完备性进一步解释了企业纵向一体化的现象。他们认为，市场之间的契约由于对未来的不可预见性和订立完备契约的高成本，因此契约存在不完备性是不可避免的，这就产生了契约权利和剩余权利。当某一契约方想占有这种剩余权利时，最好的方法就是购入这部分剩余权利。也就是将市场的契约变成企业内部的交换，将市场分配转变成产权分配。

阿罗从"交易活动是构成经济制度的基本单位"这一制度经济学的根本认识出发,把交易费用定义为"经济系统的运行费用"。他从信息不完全的角度对企业纵向一体化做了一些论述。他认为,"市场失灵"是使企业存在的原因。市场失灵的原因很多,但最重要的也许是信息的不完全带来外部性。企业内部的信息系统优于市场上的信息系统,这使企业能够不断将市场交易内化。可见,信息成本是交易成本的核心,信息成本的高低,根本取决于产权制度所规定的市场交易当事人的权利及责任、风险界区是否明确。

杨小凯从劳动交易和中间产品交易角度区分了企业和市场,认为企业是以劳动市场代替中间产品市场,而不是用市场组织替代市场组织。企业和市场的边际替代关系取决于劳动力交易效率和中间产品交易效率的比较。杨小凯和黄有光借助消费者—生产者、专业化经济和交易费用这三方面的因素,建立了一个关于企业的一般均衡的契约模式。该模型的突出之处是把企业所有权的内容结构与定价成本相联系,同时把企业的均衡组织形式与交易效率相联系。他们认为,交易费用的下降可以扩大市场的范围,鼓励劳动分工,并使企业扩张。[①]

从以上分析可以看出,新制度经济学家在交易费用理论研究方面取得了长足进展,突出表现为:把交易成本区分为广义和狭义两类,把交易成本分为事前的交易成本和事后的交易成本两类,研究了交易费用产生的原因以及影响交易成本的决定因素、资产的专用性与交易成本、交易成本是"经济制度操作的成本"、信息成本是交易成本的核心等问题。尽管交易费用理论还不能解决企业发展中的诸多现象,还有待于在实践中不断发展和完善,但不可否认,威廉姆森等新制度经济学家对制度经济学研究做出了杰出贡献。

1.2.3 交易费用理论视角中的企业集团成因[②]

科斯从交易成本的角度指出了企业产生的原因,这一解释同样适用

---

① 张乘利:《"交易费用"范畴的提出、发展和运用》,《特区经济》2006 年第 2 期,第 343 页。

② 宋旭琴、蓝海林、向鑫:《我国企业集团的演化与发展分析》,《科技管理研究》2007 年第 4 期,第 179—180 页。

于解释企业集团的产生。制度经济学的交易成本理论继承了早期经济学家的市场失效或者市场不完全理论，并引入交易成本解释企业集团存在的合理性。企业集团作为一种经济组织形式的出现，是对市场机制和战略的选择，企业集团与市场的边界确定就是企业—市场的边界确定，企业集团在市场经济条件下运作可以降低交易成本，获得规模经济效益、垄断优势、多元化经营优势等①。

一、企业集团与交易费用的节约

科斯认为，企业采取不同的组织方式的最终目的是为了节约交易费用。由于交易费用的存在，企业有一种不断将企业一体化的倾向。当一体化达到一定程度后产生规模不经济，企业为维持其组织的完整性，即企业与市场的界限保持稳定，需要支出昂贵的组织成本。因此，主体企业开始尝试不把企业都一体化，而是将某些作为其外部组织，并通过资金、技术或人员等纽带和它们保持较为密切的关系。这样，企业在节约交易费用的同时，仍在一定程度上享有一体化组织的规模、范围和分散风险的经济性。由此，一系列介于企业组织和市场组织之间的中间组织形式就产生了，这种被称为"准一体化组织"的新型企业组织形式，就是企业集团。②

企业集团这种介于企业组织与市场组织之间的中间性体制组织，符合威廉姆森的中间规制结构概念。它采用一种规制结构把若干交易往来和市场利益关系经济组织联结起来，通过这种联合体的作用降低市场风险，把不确定的市场交易转化为组织内部的协调管理，从而降低交易费用和获得信息成本，提高资源的有效配置。企业集团正是以一种新的组织形式来代替完全的企业一体化，以此避免完全一体化所带来的交易费用（组织成本）的指数上升；以企业集团内"看得见的手"代替市场上那个"看不见的手"，以避免各企业之间的机会主义倾向可能造成的交易费用（交易的不确定性）的上升。作为一种经济组织的出现，企业集团扩大了人力资产、物资资产、品牌商标等资产的专用性的范围，

① 胡雄飞：《企业集团和科斯的经济理论》，《社会科学战线》1995年第3期，第71页。
② 胡雄飞：《企业集团和科斯的经济理论》，《社会科学战线》1995年第3期，第70页。

进而专用性的利用率得以提高，从而降低了交易成本；与单个企业相比，企业集团能从更广泛的范围获取信息，从而可以降低因信息匮乏造成的不确定性风险，进而节约交易成本；企业集团集中生产某类产品降低了外部交易的不确定性。

二、交易费用与企业的纵向和横向联合

在交易费用理论问世之前，纵向联合（垂直兼并）理论可以归为"技术决定论"和"市场缺陷论"。科斯首先提出交易费用，并用来解释和分析企业的性质和企业的垂直联合。垂直联合是指处于产业链上下游的企业合并到一个企业之内。垂直联合可以使纯粹的市场交易关系变为企业集团内受到控制的交易关系，从而节约交易费用。威廉姆森以交易费用为基础探讨了垂直一体化问题，认为垂直兼并的关键问题是"资产特定性"，即某一资产对市场的依赖程度。资产本身的特定性、资产选址的特定性以及人力资产的特定性三种特定性中的任何一种都能促使企业进行行政管理垂直兼并。一般来说，资产特定性越高，市场交易的潜在费用越大，垂直兼并的可能性就越大。当资产特定性达到一定高度，市场交易的潜在费用就会阻止企业继续依赖市场，这时垂直兼并就会出现。因此，在一个工业部门中，资产特定性越高，垂直兼并的现象就越普遍，反之则反是。此外，由于存在着不确定性，为避免由不确定性带来的高昂的交易费用和种种经济风险（如自然风险、社会风险和经营风险等），企业实行横向联合以规避风险，节约交易成本。

由此可见，企业集团最初产生于企业之间的横向和纵向联合。横向一体化形成的企业集团，核心企业与成员企业生产或经营相同或相似产品。纵向一体化形成的企业集团，成员企业之间在生产工艺或经销上有前后关联。混合型的企业集团，其成员企业之间既有横向联合又有纵向联合关系。①

---

① 李明辉：《企业集团组建的经济学解释》，《内蒙古财经学院学报》2002 年第 3 期，第 14—15 页。

三、交易成本与企业集团"垄断"优势获取

市场信息的不对称产生的市场交易的不确定性提高了交易费用,为企业集团的发展提供了市场机会和空间。垄断优势理论表明,那些知识密集型的行业横向一体化和垂直一体化是合理的。[①] 企业集团所显现出的"垄断"优势,可以降低与处于弱势的一方竞争中交易的不确定性,从而降低交易成本。

四、交易成本与企业集团"战略"优势发挥

企业集团在战略上的优势主要表现在其多元化经营、拓展经营边界和风险规模上。一般而言,单法人企业由于企业的总体规模不大,在各个领域都无法形成经济规模,其多元化的成本也相当高。随着企业纵向一体化和横向一体化的不断扩大,企业集团的边界不断扩大。这就迫使企业集团在发展到一定规模之后,必须采取多元化经营以拓展企业集团边界,扩大企业规模,在多行业内形成垄断获得垄断利润,在规避市场风险的同时,也降低了企业的交易成本。

1.3 规模经济理论[②]

规模经济理论是关于企业规模变动与企业经济效益变动之间关系及其规律的理论。它涉及企业规模的大小和边界问题、企业规模与其经济利益的相关性问题(即规模经济存在与否的问题)、规模经济的本质和规模经济的类型问题等。[③] 规模经济理论是经济学的基本理论之一,也是现代企业理论研究的重要范畴。

[①] 宋旭琴、蓝海林、向鑫:《我国企业集团的演化与发展分析》,《科技管理研究》2007年第4期,第180页。

[②] 史忠良主编:《产业经济学》(第二版),经济管理出版社2005年版,第95—100页。

[③] 王丙毅:《网络经济下规模经济的新特点与规模经济理论创新》,《经济问题》2005年第1期,第9页。

1.3.1 规模经济的含义、种类及成因[①]

一、规模经济的含义

规模经济，一般是指在一特定时期内，由于经济组织生产经营规模的扩大而出现的单位产品成本下降、收益上升的经济现象。钱德勒认为，"规模经济可以初步界定为：当生产或经销单一产品的单一经营单位所增加的规模减少了生产或经销的单位成本时而导致的经济。"[②] 从理论上说，规模经济表现为"长期平均成本曲线"[③] 向下倾斜。这里所说的长期是相对于短期而言的，短期是指生产能力不变的时期，长期则是指生产设备增加、生产能力扩大的过程。

二、规模经济的种类及成因

规模经济既可以来自生产规模的扩大，也可以来自经营规模的扩大，依据规模经济产生的范围，规模经济一般可分为工厂规模经济和企业规模经济两个层次。产生规模经济的主要原因是各种要素的生产专业化水平提高，从而促使企业的单位成本下降。

工厂规模经济及成因。工厂规模经济，是指工厂通过生产能力的改变，逐步扩大规模，导致收益递增的现象。工厂规模经济形成的原因，从根本上说是由于生产活动的不可任意分割性，这种带有不可分割性的生产活动的规模是受产业生产工艺特征和技术进步制约的。具体包括：生产要素的不可分割性；大批量生产方式有利于实现标准化、专业化和简单化，从而大大提高劳动生产率，降低人工成本；大批量生产方式有利于原材料的节约和充分利用；来源于辅助生产部门的利益。值得注意的是，工厂规模达到一定程度后，如再扩大规模，就会出现规模不经济。

企业规模经济及成因。在西方经济学里，规模经济主要用来研究企

---

① 史忠良主编：《产业经济学》（第二版），经济管理出版社 2005 年版，第 95—100 页。
② 钱德勒：《企业规模经济与范围经济》，中国社会科学出版社 1999 年版，第 19 页。
③ "长期平均成本曲线"是指生产能力扩大时，单位成本随产量变化而变化的曲线。

业经济。企业规模经济，是指由于企业经营规模扩大因而经济效率不断增加的现象。这种规模扩大表现为联合在同一企业中的生产同类产品的若干工厂，或者是处于生产工艺过程不同阶段的若干工厂，在数量上的增加或生产能力的扩大。一般而言，企业规模经济来自大规模管理、大规模销售、大量采购生产资料的经济性以及大企业生产方面和筹集资金方面的有利性。从宏观上看，企业的规模经济有利于增强企业的竞争力。微观上看，产业中由于有规模经济的存在，能够增强产业整合市场的能力，随着产业内具有规模经济的企业增加，其对市场的支配能力越发增强，易于形成成本上的优势，提高产业的进入壁垒。[①] 同样值得注意的是，与工厂规模一样，企业规模经济也不会随企业规模的无限扩大而总是存在，如果规模过大，就会使企业的管理成本急剧增加，同时企业的内部信息不对称问题也会随着企业的扩展而日益严重，从而造成企业经营的低效率。因此，企业必须根据经济要素投入量及其组合方式的变化，来科学选择和控制生产规模，进而使生产批量发生变化取得增产或节约。[②]

1.3.2　古典经济学时期规模经济理论的萌芽

从经济学说史的角度看，亚当·斯密是规模经济理论的创始人。在《国民财富的性质和原因的研究》中，斯密阐述了分工和专业化对提高劳动生产效率、促进经济增长的惊人效果。由于劳动分工的基础是一定规模的批量生产，产生规模经济的一个重要原因是随着生产规模的扩张，企业内部的生产分工能更合理和专业化。盛洪在《分工与交易》一书中指出，分工和专业化的经济性表现为生产费用的节约，严格地讲，是单位生产费用的节约，而实现这种节约的途径，可以简单地归结为分工所带来的规模经济性在生产技术水平一定的前提下，分工所引起的劳动熟练程度的提高、间歇时间的减少和物质资料的节约等都可以概括为规模经济性。规模经济很大程度上根源于分工、专业化带来的经济

---

① 尹泽：《试用规模经济理论浅析我国的大企业战略》，《北方经济》2007 年第 12 期，第 35 页。

② 顾保国：《企业集团生成理论比较分析》，《现代经济探讨》2006 年第 4 期，第 19 页。

性，是一种分工专业化经济或结构经济。因此，斯密的分工理论可以说是规模经济的一种古典解释。

1.3.3 规模经济理论的发展和创新

一、马克思从生产和资本集中的角度对规模经济的探讨

马克思的规模经济理论是传统规模经济理论的一个分支。马克思关于资本集中与经济增长理论认为，在竞争条件下，追逐剩余价值刺激企业不断扩张，进而引起生产和资本的集中。为了组织现代化大生产，企业需要进行产、供、销的联合，需要降低不变资本，尤其是原料、能源的成本支出，需要进行专业化生产与分工协作，需要改进生产工具，提高生产效率，进行内含式扩大再生产，降低可变资本的支出。以上所有这一切，都会导致生产规模的相应扩大，从而引起资本的集中，增加规模经济效应。马克思认为，社会劳动生产力的发展必须以大规模的生产与协作为前提。生产规模的扩大，主要是为了实现产、供、销的联合与资本的扩张以及降低生产成本。大规模生产是提高劳动生产率的有效途径，在此基础上才能组织劳动的分工和协作，才能使生产资料由于大规模积聚而得到节约。显然，马克思的理论与马歇尔关于"外部规模经济"和"内部规模经济"的论述有异曲同工之妙。

二、科斯从企业边界角度对规模经济的理解

科斯为代表的交易成本理论从市场交易成本的角度出发，对企业规模经济做出独到的解释。科斯认为，经济活动主体在市场交易活动中遵循的是价格机制，以价格机制为导向的市场每组织一笔交易都要花费一定的成本。为了节约交易成本，人们建立起企业，企业最显著的特征在于它是市场价格机制的替代物，它通过"组织"（企业）并以"权威"（企业内部行政管理）来实现交易的内部化，使交易成本得到节省。可见，交易费用的存在是企业产生的根本原因。但企业内部组织也是需要成本的，其中最重要的是管理成本。必须建立起合理的企业规模，因为当企业规模过大时，内部组织成本就会增加，甚至超过外部交易成本。科斯认为，企业的合理规模应该是处于外部交易成本等于内部组织成本

这一边界上。

交易成本理论解释了企业的一体化问题。科斯认为，当两个或更多企业组织的交易由一个企业来组织时，便出现了一体化。企业一体化的过程就是交易活动内部化的过程，或者说，企业间关系结构的每一步变化，都和规模经济有关。企业间合并是否成功，取决于所增加的组织费用和所节约的交易费用的比较。

以科斯为代表的交易成本理论，阐明了企业代替市场机制组织交易条件下管理对规模经济的贡献。企业管理水平越高，则在相同生产条件下，管理成本越低，从而企业规模扩张程度就可以提高。这正如钱德勒在《看得见的手》一书中所指出的，"当管理上的协调比市场机制的协调带来更大的生产力、较低的成本和较高的利润时，现代多单位的工商企业就会取代传统的大小公司。"可见，交易成本理论不仅是现代企业理论的核心，同时也是规模经济理论的重要发展。

三、马歇尔从技术角度对企业规模经济的研究

在《经济学原理》一书中，马歇尔在讨论工业组织时，以制造业为例，论述了大规模生产的好处。"大规模生产的利益在工业上表现得最为清楚。大工厂的利益在于：专门机构的使用与改革、采购与销售、专门技术和经营管理工作的进一步划分。""大规模生产的主要利益，是技术的经济、机器的经济和原料的经济，最后一项正在迅速失去重要性。"[①] 也就是说，经济规模主要是生产规模，核心内容是技术设备的经济规模。基于企业层面，马歇尔把规模经济归结为两类，即内在经济和外在经济，并着重论述了内在经济的形成机理——如果厂商的成本曲线是向下倾斜的，且是可逆转的，那么随着产量的增加，将导致单位产品的平均成本趋于下降；随着产量的减少，平均成本又会回复到原有水平（亦即可逆转的）。这种产量的增加所带来的成本节省而产生的经济效率，他称为厂商的内在经济或内在规模经济。这一思想，后来成为新古典经济学谈论规模经济理论的主要依据，并且被后来的新古典经济学者高度简略化了：一方面，新古典经济学所讲的经济规模，专指单一生

---

① 阿尔弗雷德·马歇尔：《经济学原理》，廉运杰译，华夏出版社 2005 年版，第168页。

产单位（企业、工厂或车间）的单纯技术经济意义的规模；另一方面，新古典经济学所说的规模经济，只涉及马歇尔所讲的内在经济，而且还只是一种特定意义的内在经济，即一种与生产设备之技术不可分性相关联的内在经济。[①] 这种高度简化的理论导致了一系列理论与现实的矛盾。但是，新古典经济学在马歇尔内部规模经济理论的基础上也有所发展，即对整个行业的规模经济进行了分析，这种思想为我们分析企业的外在规模经济提供了思路。

马歇尔在分析规模经济的时候使用了规模报酬的概念，并进一步研究了规模经济报酬的变化规律，即随着生产规模的不断扩大，规模报酬将依次经过规模报酬递增、规模报酬不变和规模报酬递减三个阶段。此外，马歇尔还发现了由"大规模"而带来的垄断问题，以及垄断对市场价格机制的破坏作用。他认为，企业规模不能无节制地扩大，否则所形成的垄断组织将使市场失去"完全竞争"的活力。规模经济与市场垄断之间的矛盾就是著名的"马歇尔冲突"（Marshall's Dilemma）。之后，英国经济学家罗宾逊和美国经济学家张伯伦针对"马歇尔冲突"提出了垄断竞争的理论主张，使传统规模经济理论得到补充和发展。

四、哈维·莱宾斯坦从效率角度对规模经济的阐述

美国经济学家保罗·A.萨缪尔森在《经济学》一书中指出："企业的存在有许多理由，但是，其中一些最重要的理由在于利用大规模生产的经济性、筹集资金和组织生产。"他认为，"导致在企业里组织生产的最强有力的因素来自于大规模生产的经济性"。[②] 随着企业规模的扩大，在大规模经济规律的作用下，企业生产成本将不断降低，直到实现适度生产规模，如再继续扩大规模，则会因管理上的不经济和信息上的不对称而导致成本增加。对此，美国哈佛大学教授哈维·莱宾斯坦在《效率配置和效率》中提出了"效率理论"。他指出，大企业特别是垄

---

① 王丙毅：《网络经济下规模经济的新特点与规模经济理论创新》，《经济问题》2005 年第 1 期，第 11 页。

② 保罗·萨缪尔森、威廉·诺德豪斯著：《经济学》（第十六版），萧琛等译，华夏出版社、麦格劳·希尔出版公司 1999 年版，第 87 页。

断性大企业，面临外部市场竞争压力小，内部组织层次多，机构庞大，关系复杂，企业制度安排往往出现内在的弊端，使企业费用最小化和利润最大化的经营目标难以实现，从而导致企业内部资源配置效率降低，这就是通常所说的"大企业病"。"大企业病"是企业发展规模经济的内在制约。罗宾逊也用管理成本协调来解释规模经济。他认为，对最优企业规模的限制在于对较大单位的管理所需的协调成本的上升。企业之所以达不到一定的规模主要是由于管理成本和效率不经济。

五、哈特从产品的关联性角度对规模经济的分析

现代企业集团发展的取向是多样化，而不仅仅是专业化。建立在多样化经营基础上的规模经济，称之为范围经济。范围经济，指企业生产两种或两种以上的产品而引起的单位成本的降低，或由此产生的节约。企业在竞争中寻求规模经济的同时，往往也考虑通过实现"范围经济"来获得竞争优势。哈特的主要贡献在于将资产专用性与产权配置效率内在地联系起来，从而透彻地揭示了规模经济形成的内在机理。他从资产专用性出发，提出了关系专用性资产的概念，并提出了关于专用性资产的产权配置原则，这些原则被称为"哈特定理"——当不同企业的不同业务所涉及的专用性资产之间存在着高度互补关系时，企业的兼并就成为产权配置效率的客观要求，而企业间兼并则导致单个企业组织的规模扩张，带来了一种特殊的规模经济形态，即一体化规模经济。一体化规模经济既实现了产权配置效率，也体现于交易费用的节省，因而是一种新的规模经济形态，也可视为企业规模扩张的一种新的理论阐释。

此外，人们还从企业内部结构变化的角度对规模经济进行了分析，对现代网络经济条件下企业规模经济进行了研究。可见，规模经济理论已经突破了新古典经济学以技术为背景的规模经济的含义，逐步成为相对独立的理论体系，并随着时代的发展而不断完善和更新。

1.3.4 基于规模经济理论的企业集团成因

从历史的角度来看，现代经济的发展史同时也是企业规模不断扩

大、生产不断集中、企业之间相互兼并、巨型企业不断成长的历史。不论从理论上还是从实践上都说明了扩大企业规模有其经济上的合理性。[①]

一、联合或兼并是企业实现规模经济的重要途径

企业实现规模经济的途径有两种：一是内部扩张，企业通过改善经营管理、积累和追加资本的手段来扩大企业生产和经营规模；二是外部扩张，通过企业之间的联合或兼并来扩大生产和经营规模。联合或兼并可以在两个层次上实现企业的规模效益，即产量的提高和单位成本的降低。联合或兼并的内在规模经济在于：通过兼并，可以对资产进行补充和调整。横向联合或兼并，可实现产品单一化生产，降低多种经营带来的不适应；纵向联合或兼并，可将各生产流程纳入同一企业，节省交易成本等。联合或兼并的外在规模经济在于：兼并增强了企业整体实力，巩固了市场占有率，能提供全面的专业化生产服务，更好地满足不同市场的需要。企业的外部扩张，是企业扩大规模的最迅速、最有效的手段，企业间的联合或兼并，对于在较短时间内改善企业过于分散和规模过小的状况，促进资源的合理配置，提高企业的规模经济效益和市场竞争力，具有重要的意义。

二、规模经济效应和范围经济效应与企业集团产生

规模经济的存在是导致企业集团产生的一个技术经济原因。在规模经济条件下，只有规模扩大到一定水平的企业才能生存和发展。范围经济通过水平和垂直关系产品的结合生产或经营来节约某些共同的费用。企业集团为了获得这种经济性，必然要通过横向和纵向的扩张，使集团内的组织成本低于市场上的交易费用，而使规模适度扩展。同时，由于企业集团的生产规模从理论上讲已经超出了一般企业的生产经济规模（多个相同经济规模的生产企业叠加），使得企业集团通常在主营产品中有相当高的市场占有率，这种占有率足以影响和左右该产品的市场价

---

① 张海如、李培如：《规模经济：理论辨析与我国企业集团发展趋势》，《太原科技》2001 年第 1 期，第 1 页。

格及供给情况，可以通过主营业务的"品牌"效应向集团扩张的新领域延伸，使集团能够以低成本进入其他领域。

三、企业集团是发展规模经济的必然结果

规模经济是现代市场经济的重要特征，企业集团是现代市场经济发展规模经济的必然结果。规模经济学认为，生产规模和经济效益是极重要的函数关系。生产同一种产品，生产成本是随着批量的增加而降低，设备效能的发挥是随着批量的增加而增加的。只有将同类产品的零部件集中起来进行批量生产，效益才能更高。在现代市场经济条件下，发展规模经济是不以人的意志为转移的社会化大生产的客观经济规律。在这个规律的支配和作用下，引起企业兼并和生产集中，达到一定程度就会产生和建立企业集团。因此，企业集团是发展规模经济的必然结果。

四、确定企业集团的合理经济规模

组建企业集团发挥了规模效应，并不表明集团内部各个企业均已处于规模经济位置而进行生产，还必须通过集团成员内企业之间及其与集团外部的生产要素进行优化配置和调整才能达到最佳经济规模。企业集团生成后，集团内部大、中、小型企业合理分工，通过生产要素的合理自由流动，通过专业化生产，才有利于内部单个成员企业规模经济的实现。[①] 企业集团达不到合理规模，就难以产生以 N 倍的投入获取大于 N 倍的产出，就不会产生规模效益；企业集团规模过小，又难以降低单位产品成本，产品就不会形成价格竞争优势。要实现不断降低单位产品成本的目标，在技术条件不变的情况下，只有靠追加生产要素的投入，使批量生产能力不断提高，从而使单位产品的成本不断降低，亦即形成规模经济，才能最终确立产品的价格优势。然而，并非企业集团的组织规模越大，规模经济效益就越好，也并不会因范围的无限扩大就会产生范围经济效应。作为特定的企业集团的生产规模不是无限扩张的，适宜的生产规模受到资产存量、管理能力、人员分工等因素的限制，若生产要素投入过大，超过一定限度，就会出现平均成本上升、规模不经济的状

---

① 顾保国：《企业集团生成理论比较分析》，《现代经济探讨》2006 年第 4 期，第 19 页。

况。因此，确立企业集团的合理经济规模，一方面，要考虑市场的容量、市场发展前景及现有企业生产能力等多种因素；另一方面，要着力培育企业集团的市场竞争优势，以生产要素的优化组合为前提，根据不同类型产业生产力的要求、集团核心企业的经济技术实力和管理水平来确定，重要的应以实现规模经济为原则。

1.4　企业网络理论[①]

企业网络理论是当代西方微观经济学从20世纪80年代中后期以来逐渐形成并迅速发展起来的一个新领域，网络理论的产生是网络经济产生与发展的客观要求，也是传统企业理论发展的必然结果，它正以一种全新的范式改变着企业理论的研究视野。

1.4.1　企业网络的含义

在传统经济学的各种模型中，企业从来都是作为标准分析单位而出现，都是被假设为单独行动的个体，企业与市场间的连通性被忽略了。在科斯提出"企业是对价格机制的替代物"之后，经济学界开始遵循企业与市场的"两分法"以及更深层级的层级组织与市场组织的"两分法"，即不同的层级组织——政府组织和市场组织，分别在宏观和微观层次上对市场组织实现了代替。[②] 但"两分法"仍然忽略了现实世界中经济活动的多样性。20世纪80年代以来，产生了一种介于企业和市场之间的新的经济活动制度安排——企业网络，企业网络充分认识到了企业相互合作的资源配置的多样性和制度安排，使传统的"两分法"逐步向市场、网络和企业的"三分法"演进，经济学界围绕企业网络展开了大量的研究和探索，由此催生了企业网络理论。

[①]　黄泰岩、牛飞亮：《西方企业网络理论述评》，《经济学动态》1999年第4期。
[②]　欧志明、张建华：《企业网络组织及其理论基础》，《华中科技大学学报（社会科学版）》2001年第3期，第78页。

一、企业网络的含义

作为企业网络理论核心范畴的"网络"概念，目前还没有明确和统一的定义。但根据国内外已有文献在运用这一概念时所赋予它的基本含义，大致可将其归纳为狭义和广义两类观点：广义是指"那些与企业活动相关的一切相互关系以及由所有信息单元所组成的 n 维向量空间，它构成了企业赖以生存和发展的基础"；狭义是指"企业与市场相互作用与相互替代而形成的企业契约关系或制度安排"①。

日本著名的经济学家宫泽健一教授较早地注意到了现代信息化条件下不同经营领域中的"单一经营主体"的多角化经营和"复数市场主体"的信息网络化经营现象，并提出了存在于企业组织之间的"联结经济性"范畴。② 迈尔斯和斯诺将网络组织定义为：在价值链的各个点上做出贡献的若干个企业集体资源的结合③；杰瑞罗将复杂的经济活动按组织形式和竞争关系加以区分，从而区分开市场组织、层级制组织、家族式组织和战略网络；戴尼斯·迈拉特、奥利费·克莱瓦塞和布鲁诺·莱克格（1986，1994，2000）认为，网络组织是一种超越了传统市场与企业"两分法"的复杂的社会经济组织形态，而且这一复杂的组织形态是一个动态的、按照一定路径依赖不断演进的历史过程。这是从经济、历史、认知和规范等多维角度对网络经济概念进行的较为全面的概括，④ 是关于社会或企业间网络安排及其演进的各种要素相互关系的一种理论总结；达夫特将典型组织分为人、群体部门、组织、跨组织集合或社区四个分析层次，认为由单个组织相互作用所形成的跨组织集合是组织本身集成的最高分析层级，它以自由市场模式替代传统的纵向层级组织，隐含地给出了网络组织的定义；阿卡尔

---

① 黄泰岩、牛飞亮：《西方企业网络理论述评》，《经济学动态》1994 年第 4 期，第 16 页。

② 黄泰岩、牛飞亮：《西方企业网络理论述评》，《经济学动态》1999 年第 4 期。

③ Miles R. O. , C. C. Snow, "Organization: New Concept for New Firm", *California Management Review* ,1986,28(3):62-73.

④ Maillat, D. , Crevoisier, O. ; B. Lecoq, "Innovation Networks and Territorial Dynamics: A Tentative Typology",Johansson, B. , Karlsson, C. , L. Westin(eds) *Patterns of A Network Economy*, London:Springer-Verlag,1994.

和科特勒将网络组织定义为：由多个独立的个人、部门和企业为了共同的任务而组成的联合体，它的运行不是靠传统的层级控制，而是在定义成员角色和各自任务的基础上通过密集的多边联系、互利和交互式的合作来完成共同追求的目标；阿斯蒂尼将组织的有机适应性与灵活性结合起来进行考虑，把网络组织描述为一种动态的具有高度柔性的组织结构。

中国学者对网络组织和企业网络也进行了大量研究，提出了以下观点：网络组织是组织之间的合作联系，这种联系的实质是企业之间的分工贸易，是组织行为而非个人行为（李新春，1998）；网络组织是一个由活性结点网络联结构成的有机的组织系统（林润辉、李维安，2000）；[1] 网络组织是以独立个体或群体为节点，以彼此之间复杂多样的经济连接为线路而形成的介于企业与市场之间的一种制度安排（孙国强，2001）；网络组织应当是建立在信息技术基础之上的、由具有决策能力的活性节点所构成的有机的组织系统，通过信息在不同节点间实时和无障沟通，网络组织得以实现其资源共享和创新的组织目标（韦福祥，2001）。

杨瑞龙、冯健（2003）从研究企业的边界出发，认为企业间网络是市场对产业组织效率选择的结果。企业网络是经济网络的重要组成部分，把经济活动看成是由各种经济行为者之间长期投资形成的资本要素所组成的联系之网[2]；企业网络是"企业与其他行为主体的'非经济'关系的组合"，是一种市场与层级制中间形式的资源配置，同时企业间的合作关系网络在相互补充和加强生产知识的基础上是作为一种降低成本、风险和与生产技术相关联的不确定性的手段。[3] 企业网络可分为广义和狭义两类：狭义上的企业网络，指处于企业与市场之间的中间性组织的一种形态（杨蕙馨，2005），它与虚拟企业、网络企业、企业簇群、战略联盟、企业集团等共同构成中间性组织；广义上的企业网络，指处

---

① 李平：《企业网络组织理论研究述评》，《科技与管理》2007 年第 2 期，第 19 页。

② 贾根良：《网络组织：超越市场与企业两分法》，《经济社会体制比较》1998 年第 4 期，第 16 页。

③ 张文松、郭广珍：《企业网络与企业边界理论》，《中国工业经济》2005 年第 12 期，第 79—81 页。

于企业与市场之间的中间性组织，它包括虚拟企业外包、企业集团、企业集群、战略联盟等形式（黄泰岩，1999；刘东，2003）。

根据以上国内外文献对网络、网络组织和企业网络的论述，可以看出，网络组织不仅是企业组织内部的一种组织形式，同时也是企业组织之间的一种联系方式。网络组织的含义可以从以下几个方面理解：网络组织是由节点及节点之间的联系方式与沟通方式构成的具有网络结构的整体系统；网络组织有着共同的目标，网络中的节点围绕着共同目标进行运转，并实现信息共享和沟通；网络组织各节点共同遵守网络组织协议；网络组织可能是一个独立的法人实体，也可能不是一个独立的法人实体，是为了特定的目标，由个人、团队和企业构成超越节点的组织。

通过文献梳理，同样可以看到，企业网络作为企业间经济活动的制度安排，是企业间契约关系的一种形态。它是超越市场和企业"两分法"的一种组织形态，是企业间基于信任、相互认同、互惠和优先权行使等所组成的竞争合作的企业群体，是一种动态的、边界模糊的新型企业组织模式。企业网络是对传统企业理论与经济学的挑战，企业网络的引入打破了"两分法"的资源配置方式，为企业和市场之间构筑了一条缓冲地带，从而有助于降低交易成本，提高专业化分工的收益以及长期合作的收益（张文松、郭广珍，2005）。企业网络组织是知识经济时代动态经济环境下，基于信息技术、企业自身战略发展需要的产物，是以形成竞争优势、实现网络战略目标为宗旨，以获得竞争所需资源并充分发挥其作用为目的，网络组织成员之间形成的竞争合作的、复杂的网络关系。[1] 企业网络组织的形成是市场竞争的需要，是资源共享和优势互补的需要，是分担研发成本和分散经营风险的需要，也是企业管理发展的需要（孙国强，2001）。

二、企业网络组织的特征[2]

网络经济下的企业组织结构具有扁平化、网络化、柔性化、边界模糊化以及组织决策分散化、虚拟化等特征。

---

① 李平：《企业网络组织理论研究述评》，《科技与管理》2007 年第 2 期，第 19 页。
② 李平：《企业网络组织理论研究述评》，《科技与管理》2007 年第 2 期，第 20 页。

（一）扁平化

传统的层级制组织的层次繁多、机构臃肿、人浮于事，导致其面对激烈的市场竞争时应变能力较弱。扁平化是网络经济下企业组织变革的一大趋势。所谓扁平化，就是通过减少管理层次、裁减冗余人员来建立一种紧凑的扁平组织结构，使组织变得灵活、敏捷，提高组织效率和效能。扁平化组织结构改变了传统的"金字塔式"的层级结构，其优势主要体现在：信息流通畅，有利于快速决策；创造性、灵活性加强，更能激励员工，发挥其创造性；降低组织成本；增强了组织的反应能力和协调能力。

（二）网络化

网络组织最本质的特征在于强调通过全方位的交流与合作实现创新和双赢。组织结构网络化主要表现为企业内部结构网络化和企业间结构网络化。企业内部结构的网络化是指在企业内部打破部门界限，各部门及成员以网络形式相互连接，使信息和知识在企业内快速传播，实现最大限度的资源共享。企业间结构网络化包括纵向网络和横向网络，纵向网络即由行业中处于价值链不同环节的企业共同组成的网络型组织，这种网络关系打破了传统企业间明确的组织界限，大大提高了资源的利用效率及对市场的响应速度；横向网络由处于不同行业的企业所组成，这些企业之间发生着业务往来，在一定程度上相互依存。网络化组织具有两个根本特点：一是用特殊的市场手段代替行政手段来联结各个经营单位之间及其与公司总部之间的关系，二是在组织结构网络化的基础上形成强大的虚拟功能。组织的网络化使传统的层次性组织和灵活机动的计划小组并存，使各种资源的流向更趋合理化，通过网络凝缩时空距离，加速企业全方位运转，提高企业组织的绩效。

（三）柔性化

组织结构的柔性化是指在组织结构上，根据环境的变化，调整组织结构，建立临时的以任务为导向的团队式组织。组织柔性的本质是保持变化与稳定之间的平衡，它需要管理者具有很强的管理控制力。柔性化组织最显著的优点是灵活便捷、富有弹性，因为这种结构可以充分利用企业的内外部资源，增强组织对市场变化与竞争的反应能力，有利于组织较好地实现集权与分权、稳定性与变革性的统一。除此之外，还可以大大降低成本，促进企业人力资源的开发，并推动企业组织结构向扁平化发展。柔性化的组织结构强化了部门间的交流合作，让不同方面的知识共享后形成合力，有利于知识技术的创新。

（四）边界模糊化

企业组织边界是随环境变化而变化的，并且越来越趋向于无形。组织结构的边界模糊化，是指企业各部门间的界限模糊化，各种边界更易于渗透，部门之间的沟通障碍更易打破，有利于信息的传递。企业不再用许多界限将人员、任务、工艺及地点分开，而是将精力集中于如何影响这些界限，以尽快地将信息、人才、奖励及行动落实到最需要的地方。边界模糊化并不是说企业就不需要边界了，而是需要使企业具有可渗透性和灵活性的边界，以柔性组织结构模式替代刚性模式，以可持续变化的结构代替原先那种相对固定的组织结构。

（五）虚拟化

传统组织结构不管是职能制、事业部制还是矩阵制组织结构；也不管规模大小和在某项功能上的优势如何，企业组织内的各种具体执行功能，诸如研究开发、设计、生产、销售等都是以实体性功能部门而存在的。而虚拟化的企业组织不具有常规企业所具有的各种部门或组织结构，而是通过网络技术将目标所需要的知识、信息、人才等要素联系在一起，组成一个动态的资源利用综合体。随着经济全球化的进一步加剧，全球的经济分工越来越明显，采取这一模式的虚拟组织更能充分行使其组织功能。

除此之外，网络组织还具有以下基本特征：从网络组织的形成来看，信息技术是其形成与发展的基础；从网络组织运行机制来看，信任与协调是其基本运行机制；从网络组织对企业效益的作用来看，自学习性是其生存发展的重要源泉；从网络组织的结构分析来看，超越法人实体的多边联系是其基本形式，复杂的组织结构是网络组织区别于其他组织形式的重要特征，动态开放的组织群体结构保证网络组织始终具有活力和优势。

三、企业网络的构成要素

关于网络组织的构成要素问题，国内外学者经过长期研究已经积累了大量的成果。如阿卡尔认为，网络的基本构成要素是众多的节点和节点之间的相互关系。在网络组织中，节点可以由个人、企业内的部门、企业或是它们的混合组成，每个节点之间都以平等身份保持着互动式联系。如果某一项使命需要若干个节点的共同参与，那么它们之间的联系会有针对性地加强。格拉特等认为，网络组织由网络结构、网络成员、结点特性构成；哈坎森和斯耐赫塔（1995）认为，活动、行为者与资源构成了网络组织的三大基本变量；罗仲伟（2000）认为，网络组织由结构、过程和目标三大要素构成；孙国强（2001）认为，网络组织由网络目标、网络结点、经济联接、运行机制和网络协议构成；[①] 李焕荣、林健（2004）认为，网络组织的构成要素，有网络目标、网络节点、网络联接、网络机制、网络文化和信息平台；李平（2007）认为，网络组织的构成要素应从网络运行的环境、机制和条件，以及网络的形成、发展和演化等方面综合考虑，从资源观的角度出发，网络组织的构成要素分有形要素和无形要素，包括网络结点、信息技术平台、管理运行机制、网络战略目标以及网络组织文化。

综合上述观点，我们可以看到，网络组织的构成要素包括：[②]

（1）网络目标。网络目标是网络组织运作的向导，在共同的战略目标引导下，安排实现战略所必需的资源，协调合作各方的经济行为。网络战略目标来源于并高于网络成员的子目标，需要网络成员的精诚合作、协同运行才能实现。

（2）网络结点。网络结点是构成网络组织的基本要件，是建立网络组织的前提。网络结点可以是独立的企业，也可以是其他社会组织。网络结点按性质不同可以分为同质与异质结点，同质结点因功能相同或相近而具有替代性；异质结点功能上具有差异性。网络结点的作用体现

---

① 贾根良：《网络组织：超越市场与企业两分法》，《经济社会体制比较》1998 年第 4期，第 13—19 页。

② 孙国强：《网络组织的内涵、特征与构成要素》，《南开管理评论》2001 年第 4 期，第39—40 页。

在能够提供核心资源与关键技术，具有信息处理和决策功能；其作用又决定了它们在网络组织中的地位，可分为关键结点、重要结点和一般结点。

（3）网络联接。网络组织通过一定的信息沟通方式和相互作用的依赖路径将网络结点串联起来，形成有机联系的网络骨架。结点间的经济联系方式主要有契约性联接与资本性联接两类。契约性联接包括合同、协议等经济性合约，如虚拟企业、战略联盟；资本性联接以股权参与为主，如合资企业、企业集团等。

（4）网络协议。网络协议的签订是网络组织生成的重要标志，是网络组织的运行基础。网络协议是合作各方为实现资源共享、优势互补所必须共同遵守的规则和约定，包括运行规则、利益分配原则、结点进入与退出条件、团队文化和网络精神等。

（5）信息技术平台。信息技术平台是网络组织有效运行的技术支撑和硬件保障，包括信息、通信技术和信息网络技术。信息技术平台打破了时空限制，为网络组织提供了一个随时响应市场需求、低成本实现网络伙伴之间的有效沟通、协调和共享的平台。[①]

（6）运行机制。管理运行机制是网络组织的调节器，包括信任机制、协调机制、决策机制、约束机制、分配与激励机制等，是网络组织有效运行的重要保证。

四、企业网络组织的类型

（一）根据组织成员的特征划分

根据组织成员的特征，企业网络组织可分为内部网络组织、垂直网络组织、市场间网络组织三种形式：[②]

（1）内部网络组织。内部网络包括两方面的含义：一是通过减少管理层级，使得信息在企业高层管理人员和普通员工之间更加快捷地流动；二是通过打破部门间的界限，使得信息和知识在水平方向上更快地

---

① 李平：《企业网络组织理论研究述评》，《科技与管理》2007 年第 2 期，第 21 页。

② 田艳、周艳春：《网络组织的动因及类型研究》，《山西高等学校社会科学学报》2003年第 9 期，第 33 页。

传播。这样做的结果，就使企业成为一个扁平的、由多个部门界限不明显的员工组成的网状联合体，信息流动更快，部门间摩擦更少。在网络经济的市场环境下，生产已经不是企业面临的主要问题，如何对快速变化的市场需求做出及时的反应并让顾客充分满意才是企业兴衰成败的关键。与此相适应，企业的组织结构也应该由以生产为中心转变为以顾客为中心。在企业内部构建网络组织，有助于企业及时准确地识别顾客的需求特征，围绕特定顾客或顾客群配置资源，组建由设计、生产、营销、财务、服务等多方面专业人员组成的团队，为顾客提供全方位的服务，让顾客满意。

（2）垂直网络组织。在特定行业中，由位于价值链不同环节的企业共同组成的企业间网络组织。原材料供应商、零部件供应商、生产商，经销商等上下游企业之间不仅进行产品和资金的交换，还进行技术、信息等其他要素的交换和转移。联系垂直网络中各个企业的纽带是实现最终顾客价值这一共同使命。垂直网络的组织职能往往是由价值链中创造核心增加价值的企业来履行的。垂直型网络内企业通过紧密合作可以大大提高效率和降低成本。

（3）市场间网络组织。不同行业的企业所组成的网络。这些企业之间发生着业务往来，在一定程度上相互依存。这种网络组织或在股权上相互关联，管理上相互参与，资源上共享，在重大战略决策上采取集体行动，各方之间保持着长期和紧密的联系；或以股权和债权形式为其他成员企业提供长期、稳定的资金支持。

（二）根据组织成员间的相互关系及地位划分

根据组织成员间的相互关系及地位，企业网络组织又可以分为有盟主的网络组织和无盟主的网络组织两种形式：[1]

（1）有盟主的网络组织

①"分包制"企业网络。又称"供应链"体系，指企业间在生产、服务、技术开发等分工活动中的合作安排，一般表现为经济活动的层层分包或转包。分包制一般有两种形式：以主导企业为中心建立的网络和

---

① 闫二旺：《网络组织的机制、演化与形态研究》，《管理工程学报》2006年第4期，第121—124页。

以一个核心企业或一组核心企业形成的网络。[①] 核心企业作为分包制的协调中心，控制着从产品设计到营销的所有经营活动安排。分包制充分利用网络组织来进行生产活动，以网络来应付市场需求变化，核心企业与配套企业实行纵向集成，企业之间在生产中互动合作又互动竞争，形成一种高效而灵活的弹性生产系统。

②企业集团。企业集团是一个多法人的企业联合体，它以一个或几个大企业为核心，通过企业之间的持股、控股和参股等手段形成一种比较严密的网络组织形态，企业之间可以存在纵向业务关系，也可存在横向业务关系。企业集团组织生产活动既充分发挥了规模经济和范围经济的优势，又避免了一体化组织高昂的组织成本。

③虚拟企业。虚拟企业不具备独立的法人资格，是为实现某一经营目标，通常围绕某个领导企业或中间企业组织的关键技能，依靠信息技术网络或通信技术网络，以协议方式确立实现目标或某种服务，以达到共享技术、分摊费用以及满足市场需求的目的。这是一种暂时的、松散的动态企业联合体，一旦目标达成或服务终止，就可以宣告解散，而为了新的机会又会重新组建新的联盟。虚拟企业所有成员企业都能够共享生产、营销、财务、设计等信息，保证了良好的合作，从而集成出较强的竞争优势。

（2）无盟主的网络组织

①战略联盟。战略联盟是指由两个或两个以上有着对等经营实力的企业，为达到共同拥有市场、共同使用资源等战略目标，通过各种协议、契约而结成的优势互补、风险共担、要素水平式双向或多向流动的松散型网络组织[②]，通过价格、技术应用以及技术开等联盟形式来实现资源优化配置和优势互补。

②企业集群。企业集群指在某一特定领域内相互联系的、在地理位置上集中的公司、供应商、关联产业和专门化的机构的联合体。企业集群网络往往是和特定的区域经济紧密联系的，是参与企业的数量和类

---

① 贾根良：《网络组织：超越市场与企业两分法》，《经济体制比较》1998 年第 4 期，第 17 页。

② 秦斌：《企业战略联盟理论述评》，《经济学动态》1998 年第 9 期，第 17 页。

别最多的一种企业网络①，企业集群内企业的密切合作和激烈竞争使企业集群显示出强大的竞争优势。

此外，根据核心企业的特性，企业网络组织可以分为生产性网络和非生产性网络；根据网络组织成员合作关系的稳定性，企业网络组织可以分为静态网络与动态网络；根据成员企业在网络中所贡献的资源情况，企业网络组织可以分为相似资源联盟和互补资源联盟②。

网络组织兼备了市场与科层企业的双重特性，是一种比市场更有效、比企业更灵活的协调生产活动的方式，表现出其调节机制可使企业间形成既竞争又合作的经济关系，以及使企业之间的经济关系相对稳定等独特优势。网络组织在现实经济实践中扮演着越来越重要的角色，如日本的产业分包制、美国企业集团、硅谷高新技术企业集群和战略联盟、意大利传统产业的中小企业集群、中国台湾中小企业网络和大陆东南沿海地区的企业集群等都对各国（地）经济的发展产生了巨大的影响。

1.4.2 企业网络组织的产生及其理论基础

20世纪80年代中期以来，以微电子技术为代表的科学技术和社会经济迅猛发展，世界经济一体化趋势不断增强，这使得企业间的竞争变得异常激烈。要在竞争异常激烈的、动态的、不确定性程度很高的经营环境中求得生存与发展，企业就必须提高对市场的适应和应变能力，从企业相互合作的资源配置的多样性和制度安排的角度来进行组织创新，企业网络组织适时而生。企业网络突破了长期以来进行组织创新时只注重组织内部结构调整的思维定式，它将企业的经济活动放到更加现实和更为广阔的背景下来探讨企业间相互联结的网络安排模式及其运作机制。

一、企业网络组织理论的产生③

网络作为一种结构主义分析方法，最早可以追溯到第二次世界大战

---

① 欧志明、张建华：《企业网络组织的演进及类型研究》，《决策借鉴》2002年第15卷第1期，第6页。

② 欧志明、张建华：《企业网络组织的演进及类型研究》，《决策借鉴》2002年第15卷第1期，第6页。

③ 黄泰岩、牛飞亮：《西方企业网络理论述评》，《经济学动态》1999年第4期。

后英国的一些人类社会学家们的研究。英国学者以结构功能主义理论为基础，用网络结构来描述和分析社会结构，希望探讨和总结出一种文化体系是如何规定一定社会群体中人类的行为及其规律。从20世纪50年代起，一些学者如纳戴尔和巴尼斯等为了研究不同社会群体之间的跨界关系，开始系统地发展网络概念。他们把网络定义为联系跨界、跨社会的社会成员之间的相互关系。在20世纪80年代，经济学家将网络分析方法借鉴并应用于经济领域的研究，逐步形成了企业网络理论。20世纪90年代以来，企业网络理论不仅被经济学家们运用于对企业家行为和中小企业的研究，而且渗透到市场理论和组织理论的研究领域。

网络理论的产生既是网络经济产生与发展的客观要求，也是传统企业理论发展的必然结果。首先，网络经济的产生和迅速发展需要获得经济理论上的指导和帮助。网络经济是20世纪80年代特别是20世纪90年代以来产生的一种崭新的经济现象。它的产生，使原有的社会经济活动几乎全部纳入了信息网络的轨道。国际互联网络的开通使网络经济的范围从一国或一个区域迅速扩展到全世界的范围。网络经济的产生一方面改变了传统的经济运行格局，另一方面也使人们的社会经济活动发生了前所未有的巨大变化。其次，网络经济的迅速发展对原有的现代企业理论提出了严重的挑战，"企业与市场之间直接协调和自动协调的二分法"忽视了企业之间相互合作的事实，其解释力和指导作用具有极大的局限性，不再适应网络时代经济运行的要求，因此必须从企业相互合作的资源配置的多样性和制度安排的角度来进行组织创新，将原有企业理论的企业和市场的二层次制度分析框架提升为市场、网络和企业三层次的全新制度分析框架，由此催生了企业网络理论。

二、企业网络组织产生的理论基础

关于企业网络组织理论的成因，学者们从各个研究领域做出了不同的解释，这里仅从从经济学的角度来进行分析。

（一）分工与专业化理论为企业网络组织的出现提供了依据

在斯密的分工理论中，劳动分工产生了专业化，专业化提高了劳动效率，在此基础上产生了企业。斯密将分工分为企业内分工、企业间分工与产业分工或社会分工。企业间分工即企业间劳动和生产的专业化，这实质上就是企业网络组织的理论依据。这是因为，企业内过细的分工可能导致规模过大、组织管理成本过高等一系列的"大企业病"，纯粹的市场分工又使得企业间的交易成本过高，企业间信任程度也成为制约企业间长期合作关系的障碍。而网络组织保证了分工与专业化的效率机制，与此同时，还将分工与专业化深化下去，使得分工与合作的关系在更大范围内扩大和加深，反过来又促进了网络组织的深度发展。[1]

分工使得网络组织具有无论是单个企业还是整个市场都无法具备的效率优势。杨小凯和黄有光认为，分工可以产生内生的比较优势，在资源禀赋相同时，拥有高分工程度的经济体系其生产率也会更高，在分工基础上可以发展出规模经济，这也是企业网络内分工的优势所在。

现代企业逐渐从传统的企业内部分工协作管理向跨企业分工管理转变，这实际上是实现了从"看不见的手"到"看得见的手"，再到"相互间握手"，所引导的分工效率，不但可以消除或减弱市场协调企业组织之间分工的风险和不确定性，降低交易成本，而且还可以发挥和利用企业组织间专业化分工所带来的潜在收益。[2] 在企业内部分工管理的基础上实现企业之间分工的效率，从而增进社会福利，这是现代企业组织走向网络化的核心意义之所在。

(二) 交易费用理论为企业网络组织产生提供了解释

科斯在《企业的性质》一文中首次用"交易费用"的概念来论述和解释企业存在的原因，提出了"企业的显著特征就是价格机制的替代物"，解决了企业的边界问题。威廉姆森等人在科斯交易成本理论的基础上，以契约人的有限理性和机会主义行为为假设前提，从交易所涉及的资产的专用性、交易所涉及的不确定性和交易发生的频率三个维度分析了交易的性质和对交易成本的影响，逐步形成了交易成本经济学。威廉姆森认为，企业选择不同的制度安排，目的是使生产成本和交易成本最小化。由于契约人的行为假设以及交易过程的三个维度的特性，导致交易活动的不确定性和复杂性，使交易费用增加，这使得制度安排和交

---

① 田艳、周艳春：《网络组织的动因及类型研究》，《山西高等学校社会科学学报》2003年第9期，第31—33页。

② 郭劲光：《企业网络的经济社会学研究》，中国社会科学出版社2008年版，第7页。

易方式的选择成为必要，网络组织应运而生。

根据交易成本的理论，企业网络的形成是为了获得一种最低成本的制度安排。企业网络是一种中间性组织，集企业和市场之长，从而能够实现一种有组织的市场交易。这种有组织的交易至少在三个方面节约了交易费用：第一，市场交易的价格和相关信息可以通过网络建立联系，使交换者更容易发现和识别信息，进而在一定程度上规避了由于不完全信息所带来的交易风险；第二，通过网络建立起的一定的程序和惯例，使讨价还价的成本得以节约；第三，由于有网络的约束，控制和执行成本可以通过市场交易而得到节约。[①] 可见，企业网络组织各成员在利用市场方式优点的同时，仍在一定程度上享有一体化组织的规模和范围经济以及分散风险的好处，同时又避免了一体化组织高昂的组织成本。[②]

新环境下交易费用的节约解释了组织结构的变化。新环境下，高新技术、互联网络、通信技术、交通运输技术的发展，为降低交易费用提供了技术支持。一方面，突破了时空的限制，降低了企业内部的管理成本，网络技术在企业内部的应用，促进了企业管理组织结构的扁平化、网络化，降低了企业内部的交易费用；另一方面，一定程度上缓解了有限理性，抑制了机会主义，降低了不确定性，降低了企业之间的交易成本（薛勇，2008）。

（三）企业网络是基于企业能力理论的企业组织变革

企业能力理论经历了"企业资源理论—企业核心能力理论—企业动态能力理论—企业知识理论"的发展过程。企业能力理论对企业网络组织有了最新的解释。该理论强调企业内部条件对企业竞争优势的决定作用，企业内部资源、能力知识的积累是企业获得超额收益和保持企业竞争优势的关键。

（1）企业资源理论。[③] 企业资源理论包括以外部环境适应为核心的资源依赖理论以及以内部竞争优势为核心的资源基础理论。网络组织使

---

① 郭劲光：《企业网络的经济社会学研究》，中国社会科学出版社 2008 年版，第 104 页。

② 欧志明、张建华：《企业网络组织及其理论基础》，《华中科技大学学报（社会科学版）》2001 年第 3 期，第 80 页。

③ 许小虎、项保华：《企业网络理论发展脉络与研究内容综述》，《科研管理》2006 年第 1 期，第 115—116 页。

企业资源运筹的范围从企业内部扩展到外部，在更大范围内促进资源的合理配置，通过资源优势的互补，大大节约了企业经营成本，提高了企业的经济效益。

以外部环境适应为核心的资源依赖理论是普费弗和萨兰西克（Pfeffer, Salancik, 1978）在权力依赖理论的基础上提出来的。资源依赖理论在网络研究中引入政治、权力等非经济因素，主要研究网络中组织的相互依赖特征，网络研究因此拓展到更为开放的系统中。普费弗和萨兰西克认为，资源的稀缺以及对环境波动的完整信息的缺乏，导致环境的不确定性，环境中的不确定性经常超出单一企业所能控制并承受的范围。因此，一个组织的运作必须依赖其他组织的活动来维持生存，组织对外部环境及其他组织产生了依赖性。为了成功地控制这种依赖性，企业必须取得对关键资源的控制，减少对其他组织的依赖；或者取得对资源的控制，增加其他组织对自身的依赖。这种相互依赖是企业采取购并或网络安排的原因之一，发展必要的企业网络成为理性的选择。

以内部竞争优势为核心的资源基础理论首创于 1984 年，以伯格·沃纳菲尔特（B. Wernerfelt）的经典性论文《企业资源基础论》（1984）的发表为标志，后来一些学者，如蒂斯（D. J. Teece）、皮萨诺（G. Pisano）、舍恩（A. Shuen，1990）、潘迪安（J. R. Pandian，1992）、彼德拉夫（M. A. Peteraf，1993）等，对其进行了丰富和发展。资源基础理论的主要观点：一是关键资源和能力是企业持续竞争优势的源泉。企业是一个资源的集合体，企业的竞争优势源于企业所拥有的资源，尤其是一些异质性资源。每种资源有多种不同的用途，资源的异质性导致了企业可以享受与其他企业不同的特殊资源。由于要素市场的不完善性，阻止了竞争者获得或复制这种特殊资源的能力，使企业间存在着赢利能力的长期差异。企业资源的异质性是企业获得竞争优势的必要条件。二是企业竞争优势源于独特有价值资源的不可模仿性与难以替代性。有价值、稀缺的、不可完全模仿、不可完全替代的资源构成了企业的持续竞争优势之源。有价值的企业资源具有稀缺、难以模仿和缺少直接替代品等特征，当在市场上获取资源存在可能时，企业倾向于独自行动。但市场是有缺陷的，由于期望的资源可能与其他资源混合在一起或嵌入于组织中（Tailan Chi，1994），因此一些资源是难以交易的。三是企业的资源和能力包括企业用来开发、生产和分销产品或服务给消费者的所有财力、物力、人力和组织资源。可见，当企业资源具备有价值、稀缺、不可模仿和不可替代四个特征时，拥有这种企业资源的企业就能够产生持续竞争优势。资源基础理论试图从企业内部的资源状况寻找企业优势之源，但资源的内部成长路径难以满足由于环境迅速变化所导致的各种资源需求，因此企业网络组织选择成为必要。

（2）企业核心能力理论。企业核心能力理论是以普拉哈拉德（C. K. Prhalad）和哈默（Gary Hamel）在 1990 年的《哈佛商业评论》上发表的划时代文章《企业的核心能力》为标志，后来经过斯多克（George Stalk）、伊万斯（Philip Evans）、舒尔曼（Lawrence E. Shulman）、蒂斯（D. J. Teece）、皮萨诺（G. Pisano）、舍恩（A. Shuen）、福斯（N. J. Fosse）、贺尼（A. Heene）等人的发展而逐渐完善。企业核心能力理论认为，企业本质上是一个能力集合体，应当以最本质的同质的东西来规定企业的内涵，这种同质的东西就是"能力"。企业的能力是企业长期积累和学习的结果，和企业的初始要素投入、追加要素投入、企业的经历等密切相关，具有突出的路径依赖性。能力是对企业进行分析的基本单元。企业的核心能力是企业拥有的最主要的资源或资产。企业的核心能力来源于企业内知识的积累和培养，是企业获得和保持持续竞争优势的关键。核心能力是一种动态的能力，它随着知识的开发、利用和扬弃等过程不断地发生变化，积累、保持、运用核心能力是企业的长期根本性战略（谷奇峰，丁慧平，2009）。

（3）企业动态能力理论。Teece 和 Pisan 于 1994 年发表的文章 "The dynamic capability of Firm：An introduction"，首次提出了动态能力的概念。Teece 认为，"动态"指的是与环境变化保持一致而更新企业的能力，"能力"强调的是整合和配置内部和外部资源的能力。动态能力是企业整合、建立和再配置内外部能力以适应环境快速变化的能力，是企业保持或改变其作为竞争优势基础的能力（Teece，Rumelt&Winter，1994；Teece，Pisano & Shuen，1997）。其后动态能力理论越来越多地被学者们所关注，研究的范围从动态能力的内涵、特征扩大到动态能力对企业绩效的影响和动态能力的形成过程。Kathleen（1998）认为动态能力是可以确认的、明确的常规惯例或者流程，是一种产生多样化业务的知识特性，是指企业保持或者改变其作为竞争优势基础的能力。

（4）企业知识理论。企业知识理论以德姆赛茨（1988）和格兰特（1996）为代表。格兰特1996年发表的《基于知识的公司理论》一文堪称企业知识理论的经典之作。企业知识理论强调知识在创造竞争优势中的作用，知识是竞争制胜的基础。要在知识竞争中获得成功，就要协调战略与知识管理，培育支持企业竞争战略的知识和能力。企业知识理论认为，企业除了知识的获得外，更需要具有协调整合并创新知识的能力。事实上企业这种协调整合并创新知识的能力是其特有的。企业知识理论在分析企业性质时，把企业看做知识系统，将其视为生产和提供服务活动的过程中所需知识的获得、运用和创新的一体化有效机制，尤其是它通过提供大规模的增量学习过程（边学边干）使得部分生产和服务所需的隐性知识得以积聚和创新。企业知识理论认为企业的异质性起因于企业在生产过程中形成和积聚的知识的差异性。企业拥有的许多知识属隐性知识，难以转移。网络组织成为组织学习和企业之间知识转移的有效途径。

综上，企业能力理论从以下几个方面阐明了企业网络组织产生和存在的必要性：

第一，由于不同企业资源的异质性、稀缺性、不可完全模仿性以及不可完全替代性，为了获取资源，企业可通过合资、战略联盟等方式达到优势互补、资源共享的效果。企业通过建立战略联盟，取长补短，促使企业间资金、设备、技术、人才等要素合理运作，使现有的资源价值通过与其他企业的资源的联合产生最大化的价值。[①]

第二，在高度不确定的市场竞争环境中，企业能力缺失不可避免。为了生存和发展，企业必须不断地查找和识别自身的能力缺陷，并探索弥补缺陷的有效途径。从实践来看，克服企业能力缺陷，除通过自我积累来弥补企业能力体系与企业活动目标之间存在的差距外，企业还可以通过兼并或收购获取外部能力来补己之短，或通过联盟合作来提升企业的能力水平，改善企业能力结构。当一个企业发现另一个企业的能力体

---

① 许小虎、项保华：《企业网络理论发展脉络与研究内容综述》，《科研管理》2006年第1期，第114页。

系拥有自己所需要的能力，能够弥补其能力缺陷，而自身能力体系中多种能力无法满足企业活动的目标时，就可以通过协议的方式与多个企业之间建立外部网络，从不同企业中获取实现目标所需要的能力，使企业能力体系中相对较强的能力功能得以充分发挥。①

第三，对于弱势企业来说，仅仅依靠自己的力量来获得企业需要的全部知识和能力，是一件花费大、效果差的事情，因此可以通过建立外部网络（战略联盟、知识联盟等）来学习优势企业的知识和技能，激发员工的创造力，促进知识的创造和企业能力的培养②。

（四）最后是企业竞争战略理论与网络组织的竞争优势③

美国哈佛商学院教授迈克尔·波特于 1980 年首先提出了竞争战略理论。波特的理论是以产业的竞争分析为基础的。他认为，一个产业内部的竞争状态取决于进入威胁、替代威胁、买方砍价能力、供方砍价能力及现有竞争对手的竞争五种基本竞争作用力。企业应根据上述五种因素的分析制定相应的竞争战略。波特提出了三种一般战略，即全面成本领导战略、产品差异化战略和目标集中点战略。企业网络组织恰恰十分符合上述三种一般战略。比如，规模的经济性可以形成相对的成本优势；产品的差异离不开先进的技术与产品质量，细分市场能够促进不同需求的全面增加；等等。同时，企业间的活动是互补的。企业网络使得企业可以将价值链的诸多环节分散到不同企业中去，加强各个企业的专业化程度，使各个环节都蕴涵着明显的竞争优势，再通过各企业间的合作达到整个企业网络的优势提升，而对于每个成员企业来说也都能够获得最大的收益。因此，企业间相互协调的各种组织安排就必不可少了。可见，网络组织的能力就在于通过寻求和运用网络资源来获得竞争优势。组织网络化和网络组织的竞争优势来源于嵌入组织过程中的动态核心能力（薛勇，2008）。

---

① 邹文杰：《企业能力与企业战略联盟》，《中南财经政法大学学报》2008 年第 4 期，第 113—114 页。

② 王开明、万君康：《企业知识资本的形成与持续》，《外国经济与管理》2001 年第 5 期，第 46 页。

③ 欧志明、张建华：《企业网络组织及其理论基础》，《华中科技大学学报（社会科学版）》2001 年第 3 期，第 80 页。

企业网络是一种资源配置方式。Zingalae S.（2000）认为，企业的经济本质是围绕关键性资源而生成的专用性投资的网络。格拉特（1999）认为，网络资源具有特质性和价值产生的过程依赖性，它允许网络组织成员对其进行试用和开发，而竞争对手却难以模仿和替代，企业的长期竞争优势来自于企业所拥有和控制的难以模仿、难以交易的特殊资源和战略资产。Gulati（2000）指出，企业的竞争优势在于商业网络。主导企业在动员网络资源方面具有优势。

核心竞争力理论是解释企业间组织特别是战略联盟、虚拟企业蓬勃发展的重要理论基础。根据企业核心竞争力理论，企业不仅仅是一种产品的组合，更是一种能力的组合，企业之间分工实质上是一种能力的分工。企业核心竞争力决定了企业的规模和边界。任何企业想在产品的设计、生产、销售等各价值环节都具有竞争优势是不可能的。在核心竞争力理论的指导下，企业应该集中发展自己具有核心优势的业务活动，围绕核心竞争力建立和完善企业组织结构。[1]

1.4.3 企业网络理论与企业集团成因

企业网络经济理论将社会经济活动放到更加现实和更为广阔的背景下进行分析，探讨了导致企业间相互联结的网络安排及其演进的各种要素，把分析的重点从原先的注重对企业活动边界的界定、企业与市场相互之间的最佳组合以及对企业内部科层组织形式的选择等，转向了对企业内部或外部能够诱导和实际存在的各种各样交替作用的网络关系及其构造的研究上，最终导致了企业间复杂易变的网络结构和丰富多样的制度安排，实现了"看不见的手"和"看得见的手"相互之间的"握手"。

一、企业集团化是企业组织的演进趋势

企业组织演进的依据在于企业根据不同中间产品交易效率的变化，将核心能力保留在企业内部，而那些并不重要的业务则由市场进行组

---

[1] 林孔团：《网络组织竞争优势的经济学分析》，南开大学政治经济学专业博士学位论文，2007年。

织。信息技术的发展大大提高了交易效率，使得适合市场交易的产品范围扩大，由企业间接定价的范围有所缩小，由市场直接定价的范围有所扩大，企业组织出现了网络化的趋势。面对日益激烈的竞争形势，企业必须不断地动态调整其组织边界，以核心能力为依托。不同组织具有不同竞争优势的合作网络，企业组织因此出现了动态化的趋势。这种网络化和动态化的趋势导致了企业的集团化趋势。①

二、企业集团是企业组织结构网络化的形式之一

企业组织结构的网络化主要表现：一是以契约和资本为纽带形成的企业经营连锁化，即企业通过发展连锁经营和商务代理等业务，形成一个庞大的销售网络体系，使得企业的营销组成网络化。二是以契约和共同利益形成的企业内部组织网状化。企业组织架构日趋扁平，管理层次减少，组织内的横向联络不断增多，使得企业内部组织机构形成网状化。三是以因特网为基础的信息传递网络化。随着网络技术的飞速发展和计算机的广泛应用，企业信息传递和人际沟通已经逐渐数字化、网络化。不同部门、员工之间通过先进的通信技术进行信息沟通和及时有效的交流，增进员工之间的了解，提高其学习能力，并增强部门之间的协同能力，形成竞争优势。四是以技术和资本为纽带形成的企业集团化。随着经济全球化的趋势，企业集团、企业战略合作伙伴、企业联盟大量涌现，这使得众多企业之间的联系日益紧密起来，构成了企业组织形式的网络化。② 企业集团的网络化实质上是企业和市场之间、成员企业之间相互渗透的结果，是企业边界模糊化的表现。企业集团的边界分为核心层、紧密层和松散层，随着金字塔式的层级制组织向企业网络的演变，随着企业集团的大刀阔斧的改革，企业集团的核心层会逐渐缩小，而外围层将扩大，借助信息网络技术，企业间的沟通会得到进一步加强，企业间的合作也会因核心竞争力的凝聚而更加紧密，这样，无论是企业内部还是企业外部都会出现网络化的特征。

---

① 周治翰、胡汉辉：《分工、企业组织演进与企业集团重组分析——以江苏牡丹汽车集团为例》，《中国工业经济》2001 年第 8 期，第 57 页。

② 曹高辉、王鑫鑫：《网络经济下的企业组织变革》，《情报杂志》2004 年第 10 期，第 84—86 页。

三、企业集团是企业间网络资源共享和互补的产物

企业在配置利用资源上总是不合理、不充分。资源的异质性导致了企业可以享受与其他企业不同的特殊资源，由于要素市场的不完善性，阻止了竞争者获得或复制这种特殊资源的能力，使企业间存在着赢利能力的长期差异。一方面，资源由于其异质性及不可转移性，使得企业很难将多余的资源出售或出租，加之，资源常常只能以不连续的增量形式存在，这样在企业内资源出现相对过剩。企业要想充分地利用资源，可以通过纵向一体化和多角化经营两种途径，而企业集团正是顺应了这种形势。另一方面，企业要获得自己所缺乏的资源，可以通过市场交易形式，即建立一种合作关系，以实现企业间的资源共享和互补。

企业集团是企业间资源共享和互补的产物。企业网络作为企业和市场之间的中间组织，是企业之间的分工协作，是一种竞争性合作的新型关系。当企业不可能通过市场获得某种特定的资源和能力，而通过内部科层制来组织这种资源的生产和能力的积累又具有很高成本的时候，就会产生组织间网络来实现企业目标。企业的目标总是在不断地提升和发展，而企业的资源不可能永远满足其目标发展的要求。企业集团的建立，不仅可以解决企业的目标和资源之间的矛盾，而且可以使其资源使用边界扩大，从而不仅提高资源的使用效率，而且节约获取资源的新投入。

四、企业价值链环节的核心能力互补是企业集团形成的动力

企业核心能力不易模仿，导致核心能力无法从交易中获得。企业集团作为转移核心专长的一种有效的组织形式，可以通过价值链上的关键环节即核心能力在相关行业中进行扩散和移植，从而提高企业的竞争优势。另外，企业在扩大市场领域及发展新业务时，需要其他企业的核心能力，以便形成合力，而建立企业集团可以使企业间互相借助对方成员的核心竞争力，以形成更强的竞争力。由此可见，企业集团的建立不仅能够节约相互之间的交易费用，还可以聚合成员企业在不同价值链环节的核心能力，互相借助对方成员的核心竞争力，合作创造更大价值。由于某些价值增值的环节上，一个企业拥有的优势与其他企业之间各不相

同，要实现在整个价值链各个环节上创造最大价值，就应将不同企业各自价值链的核心环节协调在一起，促使企业之间核心专长得到互补。这时企业可以通过与生产环节中的上游或下游合作建立企业集团。通过建立企业集团，核心企业将价值链中其他环节分解出去，由外围企业进行，以便产生优势专长资源的协同作用，创造更大的价值。通过企业集团中价值链的互补，可以缩短从研究开发到生产、销售的时间，这样不仅可以迅速占领市场，还可以发挥各成员企业的核心专长，有利于增强企业集团的整体竞争力。①

综上，不论是分工与专业化理论、交易费用理论、规模经济理论，还是企业网络组织理论，都对企业集团的产生、存在、发展做了较好的解释。分工与专业化理论和规模经济理论是从生产技术的角度对企业集团的成因提供了理论依据，交易费用理论是从交易成本和组织结构成本的角度对企业集团产生进行了解释，而企业网络组织理论则是从企业相互合作的资源配置的多样性和制度安排的角度进行的组织形态的探讨。

主要参考文献

［1］ 马克思：《资本论》，人民出版社 1975 年版。

［2］ Yung, Allyn A. , "Increasing Returns and Economic Progress", *Economic Journal*, 1928, Vol. 38.

［3］ 亚当·斯密：《国民财富的性质和原因的研究》，商务印书馆1972 年版。

［4］ Adam Smith, *An Inquiry into the Nature And Causes of the Wealth of Nations*, Reprint, edited by Can-nan, Chicago：University of Chicago Press, 1976.

［5］ 马歇尔：《经济学原理》，商务印书馆 1998 年版。

［6］ 盛洪：《分工与交易》，上海三联出版社 1994 年版。

［7］ 杨小凯、黄有光：《专业化与经济组织》，张玉纲译，经济科学

---

① 高超、蔡慧：《企业集团形成的经济学动因的理论解释述评》，《学术论坛》2006 年第7 期，第136—137 页。

出版社 1999 年版。

[8] 杨小凯、张永生:《新兴古典经济学和超边际分析》,中国人民大学出版社 2000 年版。

[9] 路易斯·普特曼、兰德尔·克罗茨纳:《企业的经济性质》,上海财经大学出版社 2000 年版。

[10] 杨小凯:《经济学:新兴古典与新古典框架》,社会科学文献出版社 2003 年版。

[11] 钱德勒:《看得见的手:美国企业的管理革命》,重武译,商务印书馆 1987 年版。

[12] 黄庆、覃蓉芳:《产权变革下的国有企业集团化战略研究》,科学出版社 2005 年版。

[13] 宋亦平:《企业理论——分工与协作视角的解说》,复旦大学出版社 2007 年版。

[14] 刘凤义:《企业理论研究的三种范式——新制度派、老制度学派和马克思主义的比较与综合》,经济科学出版社 2008 年版。

[15] 陈柳钦:《专业化分工理论与产业集群的演进》,《北华大学学报》2007 年第 4 期。

[16] 周治翰、胡汉辉:《分工、企业组织演进与企业集团重组分析》,《中国工业经济》2001 年第 8 期。

[17] Coase, Ronald, "The Nature of the Firm", *J. Lawand Economics*, 1937, Vol. 26, No. 1.

[18] Williamson, Oliver E., "The Vertical Integration of Production: Market Failure Consideration", *America Economic Review*。转引自陈郁编:《企业制度与市场组织——交易费用经济学文选》,上海三联书店、上海人民出版社 1998 年版。

[19] 胡雄飞:《企业集团与科斯的经济理论》,《社会科学战线》1995 年第 3 期。

[20] 刘汴生:《企业集团存在与发展的经济学原因》,《经济经纬》1998 年第 6 期。

[21] 仲伟周:《企业集团与经济一体化组织》,《中国软科学》2000

年第 8 期。

[22] 李明辉:《企业集团组建的经济学解释》,《内蒙古财经学院学报》2002 年第 3 期。

[23] 张乖利:《"交易费用"范畴的提出、发展和运用》,《特区经济》2006 年第 2 期。

[24] 张海如、李培如等:《规模经济:理论辨析与我国企业集团发展趋势》,《太原科技》2001 年第 1 期。

[25] 杨瑞龙主编:《企业理论:现代观点》中国人民大学出版社 2005 年版。

[26] 史忠良主编:《产业经济学》(第二版),经济管理出版社 2005 年版。

[27] 保罗·萨缪尔森、威廉·诺德豪斯:《经济学》(第十六版),萧琛等译,华夏出版社、麦格劳·希尔出版公司 1999 年版。

[28] 小艾尔弗雷德·D. 钱德勒:《企业规模经济与范围经济》,张逸人等译,中国社会科学出版社 1999 年版。

[29] 王丙毅:《网络经济下规模经济的新特点与规模经济理论创新》,《经济问题》2005 年第 1 期。

[30] 宋旭琴、蓝海林、向鑫:《我国企业集团的演化与发展分析》,《科技管理研究》2007 年第 4 期。

[31] 尹泽:《试用规模经济理论浅析我国的大企业战略》,《北方经济》2007 年第 12 期。

[32] Miles, R. O. , C. C. Snow, "Organization: New Concept for New Firm", *California Management Review*, 1986, 28(3).

[33] 巴里·韦尔曼:《网络分析:从方法和隐喻到理论和实质》,《国外社会学》1994 年第 4 期。

[34] 青木昌彦:《日本经济中的信息、激励与谈判》,朱泱、汪同三译,商务印书馆 1994 年版。

[35] 郭光劲:《企业网络的经济社会学研究》,中国社会科学出版社 2008 年版。

[36] 贾根良:《网络组织:超越市场与企业两分法》,《经济社会体

制比较》1998 年第 4 期。

[37] 黄泰岩、牛飞亮:《西方企业网络理论述评》,《经济学动态》1999 年第 4 期。

[38] 罗仲伟:《网络组织的特性及其经济学分析》,《外国经济管理》2000 年第 6 期、第 7 期。

[39] 孙国强:《网络组织的内涵、特征与构成要素》,《南开管理评论》2001 年第 4 期。

[40] 欧志明、张建华:《企业网络组织及其理论基础》,《华中科技大学学报（社会科学版)》2001 年第 3 期。

[41] 孙国强:《关系、互动与协同:网络组织的治理逻辑》,《中国工业经济》2003 年第 11 期。

[42] 杨瑞龙、冯键:《企业网络的效率边界:经济组织逻辑的重新审视》,《中国工业经济》2003 年第 11 期。

[43] 刘东:《企业网络论》,中国人民大学出版社 2003 年版。

[44] 田艳、周艳春:《网络组织的动因及类型研究》,《山西高等学校社会科学学报》2003 年第 9 期。

[45] 张文松、郭广珍:《企业网络与企业边界理论》,《中国工业经济》2005 年第 12 期。

[46] 何苏华:《企业网络组织的特征、成因及其运行机制》,《商业研究》2005 年第 20 期。

[47] 傅宗琛:《企业技术创新网络研究的理论基础》,北京交通大学硕士学位论文,2006 年。

[48] 许小虎、项保华:《企业网络理论发展脉络与研究内容综述》,《科研管理》2006 年第 1 期。

[49] 顾保国:《企业集团生成理论比较分析》,《现代经济探讨》2006 年第 4 期。

[50] 闫二旺:《网络组织的机制、演化与形态研究》,《管理工程学报》2006 年第 4 期。

[51] 季成:《企业网络化组织结构研究》,东北财经大学硕士学位论文,2006 年。

［52］ 李平:《企业网络组织理论研究述评》,《科技与管理》2007 年第 2 期。

［53］ 林孔团:《网络组织竞争优势的经济学分析》,南开大学政治经济学专业博士学位论文,2007 年。

［54］ 高超、蔡慧:《企业集团形成的经济学动因的理论解释述评》,《学术论坛》2006 年第 7 期。

2　国外企业集团发展的新趋势

随着互联网技术的迅猛发展和经济全球化趋势的逐步加强，代表着先进技术和管理水平的大型企业集团在组织形式、经营战略、治理结构、管理手段、竞争方式与政府规制等方面也在进行着不断的探索与发展。从近期国外大型集团企业的各种管理变革和创新实践来看，企业集团的组织结构、资金管理、战略联盟、治理结构、集团管控、政府规制等方面都出现了新的发展态势。

2.1　企业集团组织结构重组发展的新趋势

国外企业集团组织结构变革实践证明，企业集团的组织结构是贯彻实现企业战略目标的重要工具，对于集团的生存发展具有至关重要的影响。企业集团的组织结构不仅是集团企业产生核心竞争力的主要源泉之一，而且还决定了集团企业内部组织的协调成本，对集团企业的整体综合功能具有放大效应。因此，几乎所有的企业集团都特别重视其组织结构的优化和适应问题，毫无例外地将组织结构的合理设计、重构选择和不断优化调整作为其生存和发展的重要任务之一。事实上，企业集团的组织结构在现代企业发展史上先后出现过多种模式，每一种模式的产生与发展完善都有其特殊的经济理由与依据，但并不是每一种模式都适合于每一个企业集团。任何一个企业集团都必须根据所处外界环境的要求和自身条件等选择适合自身发展的组织结构模式，同时还必须根据环境的变化和自身经营战略发展变化的要求进行相应的组织结构变革，为实现企业战略目标服务。随着企业集团的产生发展及其领导体制的演变，企业集团的组织结构形式也在不断发展变化。迄今为止，国内外企业组织结构经历的主要形式有直线制、职能制、直线职能制、事业部制、矩阵结构和网络组织等。[①] 而当前主要采用以下四种组织结构模式：按职能划分部门的结构或称一元结构——U 型结构、控股公司结构——H 型结构、事业部制或称多分支单位结构——M 型结构、企业集团的扁平组织结构。这四种模式中，现在采用最普遍的是以事业部为主导的扁平组织结构，目前全世界 90% 的跨国公司都是采用这种组织结构。同时，根据对国际上诸多企业集团运行成败案例的研究结果认为，中国的企业集团也应逐步由现在的多级法人治理结构过渡到以事业部为主导的、由集团公司来集中控制资源的扁平组织架构模式。[②]

　　事实上，现代企业集团所处的外部环境发生了一系列的变化，其突出的特点是全球性、多变性和复杂性。特别是现代企业集团经营的地理范围、产品范围的扩大和跨地区、跨国界经营模式的形成，都促使企业集团不断进行经营战略和组织结构的调整与变革。20 世纪 90 年代中期以来，在知识经济、学习型组织、以人为本等理念为核心的组织结构理论的指导下，西方企业尤其是大型企业集团都纷纷加强了组织结构变革的力度，掀起了组织结构变革的一轮热潮。这一轮企业集团组织结构调整的重要特点是围绕企业战略目标，缩小企业规模，减少管理层次，在流程再造的基础上集成职能部门，创建"网络制"的组织模式，使母子公司的关系发生了重大变化。从对国外部分企业集团的组织结构的分析来看，企业集团组织结构的设置受到诸如竞争环境、公司战略、业务组合、行业特点、企业规模、管理传统、经营者风格、政府政策、法律规定、集团所处不同发展阶段等多种因素的复杂影响。随着上述影响因素的变化，国外企业集团的组织结构更加多元化，大多数都是母子公司制、事业部制和直线职能制等多种组织类型的混合体；组织结构的重组不再局限于企业集团内部，而是扩展到外部关系的重构，如寻求伙伴

① 刘金祥：《对企业集团组织结构变革的思考》，《沿海企业与科技》2007 年第 1 期。
② 周丹：《企业集团组织结构的演变》，《商场现代化》2007 年第 15 期。

（上有供应商和承包商，下有分销商和顾客）的协作等；组织结构的重组不再受国界的限制，而是以全球化的视野进行资源优化整合和组织结构优化重构。目前来看，国外企业集团的组织结构变革主要有三种新的发展趋势：一是事业部制向二级子集团制转变，二是事业部制向虚拟子集团制的调整，三是按产业集群和价值链划分业务板块的组织结构变化趋势。①

2.1.1 事业部制向二级子集团制的转变

很长一段时间以来，中国及世界知名的集团企业大都采用事业部制。但是，近期国外集团企业的变革具有明显的由事业部制向二级子集团制演进的趋势，这一趋势不仅符合企业集团组织结构优化重构的先进发展趋势，也符合现代化企业集团发展的优化演进路径。

从分权和专业化经营的角度来看，集团组织结构重组向更具分权特色的二级子集团制演进，使二级子集团更灵活，分权更彻底，也更有益于专业化经营。一般来说，事业部是集团内的一个部门，不具有法人资格，是非法人，通常集团将事业部当成一个部门来进行管理。许多实行事业部制的企业集团都按产品、按地区、按顾客（市场）等来分类成立多个事业部，每个事业部都有研发、生产、宣传、销售等部门，但事业部在对外签署合同时都必须经过总部授权才有法律效力。而二级子集团在法律上是具有法人地位的企业，具有独立法人资格，集团总公司和二级子集团之间严格地说不是行政上的隶属关系，而是资产上的联结关系，② 因此二级子集团制组织结构是一种较事业部制组织结构更为彻底的分权形式，从分权和专业化的角度来看，集团组织结构重组向更具分权特色的二级子集团制演进是符合现代化企业集团发展的优化演进路径的。

从经营决策机制的角度来看，二级子集团制实行后，有利于整合

---

① 王吉鹏：《集团化管理的新趋势：架构重组》，http://www.sasac.gov.cn/n1180/n1271/n20515/n/2697190/4272613.html，2008-04-09。

② 王吉鹏：《不同类型的集团组织结构—较长短》，http://blog.vsharing.com/R_D/A851127.html，2009-03-16。

集团的资源，形成核心竞争力，提升集团整体实力。二级子集团制的集团组织结构使总体战略决策集中在集团总部，二级子集团可以专注于专业化的发展，每一个二级子集团具有制订自身发展目标和行业竞争战略的权利和功能，便于其找准行业标杆，明确自身定位，寻求符合自身发展的商业模式，并在所属行业中形成行业领导地位。同时，集团总公司无须承担二级子集团的债务责任，相对降低了集团公司总体经营风险，并促使二级子集团增强其责任感和经营积极性。

◆ 案例：奥地利电信改组成立 3 个子集团①

2007 年 7 月，奥地利电信对外宣布进行组织结构重组，公司改组成 3 个实体：负责战略、协调和国际拓展的控股公司，负责固定线路运营的奥地利电信，负责移动业务的 Mobilkom 公司。改组后，奥地利电信对 2007—2010 年的业绩增长预期从当时的 1.5%—2.0% 提高到 1.7%—2.2%，销售额和净收入的预期保持不变。

从改革前的组织结构来看，奥地利电信既包含控股集团，又包含固定网络运营，将这两个功能分离有利于运营部门更加专注。奥地利电信的固网业务在 2007 年第一季度的用户数比 2006 年同期减少了 7%，销售额降低了 4.5%。这一不理想的业绩或多或少受到了控股职能的影响，控股职能剥离后，固网业务的水平将更清晰地展现，进一步增强固网业务经营的专业性及经营的责任感和积极性。

在大多数欧洲运营商都开始按客户需求重组产品线的今天，奥地利电信仍然走了一条传统的道路——按技术划分部门，这似乎有点逆流而行。但其实奥地利电信建立的三个实体公司实际上就是二级子集团，这样调整后能更好地实现集团的分权和二级子集团的经营专业化，从整体上解决运营中存在的问题，做到权责明确。

---

① 转引自王吉鹏：《集团化管理的新趋势：架构重组》，http://www.sasac.gov.cn/n1180/n1271/n20515/n/2697190/4272613.html,2008-04-09。

2.1.2　事业部制向虚拟子集团制的转变

虚拟子集团制是目前企业实务界对集团组织结构的一种创新，其实质是接近二级子集团制的一种过渡型组织结构。实行虚拟子集团制的企业，集团总部负责战略规划与决策，包括集团政策、财务、ERP、核心文化、品牌、重要外部关系及资源整合利用等方面，同时对虚拟二级产业集团下放部分财务权力和人事权力，尝试运用资本运作手段，使虚拟二级产业集团具有融资功能，争取更大的资本市场资金支持，谋求集团整体更大的发展；虚拟二级产业集团主抓经营业务，包括销售策略、产品策略、人员任用以及经营方式等，是利润中心。改革后的经营管理体制采用"统筹决策、分散经营"的原则，在组织结构上运用介于事业部制和二级子集团制之间的分权式管理，使虚拟二级产业集团具有比事业部更充分的经营自主权，有利于形成更灵敏的市场反应能力和更专业的经营能力。

◆ **案例：美国在线网站撤销四大事业部**①

2006 年 9 月 20 日，美国在线网站宣布进行组织结构重组，撤销原有的四个大事业部，并将公司的四大事业部调整为多个小规模的产品类别部门，相当于集团的多个按产品类别划分的虚拟子集团。此次组织结构重组一是为了适应全新的"服务免费、广告创收"的发展战略，另外一个重要战略目的是加强海外业务的扩张。重组体现了美国在线"战略决定结构"的组织结构变革思想，从而要求集团组织结构随着集团公司发展战略的改变而改变。同时组织结构变革也能解决企业集团发展中出现的问题，比如美国在线存在不同业务模式的冲突，过去提供给接入客户的服务总是和提供给网站读者的服务相冲突等。

2.1.3　按产业集群和价值链划分业务板块

现代集团企业随着规模的壮大，涉及的产业越来越多。在从《时

---

① 王吉鹏：《集团化管理的新趋势：架构重组》，《印刷经理人》2008 年第 12 期。

代》杂志排名的全球 1000 家大公司中抽样分析表明，排名前 50 家公司拥有超过 10000 家子公司，平均每家集团的控股公司拥有超过 230 家子公司，涉及的产业范围越来越广。企业集团如何协调管理好旗下各类产业、整合各类产业资源、为公司带来盈利是现代企业集团大都面临的一个重要问题。一般来看，企业集团的各业务群处于不同的产业领域和不同的产业发展阶段，各产业的业务格局和定位也不同。因此，在企业集团发展壮大的进程中，按产业集群划分业务板块，按价值链将各业务群进行优化整合，不仅是现代企业集团必需的选择，也是符合现代企业集团组织结构优化发展要求的行为。

按照现代企业集团发展的多元化和产业的关联度，将集团的各业务群按产业集群和价值链调整为几大板块，从"有限相关多元化"到"业务单元专业化"，让各个板块根据自己的发展目标和行业竞争战略，明确自身的定位，寻求符合自身发展的商业模式，形成各自的行业领导地位。通过这种资源的再分配，加强企业集团的供应链改善、价值链管理、利益协同、成本管理、运营效率等，实现基于统一目标、整体利益及职能、责任、信息关联性的业务架构和流程，再加以符合市场需求的组织结构，提升企业集团整体的竞争力。

◆ **案例：英特尔（INTEL）全球组织结构重组**①

2005 年年初，英特尔进行集团的全球组织结构重组，按产业集群和价值链重新划分业务板块，结果是将其集团组织结构重新划分为 5 个事业部：移动事业部、数字企业事业部、数字家庭事业部、数字医疗保健事业部和渠道平台事业部，并撤销了在 2004 年度亏损的通信部门，将该部门原有的产品线（手机和网络设备）及相关业务全部分拆并入其他 5 个新成立的事业部。2005 年 8 月 1 日，英特尔进一步将其渠道平台事业部（CPG）的全球总部搬到了中国上海。CPG 全球总部来源于英特尔内部 4 个不同的部门：一是原销售渠道事业部，这个部门担负了英特尔近 1/3 的销售任务，此次全部转入 CPG；二是原本向台式平台事业部汇报的渠

---

① 王吉鹏：《集团化管理的新趋势：架构重组》，《印刷经理人》2008 年第 12 期。

道产品部门；三是一年前成立的向首席执行官欧德宁直接汇报的渠道软件服务事业部；四是英特尔在全球新成立的第四个平台定义中心。

英特尔此次调整不仅仅是一个团队工作地点的改变，而是整个处于产业链源头的核心企业正在努力从一个单纯的处理器硬件供应商向全面服务提供商转型，是产业链的完善和延伸。同时，这一调整也是英特尔全球组织结构调整中的重要一步，是英特尔应对其全球产业环境变化的必然结果，使得英特尔的全球 IT 供应链向中国倾斜。

重组后的英特尔有了很大的变化，整个高层管理团队更加专注于渠道业务，并且直接向首席执行官汇报渠道业务的情况。同时，英特尔大大增加了在渠道业务方面的投资，例如在平台定义中心方面的新投资，在渠道上进一步扩大了国际业务的范围。

事实上，总的来看，现代企业集团一般是依据集团所处的外部环境、集团制定的发展战略、承担战略的各实施主体的特征、实施程度（或阶段）的差异等来选择最为适合的组织构架，通常不是机械套用一种组织结构模式，而是采取适合的几种模式的混合模式，以最适应的混合模式来实现集团内部资源的有效整合和优化配置，系统提升集团整体运行效率和经营效益，使得集团既稳又快地健康发展。[①]

2.2　企业集团资金管理发展的新趋势

由于法律制度的不同，我国与西方国家的企业集团在资金管理方式上存在很大的差异。西方国家的金融监管当局一般都将企业集团视为一个整体，将集团内部的资金集中和调拨都看成商业行为，不特别对其进行监管，同时其金融体系内的标准化和信息化程度也比较高，非常有利于企业集团根据自己的战略目标探索资金管理的新方法。目前在西方发

---

① 王吉鹏：《集团化管理的新趋势：架构重组》，《印刷经理人》2008 年第 12 期。

达国家以 GE 司库管理①为代表的现代资金管理理念正在影响着企业集团的决策者，使得以司库管理为标志的现代化资金管理方式成为国外企业集团资金管理发展的一种新的趋势。由于世界各国金融政策环境和金融发展程度各不相同，各国企业集团资金管理目标存在诸多差异，不同国家的不同企业集团对司库管理进行了各不相同的应用和创新，使得近年来司库管理在现代企业集团的实践中得到迅速成长。目前看来，在司库管理的多种具体使用方法中，现金池管理（Cash Pool）和净额清算管理（Netting）是两种重要的资金管理手段，也代表着现代企业集团资金管理方式的未来发展趋势。

2.2.1　现金池管理

对于集团企业而言，一个非常重要的财务管理要求就是实现集团系统内的资金资源有条件共享，而集团现金池管理正是为了满足集团企业的这一要求而设计的一套现金管理方案，是集团公司资金集中管理的一种高级形式。现金池管理这种新兴的资金管理技术，由于能够优化利息和改善企业集团资金的流动性，从而越来越受到众多集团企业的青睐。目前国际上许多知名的大型企业集团，如英国石油公司（BP）、诺基亚（Nokia）、宝马汽车（BMW）和通用电气（GE）等都已经开始利用现金池管理集团内的现金，提高了集团资金的整体使用效率。现金池管理是大型企业集团资金集中管理的一种全新模式，是"现金只属于企业集团"这一新型资金管理理念的充分体现。而现代企业集团的现金池业务就是指建立由集团总部统一管理控制的现金池，通过零余额管理（Zero

---

① 司库（Treasury）本意是指收藏财富的地方或建筑物，特别是指用来保存公共收入以应付政府支出所需的地方。所以，也指存放和支付汇集资金的地方，如金库和国库。司库管理本是一个财政概念，但在大型企业集团内这一概念得到了引用和深化，成为资金管理中的核心内容。以 GE 公司为例，GE 司库就是为全球各地的成员单位提供融资、现金管理、外汇交易等全方位的资金服务功能。GE 为自己的司库制定了六大铁律：坚定不移地推行集中司库结构、将所有资产用利率和货币匹配、集中管理外汇风险、现金只属于 GE 公司、根据货币来管理现金而非根据业务经营单元（产品线）来管理现金、司库不是 GE 的利润中心等，这实际上已成为现代司库管理的圭臬，成为大家了解和推行司库管理时普遍遵守的基本原则。参见曾健飞：《大型企业集团司库管理的新趋势》，http://www.cmo.com.cn/0509shangml/jtyj/2005091-2.htm,2009-06-25。

Balancing）或者虚拟余额管理（National Cash Pool），使属于同一家企业集团的若干个成员企业的银行账户现金余额实际转移到由集团总部统一管理控制的现金池账户中，从而实现各成员企业资金的集中运作和集团内部资金资源的共享，减少集团对外整体融资规模和融资成本，提高集团资金整体使用效率。[①]

现金池管理这种现代企业集团青睐的资金管理模式，其优点主要在于：一是便于现代企业集团集中管理成员企业分散的资金，削减成员企业各种不必要的银行账户，增强集团公司对成员企业的控制力；二是便于现代企业集团将集中的资金以优惠利率提供给成员企业使用，降低成员企业集团外融资的成本，同时也大大降低了集团的财务费用；三是便于现代企业集团减少全部资金管理的环节，降低企业集团人力资源成本；四是对跨国企业集团来讲，还可以实现全球资金头寸的 24 小时不间断调度管理，更好地平衡集团内部对各种币种的资金需求，同时对整个集团内部剩余的外币头寸进行风险管理；五是通过现金池管理模式，现代企业集团实现了资金的集中管理，全球现金每日集合到现金池，自动化和直通式处理能力大大提高，同时通过外汇市场和金融市场实现了剩余资金的保值增值，从而最大限度地发挥了资金效用，提升了集团的资金管理能力。[②]

◆ **案例：GE 在中国的现金池管理**[③]

2003 年由中国建设银行承接的 GE 人民币现金池业务是中国国内首次出现的人民币现金池产品。继 2003 年中国建设银行获得 GE 人民币现金池业务后，2005 年 GE 再次以 26 亿美元的在华业务规模、以招标方式在华寻求较理想的现金池业务服务。各大银行开始了对 GE 美元现金池业务的争夺战，参与者有 4 家中资银行和 7 家外资银行。GE 当时在全球各地共有 82 个现金池，此次招标，是 GE 第一次在中国大陆运用现金池对美元资金进行管理。经过多轮

---

① 黄力泓：《谈谈企业现金池管理》，http://info. 72ec. com/article/2007-1128-79817. html,2007-11-28。

② 曾健飞：《大型企业集团司库管理的新趋势》，《集团经济研究》2005 年第 17 期。

③ 陈善哲等：《GE26 亿美元下单招行现金池管理揭秘》，《21 世纪经济报道》，http://finance. sina. com. cn,2005-08-31。

竞争，至 2005 年 8 月 12 日，在国家外汇管理局批复同意后，招商银行（600036. SH）在此次争夺战中，最终胜出。事实上，GE 自 1979 年重返中国，至 2005 年已经在华投资设立 40 个经营实体，投资规模高达 15 亿美元。2003 年，GE 在华实现销售收入超过 26 亿美元。随着子公司数量和规模的膨胀，GE 对母公司和各子公司的现金流进行统一管理的需求也越发迫切，而 GE 的现金池资金管理模式在国外已经非常成熟，为其在中国的实践奠定了实施基础。在 GE 现金池投入使用之前，GE 的 40 家在华子公司在外汇资金的使用上都是单兵作战，有些公司在银行存款，有些则向银行贷款，从而影响资金的整体使用效率。而现金池资金管理模式将能实现集团内部子公司间资金的充分共享，从而降低 GE 的对外整体融资规模和融资成本，提高集团资金整体使用效率。

2.2.2　净额清算管理

净额清算管理又可以称为应收应付款项冲销管理，指的是对集团内成员单位之间或者与供应商之间的应收应付项目进行清算的管理。对大型企业集团来说，在控制好支付风险的前提下建立一套适合集团特点的净额清算系统，将是一个有力的挑战。

一般来讲，企业集团建立一套较完整适用的净额清算系统主要包括以下要素：①一个净额中心，即所有成员公司内部的票据通过净额中心的服务器进行登记，所有参与单位只与净额中心进行交易和清算。②一种信息交换模式，即通过电子网络实现资金信息交换。③一种标准，即提供票据报告、核对和清算的全集团统一的标准规则。④一种币种清算，即集团所有成员单位的多币种/多账户在净额系统中折算为单币种和单一余额，以便于集团成员单位间的净额清算。⑤统一清算时间，一般为按月进行净额清算。在建立起一套对内和对外的网上电子交易系统即企业集团的净额清算系统后，需要以此取代企业集团内部及与供应商之间传统的纸质文件和电话沟通方式，集团内成员单位之间或者与供应商之间要利用净额清算系统进行网上确认，通过基于网络的确认系统，取代传统的通过电话和传真的确认方式，最后是执行净额清算交易，对集团内公司之间或者与供应商之间的应收应付项目进行净额清算，这样才算实现了企业集团的净额清算管理。[①]

最简单的净额结算是在同种货币之间的两个相互进行交易活动的子公司的独立银行账户间进行的，其结算原理为：根据净额结算协议，每月或每个季度，仅有一家子公司向另一家子公司支付一笔款项，款项是由欠款较多的公司向欠款较少的公司支付的，付款金额为整个结算期内两个账户间的净差额。但事实上，在集团企业内部，特别是跨国企业集团内部，更多的是进行更为复杂的非同种货币之间的双边或多边净额结算。企业集团总账的中心账户可用来协调净额付款并确定最终净付款额的数目，另外企业集团也可以通过商业银行来协助提供净额付款的集中控制业务。[②]

通过净额清算管理，企业集团整体实现了交易信息的标准化和信息化处理，一定程度上规范了集团内子公司之间的债务结算原则，改善了财务预算管理效率，减少了管理成本；减少了子公司之间支付或外汇交易的数量，降低了银行间划转的费用，提高了资金管理的效率；同时，通过加强集团内部以及与供应商之间的信息交换，也使集团的资金管理幅度可以进一步扩大。此外，由于净额清算管理有固定的结算日期，有助于对每个子公司进行现金的约束。如果没有净额结算协议的存在，当一个子公司出现了现金流困难的时候，它的管理当局可能会试图通过延迟向另一个子公司付款来缓解其现金问题，这样一来势必导致现金流量问题在集团内部蔓延。使用了净额结算功能后集团内的公司能更准确地预测它们的现金流。集团公司采用净额结算后，当两个子公司的银行账户以不同货币开立时，最后的净额结算是以支付净额时的即期汇率为标准，这样可以从内部有效控制外汇汇率的波动带给企业的不良影响。现代企业集团采用净额清算管理存在上述诸多优点，因此也成为当前国外企业集团资金管理方式发展的一种方向。

---

① 曾健飞：《大型企业集团司库管理的新趋势》，《集团经济研究》2005 年第 17 期。

② 中国资金管理网编辑：《净额清算管理（Netting）》，http://www.treasurer.org.cn/wzjjgl+detail.art_id+699+cat_id+6.htm,2008-05-19。

2.3 国外企业集团金融需求发展的新趋势

目前国外企业集团旗下的金融产业大都以大型企业集团为重点服务对象，同时并不局限于所属企业集团服务。从市场参与度来说，除了为大型企业集团提供融资、信贷、租赁等金融服务外，还进一步参与收购兼并领域和国际金融市场，在终端消费领域占有很大的优势；从业务发展地域来看，正突破其相关市场区域，向国际化、全球化发展，服务网络进一步扩张和完善；从业务发展涉猎行业范围来看，正不断由所属集团内部向外延伸，由专业化服务向综合化服务延伸，不断采用新技术、进入新领域，向包括信用卡业务、在线金融服务等网络化业务发展；从企业集团金融需求发展的角度来看，主要呈现出单一金融服务需求向全面金融服务需求发展、全面金融服务需求向产融结合发展的新趋势。

相比而言，当前我国企业集团的金融需求比较单一，国内企业集团的财务公司较为普遍地存在定位模糊不清、社会化程度不高、内向型特征明显、信息化建设滞后、缺乏专业人才、产品与服务单一等问题。造成上述差异的主要原因在于：一是我国市场经济发展阶段和运行方式不同于西方发达国家，我国财务公司的形成和发展都是为了推动国有企业改革和发展大型跨国企业集团，与西方发达国家主要依靠市场自发力量实现金融创新的模式不同；二是国外的金融环境和金融市场等都比我国更加完善和成熟，有利于企业集团旗下金融产业的创新和发展；三是我国的金融监管方法和水平滞后于金融市场的发展，滞后于企业集团资金管理需求的发展。[①]

2.3.1 单一金融服务需求向全面服务需求发展

现代企业集团对金融服务有不同层次的需求，这些需求决定了企业集团与旗下金融产业间的关系和发展方向。企业集团的传统金融需求主

要在于加强企业集团资金集中管理和提高企业集团资金使用效率。随着现代企业集团的发展和集团规模的扩张，金融市场环境的日渐成熟完善，企业集团资金管理的复杂性和风险性的增加，企业集团不断产生对多方面金融服务的需求。一方面，资金集中管理水平的进一步提高，要求企业集团财务公司通过完善集中化的账户架构，提供内部结算服务和标准化的执行系统，全面实现支付、交易和现金管理的高度集中，完善"内部银行"的职能；另一方面，企业集团对金融服务提出了更全面的需求，如资产保值增值、汇率管理、利率管理、流动性管理、保险管理以及拓展资金来源渠道、提高资金使用效率等，此时要求企业集团财务公司以满足成员单位需求为导向，向集团提供全方位的财务管理咨询和金融支持。

在为集团提供全面金融服务方面，西门子集团和其财务公司的协调运作值得我国借鉴。按照德国的相关法律和监管框架，西门子财务公司是整个西门子集团的金融服务中心、金融营运中心和利润中心。西门子财务公司负责集团金融战略和政策的具体执行与运作，不仅作为西门子集团的"内部银行"，提供集团流动性管理、现金流集中、优化资产负债结构、管理资金风险等，还承担着为西门子所有成员企业提供专业化、全方位的金融咨询服务、金融财务支持等。[①]

◆ 案例：西门子金融服务公司[②]

西门子财务公司的正式称谓是"西门子金融服务公司（Siemens Financial Services Ltd.，简称SFS）"，是整个西门子集团的金融服务中心、金融营运中心和利润中心。最初，西门子集团公司的金融业务全部集中在集团财务部（又称中央财务部，简称CF）。1997年，西门子将除集团财务政策制定和指导（Policies & Guidelines）职能以外的全部金融业务职能完全从集团财务部分离出来，成立了财务公司（SFS），作为负责集团具体金融业务运作的全职部门。2000年4月，SFS从职能部门进一步发展成为集团100%控

---

① 攀钢集团财务公司课题组：《企业集团财务公司发展思路及趋势》，《西南金融》2008年第2期。

② 王增业：《西门子财务公司的资金管理特点与启示》，《会计师》2007年第2期。

股的独立法人，以适应金融市场及自身发展的需要。

从集团管理架构上看，西门子集团的 CFO（集团公司董事会成员）主要负责两块业务：中央财务部（CF）和财务公司（SFS）。其中，CF 负责整个集团的金融战略与政策制定，而 SFS 则负责政策执行和具体运作，不仅作为西门子集团的"内部银行"，提供集团流动性管理、现金流集中、优化资产负债结构、管理资金风险等，还承担着为西门子所有成员企业提供专业化、全方位的金融咨询服务、金融财务支持等，如资金管理、项目和贸易融资、内部结算、信贷、应收账款管理、票据清算、外汇买卖、年金管理等。由于 SFS 完全服务于集团内部成员企业，因此按照德国的相关法律，其业务开展不需要申领相关的金融牌照，也不必接受德国中央银行的监管或其他政府机构的限制（企业年金管理及其咨询业务的开展需要相关管理部门的认可）。

SFS 的主要业务可以分为两大类别、六大领域。其分类及内容如图 2-1 所示。SFS 通过这种业务设置与职责分工，实现其作为西门子集团

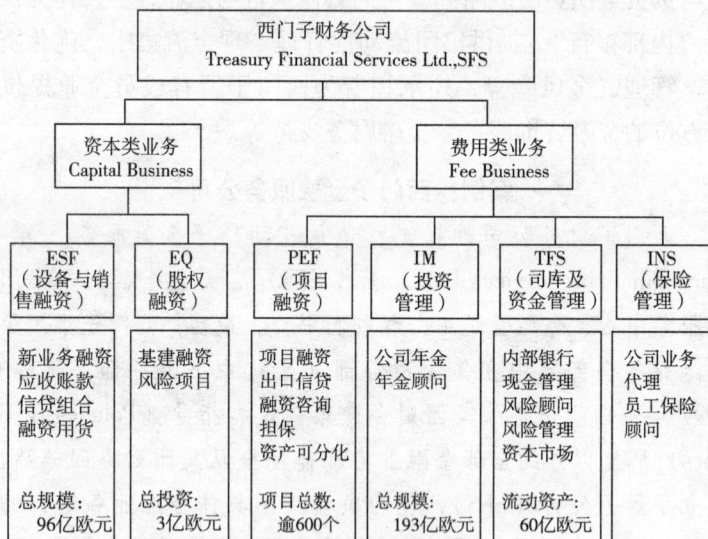

图 2-1　西门子集团金融服务公司组织架构

资料来源：转引自王增业：《西门子财务公司的资金管理特点与启示》，《会计师》2007年第2期。

内部具有专业化优势和技能、能够提供全方位金融服务的机构和法人职能，并通过与中央财务部的人员交流，降低金融财务风险和成本，满足集团战略需求，提高金融服务竞争优势。

TFS（Treasury & Financial Services）部门是 SFS "内部银行" 职能的具体执行者，不仅对内部提供诸如头寸管理、资金集中、内部结算及对外支付、风险管理与外汇交易等功能，同时也参与资本市场交易，向集团和成员单位提供决策支持。另外，也向外部（第三方）提供如咨询、技术培训、顾问等服务。TFS 部门是连接西门子集团业务（Operations）部门和外部金融市场（如银行等）的唯一中介，部门内部又分现金管理与支付业务（Cash Managemen & Payments）、风险顾问与融资业务（Risk Advisory & Financing）、资本市场业务（Financial Markets）、为实现 TFS 现金管理、账户管理、财务咨询和风险管理职能提供解决方案的 IT 部门这四个业务板块。

西门子集团通过 SFS 对其成员企业实现企业集团的资金集中管理。集团的这种资金集中管理是强制性的，要求成员企业必须按照规定进行资金集中，并通过 SFS 基于成员企业的支付指令（Order）统一对外支付。对于在外汇管制或者税收限制国家的成员企业而言，原则上集团会选择在 "避税天堂" 等地进行纳税筹划，如果实在绕不过去，可以由企业通过当地银行自行支付，但是资金也必须在当地集中管理。由于 SFS 提供了比银行更优惠便利的服务，对所有的股东更为有利，因此其成立以来还没有小股东借口关联交易问题对 SFS 垄断西门子集团的内部金融服务而提出反对意见或者限制要求。尽管西门子也在德国、法国和英国等多个国家交叉上市，但是并没有碰到类似中国财务公司与上市公司或者集团内部非上市公司之间关联交易一直受到限制的情况。

目前 SFS 共有 60 个资金池，与之合作的银行有 60 家。相关银行账户用西门子总部（Siemens AG）名义的共有 100 个，其余都以各自不同的名义开户，但必须是被 SFS 认可的银行。开户权力集中在 SFS。SFS 的资金池也分层次管理，根据不同合作银行的分工不同，最终合并到欧元、美元、英镑等几个主要的中心资金池。中心资金池也管理着不同的账户。在同一银行内部，资金池之间可以直接流动，但在不同银行之间，现金流动需要经过更高一层的资金池。西门子与合作银行之间的

"资金池协议"以零余额账户（ZBA）为基础。有些银行可能因为客观原因无法提供零余额账户，那就需要提供虚拟的资金池，以确保轧差后的高度集中。一般情况下是一个国家一个资金池，或者是一种货币一个资金池。在每一个资金池内部，资金的归集是自动上收的，但是在不同资金池之间进行资金划拨，还需要指令，包括电话、传真等。

2.3.2 产业资本与金融资本深度融合的全面及个性化需求

产业资本与金融资本融合是企业集团金融需求发展的较高层次结果，在这一个发展阶段，企业集团的财务公司等内部金融公司通过对外的兼并、重组等实现业务扩张，通过资本市场融资等多种方式拓展资金来源渠道，实现企业集团资本裂变，构建金融产业链，突破财务公司单一服务集团内部的体系，成为金融控股公司或金融控股集团，实现产业资本与金融资本的深度融合，成为所属企业集团除主业之外的新的利润增长点，甚至可能是重要的利润增长点，有利于企业集团整合金融资源，克服行业性周期波动对企业集团整体业绩的影响，为集团的发展以及集团外客户提供全面和个性化的需求，进一步提高企业集团的核心竞争力。国际经验表明，以产业资本和金融资本结合为特征的财务公司，是国际大企业发育成熟的产物，也是大企业集团在国际化经营过程中降低运营风险和成本的需要，目前全球 500 强企业中 2/3 以上均有自己的财务公司。[1] 现代企业集团的产业资本与金融资本的融合已经历了从初级融合到深度融合的转变，并出现了从深度融合向战略融合转变的发展趋势。[2]

事实上，当代西方发达国家中最具典型意义和代表性的产融关系模式大致可归纳为两大类型，即以美国为代表的银企市场一体化模式和以日本为代表的银企股权一体化模式。美国银企之间的产权制约较弱，银企关系的维系主要依靠严格的法律和规范的契约关系，企业的资金来源

---

① 《民企：在产融结合中挖到"第一桶金"》，http://finance. people. com. cn/GB/8215/62635/62637/4361909. html,2006-05-10。

② 李玉兰等：《产业资本与金融资本融合发展的国际趋势及现实意义》，《大连海事大学学报（社会科学版）》2006 年第 4 期。

主要是内部积累和直接融资，银行禁止直接持有企业的股权，银行对企业的监督是间接性、低强度的。日德银企之间的产权制约较强，企业以间接融资为主，资本市场作用有限，银行作用重大，银企之间关系密切，保持较为稳定、持久的交易关系，银行通过借贷契约、股权占有、人事参与以及代理股票表决权等方式和途径对企业的经营和发展施加影响。这两类产融结合模式在不同历史时期对一国经济发展的影响是不同的。研究表明，以日本为代表的银企股权一体化模式在促使国民经济迅速重建、复兴与起飞方面具有明显的积极作用；而以美国为代表的银企市场一体化模式不仅有利于资源在部门之间重新配置，为新兴产业筹集资金，较快地把资源从盈利少的产业转移出来，而且在保障银行及整个金融体系的安全方面起到了至关重要的作用。特别是进入 20 世纪 90 年代，美国的产融模式发挥了前所未有的经济潜力，成为美国"新经济"产生发展的重要制度基础。[①]

以美国企业集团为代表的发达国家产融结合模式表现出以下一些特点：一是产融结合主要是以资本市场为基础的外部结合，金融资本的定价和配置由市场决定，投资者借助资本市场的证券交易、兼并、监管机制来间接控制产业资本，产融结合具有较高的透明度和约束力。二是高度发达的资本市场不仅为金融资本的需求者提供了一个获得低成本资金的供给平台，而且资本市场通过证券交易、并购等途径和公开信息披露机制促进了金融资本使用的效率，有助于实现产业资本和金融资本的有效配置。[②] 三是产融结合使金融资本成为企业集团的战略性资源，并使这种战略性资源以产业资本为依托产生巨大的威力，实现了产业资本和金融资本在集团内部的有效整合，提高了集团的核心竞争能力，创造了持续的竞争优势。

现在，美国企业集团的产融结合已取得了突飞猛进的发展，经历了从初级融合向深度融合的转变，以产业资本和金融资本结合为特征的财务公司成为大部分企业集团必不可少的部分。事实上，由于企业集团战

[①] 许天信：《产融关系模式的国际比较与借鉴》，《兰州大学学报（社会科学版）》2003 年第 11 期。

[②] 许天信：《产融关系模式的国际比较与借鉴》，《兰州大学学报（社会科学版）》2003 年第 11 期。

略转型成为金融企业集团受限制的因素非常多，因此当前真正能够成功战略转型成为金融企业集团的仍很少见，其中 GE 公司可以算是比较成功的代表，到 2003 年 GE 金融服务公司的资产和利润已经占到集团的60%以上。① 现代企业集团的产业资本与金融资本的融合在经历了从初级融合到深度融合的转变后，再从深度融合向战略融合转变成为国外企业集团产融结合的一种新的发展趋势。

◆ **案例：GE 公司基本实现了产业**
资本和金融资本的深度融合②

以美国通用电气公司（以下简称 GE 公司）为代表的一些跨国大型企业集团基本实现了产业资本和金融资本的深度融合。GE 公司旗下的金融机构在服务集团的同时，已经全面介入集团外个人和商业金融服务，成为集团发展新的利润增长点。GE 公司旗下的 GE 金融服务公司业务范围包括汽车金融服务、商用设备融资、统一金融保险、消费信用服务以及工商咨询业务等 27 个各有侧重点的业务，其中有 19 个是以两位数的速度增长，为 GE 公司的发展做出了巨大的贡献。随着 GE 公司旗下金融业务的发展，通用电气公司自身定位也由成立时的一家工业公司，演变成为一家多元化的科技、传媒、金融服务公司。GE 公司每年约 1200 多亿美元的收入，金融业的收入占了近一半，而且利润和增长率也主要来自金融业的收入。但 GE 公司并非是离开产业孤立地发展金融，而是产业与金融结合得很好。其一直把 GE 公司金融资本和产业资本的收入比例协调在 4：6 左右。而且，GE 金融总是立足于 GE 公司的主营业务提供相关的金融服务，比如针对客户的信贷、发行商业票据等。正是 GE 公司的产业资本得到了金融资本的支持，反过来又促进了金融资本的增值，双方实现了有效的整合，才为 GE 公司创造出了持续发展的核心竞争力。

---

① Alistair Graven, "Embarassing Learning at GE", *Development and Learning in Organization*, 2004, 18: 22.

② 冯丽霞等：《美国企业集团产融结合的特点及其对我国的启示》，《特区经济》2006 年第 5 期。

2.4　企业集团管控虚拟化的发展趋势

集团母公司对子公司基于治理的控制以及在此基础上的宏观管理就是通常所谓的集团管控。集团母公司对子公司的治理、控制和宏观管理，这三个维度合称管控体系，是一个多维的复杂系统，是一个相对的内部体系，其特征来自和内部其他子公司之间的比较，其运作的具体特征在于流程和制度的微观管理，宏观只能做一些框架和体系性界定。[①]

总的来讲，企业集团的管控模式大致可以分为财务管控型、战略管控型、操作管控型三种。目前，国外企业集团管控出现了虚拟化的发展趋势，就是企业集团把高附加值的核心业务和附加值不高的非核心业务分割开来，然后集中力量专注于最关键的高附加值的核心业务，在附加值不高的非核心业务上与一群企业形成虚拟动态联盟的管控模式。集团管控虚拟化的发展趋势是更全面地看待并发挥组织在整合价值链和协调市场中的作用，将注意力从注重企业集团实体的扩大，转向企业集团支配力的扩大，注重通过缔结和实施超市场契约来扩大自身在价值链中的影响力，并通过对价值链中其他企业的协调和协同来增强自己的品牌和市场竞争力。

集团管控虚拟化是企业集团对涉及集团的商品契约和要素契约的重新选择与重新组合的结果，使企业集团的边界模糊化，其优势主要在于成本的节约、核心能力的强化和市场竞争力的增强。目前，比较知名的企业集团，如美国的耐克、日本的任天堂、中国的阿里巴巴等都采取了虚拟化的集团管控方式，并取得了经营的成功。

集团管控虚拟化主要有以下两个方面的好处：

一方面，集团管控虚拟化是企业集团的能力边界延展，其所具有的动态性和灵活性可以带来成本的节约和核心能力的强化。

在美国俄勒冈州的比弗顿市，四层楼高的耐克集团总部里看不见一

---

① 白万纲：《谁在散播集团管控模式的惊天谎言？》，http://blog.spn.com.cn/html/47/27147-54107.html，2009-06-07。

双鞋，员工们只忙着做两件事：一件事是建立全球营销网络，另一件事是管理它遍布全球的公司。不用一台生产设备，耐克集团缔造了一个遍及全球的帝国。一双耐克鞋，生产者只能获得几个美分的收益，而凭借其在全球的销售，耐克集团总部却能获得几十甚至上百美元的利润。通过集团管控的虚拟化，不仅使耐克集团在生产基地投资和设备购置费用方面节约了大量成本，而且其在经营渠道投资方面也节约了许多资金。就耐克集团的主业而言，非核心业务外包了，核心业务非核心环节也逐渐外包；集团公司不是用产权关系联系，而是用契约连接，产权关系已被契约关系取代。这样，企业集团可以最大限度地摆脱有形资产的负担，集团专注于主业，核心能力突出，具有创造高附加值产品（服务）的潜力。

　　另一方面，集团管控虚拟化所导致的边界模糊化使得企业集团更具有活力，从而可通过优势资源的整合提升集团的市场竞争力。

　　集团管控虚拟化既能将各成员区分，又能够使信息、资源、构想及能量快捷便利地在各成员之间流动，促进各项工作在组织中顺利展开和完成，从而使组织作为一个整体的功能已远远超过各个组成部分的功能。①

　　事实上，在1982年耐克曾经历过一个举步维艰的阶段，阿迪达斯、匡威、锐步强敌环伺，销售额大幅下滑，在很多人眼里，耐克只是一家"挫败的、内部士气低落的二流制造企业"。但耐克通过权力下放、增加产品的品种、推动产品线的差异化，以及利用收购策略打压竞争对手、在公司内部进行改造、加快产品的开发进程等一系列手段，优化了集团公司的整个运作链，尤其是存货控制体系和海外销售体系。同时，耐克集团在生产上采取了一种虚拟化的集团管控模式，所有产品都不由自己生产制造，而是全部外包给其他的生产厂家加工。将公司的所有人力、物力、财力等资源集中起来，集中投入到产品设计和市场营销中去，培植公司的产品设计和市场营销能力。实施虚拟化生产，耐克公司将设计图纸交给生产厂家，让他们严格按图纸式样进行生产，然后由耐克贴牌，并将产品通过公司的行销网络将产品销售出去。耐克公司的集团管控虚拟化（边界模糊化）战略，节约了大量的生产投资以及设备购置费用，将产品的生产加工外包给东南亚等地的许多发展中国家的企业，利用当

---

① 陈华：《企业边界模糊化趋势及相关的组织形式研究》，中南大学，2006年。

地廉价的劳动力，极大地节约了人工费用。① 集团管控虚拟化使耐克集团通过优势资源的整合从而具有更强的市场竞争力，使其摆脱"二流制造企业"的泥沼，并能在与国际知名品牌的竞争中立于不败之地。

总的来讲，企业集团虚拟化的优点是"用最大的组织来实现最大的权能"。一个企业自身资源有限，组织结构功能有限，为实现某一市场战略而组成的虚拟企业集团中，每个成员只充当其中某部分结构功能，通过信息网络，支持着为虚拟企业集团依空间分布的生产而设立的复杂的后勤保障工作，这样的组织结构和传统的组织结构相比，有较大的结构成本优势，大大提高了企业的竞争力。

集团管控虚拟化的发展趋势，或者说企业集团边界的模糊化趋势，使企业与市场之间的边界变得愈加模糊和不可辨认，取而代之的是无数个相互重叠和交叉的公司战略圈。奠定企业集团模糊边界和虚拟运营的重要基础之一是信息技术的飞速发展和广泛运用，其使集团公司企业可以通过强大的信息系统加强对供应链的控制力及与结盟企业的合作能力。事实上，信息技术通过节约企业集团的内部生产成本和市场协调成本影响企业集团边界的变动，而变动的方向则受到企业集团组织特征的影响。对于资本密集型企业集团来说，其组织特征有利于应用信息技术后更显著节约内部生产成本，从而边界朝扩大的方向发生变动；而对于知识密集型企业集团来说，其组织特征有利于应用信息技术后更显著节约市场协调成本，从而边界朝缩小的方向发生变动。无论企业集团的边界是缩小还是扩大，总之通过集团管控虚拟化的发展趋势使企业集团的边界模糊化，并出现了大量介于市场和企业之间的中间组织形式，比如虚拟企业、战略联盟等——汉纳特将其称为"隆起的中部"②。

---

① 华彩咨询：《虚拟化集团管控——解析耐克的管理之道》，http://blog.vsharing.com/china_co/A876150.html.2009-04-22。

② 汉纳特对中间组织进行了大量而深入的研究工作，他曾把现货市场和企业中间的组织——项特定交易的可供选择的不同管理形式称为"隆起的中部"，包括生产外包，各种各样的重复贸易、分包安排、特许权、合资、分权的利润中心等。其中，有些方式，如合资企业等，与层级组织十分相似；而另一些方式，如长期市场契约等，与纯市场交易接近。参见 Jean-Francois Hennart，"Explaining the Swollen Middle：Why Most Transactions Are a Mix of 'Market' and 'Hierarchy'"，*Organization Science*，No.4，529-741。转引自大卫·J.科利斯、辛西娅·A.蒙哥马利：《公司战略——企业的资源与范围》，东北财经大学出版社2000年版，第133—134页。

2.5　国际企业集团战略联盟发展的新趋势

美国研究机构布兹—艾伦—汉密尔顿咨询公司的研究表明，当今企业已将寻找战略合作伙伴视为其生存与发展必不可少的手段。[1] 根据该咨询公司对全球 150 多家大型跨国企业的研究，其中有 90% 以不同形式结成战略联盟，从 1986 年到 1995 年，欧洲、日本在美国的联盟企业数目递增了 42.3%。此外，在世界 500 强企业中，平均每家拥有 60 个主要的联盟关系。《财富》杂志对全球 500 家跨国集团的研究表明，1970—1990 年有 65% 左右的企业集团在海外与合作伙伴共同设立研究与发展分支机构或海外实验室。战略联盟形式多种多样，如 Oracle 公司及微软公司与中国最大的财务管理软件厂商用友集团等多家优势企业的合作，从事软硬件开发生产业务；1998 年 6 月，美国摩托罗拉公司与广州金鹏公司签订成立移动通信系统合作企业的框架协议：金鹏公司以其具有自主知识产权的移动通信技术 EIM-601 作价 700 万美元直接入股，成为控股方，拉开了一种新的中外合作局面；世界著名跨国公司美国的 DOW、摩托罗拉以及巴西的 EM BRACO 与中国著名的海尔集团就制冷产品结成面向 21 世纪的技术联盟；美国通用汽车公司与意大利菲亚特集团在 2000 年共同对外宣布两家公司通过置换股权的方式组建战略联盟：根据双方达成的协议，菲亚特集团用其子公司菲亚特汽车公司 20% 的股份交换通用汽车公司约 5.1% 的普通股，从而加强双方在欧洲和拉丁美洲的市场地位；2002 年 1 月，世界第三大工程机械制造商 CNH 集团（CASE 的母公司）、日本神户制钢和日本神钢建机株式会社（KOBELCO，世界第四大液压挖掘机制造商）也组成了 CNH-KO-BEIJ-CO 全球联盟等。[2]

纵观当前国际企业集团战略联盟发展的情况，特别是发达国家企业集团战略联盟发展的情况，主要体现出四类发展新趋势：

---

① 赵妍：《国际企业战略联盟及对我国的启示》，河北大学硕士论文，2003 年。
② 陈赟：《企业组织形式发展新趋势：战略联盟》，《云南电大学报》2007 年第 12 期。

2.5.1 从强弱联合的互补型联盟发展为强强合作的竞争型联盟

战略联盟作为企业集团战略的一种形式，从强弱联合的互补型联盟发展为强强合作的竞争型联盟，是新的竞争形势的要求。强弱联合的互补型联盟通常是以共享资源和市场、降低成本、分担风险为目标，有利于帮助企业集团抓住商机、保存实力，但对提高企业集团的核心竞争力帮助不大。随着技术创新的加速以及全球市场竞争的加剧，对企业集团核心竞争力提高的要求日益增强，企业集团间强强联盟的需求也在不断增强，新的联盟主要在实力较强的大型跨国公司之间进行，彼此之间在联盟领域内进行合作，但在协议之外的领域以及企业活动整体态势上仍保持着竞争对手的关系。

◆ **案例：德国欧德森板业集团携手中国五大**
家具企业战略联盟合作签约①

2008 年 6 月 18 日，德国欧德森板业集团携手中国高端板式家具五大企业战略联盟合作签约仪式在人民大会堂隆重举行。德国欧德森集团是世界著名的人造板制造企业，旗下拥有多个世界著名的高端品牌，在欧洲及北美共有 23 个工厂，其产品出口到世界 80 多个国家。此次欧德森将携手曲美、强力、东方百盛、耐特利尔、绿之岛 5 家我国高端板式家具品牌建立欧德森联盟，成为第一个大规模以 100% 德国原装进口板材进入我国的德国板材企业，定将促进我国板式家具质量的整体提升。

在这五大家具企业中，不乏国家免检产品、中国名牌、国家驰名商标，知名度和美誉度都极高，不仅在全国形成了健全的销售网络，而且部分厂家产品已经销往世界各地。五大家具企业雄厚的经济实力、突出的人才管理储备优势以及欧德森这一世界顶级的家具板材，必将使我国的板式家具走向更高的台阶，真正实现与世界接轨。

---

① 陈怡：《德国欧德森板业集团携手五大家具企业战略联盟合作签约》，《中国人造板》2008 年第 7 期。

2.5.2 从产品联盟发展为以技术合作为主要内容的知识联盟

早期的战略联盟主要围绕产品进行，所以通常称为产品联盟，其目的是为了降低投资费用和投资风险，或是为了减少产品竞争对手的威胁。产品联盟比较单纯，得到某一产品或广泛销售现存产品是联盟各方所追求的重要目标。随着科学技术的迅猛发展，现代技术的综合性、复杂性使得企业研究与开发的难度越来越大，因此企业的战略联盟更多地表现为以技术开发和研究成果共享为特征的知识联盟，从战略上保持技术创新的能力和技术领先的地位成为联盟各方所追求的首要目标。知识联盟这种企业集团与企业集团之间或企业集团与其他机构之间以追求可持续的竞争优势为目的，为共同创造新知识或进行知识学习（尤其是与企业集团核心能力有关的隐性知识）而结成的联盟，其建立常伴随着企业集团组织结构的改变，联盟中的企业集团都通过多重协议与其他组织连接着，协议规定着控制关系和所有关系的共享，通过这种协议，企业集团内镶嵌的隐性知识被转移、更新和创造。[1] 知识联盟强调的是通过具有互补性知识能力的合作伙伴间的相互学习达到提高企业能力的战略性目的。[2] 这种学习型的合作有助于企业获得其联盟伙伴的专门知识、技巧和独特的能力，以及在此基础上进一步创造显性和隐性知识的能力，通过使用自身创造知识的能力来整合自身知识和联盟中获取的知识，从而提升自己的核心竞争力。当联盟伙伴共同致力于创造新的知识和能力时，双方的关键资源和能力都会得到加强，从而形成有利于双方的技能和能力。因此，知识联盟比产品联盟给企业集团带来更大的战略潜力。产品联盟对不可交易的隐性知识和通过学习提高企业能力不甚强调，而主要强调新产品的获得、已有产品销售渠道的拓展，以及可交易的显性知识的搜索和获取；知识联盟不但要发展新产品，还要寻求学习和创造新能力，这有助于企业修正和拓展企业的基本能力，有助于企业通过在

---

[1] 田敏：《浅析企业知识联盟》，《情报科学》2001 年第 19 期。
[2] 孙淑生：《中小企业技术创新的根本出路——知识联盟》，《科技进步与对策》2001 年第 5 期。

大的战略上的努力来更新它的核心能力或创造新的核心能力。产品联盟通常是在竞争者或潜在的竞争者之间形成的，而知识联盟能够在有利于提高参与者的专业能力的任何组织之间形成。因而，知识联盟是企业应对由知识驱动的竞争而采取的更加有效的、更灵活的一种战略联盟形式。[①]

◆ **案例：美国 ASTEC 实业集团与凯斯达成对地下施工设备市场营销的战略联盟**[②]

ASTEC 实业集团，总部设在田纳西州的查塔努加，由 16 个子公司组成，生产世界上最齐全的建筑和基础设施建设施工专业设备。ASTEC 的产品涉及四个方面：矿山开采设备、沥青生产机械、移动沥青路面铺设设备和地下施工机械。

为进一步扩大地下施工设备的产品系列，向地下施工市场提供更成熟、更先进的应用技术，并不懈追求技术革新，美国 ASTEC 实业集团与凯斯工程机械达成了关于挖沟机、水平定向钻和其他相关产品的独家市场营销战略联盟（OEM）。

在 OEM 的协定下，美国 ASTEC 实业集团公司将开始生产凯斯现有的 8 种挖沟机、3 种水平定向钻机以及泥浆混配系统和地下钻具。ASTEC 会从 TRENCOR 和美国奥格（American Augers）这两个地下施工设备品牌中选择适当的型号，由凯斯的销售渠道进行销售。这也就使凯斯经销商可以销售型号更齐全的挖沟机和水平定向钻机。这些设备将分别以 CASE、美国奥格和 TRENCOR 三种品牌，通过凯斯全球经销商销售，凯斯经销商拥有全系列的地下施工设备，可以满足各种用户的不同需求。同时，联盟给 ASTEC 实业集团提供了凯斯卓有成效的挖沟机和定向钻机的分销网络。

ASTEC 实业集团的首席执行官和主席 J. D. 布洛克则称双方的联盟是珠联璧合。"通过凯斯卓有成效的经销商网络，不仅可以扩

---

① 沈祖志：《应对知识竞争的企业联盟范式的转变——产品联盟到知识联盟》，《电子科技大学学报（社科版）》2003 年第 2 期。

② 《凯斯与美国 ASTEC 实业集团达成对地下施工设备市场营销的战略联盟》，《筑路机械与施工机械化》2002 年第 6 期。

展我们的业务",布洛克说,"而且凯斯在行业中一直以其严谨卓越的制造技术而著称,我们的结盟将能进一步激发双方的创新精神。"可以预见,凯斯与美国 ASTEC 实业集团这番战略联盟不仅具有产品联盟和知识联盟的双重特征,而且将从偏重产品联盟向偏重知识联盟转变。

2.5.3 从线性的联盟发展为复杂的联盟网络

传统的战略联盟是企业集团根据自己的价值链活动需要而建立的线性联盟。当企业集团的生产发展受自身可获得资源数量和成本等因素的限制时,企业集团要求在其价值链上游活动中进行联盟,以期获得更大量、更廉价的资源用于扩大再生产;当企业集团为了扩大产品销售和营销网络渠道时,会考虑与价值链下游企业集团或其他组织结成联盟;当企业集团为了对抗主要的竞争对手时,会考虑采用与同行业其他公司的横向联盟。随着全球竞争的加剧和企业集团的发展,其在不同时期和不同背景下结成的各种战略联盟就形成了错综复杂的联盟网络,即联盟各方围绕具有主导影响力的某一方(联盟中心)周围,根据各自的核心专长以及所处研发或生产经营的不同环节而形成距离不等、纵横交错的复杂网络。联盟伙伴不仅包括了企业集团、跨国公司,而且还可能包括大学、研究机构等,乃至其他的联盟。联盟的目标指向也不再局限于围绕产品的生产和销售,而更多集中于知识的传递和创造、企业集团能力的提升。通过联盟网络分享信息、实现能力互补、提供战略柔性、促进知识的创造成为联盟网络的主要特征。

目前,几乎每一家大型的跨国公司都在自己的周围集聚了一大批合作伙伴,形成了复杂的联盟网络。特别是跨国企业集团通过全球性的战略联盟与合作而与其他竞争伙伴建立的公司外围复杂联盟网络,有效组织了联盟网络内的资源,实现要素的充分共享,保证了从投入到产出全过程的资源节约和有效利用,从而降低了企业集团的生产经营成本及行业的进入和退出壁垒,提高了企业集团的核心竞争力和企业战略调整的灵活性。企业集团通过内部组织网络和外部复杂战略联盟网络两大网络间的相互渗透、相互补充，构成企业集团进行全球竞争的战略基础与经营体系。事实上，自20世纪80年代起，国际竞争环境的变化使发达国家的跨国企业集团越来越倾向各种战略联合安排，发展公司外围战略联盟网络，随着时间的推移和企业集团的发展变化，越来越错综复杂的战略联盟网络逐渐形成。

2.5.4　从"硬约束"的实体联盟发展为"软约束"的虚拟联盟

所谓企业集团的虚拟联盟是指企业集团间不涉及所有权的、不具有法律约束力的协定。虽然这些协定不涉及所有权、没有法律约束力，但促进彼此相互依存，为企业或企业集团之间在价值链任何环节上提供联系。这是为了适应企业集团之间在联盟之外日趋激烈竞争的需要，同时也是为了减少日益复杂化的联盟所增加的管理成本而出现的新的联盟形式。虚拟联盟改变了实体联盟主要靠股权合作协议等具有法律效力的契约约束，维系虚拟联盟更多的是靠对行业法制法规的塑造、对知识产权的控制以及对产品或技术标准的掌握实现的，通过这些"软约束"协调联盟各方的产品和服务。由于联盟各方的利益通常是互不相容的，一个企业若能组建并领导以相同或相关产品为目标的企业虚拟联盟，就能在将来占有支配地位并盈利。美国的微软以 DOS 和 WINDOWS 控制着计算机操作系统标准，使得全球同类厂家必须唯其马首是瞻，从而形成了以其为中心的虚拟联盟；同样，英特尔（INTEL）以其在微处理器方面无人能撼动的地位，使一批相关企业尾随其后组成了虚拟联盟；IBM公司自1981年推出第一台个人电脑以来，经过不懈的努力确立了自身PC行业的权威地位，也使其 PC 标准成为业界标准，从而与为其生产零部件的企业之间建立了虚拟联盟。

企业集团的战略联盟通过有效地组织联盟网络内的资源，实现资源共享，特别是联盟具有很强的灵活性，联盟企业可随时退出旧的联盟进入新的联盟以适应日益不确定性的市场变化。就目前所有的联盟形式比较来看，虚拟战略联盟的灵活性最好，但双方对联盟的控制力最差；而传统的以股权连接的战略联盟控制力最好，但灵活性最差；以具有法律效力的契约连接的战略联盟其控制性和灵活性介于二者之间。①

除了上述发展趋势外，国外企业集团在政府规制方面也出现了由传统规制向放松规制再向激励性规制发展转变的趋势。自20世纪80年代以来，伴随着政府规制理论由强化规制走向放松规制的发展演变，在规制俘获理论和放松规制理论的影响下，西方发达国家的政府规制实践发生了很大变化，目前激励性规制已经成为政府规制的基本发展趋势，也成为西方发达国家企业集团政府规制的基本发展趋势。激励性规制要求政府规制政策只能在规制信息搜寻和实行某种鼓励信息显露政策之间做出成本最小的选择，通过引入企业集团间的竞争机制和提供信息显露的激励机制，不仅提高了受规制企业集团的生产效率，而且提高了社会福利水平，实现多方利益格局的平衡规制。目前，国外在实践中对企业集团常用的激励性规制实施机制主要有特许投标竞争、区域间标尺竞争、价格上限规制、成本合同规制等。其中，特许投标竞争的激励性规制机制主张在政府规制中引入市场竞争机制。比如，在多家企业集团竞争某产业或业务领域中的独家经营权的情况下，政府规定服务的质量底线要求，然后通过拍卖或公开竞价等较公平、公正的形式，让报价最低的企业集团取得特许经营权，从而通过充分竞争的市场机制保障能获得最好服务质量、付出最低服务价格，以此促进企业集团提高生产效率、增进社会福利。区域间标尺竞争的激励性规制机制是政府为防止自然垄断企业集团滥用市场地位、保护消费者的合法权益而实施的一种价格或质量的规制措施。比如，参照其他区域中与本区域受规制的垄断企业集团的生产技术、市场需求相似的垄断企业集团的生产成本为参照，制定本区域垄断厂商的价格和服务水准，以激励本区域内垄断企业提高生产效率、降低生产成本、改善服务质量。最高限价规制是一种操作简便、成本较低的激励性规制机制，其基本思路是政府把受规制行业的产品和服务价格与零售价格指数结合起来，要求受规制行业的价格上涨不能高于通货膨胀率，这不仅有利于激励企业集团提高生产效率、促进创新、降低成本，而且赋予被规制企业集团一定范围内的自由调整个别价格的灵活定价权，从而有利于提高资源配置效率。成本合同规制的激励性规制

---

① 赵妍：《国际企业战略联盟及对我国的启示》，河北大学硕士论文，2003年。

机制是指规制机构与受规制企业集团以具有法律效力的合同形式来就企业集团的产品价格、运行成本等主要指标进行约定，规制机构根据企业执行约定的情况实施相应的奖励和惩罚措施，以鼓励企业集团降低成本、节约能源、保护环境和提高服务水平。[①]

　　总的来看，20 世纪 90 年代以来，随着经济全球化进程的加快和电子信息技术的快速发展，国际化的大型企业集团公司大量出现，企业集团边界出现模糊化的趋势，许多公司同时在世界多个证券市场上市，企业集团的公司制度相互渗透和扩散，各国公司治理模式相互补充完善，使公司治理结构开始出现了全球趋同的现象。[②] 这其中，在劳动与资本共同治理公司这一基本原则主导下，股东的主体地位日益衰落并伴随职工参与公司治理的制度日益得到认同与重视，股东运用投票权对管理层进行约束成为潮流，股东利益日益受到管理层重视[③]；董事会的独立性大大增强[④]；包括投资者、雇员、债权人和供应商等在内的利益相关者成为公司治理中的重要组成部分[⑤]；机构法人股东持股比例日益上升，而且具有相当的稳定性，其对企业集团的公司治理发挥着更加积极主动的作用[⑥]；家族监控模式其控权结构中开始放松对家族外股东的限制，以吸取"外部监控"和"内部监控"的合理因素[⑦]等，都是现代企业集团公司治理结构比较趋于一致的发展趋势。

---

　　① 　海峡、杨宏山：《激励性规制：政府规制发展的新趋势》，《陕西行政学院学报》2007 年第 11 期。

　　② 　陈云：《公司法人治理结构的国际趋同趋势及对我国公司治理的启示》，《温州大学学报》2006 年第 2 期。

　　③ 　马俊驹、聂德宗：《公司法人治理结构的当代发展——兼论我国公司法人治理结构的重构》，《法学研究》2000 年第 2 期。

　　④ 　李惠、郭久：《中国政企治理问题报告》，中国发展出版社 2003 年版，第 157 页。

　　⑤ 　张荣霞：《公司治理结构模式比较及其发展趋势研究——兼论我国公司治理结构模式的立法选择》，延边大学，2005 年。

　　⑥ 　阎永红：《公司法人治理结构体制的国际趋同趋势》，《北京市财贸管理学院学报》2003 年第 3 期，第 21—23 页。

　　⑦ 　如韩国自发生金融危机以来，在诸多大企业和金融机构破产后，也放松了对金融机构及工商企业的控制，为加强外部股票市场对企业的监控作用，政府也出台了一些保护中小股东的措施。另外，家族企业股权分散和外部化的趋势明显，是通过上市时或再次发行股票集资，使家族持股比例被稀释并下降，或者将股权转移给经营者、员工等来实现的。参见：徐海霞：《试论公司治理的国际趋同》，《财经理论与实践》2002 年第 1 期。

主要参考文献

［1］刘金祥：《对企业集团组织结构变革的思考》，《沿海企业与科技》2007 年第 1 期。

［2］周丹：《企业集团组织结构的演变》，《商场现代化》2007 年第 15 期。

［3］王吉鹏：《不同类型的集团组织结构—较长短》，http://blog.vsharing.com/R_D/A851127.html，2009-03-16。

［4］王吉鹏：《集团化管理的新趋势：架构重组》，《印刷经理人》2008 年第 12 期。

［5］黄力泓：《谈谈企业现金池管理》，http://info.72ec.com/article/2007-1128-79817.html，2007-11-28。

［6］曾健飞：《大型企业集团司库管理的新趋势》，《集团经济研究》2005 年第 17 期。

［7］陈善哲等：《GE26 亿美元下单招行现金池管理揭秘》，《21 世纪经济报道》，http://finance.sina.com.cn，2005-08-31。

［8］张保龙：《财务公司发展模式的中外比较与借鉴》，《会计之友》2009 年第 4 期。

［9］攀钢集团财务公司课题组：《企业集团财务公司发展思路及趋势》，《西南金融》2008 年第 2 期。

［10］王增业：《西门子财务公司的资金管理特点与启示》，《会计师》2007 年第 2 期。

［11］李玉兰等：《产业资本与金融资本融合发展的国际趋势及现实意义》，《大连海事大学学报（社会科学版）》2006 年第 4 期。

［12］许天信：《产融关系模式的国际比较与借鉴》，《兰州大学学报（社会科学版）》2003 年第 11 期。

［13］Alistair Graven, "Embarassing Learning at GE", *Development and Learning in Organization*, 2004, 18:22.

[14] 冯丽霞等：《美国企业集团产融结合的特点及其对我国的启示》，《特区经济》2006年第5期。

[15] 白万纲：《谁在散播集团管控模式的惊天谎言?》，http://blog. spn. com. cn/html/47/27147-54107. html,2009-06-07。

[16] 陈华：《企业边界模糊化趋势及相关的组织形式研究》，中南大学，2006年。

[17] 大卫·J. 科利斯、辛西娅·A. 蒙哥马利：《公司战略——企业的资源与范围》，东北财经大学出版社2000年版。

[18] 赵妍：《国际企业战略联盟及对我国的启示》，河北大学硕士论文，2003年。

[19] 陈赟：《企业组织形式发展新趋势：战略联盟》，《云南电大学报》2007年第12期。

[20] 陈怡：《德国欧德森板业集团携手五大家具企业战略联盟合作签约》，《中国人造板》2008年第7期。

[21] 田敏：《浅析企业知识联盟》，《情报科学》2001年第19期。

[22] 孙淑生：《中小企业技术创新的根本出路——知识联盟》，《科技进步与对策》2001年第5期。

[23] 沈祖志：《应对知识竞争的企业联盟范式的转变——产品联盟到知识联盟》，《电子科技大学学报（社科版)》2003年第2期。

[24] 海峡：《激励性规制：政府规制发展的新趋势》，《陕西行政学院学报》2007年第11期。

[25] 陈云：《公司法人治理结构的国际趋同趋势及对我国公司治理的启示》，《温州大学学报》2006年第2期。

[26] 马俊驹、聂德宗：《公司法人治理结构的当代发展——兼论我国公司法人治理结构的重构》，《法学研究》2000年第2期。

[27] 李惠、郭欠：《中国政企治理问题报告》，中国发展出版社2003年版，第157页。

[28] 张荣霞：《公司治理结构模式比较及其发展趋势研究——兼论

我国公司治理结构模式的立法选择》，延边大学，2005 年。

[29] 阎永红：《公司法人治理结构体制的国际趋同趋势》，《北京市财贸管理学院学报》2003 年第 3 期。

[30] 徐海霞：《试论公司治理的国际趋同》，《财经理论与实践》2002 年第 1 期。

3 中国企业集团产生的时代背景及演变过程

中国企业集团的产生与发展演变与中国企业重组改革的发展历程密不可分。改革开放后，企业重组改革的两次高潮带来了中国企业集团发展的两次高潮，并有力地推动着中国企业集团的发展演变，逐步走向大型化、成熟化和国际化。企业重组改革和国际化经营，成为我国企业集团产生和发展演变的重要动因。而我国企业集团的发展，对于优化企业组织结构、提高产业集中度、改善国有企业经营效益、提高企业核心竞争力起到了关键作用。

3.1 中国企业集团产生的时代背景

我国企业集团的兴起可以追溯到改革开放前。在 20 世纪 60 年代国家为了建立全国"一盘棋"的产业模式，加强行业集中统一管理，以克服分散主义、条块分割和缺乏协作协调的问题，通过行政指令在一些重要行业试办了一些专业公司、全国和地区性的工业托拉斯。① 这些托拉斯一般是以行政手段将同行业的一些重要企业和相关单位组合起来，实行统一经营，资源共享，并用经济办法进行管理。这种托拉斯的组织形式对促进生产社会化和专业化分工的发展起到了积极作用，也为新中

---

① 唐建伟：《关于企业重组的战略风险防范研究》，广东工业大学硕士论文，2001 年，第 15—16 页。

国的经济发展奠定了较为坚实的工业基础。但是，计划经济体制下的行政性产业重组和集团化同时也带来了一些新问题，如新的条块分割不利于调动地方和企业的积极性、新老计划渠道的摩擦等，并决定了这种托拉斯的组织形式难以冲破行政隶属关系的界限而向更高层次发展。

企业集团的真正兴起和发展，同改革开放后我国企业战略重组和集团化的改革进程有着密切的联系，它是我国进入 20 世纪 80 年代社会经济生活中出现的重要新生事物之一，是中国建立市场经济制度的时代需求，① 是我国经济社会发展进程中现代企业组织发展的必然产物，是优化组织结构增强大企业带动能力的客观需要，也是提高集中度，增强我国产业国际竞争能力的必经之路。

3.1.1 建立市场经济体制的时代需求

改革开放后，我国市场经济体制改革的顺利推进急需发展企业集团。兼并重组和发展企业集团，在初期主要起到以下三方面作用：一是可以解决市场经济体制改革过程中存在的国有企业行业覆盖面过宽、国有经济比重过高的突出问题，优化国有经济布局，突出国有经济的主导作用；二是可以解决计划经济时期由于政府主导国民经济发展，部门分割、地区分割等导致的极为严重的重复投资、重复建设等问题，以及随之产生的严重的生产能力发展不平衡和产业结构不合理等问题，淘汰部分行业严重过剩的产能，调整优化国民经济结构；三是可以在一定程度上解决国有企业普遍存在的高负债、规模小、效益差等问题，有效提升国有企业生产经营效率。据统计，1994 年国有工业企业资本金占国有企业全部资本额的平均比重为 26.4%，比非国有工业企业资本金占非国有企业全部资本额的平均比重低 6%。由于资本金严重不足，资本储备率低，故国有企业的资产负债率特别高，由 1980 年的 18.7% 上升到 1994 年的 71%，其中资产负债率高于 90% 的国有企业约占其总数的 20%。由于国有企业资本金不足，无法扩大规模，难以形成规模经济，产业集中度低，绝大部分企业的规模没有达到最小规模界值，使得企业

---

① 徐根兴：《一场着眼于 21 世纪的竞争——西方和中国的企业兼并浪潮（下）》，《经济纵横》1998 年第 5 期，第 21—23 页。

生产单位成本高、市场竞争能力低、抗风险能力差。以汽车制造业为例，1998 年占世界汽车工业总产量 70% 以上的 16 家国外汽车制造企业，平均资产规模超过 450 亿美元，平均产量超过 250 万辆，而当时我国整个汽车工业的固定资产仅 180 亿元，且分散在 2600 个企业中，其中八大汽车厂家的固定资产净值仅占全行业的 30.5%；1994 年我国的汽车总产量仅 150 万辆，95% 以上的企业年产量不足 5 万辆，80% 的企业年产量不足 1 万辆。显然，如果不迅速改变这种资源配置状况，通过兼并重组和集团化增强企业的经济实力，将难以应对改革开放后来自国际、国内市场的竞争和挑战。

3.1.2   现代企业组织发展的历史必然

1978 年以后，在改革开放的方针指引下，企业之间横向的经济、技术协作和联合得以快速发展。1980 年秋，国务院明确提出了"扬长避短、发挥优势、坚持自愿、组织联合"的原则。1983 年 1 月召开的全国经济技术协作会议，总结了十一届三中全会以来各地开展经济技术协作、促进经济效益提高的经验，对推动全国经济技术协作进一步发展起到了重要作用。1984 年 9 月召开的全国经济技术协作和对口支援会议明确指出经济技术协作是世界经济发展的大趋势，是我国社会主义建设的必由之路。

1984 年 10 月，党的十二届三中全会通过的《中共中央关于经济体制改革的决定》，确立了社会主义有计划商品经济的指导思想，把顺应商品经济发展起来的横向经济联系作为经济体制改革的重要内容，明确规定："对外要开放，国内各地区之间更要互相开放。经济比较发达地区和比较不发达地区，沿海、内地和边疆，城市和农村，以及各行各业之间，都要打破封锁，打开门户，按照扬长避短、形式多样、互利互惠、共同发展的原则，大力促进横向经济联系，"并把增强企业获利作为经济体制改革的重要环节。各级企业主管部门相继进行简政放权，计划、物资、资金、价格的宏观管理体制也进行了初步的改革，企业开始面临加快技术进步和提高经济效益的严峻挑战。一些在市场经济竞争中急需扩大生产的企业，率先组织横向经济联合，以期集中更多的资金，在更大范围内合理组织生产要素，提高市场竞争力，满足社会需要。在这种形势下，我国企业之间的经济技术协作进入了一个新的发展阶段——横向经济联合阶段。

企业协作进入横向经济联合阶段后，技术、物资、资金、人才四位一体的协作开始出现，合资经营的联合体发展加快，长期的、固定的协作关系增多，多领域、多方位的经济联系迅速发展，全国跨地区的横向经济联合网络粗具雏形，以名优产品为龙头的企业联合体大量建立，横向经济联合与技术协作开始作为重要项目列入国家计划。为进一步推动横向经济联合的健康有序发展，1986 年 4 月国务院正式颁布了《关于进一步推动横向经济联合若干问题的规定》；同年 5 月全国人大六届四次会议通过的第七个五年计划中，把发展横向经济联系、加强地区协作和经济区网络作为一项重大政策确定下来，对横向经济联合的原则和目标，经济联合中的计划、物资、资金、税收等方面的政策等做了规定，解决了横向经济联合中出现的一些新问题。自此，我国的横向经济联合出现了前所未有的发展势头，不同地区、不同层次、不同规模企业之间的横向经济联合大大加强，企业之间联合的形式多种多样。1986 年，紧密型和半紧密型的各种经济联合体，已经发展到 32000 多家，其中由县以上工业企业为主组建的新的企业性经济联合组织（包括公司、总厂等）有 6833 个，参加联合组织的工业企业达到 1570 家，投入资金 110 亿元。其中，有一部分紧密型的经济联合组织已经实现了更大规模的资金、技术、人员等生产要素的重新组合、重新配置，从而为我国企业集团的兴起奠定了基础。[①]

3.1.3　优化组织结构增强大企业带动能力的客观需要

发展大型企业集团是我国深化经济体制改革、优化企业组织结构、增强大企业对中小企业带动作用的重要措施和客观需要。社会化大生产既要求生产经营达到相当的经济规模和一体化，也要求有发达的专业分工，这就决定了在发展市场经济过程中必须正确处理好大型企业与中小

---

① 陈永忠：《企业集团研究》，西南财经大学出版社 1989 年版。

企业之间的关系。发展大型企业集团，一方面，可以通过借助产权纽带和资本纽带建立起企业集团的核心企业与其他企业的长期、稳定、跨区域合作的联系，既有利于突破旧体制下的条块分割，也有利于提高市场经济的组织程度和稳定性；另一方面，大型企业集团的核心企业作为出资者、管理者，为企业集团内其他企业建立现代企业制度、完善内控制度等提供了重要依托和严格要求，促使子（孙）企业完善企业组织结构，提高运营效率。组建和发展大型企业集团，有利于探索在市场经济中如何充分发挥大企业的带动作用和各类中小企业组织的能动作用，做到优势互补、共同发展。为此，1995 年，国有企业改革成为整个经济体制改革的重点，国家提出实施大公司、大集团战略，组建一批具有国际竞争力的大企业集团，并提出扩大企业集团的试点范围，选择一批大企业进行企业集团试点。同时指出，抓住了这些大公司、大集团，就可以抓住经济的关键，就可以带动一大批中小企业的发展。发展大企业集团对于增强大企业对中小企业乃至对整个国民经济发展的带动作用和重要性不言而喻。

3.1.4　提高集中度增强产业国际竞争能力的必经之路

通过企业集团组建起步阶段的实践，理论界和实务界更深刻地认识到，企业集团的组建不能只是通过企业数量上的简单组合以追求企业规模上的单纯扩大，更为重要的是通过企业间生产力、生产关系诸要素的优化组合，实现资源优化配置，提高产业集中度，增强有利于行业发展的规模经济和协同效应，提升中国企业参与国际经济技术竞争的能力，以应对日渐激烈的国际市场竞争。为此，1994 年党的十四届三中全会《关于建立社会主义市场经济体制若干问题的决定》明确指出："发展一批以公有制为主体，以产权联结为主要纽带的跨地区、跨行业的大型企业集团，发挥其在促进结构调整，提高规模效益，加快新技术、新产品开发，增强国际竞争能力等方面的重要作用。"放眼全球，顺应企业经营日趋国际化、集团化、多元化的国际潮流，大力发展具有国际竞争力的企业集团，成为提高行业集中度，增强我国产业国际竞争力的必经之路。

3.2　中国企业集团的发展演变

改革开放以来，我国企业经历了两次重组和集团化的高潮，分别在20世纪80年代末到90年代初期、1997年10月党的十五大召开以后。以这两次高潮的酝酿和到来为标志，可将改革开放后的企业重组和集团化进程划分为三个阶段。前两个阶段分别包括两次高潮的酝酿和到来的全过程，是一种螺旋式上升的发展过程；第三个阶段是第二次高潮的延续，但在该阶段由于存在中国加入世界贸易组织（WTO）和新型国有资产监督管理体制的确立两大重要因素，对重组提出了更高的要求，注入了新的活力，企业重组和集团化呈现出战略性、全球化、大集团化等一系列新特点。

3.2.1　中国企业集团发展演变的历程

一、第一阶段（1984—1989年）

该阶段包括改革开放后企业重组和集团化的起步（1984年）、发展和第一次高潮（1988—1989年）的到来。[①] 1984年10月，党的十二届三中全会作出关于经济体制改革的决定之后，包括横向经济联系、企业兼并在内的各种搞活企业的改革实践引起了政府决策部门、金融部门以及理论界的广泛重视。中国早期的企业集团大部分是在横向经济联合深入发展的基础上，以经济技术的内在联系为纽带集结而成的。1986年，国务院作出了《关于横向经济联合若干问题的规定》，不仅把发展横向经济联系、加强地区协作和经济区网络作为一项重大政策确定下来，同时还提倡以大中型国有企业为骨干、以优质名牌产品为龙头进行企业改组。1987年，国务院又发布了《关于大型工业联营企业在国家计划中实行单列的暂行规定》和《关于组建和发展企业集团的几点意见》，

---

① 万解秋、徐涛、张安中：《国有企业的战略重组和治理变革》，《苏州大学学报（哲学社会科学版)》2004年第3期，第22—32页。

推动了1988—1989年全国组建企业集团高潮的到来。据不完全统计，截至1988年底，全国不同类型的、跨区域的横向经济联合组织已达100多个，具有一定规模的企业集团达到2000多个，已初步形成了东西南北纵横交错的经济协作网络。① 该阶段政府以企业所有者的身份积极参与企业重组和集团化活动，利用其自身掌握的信息优势为企业兼并重组和集团化牵线搭桥。

此外，该阶段由于集团的组建基本上是以同行业企业和相关单位组合为主，因此也带有很强的产业重组性质。重组明显受到日本、韩国产业组织结构的启发，但所想解决的问题仍然是"大而全"、"小而全"、"能力分散"、"山头主义"等老问题。重组的手段开始使用"以资产为纽带"等市场运作方法，但这仅仅是一种尝试，行政指令仍然是最主要的重组手段，其中有一些企业集团简直就是恢复当年的托拉斯，如被列为第一批集团试点的东北输变电集团，基本上就是20世纪60年代的托拉斯——东北电力设备公司的翻版。但是由于这次重组发生在我国经历了近十年的改革开放之后，企业的自身利益和自主意识得到强化，所以行政性重组遇到20世纪60年代所没有的空前抵制，"集而不团"的现象非常普遍，除了少数真正通过资产纽带形成了紧密层以外，半紧密层和松散层集团难以发展起来。东北输变电集团的组建最终由于沈阳变压器厂的抵制而没有实现最初的设想，后者反而自己组建了集团，并成功实现在香港上市。②

二、第二阶段（1990—2000年）

该阶段包括企业重组和集团化新模式的小规模试探、发展（1990—1997年）和第二次重组和集团化高潮的到来（1997—2000年）。③ 1990年，七届人大通过的《国民经济和社会发展十年规划和"八五"计划》明确提出有计划地组建一批跨地区、跨部门的企业集团。1991年，原

---

① 陈栋生：《经济区域学》，河南人民出版社1993年版。

② 唐建伟：《关于企业重组的战略风险防范研究》，广东工业大学硕士论文，2001年，第15—16页。

③ 万解秋、徐涛、张安中：《国有企业的战略重组和治理变革》，《苏州大学学报（哲学社会科学版）》2004年第3期，第22—32页。

国家计委和国务院生产办公室提出了《关于促进企业集团发展的意见》。1991 年 12 月，国务院批转了国家计委、国家体改委和原国务院生产办《关于选择一批大型企业集团进行试点的请示》（国发［1991］71 号）文件，对组建企业集团的条件、要求、目的、原则以及试点政策，给予了明确的规定，并选择了基本上作为行业排头兵、资产利税大户的 57 家（先选 55 家，后调整为 57 家）企业集团进行试点①，并给予政策优惠②。这些政策的出台与实施，促进了企业集团的改造与发展，催生了一些较为成熟的规模较大的企业集团（如"二汽"集团等），也促进了我国企业兼并重组的发展。1993 年 12 月《公司法》颁布后，我国企业集团建设的主要内容转向按照《公司法》改建和规范企业集团的试点。③ 1994 年，党的十四届三中全会《关于建立社会主义市场经济体制若干问题的决定》指出："发展一批以公有制为主体，以产权联结为主要纽带的跨地区、跨行业的大型企业集团，发挥其在促进结构调整，提高规模效益，加快新技术、新产品开发，增强国际竞争能力等方面的重要作用。"1995 年，国有企业改革成为整个经济体制改革的重点，国家提出实施大公司、大集团战略，组建一批具有国际竞争力的大企业集团，并提出扩大企业集团的试点范围，选择一批大企业进行

---

① 这些试点企业是：3 个汽车集团、3 个电站设备集团、2 个输变电集团、8 个机械电子集团、4 个钢铁集团、8 个电力集团、1 个煤炭集团、2 个交通运输集团、4 个化工集团、4 个建材集团、1 个纺织集团、4 个森工集团、4 个航空集团、2 个航天集团、2 个外贸集团、2 个制药集团和 3 个航空运输集团。

② 这一时期，政府方面指导企业集团试点的部门——国家经贸委、国家计委和国家体改委对企业集团试点的政策要点是：第一，区别不同情况将企业集团在国家或省级计划中实行单列。单列的内容主要包括产品质量计划、基本建设投资计划、技术改造投资计划、利用外资计划、技术引进计划、主要物资分配计划、能源分配计划、科研计划、教育计划、劳动工资计划和财务计划等。第二，坚持在企业集团推行税利分流的改革。第三，试点企业集团要逐步建立财务公司，在集团内部融通资金，并适当扩大融资手段，经批准可发行债券和股票。第四，逐步赋予试点企业集团自营进出口权，可组织本集团产品出口，自用技术、设备和原材料的进口，以本集团产品为主的成套设备出口。第五，授权经营国有资产。将试点企业集团紧密层企业的国有资产统一授权给核心企业经营和管理，建立集团内部的产权纽带，使紧密层企业成为核心企业的全资或控股公司。第六，扩大试点企业的经营自主权。主要表现在投资立项、进出口、财务公司经营范围、国家控制的产品价格、股份制改组等方面。

③ 57 家企业集团试点工作，在《公司法》的规范下也取得了良好进展：41 家在国家计划中实行计划单列，39 家建立了财务公司，54 家享有自营产品进出口权，47 家获得外事审批权，7 家进行了国有资产授权经营试点，22 家实行由集团公司统一纳税。

企业集团试点。抓住了这些大公司、大集团，就可以抓住经济的关键，就可以带动一大批中小企业的发展。在这种思想的指导下，各地都确定了重点扶持的试点集团，并制定了相应的扶持政策，企业集团化发展趋势明显。到 1995 年，我国注册登记的企业集团已达 2 万多家，各省市、各部门都确定了重点扶持的试点集团，并制定了相应的扶持措施。① 但是，这一时期的企业集团建设工作，由于受到治理整顿大环境的限制，其进展主要表现在单纯的"组建"即集团成立方面，大部分集团还没有按集团规范运作起来。②

1996 年，江泽民在中央经济工作会议上指出："一个国家的经济发展，工业化的实现，经济整体素质的提高，主要依靠大型企业和企业集团，要以资本为纽带，通过市场组建跨地区、跨行业、跨所有制的生产力较强的大企业集团，"进一步为我国企业集团的发展指明了方向。1997 年 5 月，国务院批转国家计委、国家经贸委、国家体改委《关于深化大型企业集团试点工作意见的通知》，要求按照建立现代企业制度和搞好整个国有经济的要求，按照"抓大放小"的战略思想，重点抓好一批大型企业集团，联结和带动一批企业的改组和发展，促进结构调整，形成规模经济，提高国有资产的营运效率和效益，积极发挥大型企业集团在国民经济中的骨干作用。③ 1997 年 9 月 12 日，江泽民在党的十五大报告中提出："要从战略上调整国有经济布局。对关系国民经济命脉的重要行业和关键领域，国有经济必须占支配地位。在其他领域，可以通过资产重组和结构调整，提高国有资产的整体质量。"改革开放后第二次企业重组和集团化的浪潮就是在这一方针政策的指引下展开的，它主要以国有企业为对象，以调整国民经济结构为使命，以提高企业资产运营质量为目标，以改革企业经营机制为突破口。

我国改革开放以来第二次企业重组和集团化热潮，首先在 1996 年降价竞争最为激烈的家电领域展开。1997 年，长虹集团先是不声不响地盘下了江苏南通和吉林长春的两家彩电企业，接着又进军电池行业，

---

① 李慧：《我国企业集团发展存在的问题》，《化工管理》2001 年第 12 期。
② 张平：《中国企业集团发展之路》，中国经济出版社 1998 年版，第 66—72 页。
③ 杨洁、辛志纯：《企业重组论》，经济管理出版社 1997 年版，第 199—200 页。

兼并了同处四川绵阳的五洲电源厂；8 月，广东 TCL 集团与河南美乐集团宣布自愿联合；海尔集团的兼并扩张案例尤为突出，到 1998 年为止，海尔集团已兼并了 15 家企业。该阶段也开始出现跨行业的企业兼并重组和集团化，如北京东安集团兼并长期亏损的北京手表厂。① 但是，该阶段规模更大、影响更深远的重组事件，是发生在国民经济领域里的，由政府推动实现的大型企业联合兼并和大型企业集团的组建。比如，1997 年 11 月 19 日，由原仪征化纤、扬子乙烯、金陵石化、南京化学工业公司、江苏省石油公司联合组成的中国东联石化集团挂牌成立。1997 年 11 月 10 日，中国石化总公司齐鲁公司对山东淄博化纤总厂与淄博石化厂进行兼并。这起兼并涉及债务总额达 30 多亿元，是新中国成立以来最大的兼并案。同时期，在冶金、民航等重要行业也相继发生了大企业间的并购重组。1997 年 1 月 3 日，东方航空公司对通用航空公司实施兼并联合；11 月 24 日，地处湖北的 3 家特大型、大型钢铁企业——武钢、冶钢、鄂钢宣布联合。结合国有企业机制的转换和建立现代企业制度，企业集团进一步发展壮大起来。截至 1999 年 3 月，符合《企业集团登记管理暂行规定》的条件，在全国各级工商行政管理部门登记注册的企业集团共有 5456 家。②

我国改革开放后第二次企业重组和集团化热潮到来的国际背景是全球重组并购浪潮的出现和我国加入 WTO 的日益迫近，国内环境是现代企业制度的建立和按照市场机制对国有企业提出的脱困增效目标的实施。第二次企业重组和集团化热潮的出现不仅是针对国内许多行业存在能力分散、低水平重复等问题，更是针对行业内过度竞争、总量相对过剩等问题，而随着企业法人地位的确立，企业自主性的加强，企业对重组和集团化的认识观念发生了变化，即选择重组和集团化已经成为企业自身的一种战略行为，旨在为企业自身的发展服务。在借鉴前两番行政性的企业重组和集团化低效率的经验教训基础上，政府和企业两个主体都在此番重组和集团化进程中积极探索创新企业重组和集团化的方法和

① 唐建伟：《关于企业重组的战略风险防范研究》，广东工业大学硕士论文，2001 年，第 16—17 页。

② 胡汉辉、刘怀德：《不确定性与企业集团问题》，东南大学出版社 2001 年版，第 63 页。

手段，如进行国家控股公司试点，职工持股计划（ESOP）、企业债转股、公司控股式收购、管理层收购（MBO）等，不断完善企业重组和集团化的制度，提高企业重组和集团化的效率。但事实上，这一阶段组建的各种所谓的"集团公司"还明显具有"中国特色"，仅仅是一种对市场的模拟，而其他重组和集团化的形式也都难以在实际操作中被真正应用。因此，我国新一轮企业重组和集团化的绩效问题仍广泛存在。主要表现在：首先，组建企业集团的理念落后，一方面政府将企业重组和集团化的目的主要定位为"以强扶弱"，即让效益较好的国有企业并购整合亏损负债企业，视重组和集团化为企业脱困的捷径，而并非以"1＋1＞2"的效益模式为战略出发点，大大增加了企业重组和集团化的风险；另一方面大部分企业在重组和集团化过程中"贪大求快"而非"求强"，这种"愈大愈强"的错误经营理念在现实国情下容易使企业背负过重的包袱而导致整个企业集团遭遇巨大的战略风险，从而将企业集团推入困境。巨人集团、赛格集团等企业的陨落都与决策者的这种经营理念直接相关。其次，政府在企业重组和集团化过程中存在越位行为，过多运用行政划拨的手段推动企业重组和集团化，加上企业依据市场需要将重组和集团化作为自身经营战略的意图在1991—2000年这一阶段还不明显，因此通常有意或无意、直接或间接地造成了企业重组和集团化的失败。再次，企业重组和集团化决策缺乏科学性与合理性，同时企业对重组和集团化战略条件的发展变化缺乏预见，没有充分考虑到在选择战略与实施战略这一时间差内，条件可能发生的变化：国家新经济政策的出台、行业竞争结构的调整、行业核心技术的升级换代等，缺乏应急反应机制和备选方案，结果导致企业重组和集团化的实际效果远远偏离预期目标。最后，企业重组和集团化实施过程缺乏有效的整合策略，使得企业之间的形式重组和集团化容易而实质性重组和集团化困难，特别是重组和集团化后期企业间内部资源整合和文化融合非常困难。而该阶段普遍存在的被重组企业本身对整合工作不够重视、整合策略的缺失、整合信心容易动摇等因素往往会引起重组和集团化的战略风险，并直接影响到企业重组和集团化的效果。[①]

---

① 唐建伟：《关于企业重组的战略风险防范研究》，广东工业大学硕士论文，2001年，第16—17页。

三、第三阶段（2001 年至今）

2001 年至今这一发展阶段为上一阶段企业重组和集团化高潮的延续，是新一轮实质性的资产重组，以构建大企业、大集团，提高国际竞争能力为目标，形成了国有企业的战略性重组和集团化改造热潮。该阶段我国发展大公司、大集团战略的提出有其特殊的时代背景。第一，实施大公司、大集团战略是企业改革发展的需要。[①] 江泽民在 2001 年中央经济工作会议上明确提出："培育和发展一批拥有自主知识产权、核心能力强的大公司和企业集团。"朱镕基在会上也提出，要加快形成和发展一些具有竞争力的大公司和企业集团。关于发展具有国际竞争力的大公司和企业集团的问题，国务院办公厅于 2001 年 10 月转发了国家经贸委等八部委《关于发展具有国际竞争力的大型企业集团的指导意见》，明确提出要努力发展一批具有技术创新能力强、主业突出、拥有知名品牌和自主知识产权、市场开拓能力强、经营管理能力强、具有持续盈利能力和抗御风险能力的大公司和大企业集团。2002 年 3 月，朱镕基在九届全国人大五次会议上作政府工作报告时强调，要积极推进国有企业重组改组，尽快形成和发展一批具有国际竞争力的大公司和企业集团。[②] 2006 年，国务院办公厅转发国资委《关于推进国有资本调整和国有企业重组指导意见的通知》，明确提出加快国有大型企业的调整和重组，促进企业资源优化配置。依法推进国有企业强强联合，强强联合要遵循市场规律，符合国家产业政策，有利于资源优化配置，提高企业的规模经济效应，形成合理的产业集中度，培育一批具有国际竞争力的特大型企业集团。这些都是党中央国务院针对国有企业如何面对新挑战而提出的果断决策。第二，实施大公司、大集团战略是应对经济全球化挑战的需要。众所周知，经济全球化是当今世界经济发展不可逆转的一种趋势，并且世界经济的全球化和集成化程度在 21 世纪将越来越高。而跨国公司是经济全球化的载体，其发展能推动世界经济的增长，其市场

---

① 吕薇：《产业重组与竞争》，中国发展出版社 2002 年版，第 230 页。
② 朱镕基：《推进国有企业重组改组和垄断行业改革》，国务院发展研究中心信息网，2002 年 3 月 5 日。

化体系能加深各国经济之间的依存程度，其竞争机制能加速世界经济发展的集中化倾向，其多边扩展战略能促进各国政府采取双向鼓励政策，从而促进全球多边政策的改革形成。而要成为跨国公司，并在全球经济竞争中取胜，最主要的手段就是通过集群化（即各种形式的横向并购、重组、联合）把企业做大做强。① 在 2002 年度《国际竞争力报告》（49 个国家和地区参评）中，我国总体排名第 31 位，其中科技竞争力排名第 25 位。2002 年出版的《全球竞争力报告》对世界 75 个国家和地区的技术创新状况利用综合指标方法进行评价，中国的创新能力得分（181）排名第 43 位，处于中等偏下的位置。巴西（201）排名第 33 位，印度（189）排名第 38 位，均高于我国。在 1999—2003 年有 46 个国家和地区参加的"企业管理竞争力"排名中，我国企业分别位居第 45 位、第 41 位、第 30 位、第 34 位和第 30 位。② 上述结果说明，中国企业的国际竞争力水平明显偏低，还难以应对加入 WTO 和经济全球化带来的挑战。而通过战略重组，走大公司、大集团之路，提高企业的整体竞争优势，是应对国际竞争的有效途径。③

2001 年中国加入 WTO，进一步锁定了中国市场化改革的路径，并加快了国有企业改革的步伐。加入 WTO 后随着关税保护的取消，新的外资企业不断进入，市场竞争逐步加剧，那些与我国资源禀赋不符的产业在激烈的市场竞争下必然面临重组调整的命运。因此，加入 WTO 明显促进了我国国有企业改革进程的加速，使我国逐渐按照市场经济规律和比较优势原则来进行国有经济的结构调整，随之出现了大规模的企业战略重组和集团化。入世 5 年后，伴随中小国有企业的退出以及大型国有企业集团的组建，国有企业的产业集中度越来越高，国有企业的经营效益显著提高。有关统计数据显示：2001 年我国国有企业总数 17.4 万家（不含金融企业），拥有资产总额 166709.6 亿元；而到了 2005 年，

---

① 江勇、余海丰：《加入 WTO 与国有企业战略重组》，《经济经纬》2001 年第 2 期，第 51—54 页。

② 王睿、高军、刘仕华：《中国企业国际竞争力的现状与对策》，《现代企业》2007 年第 5 期。

③ 徐水师、仙麦龙：《企业重组是实施大公司大集团战略的有效途径》，《2003 年测绘经济与管理专业委员会学术论文集》，第 111—117 页。

仅 1446 家国有及国有控股企业集团年末净资产就达到 198046 亿元。国有企业呈现比重下降但实力不断增强的特点，其资产主要集中于能源、通信、交通运输等行业。在国有企业的经营效益方面：2001 年全国国有企业实现利润总额 2811.2 亿元，国有企业的平均资产报酬率只有 3.3%，低于一年期贷款利率 2 个百分点；而到了 2005 年，全国国有企业实现销售收入 115000 亿元，实现利润 9047 亿元，其中 100 多家中央企业实现利润 6413 亿元，占国有企业利润总额的 70% 以上。截至 2005 年底，从数量上看，1446 家国有及国有控股企业集团占全部企业集团总数的 50.8%；而从资产规模看，国有及国有控股企业集团年末资产总计占全部企业集团的 85.8%，经营规模占 79.6%。我国内地进入 2005 年《财富》杂志公布的世界 500 强企业已达 15 户，全部是国有企业。与此同时，2005 年 2845 家企业集团盈亏相抵后实现利润总额 10391 亿元，其中 80% 的国有及国有控股企业集团赢利，盈亏相抵后实现利润总额 8769 亿元，占总数的 84.4%。国有及国有控股企业集团的纳税额依然是我国税收的主要部分，2005 年其实现税金占全部企业集团总量的 87.5%。[①]

2003 年开始，我国新成立的各级国有资产监督管理机构开始着力推进国有经济布局和结构调整，培育具有国际竞争力的大企业、大集团。2005 年 11 月 8 日，国务院常务会议研究了国有资本调整和国有企业重组工作，提出要通过国有资本调整和国有企业重组，进一步提高国有经济的控制力、影响力和带动力，要求国务院国有资产监督管理委员会通过大型企业调整重组，做强做大中央企业；力争用几年的时间，在中央企业形成 80 家到 100 家技术先进、结构合理、机制灵活、有较强国际竞争力的大公司、大企业集团。[②]

该阶段我国企业重组和集团化改革卓有成效。从宏观方面来看，有力推动了我国产业结构的调整和优化：首先，合理收缩了国有经济的布局范围，提高了国有资本的运营效率。各级国有资产监督管理机构将其

---

① 《上海国资》编辑部：《入世 5 周年国资大变局》，《上海国资》2006 年第 12 期，第 1—2 页。

② 《国资委中央企业重组详细历程一览表》，中国国企改革网，2007 年 7 月 25 日。

监管范围内规模小、竞争能力不强的国有企业进行归并整合，提高了管理效率，有效利用了国有资源。其次，推动了国有资本向具有竞争优势的行业和未来可能形成主导产业的领域集中，向具有较强国际竞争力的大公司、大企业集团集中。通过重组整合，挖掘并培育具有国际竞争优势的主导行业是产业结构调整的重要内容。充分集中产业资源，提升国有资本在该产业的带动力和影响力是国有资本调整的重要方向。以中国五矿集团公司与邯邢冶金矿山管理局的重组为例：中国五矿集团公司与邯邢冶金矿山管理局的重组，促进了中国五矿集团公司利用在金属矿产领域多年形成的综合性国际化经营优势，加快战略转型的步伐；重组完成后，中国五矿集团公司在矿业开发领域的地位得到提升，不仅拥有邯邢冶金矿山管理局所保有的 1.1 亿吨铁矿储量（重组之初）和 250 万吨/年的精矿产能，还使集团矿业开发的专业队伍和技术经验大大充实；同时，在集团支持下，邯邢冶金矿山管理局矿山资源控制量由重组前的 1.1 亿吨增至 4.6 亿吨，资源保有量扩大了 3 倍多。

从微观方面来看，增强了企业的核心竞争力，为培育大企业、大集团创造了条件。首先，通过重组扩大了资产规模，增强了抗风险能力。一些企业虽然具有良好发展前景，但资产规模太小，抗风险能力较低，通过与那些具有资本规模优势的企业进行重组，有力地扩大了自有资本规模，增强了其抗风险能力。比如中粮集团与中土畜公司的重组，就实现了优势互补，不仅使中土畜公司借鉴了中粮集团先进的管理经验，且通过资源共享强化了中粮集团的资金实力，有利于实现规模效益，有利于提高中粮集团的国际竞争力和抗风险能力。其次，通过重组强化突出了主业，完善了产业链条。将要素资源向具有一定优势、适宜国有资本运营的主业集中是国有资本运营效率提升的重要手段；在突出主业的基础上完善产业链条是企业培育核心竞争能力的重要方向。在我国技术创新能力并不是很高的条件下，完整的产业链条对企业集团整体竞争实力的提高具有重要意义。一部分企业在重组整合的推进过程中，着力于强化突出主业，打造完善的产业链条，不断培育自主创新能力和管理能力，从而达到提升国际竞争能力的目标。最后，通过重组拓宽了发展渠道，培育了新的利润增长点。一些企业在重组过程中通过优势互补、资源共享，培育了许多新的利润增长点，提升了企业整体竞争优势和综合发展能力。比如中煤集团在重组前主要从事煤炭生产、煤炭贸易、煤焦化和煤机制造等业务，处于一个从贸易业务向以生产和贸易为主的转型过程中，重组后增加了煤矿设计、工程施工和煤气层业务，从而使中煤集团成为以煤炭生产和贸易为主，集煤焦化、坑口发电、煤机装备、煤矿建设、煤气层和煤电下游产业于一体的大型能源集团，提升了企业整体竞争优势和综合发展能力。重组后，资产规模由 2002 年末的 326 亿元增加到 2004 年末的 406 亿元，增长 24.5%；主营业务收入由 2002 年的 245 亿元增加到 2004 年的 389 亿元，增长 58.78%；利润总额由 2002 年的 5.5 亿元增加到 2004 年的 23.9 亿元，增长了 3.4 倍。[①]

3.2.2　中国企业集团发展演变的趋势与特点[②]

一是企业兼并重组和集团化思路从"以强扶弱"为主转向"强强联合"为主，这种变化反映了参与企业兼并重组和集团化活动主体的变化趋势，与国际企业兼并浪潮的演变是一致的。在早期的企业兼并重组和集团化浪潮中多为"强弱联合"、"以强扶弱"，重组和集团化的目的是消灭和减少国有企业的亏损面。事实证明，这样的重组和集团化是无效率的，不仅难以救活亏损企业，连效益好的企业都会被拖累。当理论界和实务界对企业重组和集团化的认识及思路转变过来后，"强强联合"才得以迅速发展。伴随着国际市场竞争的加剧，国际和国内的"强强联合"也得以迅速发展。

二是企业兼并重组和集团化以"横向兼并"为主到"纵向兼并"为主再到"混合兼并"为主，此后向多元化兼并方式和专业化兼并方式演变，这反映了我国企业兼并重组和集团化方式的变化特征。在美欧发达国家从自由经济发展到垄断经济的进程中，同行业优势企业兼并劣势企业组成横向托拉斯，有利于企业的生产尽快形成规模经济；纵向兼并则有利于实现本企业的纵向生产一体化，有助于生产的连续性，能减少商品流转的中间环节，节约销售费用；专业化兼并则强化主体业务，

---

① 国务院国资委研究中心课题组：《中央企业重组报告》，《国企》2007 年第 4 期。

② 司增绰、王铮：《国际上五次企业兼并浪潮的特征及其演变规律分析》，《学海》2005 年第 1 期，第 119—123 页。

突出优势项目。纵观国际、国内企业兼并方式的发展历史，在企业兼并重组和集团化方式上的变化规律也是一致的。

三是企业兼并重组和集团化从行政力量主导向市场力量主导转变。改革开放初期，政府以企业所有者的身份积极参与了企业兼并重组和集团化活动，政府各级行政主管部门利用其自身掌握的信息为企业兼并重组和集团化牵线搭桥，企业的兼并重组和集团化主要由行政力量主导。随着改革开放的深入，企业重组和集团化向着战略化和集团化的方向发展，企业开始以市场需求为导向来审视和规划自身的重组和集团化问题，注重自身的发展战略，而不是唯行政命令来推进重组和集团化；开始主动顺应国家调整产业结构的战略，主动通过战略重组和集团化来增强自身的核心竞争力，提高自身的行业地位和业界影响力，而不是被动适应产业政策、接受行政命令式的重组和集团化安排。

四是企业兼并重组和集团化过程中产业资本和金融资本相互渗透。一方面，企业战略重组和集团化越来越多的借助金融资本的杠杆力量，实现更大规模、更大范围的重组和集团化；另一方面，大型企业兼并重组和集团化向"产融结合"方向演变。我国企业兼并重组和集团化初期，兼并活动一般都是在资本同功能领域内进行，即产业资本兼并产业资本，金融资本兼并金融资本，基本上是兼并资本单功能、单领域内的兼并。但是到了第一次国际企业兼并浪潮时期，就出现了产业资本与银行资本相互兼并融合的现象，形成了垄断势力更为强大的金融资本。事实上，从发达国家经济金融发展的历程来看，产业资本发展到一定程度，必然会产生参与金融资本融合的内在需要，从而实现了"产融结合"。以巨型化、集团化工业公司为主体的产业资本和以垄断商业银行、投资银行为中心的金融业资本相互依存性日益增强，以致从外在信贷联系转向内在资本结合，形成"金融资本"，这是西方市场经济发展的普遍趋势。从 20 世纪 90 年代起，国内企业重组和集团化也开始出现产业资本与金融资本相互兼并融合的现象。比较典型的案例是 2002 年底北京首创集团与全球最大的金融服务集团——荷兰国际集团的合作，它们成立了一家合资寿险公司（首创安泰人寿）。此后 6 年来，首创集团一直把战略定位在"以投资银行业务为主导，以实业投资为基础"，并形成了一套比较完整的金融服务体系。目前，首创集团参股或者控股的金融类企业有佛山证券、首创证券、银华基金、南方证券和首创安泰保险等，业务范围已涉及证券、基金、资产管理、投资顾问、期货、风险投资等多个领域。另外，海尔集团也是通过战略重组和集团化搭建起"产融帝国"的一个典型案例：从 2001 年到现在，其入主青岛商业银行，控股上市公司鞍山信托、长江证券，成立保险代理公司和人寿保险公司，通过战略重组和集团化逐步搭建起"产融帝国"的框架。

五是企业兼并重组和集团化的微观动机从单纯追求规模扩张转向追求企业自身的竞争优势，这反映了企业兼并重组和集团化微观动机的演变特点，也符合现代战略管理理论的要求。在战略管理成为企业管理核心的今天，大企业在提高资产存量效率、优化经济结构和提高国际竞争力的前提下，兼并活动双方都把兼并重组和集团化当成企业自身调整资源配置的一种有效手段。兼并双方企业通过兼并重组和集团化形成战略联盟的双赢格局，已成为大多数参与兼并重组和集团化活动的企业的共识。

六是企业兼并重组和集团化逐步走上国际化道路。自 20 世纪 90 年代以来，跨国并购的平均增长速度（30.2%）超过了国际直接投资的增长速度（15.1%）。在全球范围内，跨国直接投资当中有 80% 以上是通过并购重组和集团化的方式进行的。联合国贸易发展会议在《2001 年世界投资报告——跨国兼并与收购之发展》中指出，并购重组和集团化是融合全球经济的重要桥梁之一。在全球市场谋求生存和发展成为跨国并购高潮中的首要战略动力，跨国收购特别是涉及大型跨国公司巨额投资和重大改组的兼并和收购活动是经济全球化最明显的特点之一。[①] 近年来，面对加入 WTO 带来的机遇和挑战，中国也逐步调整利用外资的各项优惠和规范政策，利用外资的形式也正在逐步从传统合资、合作方式转变到利用跨国并购方式上来，中国正逐步成为全球新兴的跨国并购热点市场。据清科集团统计，2007 年共发生跨国并购事件 84 起，其中中国公司并购海外公司共 37 起，较 2006 年的 17 起，增幅达 117.6%；并购金额方面，共 63 起披露并购价格，总额约 186.69 亿美

① 国务院国有资产监督管理委员会宣传工作局：《全球并购重组方兴未艾》，http://www. sasac. gov. cn/n1180/n1566/n259730/n/264168/1920960. html/2003-10-24。

元，较上年的 90.89 亿美元增加 105.4%。①

3.3 中国企业集团发展现状及问题分析

3.3.1 中国企业集团发展的现状及问题

改革开放三十多年来，伴随着中国特色社会主义市场经济体制的确立和发展，中国的企业集团得到了长足发展。特别是近几年来，中国企业集团的总体规模、整体经济效益都呈现良好发展态势。

近年来，中国企业集团的整体和个体规模持续快速扩张，行业多元化持续发展。以中国前 500 家大企业集团为例，2007 年前 500 家大企业集团年末资产总计 260079 亿元，比 2006 年增长 27.29%，远高于 2001—2007 年的年均增长（17.42%）。同时，前 500 家大企业集团的平均个体规模也呈现持续扩张趋势。2007 年前 500 家大企业集团的年末资产平均规模为 520.16 亿元，比 2006 年增加 111.51 亿元，增加额为 2001—2007 年来最高。中国前 500 家大企业集团迅速成长，增长速度远高于世界 500 强。截至 2008 年底，中国前 500 家大型企业集团的资产总额达 311096.77 亿元，是上年的 1.20 倍；营业收入总额达 214772.88 亿元，是上年的 1.19 倍；平均资产规模为 622.19 亿元，比上年增加 102.04 亿元；平均营业收入 429.54 亿元，比上年增加 67.87 亿元；平均从业人员数量 4.20 万人，比上年增加 0.09 万人。前 500 家大企业集团中有 43 家企业营业收入达到千亿元以上，比 2007 年增加 9 家。②

近年来，中国企业集团的整体经济效益持续快速提高，多数效益指标处于近年来较高水平。2007 年，中国前 500 家大企业集团共实现营业收入 180836 亿元，比 2006 年增长 22.82%，与 2001—2007 年的年均增长速度（22.79%）基本持平，远高于世界 500 强 12.95% 的增长速

---

① 于海涛：《中信证券等中国企业跨国并购发力》，《中国证券报》2008 年 1 月 24 日。

② 国务院发展研究中心企业研究所等：《中国大企业集团年度发展报告（紫皮书）》，中国发展出版社 2010 年版。

度，使得中国前 500 家大企业集团与世界 500 强的差距继续缩小。①
2008 年，中国前 500 家大企业集团规模进一步扩张的同时，经营绩效
指标首次超过美国和世界 500 强企业，与世界 500 强企业的差距进一步
缩小。从企业集团个体发展状况看，2008 年中国大企业集团继续保持
较快发展，其中，进入世界 500 强的大陆企业数达 34 家（进入榜单的
中国企业数为 43 家），创历年新高。连续上榜的 25 家企业中有 23 家排
位上升，其中中国中铁股份有限公司、中国铁建股份有限公司和中国冶
金科工集团公司的提升幅度达到 100 个位次。进入世界百强的企业集团
数达 5 家，有中国石油化工集团公司（排名 9）、中国石油天然气集团
公司（排名 13）、国家电网公司（排名 15）、中国工商银行（排名 92）、
中国移动通信集团公司（排名 99），比上年增加 2 个。其中，中国石油
化工集团以 2078.15 亿美元的营业收入位列第 9 位，比上年前进 7 个位
次，首次进入前 10 位。此外，中国前 500 家大企业集团的其他各项经
济指标与世界 500 强企业的差距也正在逐步缩小。美国《财富》杂志公
布的世界 500 强企业集团统计数据显示，2008 年中国前 500 家大企业集
团的营业收入总额相当于世界 500 强企业营业收入总额的 14.62%，比
2002 年高 9.36 个百分点。2008 年中国前 500 家大企业集团的收入利润
率和净资产收益率分别为 4.70% 和 8.92%，经营绩效指标超过美国和
世界 500 强企业。

　　总体来看，虽然近年来，中国前 500 家大企业集团迅速成长，增长
速度远高于世界 500 强，它们与世界 500 强之间的差距在逐渐缩小，但
由于中国企业集团成长时间短、积累少，直到目前，国内前 500 家大企
业集团与世界 500 强相比差距仍然很大，尤其是在可持续发展能力方面
的差距很大。这是目前我国企业集团发展存在的瓶颈问题，也是需要在
借鉴先进国际经验基础上不断探索创新，大力改革提升的地方。

一、企业集团组建的科学性不足

　　通过对比韩国和西方发达国家发展大企业集团的模式可以看出，以

---

　　①　国家发改委产业经济与技术经济研究所、北京师范大学课题组：《中国前 500 家大企
业集团发展报告》，《经济研究参考》2009 年第 14 期。

企业为主体，遵循市场经济规律进行的企业重组和集团化成功的可能性更大。韩国的大企业集团是典型的政府推进模式，政府在贸易、金融、外汇、税收等方面制定了一系列优惠政策，凡被指定为大企业集团的企业均可享受上述政策。在这些优惠政策下，企业大肆从银行借款，收购资产，迅猛扩张。不仅如此，韩国政府还通过行政命令强制企业合并，使原本应该是企业自主行为的并购重组行为变成了一种政府行为，为日后的金融危机埋下了祸根。而西方发达国家的做法则恰好相反，其政府一般不介入企业的重组行为，更不发布行政性指令，企业兼并和联合始终是遵循市场经济规律的企业自主行为，其从市场竞争中发展起来的大型集团公司在国际上都是相当具有竞争力的。

事实上，我们应借鉴西方国家的做法，吸取韩国的经验教训，进一步规范政府行为，坚持以市场为导向，以企业为主体进行战略重组和集团化。目前中国的市场经济体制改革仍然处在摸索期，企业集团的组建还不是很科学：一是企业集团往往不是由企业根据战略发展需要自行组建，而是有过多的政府调节因素在里面。由于政府管理经济活动的观念和方法尚显落后、引导产业发展的经验仍然缺乏等问题，目前我国企业重组和集团化，特别是国有企业的重组和集团化进程受行政性干预仍然较多，阻碍了企业重组和集团化按市场经济原则合理推进的进程。二是组建企业集团更多地将目标定位为通过重组和集团化做大企业规模，做强企业的资本实力，较为普遍地存在战略研究不足，对企业重组和集团化的规模效应、管理协同效应和资源互补效应等分析不够的问题。

二、企业集团的管控能力和水平有待提高

自企业集团产生以来，集团管控问题就一直是大型企业集团发展面临的管理难题之一。企业集团内的核心企业（母公司）如何有效管控集团内的各子公司已经成为管理界和企业界研究的一个重要课题。集团管控体系的搭建主要由三部分组成：管控框架、组织整合、多个管控子体系。其中，管控框架又包括了治理、控制、宏观管理三部分。组织整合则是通过集团内组织体系的合并、分拆、重组，以及权力边界的划分，以强化集团效应、驱除集团内耗。多个管控子体系则包括了管理条线子体系（如战略、财务、人力资源、企业文化等）、业务条线子体系

（如制造、研发、供应链、营销等）、辅助条线子体系（如审计、信息、风险管理等）。集团管控体系既包括了作为现代企业管理基础的公司治理，又覆盖了企业日常运营的所有业务条线，更通过着力进行组织整合以保证企业集团正常、高效的运作，是一个框架完整、条线明晰、覆盖全面的管理体系。① 集团管控模式的选择与企业集团的规模大小、多元化程度、发展阶段等都有密切关系，具有明显的阶段性、动态性等特征。

随着中国企业集团的产生和发展壮大，企业集团数量逐渐增多，企业集团跨地区、跨境经营投资活动越来越丰富，企业集团涉及的产权关系也越来越复杂，这些都给企业集团的管控提出了严峻的挑战。集团总部既希望分、子（孙）公司充分发挥其主观能动性，为企业集团贡献更多经济利润，同时又怕过度放权导致失去对子公司的控制力，因此总是在放权与集权中寻找合适的度，探索适合企业经营运转特点的、有利于企业集团良性发展的集团管控模式。但是，总体来看，目前中国企业集团的管控能力和水平与国际知名的大型跨国企业集团相比仍然比较落后，管控效率仍然比较低。目前集团管控中存在的主要问题有：企业集团内产权联结关系不紧密，产权明晰度不足；企业集团公司治理结构不完善，缺乏有效的激励和约束机制；集团公司总部及分、子（孙）公司的组织架构存在缺陷，导致管控效率太低或者总部战略管理能力难以有效发挥，企业集团对外扩张时，总部管理模式无法输出，分、子（孙）公司各行其是，无法实现复制效应；企业集团内控制度形同虚设，无法实现企业集团总部对分、子（孙）公司风险的有效控制；等等。

三、企业集团多元化发展战略面临挑战

多元化经营是企业集团化发展的重要战略选择。多元化经营并非一定会减少经营风险，尤其是企业进入其不熟悉的行业搞多元化经营，由于缺乏竞争优势反而会加大经营风险，造成经营失败。正如美国著名管理学家德鲁克所说，一个企业多元化经营程度越高，协调活动和可能造

---

① 白万纲：《论集团管控模式"三分法"的体系缺陷》，http://www.pxtop.com.cn/wen-ku/200971696_37425_804.1.shtm,2009-07-15。

成的决策延误越多。20世纪六七十年代美国企业大规模实行多元化经营，美国最大的500家工业企业中，从事多元化经营的占94%，然而这一时期也是其跨国企业竞争力最弱的阶段。韩国大企业集团的发展在这方面得到的教训也很深刻，值得中国企业集团借鉴。[1]

20世纪八九十年代以来，我国很多企业，特别是企业集团，都积极投入了多元化经营，不少企业集团为了迅速扩张，不仅在本行业大规模收购、兼并，而且雄心勃勃地进入别的行业。这种过分追求多元化经营的做法，看起来有利于分散企业经营风险，而事实上则加大了企业经营风险。许多一度声名显赫的企业集团倒在了多元化路途上，而留存下来的主要是在某一专业领域独具竞争优势的企业。归纳起来，导致企业集团多元化经营失败的原因主要有：企业集团多元化发展过程中资源配置过于分散，投资战线拉得过长，容易导致后续发展资金不足，从而拖累整个企业集团的经营运转；在国内资本市场尚不发达完善的情况下，企业集团实施多元化经营的资金主要来源于债权融资渠道，容易导致企业集团负债比例过高，从而导致企业资金成本迅速上升，财务风险迅速增大；企业集团无关联多元化行为使企业集团进入其不熟悉的经营领域，导致企业集团管理层决策失误可能性增加，管理风险显著上升；企业集团实施多元化战略前缺乏对目标行业（产品）的科学细致分析，容易误判目标行业所处的生命周期发展阶段，误判目标行业的市场结构和竞争态势，从而导致企业集团多元化战略选择了不合适的行业，陷入多元化战略失败的泥沼；等等。[2]

四、企业集团可持续发展能力较弱

企业集团的可持续发展能力主要是指通过变革和创新，不断巩固、保持和提升企业集团核心竞争力以推动企业集团持续发展的能力，主要包括企业集团的核心技术能力和核心组织能力。当今世界，企业集团的核心竞争优势不仅体现在企业拥有超越竞争对手的核心技术能力，如先

---

① 周晓红：《对我国发展企业集团的若干思考》，《福建行政学院福建经济管理干部学院学报》2007年第4期，第76—80页。

② 高山等：《对企业集团多元化经营问题的再思考》，http://61.138.111.246/xxzx/pages/pagelist.jsp？id=6830#,2005-08-31。

进的技术、强大的研发能力、优秀的人才队伍等，更体现在其拥有竞争对手无法模仿的核心组织能力，如有效的资源组织整合能力、企业文化、承担社会责任的能力、外部伙伴关系以及品牌、信誉等。

目前我国企业集团的可持续发展能力普遍较弱。

一是普遍缺乏能使整个企业集团保持长期稳定竞争优势和获得稳定超额利润的具有自主知识产权的核心技术优势。国内企业集团科技自主创新能力普遍不足，技术创新水平远远落后于世界大企业集团的水平。尤其是在原始创新方面，许多企业的创新仅限于最原始的模仿和部分技术的转让和吸收方面。"技术空心化"的危机，自主创新能力的不足，不仅严重影响了中国企业集团的生存和发展，而且成为当前影响我国产业整体国际竞争力的突出问题。从近年来我国前500家大企业集团的研发费用比重来看，2007年中国前500家大企业集团研发费用占营业收入的比例平均为0.87%，远低于世界500强平均3%—5%的水平，研发投入水平与世界级大企业相差很大，导致核心技术严重缺乏。2008年中国前500家大企业集团研发投入虽然已达2130.43亿元，比2007年增加556.73亿元，但从整体上看，研发费用比重仍然偏低，企业的研发能力和创新能力亟待进一步加强。

二是诸如企业文化、品牌、信誉等方面的核心组织能力严重不足。最能代表中国企业集团整体发展实力的前500家大企业集团的持续发展能力与世界500强相比尚有很大差距。美国《商业周刊》杂志与国际品牌集团（Interbrand）2008年9月19日共同发布的"2008全球最佳品牌排行榜"100家企业中，可口可乐公司以666.67亿美元的品牌价值居榜首，IBM和微软公司分列第2名、第3名，而中国企业集团无一上榜。由世界品牌实验室（World Brand Lab）发布的2008年度（第五届）"世界品牌500强"排行榜中，美国、法国和日本分别有243个、47个和42个入选，而中国大陆只有15个。"世界品牌500强"排行榜的评判依据是品牌的世界影响力，其三项关键指标是市场占有率（Share of Market）、品牌忠诚度（Brand Loyalty）和全球领导力。[①]

---

① 国家发改委产业经济与技术经济研究所、北京师范大学课题组：《中国前500家大企业集团发展报告》，《经济研究参考》2009年第14期。

三是企业集团国际化水平有待进一步提升。世界 500 强企业大多为大型跨国企业集团，但截至 2008 年底的数据显示，中国前 500 家大企业集团中，国际化程度在 30% 以下的企业约占到 86%，说明我国大企业集团目前仍然未在全球范围内实现资源的优化配置，国际竞争力有待进一步提升。[①]

四是企业集团承担社会责任的能力普遍较弱。企业社会责任（Corporate Social Responsibility，简称 CSR）是指企业在创造利润、对股东利益负责的同时，还要承担对员工、对社会和环境的社会责任，包括遵守商业道德、生产安全、职业健康、保护劳动者的合法权益、节约资源、实现可持续发展等。CSR 强调企业集团在生产过程中对人的价值的关注，强调对消费者、对环境、对社会的贡献。近年来，CSR 已经越来越多地出现在跨国企业订单的附加条件中，它要求合作企业从质量管理、环境管理扩展到更进一步的社会责任管理。[②] 中国正处于经济发展方式转型的重要战略机遇期，产业结构面临优化升级的巨大挑战，资源环境约束对企业集团的经济行为做出了现实性的限制。作为中国经济发展中坚力量的企业集团，不仅肩负着科技强国、拉动经济持续平稳增长的重要经济任务，同时还肩负着增加就业、节约资源、实现可持续发展等重大社会责任。但目前我国企业集团的发展还主要集中力量在经济任务方面，在承担社会责任方面依然比较欠缺。

五、企业集团发展过度依赖银行信贷资金

实践证明，过度依赖政府的扶持，依靠国有银行贷款这种间接融资渠道，而不是在市场竞争中发展壮大的企业集团，其竞争实力和生存能力往往先天不足，并且容易累积金融风险，造成金融危机。20 世纪 90 年代韩国前 30 家大企业集团到现在已有多家倒闭和破产，这在一定程度上表明了依靠银行贷款的发展模式的脆弱性。韩国政府不仅过多地参与和干预企业的正常经营，而且在政策、资金上过度向大企业集团倾

---

① 国务院发展研究中心企业研究所等：《中国大企业集团年度发展报告（紫皮书）》，中国发展出版社 2010 年版。

② 林碧扬等：《中国前 500 家大企业集团的发展展望》，《经济研究参考》2009 年第 14 期，第 42—44 页。

斜，致使信贷资金大多流入享有特殊优惠政策的大企业集团，导致集团盲目扩张，长期负债经营，债台高筑。韩国大企业集团负债率一直很高，有 10 家大企业集团的负债超过 500%。一旦这些企业集团发生问题，必然会造成国家的金融危机，并给整个国家的经济发展带来严重后果。

我国企业集团银行负债率虽然没有韩国高，但也存在过度依赖银行信贷资金的问题，不少企业集团几乎没有自有资金，完全依靠贷款维持经营。在我国当前以银行信用为主导的融资体系中，企业集团的金融风险主要表现为信贷风险，风险积累的关键因素来自于三大方面：一是企业集团先天拥有的"融资优势"。企业集团普遍具有规模巨大、资本实力雄厚的特性，与中小企业相比较，其更容易获得银行信贷资金。银行业先天的逐利本性和激烈的行业竞争更会促使银行积极主动地向企业集团低成本地授信，来自银行方面的信贷营销有时甚至会导致企业集团被动融资局面的出现。信贷资金的易得性助长了企业集团非理性投资和过度扩张规模的行为，从而导致金融风险的集聚。二是企业集团普遍存在做大做强的内在冲动。在资金易得的宽松环境下，企业集团通常会多元化扩张，迅速做大规模，从而导致经营风险的迅速增加，波及企业集团的财务管理方面，就会导致金融风险的迅速积聚。三是企业集团复杂的内部产权关系和关联交易特性。大型企业集团通常容易借助其复杂的内部产权关系和关联交易特性，通过调整合并报表中的关键数据和控股（参股）企业的资产负债结构，通过多元化和跨区域的复杂关联交易行为等多种手段，刻意降低整个集团的透明度以逃避债权方的有效监督和约束，从而导致信贷双方间的信息不对称风险。[①]

六、大企业集团区域发展仍呈现出明显的不平衡性

从中国前 500 家大企业集团的地区分布状况看，2008 年中国前 500 家大企业集团分布在全国 31 个省（自治区、直辖市），在北京、山东、江苏、浙江、广东、上海 6 省（市）的集中分布特征明显，6 省（市）

---

① 于明星：《大型企业集团金融风险特性及成因的实证分析》，《金融发展研究》2008 年第 3 期，第 29—32 页。

的中国前 500 家大企业集团总数达到 322 家，虽较 2007 年略有减少，但集中分布的总体特征仍然没有明显变化。我国大企业集团的地区分布呈现出明显的地区不平衡特征，地区间企业规模增长不均衡，东、中部地区继续保持较快的增长速度，东北和西部地区增长缓慢。截至 2008 年底，从资产总计来看，东部地区的中国前 500 家大企业集团的平均规模最大，为 753.73 亿元，为全国平均水平的 1.21 倍，资产总计增长最快的也是东部地区，为 22.32%；从营业收入来看，东部地区的平均规模仍然最大，平均营业收入为 495.93 亿元，为全国平均水平的 1.15 倍，其增长速度最快的是中部地区，为 28.97%；从利税总额来看，平均规模最大的仍然是东部地区，平均利税总额为 49.93 亿元，为全国平均水平的 1.14 倍；从从业人员来看，东北地区平均规模最大，为 5.10 万人，为全国平均水平的 1.21 倍。[1]

3.3.2 促进中国企业集团健康发展的对策

为了解决目前我国企业集团发展过程中所出现的问题，应该从理论和实践相结合的角度，探索建立起既与国际惯例接轨又体现中国社会主义市场经济特色、适应新时代企业竞争与发展需要的现代企业集团。本书认为，主要应该从以下几方面对企业集团的发展进行规范。

一、科学推进企业战略重组和集团化

面对日益激烈的国际国内竞争和经济发展方式转型的严峻挑战，国内许多行业相继出现产能过剩、利润增长显著减弱、高能耗高污染生产方式难以为继等问题。通过企业重组和集团化推动行业资源整合，加快产业改组改造和结构优化升级，实现经济结构的战略性调整，已成为当前中国企业应对挑战、实现可持续发展的一种重要手段，也是政府对国有经济布局进行战略性调整、提升产业国际竞争力的一种重要手段。

现阶段我国尚处于社会主义初级阶段，社会主义市场经济体系尚未健全，有些市场手段还难以发挥作用。作为国有资产管理者的政府，完

---

① 国务院发展研究中心企业研究所等：《中国大企业集团年度发展报告（紫皮书）》，中国发展出版社 2010 年版。

全有理由对国有经济进行战略性调整。但政府在运营国有资本、调整国有经济布局时应注重遵循市场经济规律，讲求效益原则和公平原则的合理均衡，主要应通过经济杠杆和立法手段对国有企业战略重组和国有资本运营进行间接引导，而不应过多地直接干预企业的重组行为和过程。企业如何发展，如何做大，应由企业根据市场情况和自身发展需要自主决定。政府在推进企业集团化的进程中，必须考虑主体企业的能力及其他企业的情况、集团内部各成员单位间资源的互补性和运营的整体性，实现集团内部各成员单位间资源的互补或共享，有效提高企业资源的利用效率，实现优势企业低成本、高质量的扩张，使原有企业的竞争优势得到进一步增强。[①]

作为企业，在组建集团之前，必须细致研究自身发展战略，科学设计重组和集团化方案：一是应考虑与具有资本规模优势和发展前景比较好的同行业企业进行重组，整合行业内各种优势资源，最大限度地提升可共享资源在集团成员单位间的共享程度，强强联合，使优势企业获得更强大的竞争优势，从而进一步发展壮大企业；二是应考虑通过企业兼并重组，整合上下游各种优势资源，实现在原有优势主业的基础上完善产业链条，通过资源共享、优势互补，培育新的利润增长点，拓宽发展渠道；三是通过企业兼并重组提升企业的自主创新能力和管理能力，实现产学研结合，促进科技成果转化为现实生产力，从而提升企业集团核心竞争力；四是在研究和借鉴国内外成功企业在资本市场上重组与扩张的策略和手段基础上，充分利用国际国内两个市场和两种资源，通过企业兼并重组实现在更大范围、更广领域和更高层次上参与国际经济、技术合作与竞争，提高自身的核心竞争力。[②]

二、提升企业集团管控能力和水平

首先，要大力完善企业集团公司治理结构。通过大力推行独立董事制度，减少董事和管理层的交叉任职，建立企业集团决策权利与监督权

---

① 迈克尔·波特：《竞争优势》，华夏出版社 1997 年版，第 1—3 页。
② 林碧扬等：《中国前 500 家大企业集团的发展展望考》，《经济研究参考》2009 年第 14 期，第 42—44 页。

利的制衡机制；妥善解决企业集团与成员企业间的集权与分权关系，明确母、子公司在投资、融资、人事等方面的权限等途径，完善企业集团的公司治理结构。① 其次，应积极推进企业集团股份制改造。通过企业集团股份制改造，强化集团内产权联结关系，加强集团公司对分、子（孙）公司的管理效力，产生管理协同效应，形成发展合力，增强企业凝聚力，为战略重组后的企业集团发展奠定良好基础。再次，要逐步建立和完善企业集团的内部控制制度。通过设立专门的内部控制部门，对企业集团重要的经营活动施行实时监管；强调依靠流程实现内部控制，通过对企业日常活动流程上的每一个重要控制节点设立控制制度并实施控制行为，使企业集团管理层能够及时充分地了解企业各项经济活动所面临的风险及严重程度，防患于未然，实现有效的企业集团内部控制。② 最后，必须加强集团总部对分、子公司的资产财务控制。通过将部分决策权上收到集团母公司，对分、子公司重大资产的使用处置权进行约束，对其再投资行为和项目进行严格审查和控制，达到加强资产控制的目的；通过建立企业集团内部结算中心，实行全面预算管理，将子公司的财务统一纳入母公司进行管理运作，从而达到对子公司资金流转的有效控制；等等。③

三、审慎推进企业集团的多元化经营战略

企业集团发展应首先把经营重点放在主业上，力争把主业做大做强，取得最大化的规模经济效益。在行业内取得绝对优势地位后，再考虑根据自身发展战略和市场的变化情况，审慎地把触角伸向新的领域。一是要根据自身的经营领域，更要根据自身的核心竞争力特点来选择并购重组的扩张领域，同时避免进入与核心优势缺乏较强战略关联的产业领域，尽量避免无关联多元化，在保持和发展企业集团核心竞争力的基础上，使企业集团核心竞争力惠及被并购企业，从而引导企业获取并保

---

① 杜秋红：《论我国企业集团内部控制的问题与完善对策》，《科技广场》2009 年第 2 期。
② 冯浩等：《对国有企业内部控制制度实施与评价问题的探讨——以长航集团为例》，《中国总会计师》2009 年第 5 期，第 81—83 页。
③ 任美林：《对国有企业集团如何有效加强子公司管控问题的思考》，《经营管理者》2009 年第 14 期，第 97 页。

持持久的竞争优势。二是在具备资金、技术和管理条件基础上，在全面细致调查研究目标行业市场结构、准确预测行业生命周期的基础上，在技术相关型多元化、市场相关型多元化和市场技术相关型多元化等方式中审慎选择，制定科学的多元化发展战略，尽量降低管理层决策失误的可能性。①

四、培育企业集团的可持续发展能力

未来要注重培育企业集团的可持续发展能力。一是要提高企业集团的核心技术能力。通过建立和完善科学的科技人才选拔机制、奖励机制、培训机制、流动机制以及设备资源共享机制等，为企业集团内部科技人才的大量涌现提供制度保障；通过营造尊重劳动、尊重知识、尊重人才、尊重创造的企业文化氛围与和谐宽松、合作互助、共同学习、相互激励的科研氛围，为企业集团内部科技人才发挥才能、干事创业提供良好的环境条件；建立良好的研发体制机制，促进企业集团自主创新能力的提升，促进科技成果转化为企业集团的现实生产力，推动产业技术升级和产业结构的优化。二是努力提高企业集团的核心组织能力。通过加强集团的企业文化建设，增强文化认同感和归属感，提升企业集团的吸引力、向心力和亲和力；通过建立维护良好的外部伙伴关系和努力提升集团内部管控能力，提高企业集团的资源组织整合能力，强化品牌影响力，提高企业集团的社会信誉；通过提高企业集团的社会责任感和建立良好的道德观等，增强大企业集团带头遵守环境保护法、消费者权益法和劳动保护法等法律和法规的意识，努力增大企业集团吸纳就业、培养人才的能力，为中小企业提供良好的示范效应，促进企业集团为环境保护和社会安定尽职尽责，同时也使企业集团自身的生产活动建立在可持续发展基础之上。此外，大企业集团还应发挥自身在世界经济的影响力，积极参与国际企业社会责任标准的制定，努力维护中国企业自身利益，提升中国企业和相关产业在全球经济中的国际竞争力。

---

① 周晓红：《对我国发展企业集团的若干思考》，《福建行政学院福建经济管理干部学院学报》2007 年第 4 期，第 76—80 页。

五、积极开辟多种融资渠道

后金融危机时期，世界经济复苏的基础尚不稳固，全球经济结构深度调整对中国经济的影响尚不明确。中国企业集团的发展面临更为复杂多变的国际国内形势，特别是规避金融风险的挑战显得尤为严峻。事实上，企业集团一般由于拥有雄厚的资本实力和较高的企业信誉，较之中小企业更容易获得政府投资、商业银行信贷资金、各种社会资本的青睐，因此更容易造成企业集团的过度负债经营和规模过度扩张。为防止企业集团的过度负债经营和规模过度扩张，迫切需要加快国有企业改革和金融体制改革，建立现代企业制度，转换企业经营机制，实行政企分开、政资分开，将资金配置机制由行政配置转为市场配置，充分发挥市场的基础性作用，使有限的资金投向效益与市场前景好的企业和项目，从而强化企业集团的信贷约束，迫使其注重自我积累，开辟包括直接融资渠道和间接融资渠道在内的多种融资渠道，特别是通过股权融资，从国际、国内两个市场融通资金，并通过引入战略投资者，改善集团公司的内部治理结构，提高经营管理能力，增强核心竞争能力，在市场竞争中逐步发展和壮大。

主要参考文献

[1] 万解秋、徐涛、张安中：《国有企业的战略重组和治理变革》，《苏州大学学报（哲学社会科学版）》2004 年第 3 期。

[2] 徐根兴：《一场着眼于 21 世纪的竞争——西方和中国的企业兼并浪潮（下）》，《经济纵横》1998 年第 5 期。

[3] 唐建伟：《关于企业重组的战略风险防范研究》，广东工业大学硕士论文，2001 年。

[4] 杨洁、辛志纯：《企业重组论》，经济管理出版社 1997 年版。

[5] 吕薇：《产业重组与竞争》，中国发展出版社 2002 年版。

[6] 唐宗焜、韩朝华、王红领：《国有企业产权交易行为分析》，经济科学出版社 1997 年版。

［7］ 郑厚斌：《收购与合并》，商务印书馆 1998 年版。

［8］ 王检贵：《从规模优势到竞争优势：我国企业重组战略》，《上海经济研究》1999 年第 5 期。

［9］ 沈艺峰、贺颖奇：《企业并购分析》，中国对外经济贸易出版社 1998 年版。

［10］ 孙艺林：《上市公司资产重组绩效分析》，中华工商联出版社 2001 年版。

［11］ 朱镕基：《推进国有企业重组改组和垄断行业改革》，国务院发展研究中心信息网，2002 年 3 月 5 日。

［12］ 江勇、余海丰：《加入 WTO 与国有企业战略重组》，《经济经纬》2001 年第 2 期。

［13］ 王睿、高军、刘仕华：《中国企业国际竞争力的现状与对策》，《现代企业》2007 年第 5 期。

［14］ 徐水师、仙麦龙：《企业重组是实施大公司大集团战略的有效途径》，《2003 年测绘经济与管理专业委员会学术论文集》。

［15］ 《上海国资》编辑部：《入世 5 周年国资大变局》，《上海国资》2006 年第 12 期。

［16］ 《国资委中央企业重组详细历程一览表》，中国国企改革网，2007 年 7 月 25 日。

［17］ 《国务院国有资产监督管理委员会李荣融主任大会致辞及主旨发言》，并购重组国际高峰论坛，2003 年 11 月 19 日。

［18］ 国务院国资委研究中心课题组：《中央企业重组报告》，《国企》2007 年第 4 期。

［19］ 陈晋：《国有企业重组过程中战略落实的困局》，慧聪管理频道，2007 年 7 月 4 日。

［20］ 安明硕、姚学峰：《试论企业重组中的若干问题》，《当代经济研究》2000 年第 12 期。

［21］ 江小涓：《企业重组有更多选择》，《经济日报》，2002 年 9 月 10 日。

［22］ 蒋黔贵：《中国国有企业重组上市出现六大问题》，国务院发

展研究中心信息网。

[23] 林凌、董红、詹凌蔚：《股权结构与企业重组的互动研究》，中华财会网，2002 年 2 月 6 日。

[24] 丁平：《国有大型企业重组模式探讨》，《经济论坛》2003 年第 16 期。

[25] 史言信：《中央企业重组规制研究》，《当代财经》2006 年第 9 期。

[26] 司增绰、王铮：《国际上五次企业兼并浪潮的特征及其演变规律分析》，《学海》2005 年第 1 期。

[27] 国务院国有资产监督管理委员会宣传工作局：《全球并购重组方兴未艾》，http://www.sasac.gov.cn/n1180/n1566/n259730/n/264168/1920960.html/2003-10-24。

[28] 于海涛：《中信证券等中国企业跨国并购发力》，《中国证券报》2008 年 1 月 24 日。

[29] 周晓红：《对我国发展企业集团的若干思考》，《福建行政学院福建经济管理干部学院学报》2007 年第 4 期。

[30] 迈克尔·波特：《竞争优势》，华夏出版社 1997 年版。

[31] 郭元晞：《资本运营》，西南财经大学出版社 1997 年版。

[32] 周军：《战略联盟是企业重组的重要途径》，《滁州学院学报》2006 年第 12 期。

[33] 国家发改委产业经济与技术经济研究所、北京师范大学课题组：《中国前 500 家大企业集团发展报告》，《经济研究参考》2009 年第 14 期。

[34] 陈永忠：《企业集团研究》，西南财经大学出版社 1989 年版。

[35] 陈栋生：《经济区域学》，河南人民出版社 1993 年版。

[36] 胡汉辉、刘怀德：《不确定性与企业集团问题》，东南大学出版社 2001 年版。

[37] 李慧：《我国企业集团发展存在的问题》，《化工管理》2001 年第 12 期。

[38] 张平：《中国企业集团发展之路》，中国经济出版社 1998 年版。

[39] 盛毅等:《企业改革三十年》,西南财经大学出版社 2008 年版。

[40] 林碧扬等:《中国前 500 家大企业集团的发展展望》,《经济研究参考》2009 年第 14 期。

[41] 于明星:《大型企业集团金融风险特性及成因的实证分析》,《金融发展研究》2008 年第 3 期。

[42] 高山等:《对企业集团多元化经营问题的再思考》,http://61. 138. 111. 246/xxzx/pages/pagelist. jsp? id = 6830 #, 2005-08-31。

[43] 冯浩等: 《对国有企业内部控制制度实施与评价问题的探讨——以长航集团为例》,《中国总会计师》2009 年第 5 期。

[44] 白万纲:《论集团管控模式"三分法"的体系缺陷》,http://www. pxtop. com. cn/wenku/200971696_37425_804. 1. shtm,2009-07-15。

[45] 任美林:《对国有企业集团如何有效加强子公司管控问题的思考》,《经营管理者》2009 年第 14 期。

[46] 国务院发展研究中心企业研究所等:《中国大企业集团年度发展报告（紫皮书)》,中国发展出版社 2010 年版。

[47] 杜秋红:《论我国企业集团内部控制的问题与完善对策》,《科技广场》2009 年第 2 期。

4　企业集团的战略定位与功能构造

一般认为，企业集团是一国经济的中坚力量和强大支撑，它的经济实力如何，决定着该国的国际竞争力强弱。我国的企业集团自 20 世纪 80 年代起步发展至今，已经有相当数量，其在国家宏观调控和经济发展中发挥越来越重要的作用。然而，我国企业集团不论在经营规模上还是在竞争力上，都与发达国家有着较大差距。因此，在新时期，继续促进企业集团发展，需要对企业集团的作用进行全面认识，以便进一步明确企业集团的战略定位与功能。

4.1　国内外对企业集团作用的认识与定位

对企业集团作用的认识，国内外理论界和实践部门有着不同的观点，对这些观点进行分析和评价，有助于我们全面深入认识企业集团应当具有的作用。

4.1.1　国外学者对企业集团作用的认识

国外学者对企业集团作用的认识，是根据企业集团在产业组织中扮演的角色入手的。马歇尔在研究产业组织中，将组织视为生产要素之一，认为组织特别是工业组织，在提高经济效率方面可以起到十分重要的作用。然而，工业组织有着不同的规模，其中既有大企业，也有小企业，大企业与小企业在运行的效率方面是否有差别呢，这是研究工业组织需要面对的问题。马歇尔注意到了在一定范围内，随着组织规模的扩大，效率会有所提高，但是，企业在追求规模经济的同时，又会导致垄断，垄断反过来会阻碍价格机制，扼杀自由竞争，使经济活动失去活力，反过来又降低了效率。因此，规模经济与垄断两者有着不可调和的矛盾，存在着"马歇尔"冲突。此后，许多学者围绕马歇尔冲突进行讨论，形成了许多不同的观点。

一、垄断竞争学派认为大企业促使效率提高

英国经济学家罗宾逊总结了自马歇尔冲突提出以来的各种理论探讨，在1933年撰写了《不完全竞争经济学》一书，对垄断市场需求曲线的特征、垄断企业的成本、垄断企业的短期和长期均衡等进行了分析，提出了自己的理论和主要观点。产业组织学者张伯伦，在《垄断竞争理论》一书中认为，在完全竞争和纯粹垄断这两种极端的市场形态之间，存在着广大的中间地带，即垄断竞争市场，这是一种竞争与垄断并存的市场，在这一市场中，企业生产的产品具有差异性，扩大了消费者的选择，增进了社会福利，它是生产单一品种商品的完全竞争市场所不及的。由产品差异所增进的社会福利大于因社会生产能力闲置而损失的社会经济福利，使垄断竞争市场的经济效率提高了。也就是说，尽管产生了一些大的企业组织并进入到过去完全竞争的市场中，形成了局部和相对垄断的情况，但由于竞争仍然存在，在追求利润最大化的驱动下，新的企业会不断进入，每个企业都凭借各自的优势和产品差异参与到竞争中，使市场竞争不会因出现垄断而削弱。因此，垄断的出现只要不能消除竞争，不仅不会降低效率，相反会减少社会生产能力的闲置。罗宾逊和张伯伦对垄断竞争理论的研究，奠定了垄断竞争理论的基础。这一理论也是从马歇尔经济学到凯恩斯经济学之间最重要和最有影响的发展之一。

二、哈佛学派认为大企业的存在容易限制竞争

垄断竞争理论产生的基础，是20世纪30年代大工业开始崛起，大批量生产催生了大企业，改变了企业间的竞争关系。少数大企业迅速扩张，将市场交易内部化，部分消除完全的竞争，从而在一些企业中聚焦了足以控制市场的经济资源，康采恩、卡特尔等垄断组织开始在某些领

域中形成控制。大批量生产的内部经济以及企业组织对市场组织的替代，会在多大程度上改变资源的配置效率，哈佛大学的产业组织理论学者对此进行了研究，提出了依据市场结构判断市场的竞争性和市场配置资源的效率。其中，梅森研究小组中的贝恩通过大量的实证分析断言，企业追求规模经济促进了集中度的上升，集中度高的市场存在着少数企业间的串谋、协调行为以及利用高进入壁垒限制竞争的行为，这些行为改变了市场的竞争性，破坏了资源配置的效率。应当说，哈佛学派对大企业的存在抑制了竞争是赞同的，因此提出要制定严格的反垄断政策，限制横向企业间的合并与兼并。但是，哈佛学派并没有认为在竞争的市场中，有一些大企业就一定不好。

三、芝加哥学派认为大企业具有高的效率

芝加哥学派对哈佛学派重视市场结构的理论提出了疑问，他们反对积极的反托拉斯政策，认为大企业的内部经济与市场竞争活力并不矛盾，并且利用价格工具证明，高利润率不是来自高集中度，而是来自大企业所具有的高效率。在芝加哥学派看来，大企业在生产和配置方面所具有的高效率是超额利润的根源，而不是像哈佛学派所认为的那样，来自高度集中市场结构条件下的垄断。如果企业在竞争中选择了大规模，说明在这一领域规模经济是企业生存的必要条件，企业只有在大规模的条件下，才能获得应有的效率。

四、奥地利学派认为大企业对市场有积极作用

奥地利学派认为，破坏市场秩序的不是大企业。大企业之所以能够获得超额利润，主要是因为它能发现中小企业不能发现的机会。而发现机会的能力取决于企业家的信息量、分析能力、预测能力等，为了确保企业家能力的发挥，不应该制定过多的限制企业规模和集中度的政策。

五、日本学者对企业集团的作用评价很高

日本学者橘川武郎认为，企业集团的基本功能就是通过相互持股而产生的"稳定股东化"，附加功能就是交易成本费用的降低和情报交流、风险分散等。橘川特举出三井不动产为例进行了说明，认为在第二

次世界大战后动荡的经济环境中，由于"股东"的不稳定，使财阀大企业更处于步履艰辛的境地，直到 1959 年三井不动产才完全实现"稳定股东化"，使企业的发展解除了后顾之忧。[①] 另一位日本学者山田一郎列出了有关企业集团的 7 个功能，包括：凝聚功能、创新功能、防卫功能、协同功能、计划功能、计算功能或测定功能、调查研究功能。[②]

4.1.2　国外政府对企业集团作用的认识与定位

大多数国家都认识到了企业集团对经济发展的作用，几乎所有国家对企业集团的发展，都持积极支持的态度，鼓励企业的规模化发展。有的国家甚至将企业集团发展作为促进经济发展的重要手段之一，大力给予扶持。

当然，在不同的国家，对企业集团作用的认识不会完全相同，其在功能定位上的差距也非常明显。

一、欧美国家政府的认识比较中性

美国是世界上企业集团数量最多的国家，许多企业集团在世界占据领先地位，大量企业集团的存在，使美国经济的实力得到了巨大提升，形成了一大批在国际市场上有竞争力的产品。美国政府对企业集团在提高经济运行效率、开发先进技术、促进产业组织优化、增强国家经济实力方面的巨大作用，是有深刻体会的。但是，政府对企业集团作用的认识，没有表现出特别的关注，做出特别的强调。究其原因，可能是因为美国的企业集团过于强大，在经济中的地位已经确立，而且是在一个以竞争为主的环境中自然形成的，过多地关注它的作用，不断地对它进行某种定位，都不如遵循市场竞争引导企业集团发展有效。美国之所以要建立这种竞争体制，本身就是在认识企业集团作用的基础上确定的，本身就已经肯定了企业集团的作用，明确了它的功能。既然在体制和运行

---

① 橘川武郎：《日本的企业集团》，有斐阁 1996 年版，第 142—150 页。转引自王建：《日本企业集团的形成与发展》，中国社会科学出版社 2001 年版，第 177 页。

② 山田一郎：《企业集团经营论》，丸善社 1971 年版，第 12—14 页。转引自王建：《日本企业集团的形成与发展》，中国社会科学出版社 2001 年版，第 177—178 页。

机制上已经为企业集团发展创造了环境，企业集团的作用就会自然而然地在经济运行中体现出来，如果再专门去为企业集团定位，会破坏这种秩序。相应地，对美国而言，肯定企业集团的作用，支持企业集团的发展，最有效的手段就是市场机制。用市场推动大企业的成长，比其他方式有效。当然，政府的政策也是有所体现的，从美国的许多经济政策中可以看出，政府对企业集团的发展会采取一些鼓励政策，只要不出现严重垄断的情况，政府会给予支持和保护。欧洲国家的情况虽然相对比较复杂，对企业集团作用的认识与功能定位并不完全相当，意大利等国比较重视中小企业发展，英国在一段时间曾经比较强调中小企业的作用，并且出现了一些对中小企业有较多研究的学者，私有化又从实践上让人们看到了中小企业的作用。但从长时期英国、德国、法国等在对待企业集团的态度和政策的选择上，与美国有非常多的相似之处。

二、日本和韩国的认识比较激进

日本和韩国可以说是对企业集团的作用认识最充分的国家，在有的时期甚至非常崇拜企业集团的作用，将企业集团的发展放在经济发展的最重要位置。在对其具体作用的认识上，认为企业集团比单个企业具有不可比拟的竞争优势，它能以其雄厚的竞争能力在宏观经济活动中占有重要地位，起带头作用，使经济能够实现腾飞。企业集团最大的优势表现为资源的聚集整合性与管理的协同性，包括人力、资产、资金、技术、信息、管理等优势，以及将这些资源加以整合而形成的增值优势。企业集团通过收购兼并，获得规模效益。企业集团的另一个重要作用是调整产业组织结构，它以核心企业为首，联合和带动一大批中小型企业，形成"众星拱月"式的企业网络，有助于科研与生产的结合、资源的合理流动与配置、专业化分工与协作、提高劳动生产率，使企业的组织结构更加合理化。企业集团对产业结构调整起着支撑作用，有利于合理调节社会资源。正因为有这样的认识，政府高度重视企业集团的发展，将企业集团的发展作为经济发展火车头，不仅制定了许多鼓励企业集团发展的政策措施，而且直接介入企业集团的发展过程。这些做法，在实践中收到了成效。韩国通过实施大企业集团发展战略缩短了国家工业化进程，促进了国家经济的腾飞，可以说是一个为许多人认可的例子。

三、落后国家将其作为实现腾飞的手段

与日本和韩国一样，发展中国家对企业集团作用，认识比较一致。许多国家都将发展企业集团作为提升国家竞争力、实现经济腾飞的手段。有人认为，发展中国家之所以对企业集团的发展高度重视，主要原因是这些国家的市场机制不完善。在这种环境下，企业集团很难发展起来，需要通过政府来创造企业集团发展的环境。于是，政府在创造环境的过程中，与企业集团建立了密切联系，无论是在理论的研究上，还是在具体的政策上，都可以看到政府重视和鼓励企业集团发展的内容。不过，上述分析只看到了问题的一个方面，就是政府在市场没有形成让大企业发展的环境之前，需要通过政府的直接介入来推动企业集团的发展，靠市场机制的作用不行。其实，还有一个重要原因就是，国际上大企业集团产生的示范作用，以及发展中国家经济实力弱小，在国际竞争中始终处于不利地位的现实，让这些国家认识到，只有通过培育一批企业集团，才可能改变被动局面，赢得竞争优势，实现迅速崛起的目标。因此，许多发展中国家都将发展企业集团作为加快经济发展、实现赶超的重要手段。

4.1.3 中国对企业集团作用的认识与定位

在许多文献和政府的政策中，中国对企业集团作用的认识，既与发达国家与发展中国家有相同的一地方，也有一些不同的地方。

一、与国外观点的相同性

我国对企业集团作用的认识，比较明确地出现在《"九五"计划和2010年远景目标纲要》中，该纲要明确指出：要"重点抓好一批大型企业和企业集团，以资本为纽带，联结和带动一批企业的改组和发展，形成规模经济，充分发挥它们在国民经济中的骨干作用。"在以后关于企业集团作用的讲座中，无论是理论界还是政府有关部门的观点，可以用以下方面的作用进行概括：

一是经济领头羊的作用。无论其在经济总量中所占的份额，还是在

国民经济关键行业中的地位和作用，企业集团对我国国民经济的发展起着支柱的作用。尤其是大型企业集团，具有综合优势，能够获取单个企业所无法比拟的规模经济效益，完成面向大市场的产业及产品结构转换能力强，调整与优化实力足，是国民经济的中坚力量和排头兵。

二是行业整合者的作用。企业集团通过改变经济运行的微观组织，重新进行了资源配置和优化组合，有利于产业组织和产业结构的合理化，提高资源的转换效率。通过组建企业集团可以将企业与科研机构紧密地结合起来，促进了科学研究、技术开发与生产的有机结合，加速了科技成果向现实生产力的转化。

三是技术开拓者的作用。技术进步要求有巨大的投入并承担巨大的风险，对于中小企业来说是无法承受的。企业集团具有资金、技术和人才优势，有能力研发科技水平国内外领先、附加价值高、创新难度大、前期投入多的新产品，从而确立在本领域中的技术领先地位，成为国家科技创新的开拓者，成为引领新技术潮流的先锋。在现代经济发展的进程中，大型企业集团日益成为推动产业技术进步、实现科技成果转化的重要主体。

四是国际竞争者的作用。国家的经济实力主要体现在国家之间的经济竞争力上，而国家之间的经济竞争实际上就是各国大企业、大公司之间的竞争。企业集团尤其是大型企业集团，在国际市场上的影响大，竞争能力强，不仅能够整合自身的资源，而且能够整合国际市场资源，成为世界级的现代化大公司，显著提升国家的综合实力。

五是管理促进者的作用。大型企业集团为实现自身的规范化经营，除了不断进行着管理革新，大量引进和消化先进的管理经验和方法，为现代企业的管理理论和实践提供丰富的素材，为新企业的组建和运行提供示范外，还利用控股和参股许多子公司的有利条件，凭借产权控制力和影响力输出管理模式，为企业集团内的子公司建立现代管理提供经验。

二、与国外观点的差异性

中国企业集团产生的特定背景、体制基础和运行条件，使中国企业集团的作用有着与其他国家不同的方面。

我们对企业集团作用的认识和功能的定位，有一个不断深入、不断清晰的过程。早期我们对企业集团的性质和作用认识不足，最早将关注点放在效率的提高上，主要通过横向经济联合来促进部分生产要素的流动，起到提高生产要素利用效率的目的。在企业改革试点阶段，我们又将重点转向企业集团的建立有利于推动国有大中型企业转制，有利于实现股权多元化，有利于打破行业和地区封锁，对改革的推动力强一类的问题上。在建立现代企业制度期间，我们又将重点放在充分利用大企业具有的整合和带动作用建立有竞争力的企业集团上，放在承担国有经济布局战略性调整的任务上。应当说，我们对企业集团的作用，对企业集团的功能定位，在不同时期是有差别的。正是受这种局限性的制约，政府在对企业集团的认识和功能定位上，存在着不少混乱。

经过最近几十年的探索，我们基本上达成了以下认识：

一是发展企业集团的根本目的不同。我国的企业集团是以公有制为基础建立的，国有控股和国有独资的企业，在企业集团中占据很大比例。之所以要建立大量的国有企业集团，并且在组建的目的上和功能定位上，与第二次世界大战后的一些国家设立国有企业有很大区别，就是因为我国要建立的是社会主义市场经济体制，而企业集团作为社会主义市场经济体制下重要的经济组织，必须充分体现公有制的主导地位和作用。

二是发展企业集团的作用有所不同。我国应当是开放性的、多元化所有制相互渗透的复合体，是公有制实现形式的具体化，它能够满足公有制与市场经济的结合要求，有利于建立"国家—企业集团—企业"的宏观经济管理模式。这种情况，在国外也存在，如韩国前50家企业集团的营业额一直占其国民生产总值的70%—80%。政府的宏观调控只需面对处于控股地位的母公司，通过贷款、税收、外资引进、原材料分配等方面，运用优惠政策吸引或约束整个企业集团，就可以实现政府的调控目标；同时，企业集团的组建和发展，推动了国有资产存量的合理流动与重组，有利于产业结构的调整，提高国有经济的配置效率。

三是发展企业集团的历史使命不同。传统计划经济体制不适应建立市场经济体制的要求，但实现由计划经济体制向市场经济体制的转变，必须对传统的体制和运行机制进行全面改革。在企业体制和企业组织方式的改革上，我们认识到企业集团的组建和发展，有利于冲破"条块分割"的旧体制的束缚，促进企业组织结构的调整和改革，有利于打破部门分割、地区封锁的状态，促进企业之间的横向经济联系，提高生产规模和劳动效率。

4.1.4　对企业集团作用的简要评价

20 世纪以来，企业集团在发展过程中，不断出现一些新的问题，有的问题甚至严重影响到企业集团的健康发展，于是有人将大企业出现的问题，称为"大企业病"，认为在"大企业病"面前，西方一些企业会从"求大"到"求小"，即改变过去那种一味追求大规模经营、大批量生产的模式，竭力推进适度的小批量、多品种生产模式。实际上，从哈佛学派理论对企业集团限制竞争的理论观点，到高度重视企业集团作用的日本、韩国等针对企业集团存在的问题进行的较大力度改革，尤其是 1997 年亚洲金融危机后，韩国也在反思企业集团的作用是否过于夸大，一些支持企业集团的政策和措施是否需要进行大的调整，等等，掀起了对企业集团进行重新认识并根据企业集团存在的不足进行改革的浪潮，但所有这些认识和改革行动，都没有动摇对企业集团作用的根本认识，只是针对其不足进行了一些改革或调整。

显然，理论界和实际部门对企业集团作用的认识，尽管受时代不同、经济体制不同的限制，存在着一些差异，但对其主要作用的认识，基本上是一致的。概括地讲，大企业已经成为国家经济竞争的支柱和经济实力的象征。大企业特别是跨国公司的运作已经不仅仅简单地是一种经济行为，它实际上已经成为大国提升综合国力、操控世界市场的重要手段，企业集团就是行业的领头者、要素的整合者、效率的促进者、经济的支撑者、技术的引领者、协作的组织者、现代管理的推进者。当然，不同的企业集团在承担这些功能的时候，有不同的侧重点，但所有企业集团都满足其中多个方面的要求，发挥多个方面的作用，扮演多个方面的角色。

从领域上看，企业集团重点发挥作用的领域，相对集中在市场规模大、基础地位强的领域。如世界排名前 100 家的企业集团，所在行业集中在石油、电器、汽车、化工、食品烟草、办公设备等领域。不过，欧美企业集团和日韩企业集团在行业分布上各有特点。欧美企业集团倾向于在若干产品和一、二类产业建立经营主导地位或垄断地位，如基础工业、高新技术产业、石油、钢铁、化学、汽车、计算机、航天等领域，都有2—3家公司占统治位，然后再向多种经营发展。其中德国只限于特定行业中经营，如德国的西门子企业集团主要经营电子、电器等。日韩企业集团主要集中在重化学工业和电子工业、汽车制造业、金融、造船、商业等领域。这种行业分布上的差别，与这个国家的发展水平、产业结构、在国际分工链条上的位置有密切关系，也与历史文化、经济体制有比较密切的关系。但有一些基本特点是一致的，如集中在宜于搞规模经济的产业、资金密集型产业、部分高新技术产业、某些第三产业、工艺流程连续性强的产业等。

4.2　新时期中国企业集团的战略定位

在新时期，如何从中国经济发展现状和要求出发，从中国企业集团发展实际出发，明确中国企业集团的战略定位，防止简单套用国外企业集团的模式，是推动企业集团发展、提升企业集团在国内的带动能力和在国际市场上的竞争力的重要任务。

4.2.1　影响企业集团战略定位的因素

明确企业集团的战略定位，必须从我国企业集团发展的现状出发，过高或过低估计企业集团的作用，都会出现定位不准确和不合理的情况。通常来说，影响企业集团战略定位的因素主要有以下几方面：

一、企业集团产生的体制条件

我国企业集团是在计划经济体制向市场经济体制转轨中产生的，其组建方式、产权结构和运行机制，都带有浓厚的转轨经济体制特点。与发达国家通过自由竞争发展起来的企业集团相比，即使与政府介入较多的韩国、日本等国比，也有很大差别。从组建方式看，很多企业集团是通过政府的直接资产划转、国有资产的授权经营或者简单的合并建立的，有的虽然有集团之名，但内部关系比较松散，有的集团还没有实现资产关系、人事关系等的统一。如母公司有行使资本所有者的权利，但对一些子公司经营者代表选派的权力，仍然掌握在政府部门或组织部门手中。从产权结构看，有的国有控股的企业集团，产权关系并没有完全明晰，股权多元化只是形式上的，所有者主体是谁并没有完全确定。即使明确了所有者主体，但受国有资产经营体制不完善的影响，所有者仍然不能真正行使职能。从运行机制看，企业的经营决策受政府直接干预多，投资、融资、产品结构调整、经营者的选聘，很多要经过政府部门审批。在这种体制下，要对企业集团进行战略定位，需要充分考虑运行上的适应能力和经营上的承担能力。

二、企业集团产生的组织基础

由于我国企业集团的组织基础存在着一些特殊性，因而其也成为影响如何定位企业集团的重要因素：首先是组建基础的特殊性。我国企业集团的组建，是在"大而全"、"小而全"的企业组织结构基础上进行的，重新建立的专业化分工与协作，有很多行政干预的成分，企业间的分工范围并不完全合理，分工的精细程度低，协调劳动的空间没有得到充分扩延，与此密切相关的技术装备分工、工艺分工、工程技术与管理技术的分工、现代信息职能的分工等也较不完善与合理。对企业集团进行定位，需要充分考虑企业集团在分工不完善的协作体系中的带动能力。其次是规模结构的不合理性。我国多数企业集团的平均规模小，与中小企业协作的稳定性差。在这种情况下，一方面，企业集团没有足够的力量进行技术创新，缺乏大批量销售并在市场上形成相对垄断的势力；另一方面，由于对协作关系不牢固的担心，中小企业也不敢投资更先进的专业化设备，实现更精细的分工，以此提高管理效率，节约劳动、原料、动力，降低每单位产品的平均成本。最后是高度垄断性。我国在一些领域中的企业集团，如电力、电信、石油、航空等，具有很强的垄断性。在高度垄断的情况下，这类企业集团的经营比较特殊，很难按照竞争性企业对待，因此在企业集团的战略定位中，必须考虑这些因素。

三、企业集团发展所处的阶段

企业集团在发展的不同阶段，在经济中具有的影响力和能够发挥的作用，是有很大差别的。早期的企业集团，除了在规模上具有优势外，在产品品牌、带动能力、整合能力等方面都比较弱。并且，由于经营业务比较单一，以一个和一类产品或业务为主，大都实现专业化经营，因此与自己经营相关的上下游环节，基本上放在内部进行，与外部企业的联系较少。经营覆盖的区域也比较小，大多数以面向国内经营为主，很多甚至只面向本区域。当企业集团的发展比较成熟后，在经济中的影响力和带动力大大增强，业务更加多元化，虽然以一业为主，但多角化综合经营的情况非常普遍，不仅在同一产业的相关行业中经营，而且在一、二、三产业中广泛开展经营，既从事各种原材料生产，又经营各种加工制造业；既经营商业服务业，又经营交通、银行、保险业；既经营国内贸易，又经营对外贸易。面对的市场是国内外大市场。显然，企业集团发育程度不同，对企业集团的定位也应当不同。我国企业集团的发展水平尚处于比较低的阶段，战略定位必须从低水平的实际出发考虑。同时，我国内地和香港进入世界 500 强的企业到 2008 年已经增加到 29 家，可以相信，未来的 10—20 年，中国将有一批具有国际竞争力的大企业集团脱颖而出。考虑到这种快速发展的趋势，对企业集团的战略定位又应当不一样。

四、企业集团的构成特点

在开放的经济体系中，企业集团的发展将突破国内企业占绝对优势的格局，有许多国外的企业集团进入到国内，与国内企业集团一道，形成了多种所有制性质企业集团并存的格局。国外的企业集团进入后，政府要按照国际惯例制定竞争的规则，有的国家在引进国外企业的时候，还制定了一些特殊优惠政策。这种情况，将改变企业集团竞争的环境和竞争的方式。我国正处于加快推进开放的过程中，有越来越多的企业集团会陆续进入到我国，与国有控股或独资的企业集团、民营的企业集团共同竞争，由此形成了两类企业集团：一类是由政府主导形成、具有行业垄断性质的大型国有控股集团，如进入世界 500 强的中国石化、中国电信、中国银行等。这类企业已具备了相当的规模，但由于受政府太多"关爱"，垄断经营，很难真正评价其市场竞争能力。另一类则是由民营企业通过激烈市场竞争而发展壮大起来的，如海尔、联想、TCL、格兰仕等。这类企业中虽也有国有控股集团，但其机制与国外大公司比较接近，竞争力比较强。由于上述两类企业集团的运行机制和发挥作用不同，其战略定位必须充分考虑到这些因素。

五、政府对企业集团的要求

我国企业集团的发展受政府的影响很大，相应地，其战略定位与政府对企业集团的利用程度有直接关系。如果政府要让企业集团在更多领域发挥主导作用，那么企业集团的战略地位就变得更重要，实现这种战略定位的手段就会更特殊。如果政府只在某些领域让企业集团发挥主导作用，更多的领域要放开限制让企业充分竞争，那么企业集团的战略定位就应当有新的选择。2008 年以来，我国对国有经济的布局调整进展加快，主要根据大型企业集团普遍存在着主营业务不突出，3 个以上业务的占全部中央监管企业的 56.1%，4 个及 4 个以上业务的占 28%，最多的业务范围达到 8 个这一现状，提出中央监管企业逐步做到主营业务原则上不超过 3 个，管理层次原则上也不超过 3 个。为了优化中央企业的组织结构，实现优势互补和资源的优化配置，中央国资委正在推动中央企业非主营业务的同业重组。改革重组后的国有控股或独资公司将从一些领域退出，如 2009 年底提出要退出房地产业等。这些变化，自然会影响到企业集团在一些领域中的定位。

4.2.2 我国企业集团的特殊使命

随着经济全球化进程的加快，企业集团在世界经济竞争中所表现出来的地位与作用也越来越重要，企业集团的数量与质量日益成为衡量一个国家经济实力的重要指标。2008 年世界 500 强中，美、日、德、英、法等国的企业集团数分别为 153 家、64 家、37 家、34 家、39 家，名列世界前五位，而这些国家的国内生产总值当年也是名列前茅。可以说，这些发达国家强大的经济实力在很大程度上就是依靠一批大型企业集团支撑起来的。①

相比之下,我国的企业集团无论在数量上还是质量上都与综合国力极不相称。截至 2008 年底,全国拥有企业集团 2971 家,仅有 29 家企业进入世界 500 强,很多具有规模经济性行业的企业一直处于规模过小、生产布局分散、低效益、低技术、低水平的状态。而我国国内生产总值位居世界第 3 位,外汇储备居世界第 1 位。21 世纪的市场竞争主要表现为各国企业集团在战略决策、经营能力和技术研发等核心能力上的竞争。因此,我国要想尽快提高产业质量、增强经济实力,跻身于 21 世纪的世界经济强国之林,就必须以国际视野和战略思维来发展企业集团,加快发展具有国际竞争力的"国际级"企业集团,这就给我国企业集团发展赋予了特殊的历史使命。

一、提高经济发展质量,增强竞争力

随着市场和经济技术的全球化,国际竞争日益表现为企业集团之间的竞争。因此,为提高中国经济的整体素质,强化竞争能力,培育一批具有国际水平的大型企业集团,已成为我国经济发展的当务之急。从我国国民经济整体发展的战略角度看,我国正处于资金、技术密集型产业发展的起步阶段,新一代资金、技术密集型产业的确立和发展,是我国现代化进程中一个极其重要的台阶。只有这类产业上到这一台阶,我国经济的综合实力和整体素质才可能跨上历史性的新台阶。然而,要建立资金和技术密集的产业,投资金额大,建设周期长,只有实力较强的企业集团才能承担。因此,在那些对规模经济和技术素质要求较高,又大多是国家经济支柱的产业部门,如汽车、钢铁、电讯、电子与电器、化工、航空、飞机制造等,大力发展企业集团,既是 21 世纪我国产业结构高级化的内在要求,也是我国经济中长期发展的切实保障。

二、提高产业集中度,促进合理分工

目前,产业集中度低,规模效益差、"企业集团不大"等问题是我国企

---

① 2008 世界 500 强之国家和地区排名, www. fortunechina. com,2008-10-15。

业规模结构现状的主要弱点。从我国工业企业的整体情况看,小规模、分散化的产业组织结构,造成了我国现有很多企业产出水平低、经济效益差、研发能力弱的缺点。这不但使我国工业整体劳动生产率低,能耗成本高,而且也大大削弱了我国企业在国际市场上的竞争能力。

在社会化大生产的条件下,我国一方面要适应规模经济的要求,使生产经营集中化、一体化;另一方面要适应专业化分工的要求,实现专业化和小型化。这就决定了社会主义市场经济体制所要求的企业组织形式,是一种以大型企业为骨干、众多中小企业为基础的企业共生体。如美国沃尔玛公司 2008 年销售额达 3788 亿美元,其控股、参股和协作企业有6000 多家。[①] 由于企业集团以产权或协作方式把大量专业化业务交给大量中小企业去完成,把它们有组织地联系在自己周围,既可以大大提高市场的组织程度,也有利于突破条块分割在全国统一市场内造成的行政性壁垒。企业集团对中小企业的组织协调功能,使之成为政府与中小企业之间、宏观与微观之间的中介力量,可以协助政府对产业发展和市场秩序进行协调,也为政府进行宏观调控、贯彻我国经济发展战略提供了一种可以替代计划经济体制下条条块块的中观依托。我国小企业现存的产品结构落后、管理水平低、技术创新能力差等问题,其主要原因就在于缺乏企业集团强有力的组织与带动,缺乏具有经营理性的企业集团通过专业化的分工协作来引导大量中小企业的经济活动,使它们发展成"小而强"、"小而精"的企业,而不是像现在这样自成体系、自立门户的"小而全"、"小而弱"的企业。所以,拥有与社会化大生产相适应的更高层次更高水平的现代市场经济,需要有一个以企业集团为骨干的企业组织结构。企业集团的成长可以从根本上改变我国的产业组织结构,提高市场经济的竞争层次和水平。

三、维护产业安全,增强宏观调控能力

在开放的条件下,世界上许多大型跨国公司正沿着"最终产品—中间产品—初级产品"的路线,抢占中国市场,其子公司已遍布于我国国

---

① 2008 年世界 500 强公司名单,http://bbs. rednet. cn/MINI/Default. asp? 81-16035124-0-0-0-0-0-a-. html,2009-01-21。

民经济中的各个行业，并已在部分行业形成寡头垄断或独家垄断的局面。随着各个产业限制条件的放开，还将会有更多的跨国企业进入我国，形成对我国各个行业和企业的大范围挑战，尤其是那些产业关联度高、对国民经济发展影响较大的行业受到的冲击将会更大。如果一个行业完全操纵于国外跨国公司的手里，那么这一行业的发展就可能游离于国家的宏观调控之外。其产品的技术、品牌、公司的发展规划都是跨国公司全球经营战略的一部分，而不属于中国。中国拥有近13亿的人口，只要任何一个产品完全依赖进口或外资企业供应，就会在价格、品牌上被控制。因此，对于事关国家经济安全的产业来说，需要有一批国有企业集团参与经营，至少要保持外资企业、国有企业、国内民营企业共同竞争的格局，保证这些产业的产品、服务在价格上和技术上不出现过度垄断的情况。我国企业集团还远远不能适应国际竞争的需要，无法应对国外巨头的挑战，发展企业集团已成为维护产业安全的一项重要举措。

四、推动技术进步，促进科技水平提升

中国经济的发展有赖于民族工业的发展，而民族工业的发展又在很大程度上依赖科技水平的提高和自主创新能力的增强。因为重大技术的创新需要高投入，所以技术创新的主体日趋向资金实力雄厚的企业集团集中。我国企业规模偏小，经济效益差，不仅导致技术开发能力弱，而且应用技术的范围也相当有限。许多国内企业都深有体会：企业缺乏持续的自主创新能力，一味地依靠引进是引不来真正的先进技术的。与国外企业相比，国内企业根本的差距就是在技术开发水平上。虽然有的企业确实对国外先进技术进行了消化吸收，但从总体上看，拥有自己开发的专有技术和知识产权的企业少之又少。因此，发展具有规模经济效益的企业集团也是我国提高技术水平的关键。

此外，企业集团技术开发任务重大，社会联系广泛，在其进行技术研发的过程中，势必与各大科研机构相联合，注重解决科研成果的实用性问题。这将有力地推动我国科研成果向现实生产力的转换，有效地改变我国科研与生产脱节、产业技术开发能力薄弱的状况，成为科研与生产相结合的有效组织形式。而且，在社会化分工的产业协作体系中，企业集团先进的科学技术和方法将通过广泛的产业协作链条传递到中小企

业中去，从而带动一大批中小企业的技术水平和管理素质的提高。这样，我国企业的整体技术水平和自主创新能力就将得到很大的提高。只有自主创新和适当引进相结合，才有可能逐步培育出中国企业自己的核心技术与名牌产品，从而最终摆脱只引进无创新、在技术上依附于人的被动局面。

五、转变经济发展方式，实现跨越发展

改革开放以来，我国经济实现了 9% 以上的年均增长速度，创造了举世瞩目的"中国奇迹"。但在经济高速增长的同时，我国的经济运行也显露出一些问题和矛盾，如城乡发展不协调、区域发展不平衡、经济发展与资源环境的失衡、国内与国外结构的失衡等。同时，低成本优势正在逐渐减弱，资源环境压力加大，如果继续依靠传统的低价格竞争来争取国际市场将难以大规模扩张。面对国际贸易摩擦加剧和国内市场的饱和，进出口贸易模式也面临严峻挑战。显然，现有的经济发展方式，不可能支撑未来的发展。

转变经济发展方式，需要通过各级政府、各类企业、各种社会团体的共同努力去实现，企业集团作为最重要的经济主体，应当承担更多的责任。企业集团通过自身的技术进步和产品结构调整，将带动各类与之配套的中小企业开发新产品，运用新工艺和新技术，实现产品结构和技术结构升级。以农产品为原料的企业集团通过与农户、合作社建立产销协作关系，可以在更高水平上推动农业的规模化和现代化经营，带动农民增收，缩小城乡之间差距。企业集团通过调整生产的区域布局，可以增加对落后地区的项目投入，改变落后区域产业发展的现状。企业集团通过打造名牌产品和大力开拓国际市场，可以改变出口产品的低技术和低附加值结构。总之，协调城乡之间、区域之间、进出口之间、产业结构之间的矛盾，需要企业集团发挥更大作用。

4.2.3 我国企业集团的战略定位

较为和平的国际环境以及国家间经贸往来密切，新兴技术带来新产业的发展，同时，世界范围内的企业重组和产业结构调整仍在继续进

行，全球化程度进一步加深等，这些都为企业集团的加速发展提供了广阔的国际舞台。

面对新的发展形势和格局，我国继续推进企业集团发展的总体战略定位应当考虑：成为推动中国经济跨越发展的强大动力，国际上多个领域中具有名牌影响力和行业统治力的领导者，创新发展、集约发展和优化发展的示范，维护国家安全和完善宏观调控的最重要载体。

总的来说，我国企业集团的战略定位包含以下几方面内容：

一、中国企业集团应成为中国经济崛起于世界的中坚力量

根据我国经济正在全面走向世界，将在国际经济舞台上扮演重要角色的需要，培育出一批在国际上具有较强竞争力的大型跨国公司，部分企业的规模、技术水平、竞争能力进入国际先进行列。

未来 10—20 年，争取有 50 家以上的中国企业集团能够进入世界500 强队伍中，与我国经济总量在世界上排名第 2 位相称。多家企业集团排名进入世界前 50 强，出现类似英国石油、通用汽车、安联保险、花旗集团、索尼电子一类在国际经济中具有影响力和一定垄断地位的大型跨国公司，能与世界最知名企业角逐世界市场。

二、中国企业集团应成为部分高科技产业领域的领航者

在部分高科技产业领域，出现一批科技水平一流的国际性大公司，成为国际上该行业的领导者，能够影响国际市场需求，引领行业发展，承担该领域科技创新任务。

通过促进现有高新技术企业发展，培育出一大批自主创新能力强、新产品开发快、国际市场占有率高的大型科技企业，产品在国际市场上具有很大的影响力和竞争实力。通过促进战略性新兴产业发展，在节能环保、新兴信息产业、生物产业、新能源、新能源汽车、高端装备制造业和新材料等领域中，培育出一批科技含量在国际上领先的新产品，成为这些领域中科技水平一流的国际性高科技公司。

三、中国企业集团应成为部分世界知名品牌的拥有者

在一些重要的消费品生产领域，不仅有一批能够生产好产品的企

业，而且具有塑造强势品牌能力的大公司。在服装、机械、食品、饮料、化工、冶金、金融等行业中，涌现出 1—2 个类似于可口可乐、诺基亚、索尼、IBM、奔驰、耐克、丰田、摩根斯坦利、通用电气、三星电子一类品牌影响力在世界居前的世界知名品牌。

四、中国企业集团应成为重要国计民生领域的控制者

在关系国计民生和国家安全的基础产业和基础设施、市政公用事业和政策性住房建设、社会事业、金融服务、商贸流通、国防科技工业领域，成为具有主导作用和控制能力的企业集团。在统筹城乡和区域发展，实现国家宏观调控意图的领域，成为承担维护经济平稳健康运行、实现国家宏观调控目标的重要支撑点。

五、中国企业集团应成为推进行业结构优化的组织者

在各行业中具有对生产组织进行全面整合和协调的能力，能够将分散的中小企业吸纳到企业集团建立的分工协作体系中，大大提高行业集中度。能够以实现集团对品牌、人才、核心技术、信息资源和营销渠道的有效掌控为基础，通过广泛的参股控股、技术合作等方式以及利益分享手段，构筑以集团为核心、以外部可用资源为伙伴的利益群体。

六、中国企业集团应成为财政税收和社会责任的贡献者

企业集团税收在全部财政税收中占据较大比重，基本改变石油、煤炭、烟草、电力、冶金等资源企业、重化工企业和国家高度垄断企业税收为主的格局，逐步使高新技术企业集团、具有品牌优势的企业集团、产品加工深度高的企业集团的税收在企业集团纳税中的比重大幅度提高。企业集团承担的社会责任，进一步扩大到各个领域，内部建立起全面的企业社会责任体系。

七、中国企业集团应成为转变经济增长方式的主要推动者

建设具有国际竞争力的跨国企业集团，不能完全照搬国外模式，要从中国国情出发，研究确定我们的发展模式。在中国经济发展方式转变的特殊时期，要求企业集团除自身加快产业结构和产品结构调整步伐

外，起到推动本行业企业调整产业结构和产品结构；在促进行业技术进步、提高行业技术水平方面，在树立人与环境的协调发展理念、促进节能减排和发展循环经济、提高资源的综合利用效率方面，在集约发展、优化发展、创新发展方面，起到表率作用，提供经验和示范。

4.3　中国企业集团的功能构造

中国企业集团的功能构造，就是要根据企业集团的功能定位，确定企业集团发展的重点，以满足适应企业集团定位的各种需要。

4.3.1　功能构造的基本原则和指导思想

加快企业集团发展，应当根据我国企业集团的战略定位，以着力构建实现这一战略定位的功能为主要任务，推进企业集团发展，形成支撑战略定位的功能。

一、功能构造的基本原则

一是面向全球高起点建设的原则。中国企业集团的发展要瞄准国际上同行业一流企业，确定自己的发展目标、战略、经营管理体制，推动经营战略、技术战略、产品战略、人才战略、管理体制、生产标准向国际先进企业靠拢，经营规模向 500 强企业靠拢。

二是立足当前与放眼长远的原则。要将企业集团的近期发展与长远发展有机结合起来，既要根据当前发展水平较低、投资能力有限的实际，着力扩大经营规模，加快积累发展资金，又要考虑到长远发展要求，储备和投资一批水平高的重大项目，抢占未来发展制高点。

三是大力引进与自主创新结合的原则。坚持不断引进国内外先进技术、装备和工艺，学习和借鉴国外先进的管理经验，增强企业新技术和新产品开发能力，增强企业在各个环节的自主创新能力，在吸收和消化国内外先进技术基础上，全面提升创新能力。

四是全面推进与突出重点的原则。既要树立起中国作为一个后发展中的大国，必须全面提升各个领域中企业集团的功能，提升整体竞争实力，以适应我国企业集团战略定位需要的意识，又要树立起在部分条件相对成熟的领域中，集中资源率先取得突破的意识。

五是细化分工与加强合作的原则。克服企业集团长期追求自我配套、自我循环的封闭意识，以自身的分工推动社会分工，通过向外扩散产品和技术的方式，引导中小企业参与到与企业集团的配套协作体系中，提高专业化生产水平，形成大中小合理分工协作的格局。

六是政府主导与企业主体的原则。中国企业集团的发展，必须有政府的统一规划、政策指导和直接参与，弥补企业集团在发展环境方面的不足，不能因为一些国家过多干预企业集团发展而出现问题，就否定政府的重要作用。同时，也要充分利用市场机制引导企业集团发展，增强其适应市场竞争的能力，防止对政府产生依赖。

二、功能构造的指导思想

根据上述基本原则，中国企业集团功能构造的指导思想可以考虑：以科学发展观为指导，以推进企业集团发展转型为着力点，以增强自主创新能力和融资能力为基础，在规模扩张、技术研发、人才培养、管理提升、市场拓展等方面，按照国际化、高起点要求进行建设，培育具有国际竞争力的大公司，实现中国企业集团在国内外的新定位。

第一，以科学发展观为指导，核心是要明确中国企业集团发展的根本目的是促进国民福利的提升，促进城乡之间和区域之间协调发展，促进经济发展与城乡居民增收的同步。

第二，推进企业集团发展转型，核心是实现企业集团从粗放发展向集约发展转变，从高消耗、高排放、低产出向低消耗、低排放、高产出转变，从追求自我配套向依靠社会配套转变，由封闭型、国内市场为主向开放式、国际国内两个市场拓展转变。

第三，增强自主创新和融资能力，核心是根据企业集团参与国际市场竞争、提升竞争力的要求，着力培育科技创新、体制创新、管理创新、产品创新、经营模式创新能力，在各个方面确立领先优势，更好地适应企业集团发展需要。同时，现代企业集团对资金的需求越来越大，必须建立多样化的融资体系。

第四，按照国际化要求推进企业集团发展，核心是要以国际先进标准为参照，以国际惯例为准绳，以国际一流企业为标杆，全力推进中国企业集团的国际化和现代化，不仅在各个方面要与国际接轨，追赶行业的领头企业，而且在有的领域要占据最前端，引领世界先进水平。

4.3.2　功能构造的主要领域

根据企业集团的战略定位和发展的指导思想，中国企业集团的功能构造的任务，将主要集中在以下方面：

一、着力构建企业集团规模扩张的环境

经营规模太小是中国企业集团当前存在的主要问题，迅速扩大企业集团的规模，是面临的最迫切任务。有人说先要做强企业，才能做大企业，对企业集团的发展来讲，不是"做大做强"，而是"做强做大"。我们认为这种观点，是站在某一角度而言。企业做强并不意味着非要做大，有的企业受多种条件的限制，不可能达到很大的规模，在规模不大的情况下，可以通过提升素质和强化优势来增强竞竞争力。对这类企业而言，做强是目标。而企业集团的战略定位决定了它必须要做大，成为国际上同行业的领头羊。企业做大是目标，做强是条件，只有做强才能做大，只有做大才能实现做强，二者之间是紧密联系的。在我国，的确有规模很大但竞争力不强的企业，但这类企业如果不在垄断领域，如果没有政府政策扶持，就不可能维持这种规模，不可能有持续生存能力。

通常而言，规模扩张通过以下四个途径来实现：

一是创造企业做大的体制环境。政府支持企业做大，是企业集团发展的重要条件，但光有政府的作用没有市场机制的作用，是很难实现的。创造体制环境，必须将两种机制很好地结合起来。首先是政府要转变职能，建立相对完善的有利于企业集团发展的管理制度和运行环境，让企业集团既受政府支持又不受过多行政干预，有完善和规范的政府管理制度。其次是建立健全市场体系，完善市场运行制度，使企业的经营能够依靠市场。最后是建立现代企业制度，完善法人治理的相关法律法规，使企业的经营可以迅速扩大并能规范稳定持久运行。

二是创造企业做大的资金环境。企业集团的扩张必须有强大的资金支撑，它包括银行信贷支持和资本市场的融资支持。企业集团在发展过程中，要不断地增加新项目的投资，不断进行技术改造，不断买进有发展前景的企业。有的项目不是马上可以见到成效的，还需要有长期贷款的支持。适应企业集团多样化融资的需要，必须建立直接融资与间接融资并存、长期贷款与短期贷款并存、股票融资与债券融资并存、资本市场与产权市场并存、国内金融与国际金融并存的体系，为企业集团的发展创造多样化的资金供应渠道。

三是创造企业做大的市场环境。根据企业集团跨地区、跨行业的经营要求，必须打破现在的地区之间、行业之间的各种行政壁垒和封锁，按照鼓励生产要素自由流动、倡导竞争的原则，建立统一的大市场，给企业集团提供一个有利于扩大产品市场覆盖范围、提高市场占有率的竞争环境。通过国内市场的培育，初步形成一定的规模优势和竞争实力后，在一个较高起点上参与国际市场竞争。

二、着力构建企业集团创新的能力

企业集团不仅需要做大的外部环境，而且需要做强的内在能力，在技术创新能力、品牌塑造能力、制度变革能力、市场拓展能力等方面，确立领先于或者有别于其他企业的功能。在市场变化频繁、机遇与挑战交织的形势下，中国企业集团要获得长足发展，在某些领域要实现赶超，必须增强自主创新能力。

一是提升科技创新能力。中国的企业集团整体科技水平不高，拥有自主知识产权的技术少，新技术研发能力弱，因此在竞争上不占优势，经营上更多的时候要受制于发达国家企业的技术。当今科学技术高速发展，科技创新成为企业竞争力的核心，各个企业都在大幅度提高科技研发的投入。中国企业集团要在科技开发上占据重要地位，必须与国内国际科研机构保持密切关系，大幅度增加研发的投入，显著提高自主创新能力，做好对专利项目的申请和保护工作，形成一批具有自主知识产权的核心技术。

二是提升产品创新能力。企业集团拥有核心技术，并不代表其具有成果转化能力，运用最新科技成果开发新产品、制造新设备和建立新工艺,才能实现技术优势向产品优势的转变,才能对企业集团发展形成实实在在的支撑。为此,一方面,政府要对企业集团开发新产品给予有力地政策和资金支持;另一方面,企业集团要强化产品创新的意识,增强新产品研发能力,不断推出技术水平先进的新产品投放市场。

三是提升品牌塑造能力。在当今人们的生活中,商品种类繁多,令人目不暇接,企业的产品要在这一市场中脱颖而出,必须依靠品牌去吸引眼球,赢得信任。品牌是质量和服务的保证,体现了企业的经济实力和效益。现代市场竞争实际上是品牌竞争,创立品牌已经成为企业集团竞争的取胜之道、成功营销的砝码。目前一些中国企业的品牌虽然在国内市场影响很大,甚至在国际市场也有很大影响,但数量比较少,培养出具有竞争优势的国内外品牌,是企业集团面临的迫切任务。在品牌培育上,除政府部门要对其协调和提供帮助外,更重要的是企业集团要通过提高产品和服务质量、树立良好的市场信誉等去推进。

四是提升经营创新能力。现代企业的发展历程让我们认识到经营管理在企业发展中起到的作用,尤其在逐渐人本化和需求多样化、个性化的当代社会里,企业的产品服务和经营水平将直接影响到企业的声誉。企业在发展过程中已不再是传统意义上的对资金、资产和人员的管理,现代化经营还牵涉到人才经营,对信息、知识和战略等无形化资产的管理。创新经营理念已成为中国企业集团在全球化竞争中向更高水平发展的一个重要因素,在这方面取得优秀业绩的企业给我国企业带来了启发,跨国经营、多元化经营、新型营销模式等成功经营方式都已经被我国企业所借鉴。而我们需要做的不仅仅是把国外成形的管理模式搬过来,而且要大胆尝试经营理念上的自主创新,开拓企业发展思路。

三、着力构建企业集团产业辐射功能

企业集团的竞争,也体现在产业链之间的竞争,体现在企业组织资源、整合资源能力的竞争。中国企业集团的发展,要在以下方面提升产业的辐射带动功能:

一是通过收购、兼并等方式,进行内部与外部的产业链整合和拓展,成为产业结构优化升级的先行者,还要通过这种整合和拓展,使核心业务进入产业链高端,同时将低端环节向外部转移。

二是以核心业务为依托，通过产品相关生产环节的分包、委托加工、直接扩散等方式，延伸产业链条，让更多企业集聚在这一链条下，形成多层次、多样化的分工协作体系，增强协同效应。

三是对于国际化的大型企业集团，必须树立在全球范围进行资源整合的思路，立足于全球化背景进行经营，积极参与国际化分工，利用一切可以利用的有利条件和因素，包括在发达国家建立研发中心、进行跨国采购、跨国生产、国际融资，充分整合国际国内的优势资源来为我所用，实现真正意义上的全方位资源重组和优化配置。

四是在坚持突出主业基础上实行多元化经营，建立包括产品的多元化、市场的多元化、投资区域的多元化和资本的多元化经营模式。从相关多元化和一体化经营的思维确定多元化经营战略。从国外大公司的经营业务看，普遍采取了多元化经营战略，使产业结构不断在多元化经营中进行调整，保证了发展的稳定性和连续性。对于集团的主营业务，要使之长期保持强劲增长势头，在力量配置和资金投入上，始终坚持把主业放到重中之重的位置，坚持不懈地实施倾斜政策，不断强化其优势。同时，合理调整结构和布局，实施整体优化，做强做优中下游业务，使产业链上的效益得到充分体现。

四、着力构建先进的管理体制

企业集团的能力，不是依托单一的技术、资金、品牌、销售而形成的，而是通过对各种能力的培育和整合形成的。建立先进的管理体制，就是要为企业集团创造各种能力的培育和整合条件，形成以规范和科学管理为基础的具有活力的内部管理体制。

一是加强集团总部功能建设，健全投资中心、决策中心、资本运营中心三大功能，建立规范的母子公司体制。加强战略研究，建立健全决策支持系统。完善集中决策、分级授权管理体制，建立和完善决策形成、实施和监督等制度体系。

二是规范法人治理结构，推进管理扁平化，逐步健全与国际接轨的跨国企业集团体制架构。推进业务流程再造，完善信息化管理系统，健全以预算为依据、充分体现严考核硬兑现要求的业绩考核制度。

三是完善人才政策及其评价体系和激励制度，建立健全留住、吸引、用好人才的机制，营造鼓励各类人才脱颖而出的环境。面向集团内外招贤纳才，加快发展经营管理、专业技术和操作技能三支人才队伍。建立职工与企业共享发展成果、共担经营责任的利益共同体，实现企业价值与职工价值同步提升。

四是针对国有企业集团的实际，积极推进成员企业主辅分离、辅业改制、移交办社会职能，逐步重组整合，发展混合所有制。

五是强化技术创新能力、营销能力、品牌影响力、管理能力、融资能力、系统集成能力等软实力，使企业的综合实力得以增强。

4.3.3 国有控股集团的功能构造

国有控股公司作为国家授权投资机构，在国有资产三级授权管理模式中处于承上启下的特殊地位。考虑到中国作为一个后发展的大国，在未来发展中，将面临着极大的资源环境约束，面临着保障国计民生的艰巨任务，利用国有控股公司来体现政府、弥补市场不足，是中国企业集团功能构造中的重要内容。

我国国有控股集团的功能，概括起来可以分为三大类：一是社会功能，即巩固社会主义制度经济基础的功能；二是经济功能，即主导社会主义经济发展，弥补社会主义市场经济缺陷的功能；三是增强我国经济的国际竞争能力的功能。①

一、国有控股集团的范围及特殊性

广义的国有控股公司包括国家投资公司、国有资产经营公司、符合条件的企业集团的集团公司，即（公司法）所定义的"国家授权投资机构"。国有控股公司在国有资产三级授权管理模式（政府国有资产管理机构—国有控股公司—国有控股集团）中处于承上启下的重要地位。②

国有控股公司作为国有资产的投资主体或出资者，在接受和传递宏观调控信号方面具有很大的优势。首先，各类控股公司由于所处的层次

---

① 沈学明：《国有企业"功能定位"探讨》，《真理的追求》1999 年第 8 期，第 29 页。
② 阳晓明、唐小我：《论国有控股公司的功能》，《经济体制改革》1997 年第 1 期。

和集中的人才无不在所辖企业群中处于信息中心的地位，能及时接受大量的市场信息、政策信息，对政策意图和导向既十分敏感又能准确理解，并做出正确的判断。其次，控股公司在接受政府调控信息和市场信号后，会迅速地通过产权键传递下去，从而调整企业行为，最终顺利实现宏观调控意图。正是由于产权约束和利益驱动的原因，使控股公司内部通过产权键传导调控信号的时效性和有效性，都远远胜于传统体制下条条块块的行政网络。

二、国有控股集团的功能

在前面已经多次提到，我国国有控股集团具有同西方国有控股集团相似的一般功能，也存在着很大的不同。我国设立国有控股集团的目的，主要是为了弥补"市场缺陷"和调控宏观经济，包括优化产业结构、协调经济发展、促进市场正常运转、缓解社会矛盾等。我国是社会主义国家，公有制为主体、多种所有制经济共同发展，是我国社会主义初级阶段必须长期坚持的基本经济制度。国有控股集团不仅是生产资料公有制的具体实现形式之一，而且是最基本、最核心的实现形式，因此拥有一定数量的国有控股集团是巩固社会主义制度的必然要求。

第一，构建在巩固社会主义经济地位方面的功能。

国有控股集团是我国国民经济的支柱，它在关系国计民生的重要行业和关键领域处于支配地位，因而对经济发展具有强大的控制力。特别是在集中力量兴办一些重大建设项目、基础设施，促进地区协调发展，支持、引导多种所有制经济共同发展，保证国家财政收入稳定增长，促进社会公平，维护社会稳定等方面，国有经济具有其他经济成分难以替代的优势和重要作用。因此，我们要通过调整国有经济的合理布局，强化其在经济中的主导作用，促进国民经济持续、快速、健康发展；要根据经济社会发展需要，确定需要强化的主要功能，满足宏观调控、改善发展环境、不断增强企业竞争力的需要。

第二，构建在科技领域中发挥基础性作用的功能。

国有控股集团具有较强的实力、技术和管理水平，且多数处于能源、交通、原材料、重型设备等重要经济部门，在经济振兴中要注意构建其在基础设施、基础产业中消除"瓶颈"制约，为国民经济持续、快速发展奠定稳定基础的功能；构建其在产业结构优化中发挥主导作用，利用自身具有良好的技术基础和研究开发能力推动技术进步和产业结构高度化功能；构建其推进企业战略改组，联结带动一批企业改组和发展，形成规模经济与分工协作效应，实现企业组织结构合理化的功能；构建依靠企业集团能够更好利用和发挥我国的比较优势，促进出口导向产业成长，增强民族工业市场竞争力，在国际经济合作与竞争中取得主动，加速国家的现代化进程的功能。①

第三，构建在促进地区经济协调发展方面的功能。

实现地区经济协调发展，不仅是优化国民经济布局、提高国家综合实力的途径，也是缩小地区差距、实现共同富裕的社会主义目标的要求。要注重构建国有控股集团在促进地区经济协调发展中的功能，利用掌控能源、原材料工业和交通通信设施项目的有利条件，增加对落后地区的投入；构建依托现有大中型国有控股集团发展专业化分工协作及组建企业集团带动落后地区中小企业和非国有控股集团发展的功能；构建促进沿海地区劳动密集产业向内地转移功能，通过国有控股企业集团参与园区基础设施的开发，创造承接产业转移的条件。

第四，构建促进国家财政收入稳定增长的功能。

保证国家财政收入增长是国有控股集团的重要功能之一。2008年全年国有及国有控股企业累计实现营业收入210502.3亿元，实现利润11843.5亿元，应交税金17122亿元，国有控股集团完全应当也能够在实现国家财政收入稳定增长方面做出贡献。构建国有控股集团提供财政收入的功能，需要对一些收益不高但相对稳定的行业，对一些需要由国家控制的特殊产业，让企业集团来承担，虽然这些产业收益不高，但有相对稳定的税收，有的还是高税行业，尤其是一些特殊的需要政府垄断的高盈利行业，是政府稳定的财政收入来源，必须由国有控股集团控制。

第五，构建重要产业稳定发展的控制功能。

应分层次确定国有控股集团的控制程度：一是保持国有控股集团在关系国家安全和自然垄断性的特殊行业中的垄断经营地位，如重要军事

① 曲卫彬：《国有企业的功能》，《财经问题研究》1997年第8期，第24—25页。

工业、造币、黄金等特殊生产。二是对关系整个社会发展的重要基础设施和基础工业如铁路、航天、航空、造船、邮电，重要劳动手段制造业如机械，重要自然资源开发利用业如冶金、石油等采掘、加工，重要原材料工业，关系国家长远发展的高新技术开发研究制造业，重要的公共设施部门及公益事业，关系国计民生的重要的消费品生产流通业、金融保险业等，让国有控股集团有程度不同的控制能力。三是根据不同时期、不同生产力条件，对国有经济的发展规模和分布范围进行相应调整，重点放在调整产业结构、提高经济运行的质量和效益、提高国际经济竞争能力上。

主要参考文献

[1] 迟树功：《中国企业集团研究》，济南出版社 1996 年版。

[2] 陈清泰、马建堂、刘世锦：《2009 中国大企业集团年度发展报告（紫皮书）》，中国发展出版社 2010 年版。

[3] 赵华、于长青：《中国企业与世界 500 强的差距分析》，《市场周刊·理论研究》2007 年第 10 期。

[4] 2008 世界 500 强之国家和地区排名，www. fortunechina. com，2008-10-15。

[5] 沈蕾：《论企业集团》，中国社会科学院，2003 年。

[6] 王建：《日本企业集团的形成与发展》，中国社会科学出版社 2001 年版。

[7] 2008 年 1—12 月国有及国有控股企业经济运行情况，http://qys. mof. gov. cn/qiyesi/zhengwuxinxi/qiyeyunxingdongtai/200901/t20090121_110055. html，2009-01-21。

[13] 杨华：《国有控股集团功能、定位及改革浅论》，《湖北大学学报（哲学社会科学版）》2002 年第 29 期。

[14] 橘川武郎：《日本的企业集团》，有斐阁 1996 年版。转引自王建：《日本企业集团的形成与发展》，中国社会科学出版社 2001 年版。

[15] 山田一郎：《企业集团经营论》，丸善社 1971 年版。转引自王
     建：《日本企业集团的形成与发展》，中国社会科学出版社
     2001 年版。

[16] 沈学明：《国有企业"功能定位"探讨》，《真理的追求》1999
     年第 8 期。

[17] 阳晓明、唐小我：《论国有控股公司的功能》，《经济体制改
     革》1999 年第 1 期。

[18] 曲卫彬：《国有企业的功能》，《财经问题研究》1997 年第
     8 期。

5 企业集团的组建及其组织结构

企业集团的组建是否成功、其组织结构是否合理，直接关系到它未来的前途，因而组建工作是建设企业集团的基础工程。如果组建过程中操作不当，就会使企业集团由于"先天不足"，而导致诸多后遗症。在企业集团的组建过程中，必须对组建的模式、程序和企业集团的组织结构做出正确的判断和选择。本章主要介绍企业集团的组建原则、条件、过程、方式，企业集团组织结构的相关理论，以及我国企业集团组织结构现状和变革方向。

5.1 企业集团的组建

5.1.1 企业集团组建的条件与原则

一、企业集团组建的条件

企业集团作为一种复杂的经济现象，其具有自身显著的特征，其组建与发展也需要一定的条件，否则，企业集团要么无从组建，要么即使组建起来了也不能称其为真正的企业集团。因此，其组建条件包括了两个方面的内容：一是企业集团自身所需要具备的内在条件，即一个企业联合体只有具备了哪些条件时才能称为企业集团，否则就只是一般的联合体，也就是说，组建企业集团必须严格按照企业集团的构成条件来进行；二是组建企业集团所需要具备的外在条件，即除企业自身所需要具备的条件外，还必须具备哪些其他条件，而这些条件正是组建真正意义上的企业集团的基础。

（一）组建企业集团需要具备的内在条件

企业集团既不同于单个的大型企业，也不同于一般的企业联合体，它是以某一实力雄厚的企业为核心，通过相应的组建形式和经济权责把众多企业联结在一起的多层次的法人联合体。这种企业集团应当具备以下条件：首先，企业集团必须由若干独立的企业和事业单位即法人所组成，而不能只是一个大企业，集团的各个成员都具有独立的法人地位，而企业集团则是这些法人的联合体。其次，企业集团必须有多层次的组织结构，即集团核心——集团公司、紧密层、半紧密层、松散层四个层次，只有这样，企业集团才能真正发挥其应有的作用。当然，这并不是说每个企业集团都必须同时具有四个层次，如果在其组建之初只有两个或三个层次，也可以成为企业集团。再次，集团公司必须是具有法人地位的实力雄厚的企业，而不是什么行政性公司或行业管理机构，它必须具有投资中心的功能，以保证统一的发展战略和发展规划的实现。最后，企业集团的各成员之间必须有一定的联结纽带，即集团公司与紧密层、半紧密层企业的联结纽带，除契约外还要有资产纽带，集团公司与松散层企业的联结纽带，主要是集团章程和具有法律效力的互惠性合同、协议等契约。企业集团就是靠这些纽带把自己变为一个有机的整体。

企业集团的组建必须严格遵循上述这些条件来进行，只有这样，才能发挥企业集团特有的作用，实现组建企业集团的特定目的。

（二）组建企业集团需要具备的外在条件

首先，当前我国一些主要的物质生产部门的社会化程度并不很高，各地区、各部门、各企业的生产力发展水平不一，一些为发展企业集团所必需的物质条件（如机器设备的数量、效能和现代化程度，信息的收集、处理、分析的手段和能力，运用现代化管理手段和方法驾驭大型企业集团的能力等）都不完全具备。因而，发展企业集团必须从各个行业、各个地区以及各个企业的客观实际出发，尊重客观经济规律。另外，在经济生活中，传统产品经济体制和自然经济体制的痕迹还非常明显，产品经济或自然经济的思想一直存在，并且缺乏商品经济体制的基础。所以，我国企业集团的组建与发展，也要考虑我国商品经济尚不发达、市场经济新体制尚未建立的实际情况。其次，企业集团作为现代社会化大生产的经济组织形式，它要求有高水平的科学管理，否则就难以把企业集团真正组织管理起来，也难以充分发挥其应有的作用。目前，企业集团在我国还属于新生事物，真正能管理企业集团的人员还非常缺乏，总体管理经验也极为不足。因而，我们要加强对企业集团管理人才的培养，认真学习与借鉴西方发达国家组织管理企业集团以至跨国公司的经验。同时，由于管理人员的缺乏，管理经验的不足也决定了我国组建企业集团不能一拥而上，而必须随着组织企业集团的经验不断积累、管理水平的不断提高及管理人员的不断增多，再逐步扩大企业集团的数量。

由此可见，在我国组建企业集团需要注意以下几个方面：

一是由于企业集团作为现代社会化大生产的经济组织形式，其形成和发展从根本上说取决于社会生产力的发展水平，特别是生产集中化的发展程度，所以，企业集团的组建与发展应主要着眼于生产力发展水平比较高的工业部门和交通运输部门，以及商品流通部门等，而不宜搞所谓的"遍地开花"。二是由于企业集团的发展要受到商品化过程的制约，所以，在商品经济还欠发达的地区与部门也不宜急于组建企业集团，否则即使组建起来了，也未必能培育出真正的企业集团。三是由于企业集团的经营管理与一般企业相比，更具有复杂性和艰巨性，加上企业集团作为一种崭新的经济组织形式，它的形成与发展必然要受到来自传统的观念、管理体制、经营方式的制约，所以，要真正组织起一批规范的企业集团，就必须首先造就一支宏大的富于开拓精神、具有企业集团管理才智的高水平的企业家队伍。

二、企业集团组建的原则

企业集团是现代企业发展的高级组织形式之一，是适应现代生产力规模经济和市场经济要求而产生的企业组织形式。虽然企业集团形式多样，组织结构各不相同，但其组建都要遵循一定的原则。这些原则主要有：

（1）自愿互利，积极引导。要在自愿互利、符合社会需要和企业相互需要的基础上由企业自主组建集团。企业可按章程规定自愿加入和退出。各级政府和行业主管部门应根据产业政策和企业组织机构合理化要求，积极引导企业参加有关集团，但不应采取行政命令手段自上而下强行组织。也就是说，企业集团不应兼有政府的行政职能。

（2）鼓励竞争，防止垄断。在一个行业内一般不搞全国性的独家垄断企业集团，鼓励同行业间的竞争，促进技术进步，提高经济效益。集团内要引入竞争机制，成员间既要加强协同合作，也要开展有益竞争，不保护落后。

（3）优化组合，调整结构。打破部门、地区、行业、所有制界限，促进企业组织结构合理化。在发展军工和民用企业、沿海和内陆企业，以及工业、运输业、商业、外贸企业相互联合的基础上，国家和地区都要逐步形成一批企业有机结合、资源合理利用、实力雄厚的企业集团。

（4）科技进步，强化后劲。企业集团必须有较强的技术开发能力，积极推进技术进步。企业集团可以通过鼓励独立科研设计单位进入企业集团，成为重要的技术开发中心，充实和加强自己已有的技术开发力量，也可以发展同科研设计单位的横向联合。①

5.1.2 企业集团组建的模式

一、现代企业集团的组建模式

企业集团的模式是难以准确界定的概念。理论界对企业集团划分存有不同的看法，概括起来，如表 5 - 1 所示。

从表 5 - 1 中可以看出，一方面，无论从哪种角度看，企业集团都具有明显的多样性特征；另一方面，依据不同标准，企业集团可以划分为不同的模式。迄今为止，无论是企业界还是理论界，都没能够发现一种较为统一的企业集团划分标准。

企业集团作为在社会化大生产条件下，服从于生产力发展和追求经济运转高效率而出现的企业组织和管理的新形式，在欧美已经有相当长时间的实践。以下是国外具有代表性的企业集团组建模式：

---

① 国家经贸委经济研究中心课题组：《中国企业集团成长研究》，中国城市出版社2002年版。

美国企业集团（垄断财团）组建模式：在美国，企业集团的概念并不流行，通常把垄断财团看做典型意义上的垄断企业集团。所谓的财团实质上就是金融资本集团，其中金融资本是由银行资本和产业资本互相渗透的产物，其形成主要有两种途径：一种是产业资本向银行资本渗透，一种是银行资本向产业资本渗透。

德国企业集团组建模式：德国的企业集团的主要形式是康采恩，这是一种通过控股、持股方式把分属不同经济部门的许多企业以母子公司形式连接在一起的垄断组织形式。参加康采恩的各个企业在生产经营和法律上都保持独立，但在股权上受作为母公司的大企业的支配。一般康采恩都有强大的金融背景。

表 5 -1 企业集团组建模式

企业集团主要模式及划分类型		
序号	划分依据	主要模式
1	企业间联结纽带	股权联结型；契约混合联结型；混合联合型
2	生产联合方式	单点辐射型；多元配套型；产品资源联合型；系列产品开发型
3	联合的范围和主导企业的性质	产品型（或生产型）；金融型；技术型
4	联合的内容	"一条龙"式企业集团；跨部门联合的成套工程企业集团；多行业联合的企业集团；为社会提供某种专门服务的职能型企业集团；科研生产性企业集团
5	核心企业及其与其他企业的关系	单一重心型或垂直一体化企业集团；多重心型或横向并列式企业集团
6	联合的紧密程度	松散型；半紧密型；紧密型；成组型
7	组建方式	扩散型；聚合型；股份型
8	所属国家	日本企业集团（包括财团型和产业型企业集团）；德国企业集团（康采恩模式）；美国企业集团（复合型企业集团）；意大利等国的控股型企业集团

资料来源：国家经贸委经济研究中心课题组《中国企业集团战略研究》，中国城市出版社2002年版。

日本企业集团组建模式：日本企业集团一般是指所谓的六大企业集团，即三菱、住友、三井、芙蓉、第一劝银、三和。日本六大企业集团的核心也是以大银行为中心的金融机构，由成员大企业最高经营者组成企业集团的最高协调机构，而且日本企业集团采用环状型法人"相互持股"，这是企业集团联系的最基本形式。

意大利企业集团组建模式：意大利企业集团主要采取国家控股形式，也就是由国家直接控制的控股公司对其他企业进行直接或间接控股从而形成的企业集团。这种企业集团的核心企业不是银行，而是国有控股公司。

二、我国企业集团组建模式

我国的企业集团是伴随着政策和市场两种不同的推动力量而产生和组建的，根据政府和市场两种力量在企业集团组建中的不同作用，我国企业集团组建大致可分为三种形式（如图 5 – 1 所示）。

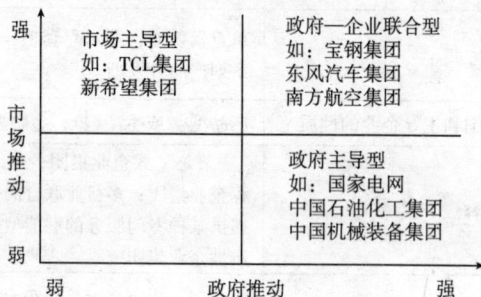

图 5 – 1　我国企业集团组建模式

资料来源：姚俊、蓝海林：《我国企业集团的演进及组建模式研究》，《经济经纬》2006年第 1 期。

第一种是政府主导型组建方式，即政府机构起主导作用的企业集团组建方式。这类企业集团大多由原来的行政管理机构转变而来，多数集中于垄断产业和军工企业，如中国石油天然气集团、中国船舶工业集团、中国兵器装备集团等。这些企业组件和改造的历程一般是工业部（局）—行政性总公司—集团公司，其基本组成方式有合并（如中国石油天然气集团与国家电网）或者分离（即把一个总公司分为两个或多个分公司，然后对其内部业务进行重组，如兵器装备集团和船舶工业集团）。

以国家电网为例，国家电网公司在原国家电力公司部分企事业单位基础上组建。组建国家电网公司所涉及成员单位的有关国有资产均实行无偿划转，不进行资产评估和审计验资。遗留问题逐步清理，妥善处理。有关财务关系的划转，由财政部及相关部门研究办理。国家电网公司与有关企业是以资本为纽带的母子公司关系，按照《公司法》和国家大型企业集团试点的有关规定，建立母子公司体制。可以说，国家电网公司就样的企业集团就是在政府和国有资产管理部门的行政推动下组建形成的。

这种组建方式有利有弊。有利的地方是政府可以集中资源快速建立企业集团，同时由于与政府部门特殊的联系，企业集团在生产经营上也有便利的地方。不利的地方是企业实际上无权决定自己组织机构的设置，因而企业的组织机构庞大，而且往往由于政府各部门都强调要加强自己对应的机构设置，甚至规定级别，这样形成了互相攀比的情况，干部与管理人员数量很大。企业组织机构的设置不是以生产经营的需要来决定，而是按政府的规定设置，因而企业集团的许多机构与生产经营无关。政府的职能直接向企业延伸，政府管了许多企业内部的事务，又要求企业办了许多原本属于政府职责的事务。这样组建的企业集团往往难以专注于自身主业的经营发展，同时机构复杂导致多头管理，办事效率受到影响，对决策的结果却无人负责。

第二种是政府市场联合型组建方式，即政府和市场共同作用而形成的企业集团组建方式。这类企业大多是由一些工业局管理，由原来一个经济效益好的大企业联合生产线下游的中小企业共同组成，一般集中于规模效益明显的汽车、钢铁等行业，如一汽集团、二汽集团、宝钢集团等。这种组建方式一般是先由政府部门组建企业集团，再通过股份制等方式使企业集团市场化，形成有独立经营自主权的企业。组建企业集团后，原先一些归口管理的工业局可以撤销，有利于推动企业真正市场化运作，同时便于形成巨大的规模效益，但是这些企业集团不像市场自发形成的企业集团，他们是先有子公司，再有母公司。

我国的东风汽车集团就是通过政府—市场两种力量联合组建形成的。1965 年原中国汽车工业公司发出《关于成立第二汽车制造厂筹备处的通知》。1969 年初，在湖北十堰成立了第二汽车制造厂建设总指挥部。第二汽车制造厂正式开始大规模施工建设。可以说二汽是在政府推动力量下形成和发展的。到了 1979 年底，由于国家财政困难，二汽被列为"停建、缓建项目"，在这种情况下，二汽自筹资金，完成续建和更新。进入 20 世纪 90 年代，市场竞争日益激烈，此时的二汽（已更名东风汽车集团）通过合资、兼并、收购等市场手段不断壮大自身实力，成为一家市场化的大型企业集团。

第三种是市场主导型组建方式。企业通过市场的运作发展成为企业集团，主要是母公司或核心企业通过投资、兼并、收购等市场方式使其实力得以增强。这类企业一般集中在竞争性较强的行业，如电器、纺织、饲料、建材等，代表企业有海尔集团、方正集团、希望集团等。这种集团的母公司（核心企业）自主权较大，产品市场竞争程度高。这种方式组建的企业集团成员间的关系清晰，基本都是以产权为纽带、市场化竞争的结果。①

5.1.3　我国企业集团的设立程序

由于现行国家立法尚未对组建企业集团的程序问题做出明确统一的规定，因而各地在组建企业集团中也就没有完全统一的做法。这里只能对各地实践中比较统一的基本程序做出一般性的概括。总的来说，组建企业集团一般应当经过以下程序：

一、调查研究，选择设立对象

设立对象的选择是企业集团组建的必经阶段。所谓调查研究，就是有关企业在参照国家产业政策以及国家综合经济管理部门和行业管理部门的相关规定，在本行业企业组织结构合理化所提出的方向与基本要求的基础上，详细调查企业自身和可能联合对象的各种经济技术社会条

---

① 姚俊、蓝海林：《我国企业集团的演进及组建模式研究》，《经济经纬》2006 年第 1 期，第 83—84 页。

件，分析本企业现有和潜在能力与生产、技术、市场目标的矛盾，找出本企业优势和弥补企业劣势的平衡点，分析对比企业集团组建前后可能带来的宏观与微观利弊。

在完成调查研究的基础上，企业就要根据优化组合的原则及其诸要素初步选择欲联合的对象，初步确定"我联合谁"、"谁联合我"的问题。在这一阶段，各个可能联合的企业之间要进行互探互访，并进行意向性洽谈，通过洽谈了解有关各方的联合意向及愿望、目的等问题，同时明确各方法人资格、联合条件、履行能力、资产规模、经营状况等问题。如果有关各方都有联合组建企业集团的诚意，则可以将洽谈情况共同草拟成洽谈纪要或联合意向书，并把它作为以后进一步谈判的依据。[①]

二、进行可行性研究，草拟设立方案

进行可行性研究，草拟设立方案，是企业集团设立过程中的第二阶段，也是保证企业集团组建具有可行性、可靠性、有效性和长期性的必要条件。任何一个企业集团在正式设立之前都必须遵照经济规律的要求综合地组织专家和企业代表进行可行性研究。可行性研究主要包括以下几个步骤：

摸清环境。企业集团的设立要求良好的外部环境和内部环境。要先摸清集团拟选择的主要行业或主导产业的生产社会化是否已达到一定水平，是否客观上要求采用规模大、资本与生产集中化程度高的企业集团这种组织形式；然后摸清政府对集团设立和发展制定的政策法律法规，使集团的设立有法可依、有章可循。

深入调研。这个步骤主要是对各种经济技术状况包括核心企业产品市场需求现状与将来的发展趋势预测，对技术水准、交通运输条件、环境保护、资源动力以及原材料供给等，运用科学的方法进行深入调查研究，对每一项调研，均需做出定性与定量相结合的评价。

选择方案。通过进一步的深入调查研究，在企业草拟的原方案外，

---

① 陈翔云、王云标：《国有企业集团组建与发展运作实务》，沈阳出版社 1998 年版，第67—70 页。

可能逐步形成组建企业集团的若干个方案，此时研究人员运用决策技术，对诸多方案从定性与定量方面逐个评估与比较，在此基础上形成一个切实可行的最佳组建方案。需要注意的是，由于不同的企业集团可以有不同的模式，切忌受一种模式的限制，避免陷入误区。

深入论证。为提高以上选定方案论证的科学性，还有必要对选择方案阶段所选出的最优方案进行深入的论证。论证时要选择以有关部门行业的专业工作者和拥有较高名望权威的经济技术及宏观管理方面的专家组成专门班子，对企业集团的规模、投资、收入等方面做出正确估算，并对其综合效益等做出全面评价与论证。

制定报告。这一阶段，从开展论证到获得的结论，按一定顺序与程序，编制出企业集团《可行性研究报告》，旨在评价与确定项目，务必以充足的理由论证企业集团设立的可行性。同时，要做出投资的最后判断，还必须尽量满足投资单位、投资个人以及银行等的业务需要。

草拟章程。章程是书面写定的组织规章或办事条例，企业集团作为一种企业经济联系组织，需要有自己的用以规范组织和行为的章程。这一步骤主要是有关各企业在上述步骤完成的基础上分别进行内部审核，并依照国家法律的有关规定，共同草拟企业集团的协议与章程。

确定实施。这可以说是企业集团"可行性研究"的最后一个"深入验证"阶段。当企业集团的筹建各方均对可行性研究所做结论表示认同，则可最后确定企业集团设立的实施规划。相反，假如通过进一步分析和研究得出企业集团设立条件尚不成熟，或者某些必要素质还不具备，则应在停止集团筹建事宜的同时，如实将"验证"后的明确观点与具体意见提出来。[1]

三、报请审批和注册

企业集团不是一个企业法人，没有独立的资产；对于需要承担民事责任的经营活动，都是以集团核心企业或成员名义进行的，企业集团通过它的核心企业——集团公司来发挥作用。在国外，企业集团的设立不需要政府或相关部门审批，也不进行企业法人登记。但针对我国在前些

---

[1] 秦尊文：《企业集团概论》，经济科学出版社1999年版，第50—53页、第69—63页。

年发展所谓的企业集团过多过滥的情况，加之我国产业政策和有关企业集团发展的宏观政策不配套与不完善，为了加强对企业集团的管理，使企业集团真正发挥作用，规定设立企业集团必须经过一定的审批手续，注册登记是必要的。事实上，国家经济体制改革委员会和国家计划委员会于1990年12月联合发布的《关于促进企业集团发展的意见》也是这样规定。申请审批和注册登记是我国组建企业集团的必经程序。关于企业集团的报请审批，上述《关于促进企业集团发展的意见》规定："当前成立企业集团应集中由国家和省、自治区、直辖市、计划单列市两级审批。"其中，具备建立企业集团的条件，并符合以下标准之一者，应报国家审批：以集团公司和紧密层企业的资产额合计或生产额合计达到特大型企业标准，且拥有跨省市的紧密层企业；集团公司和紧密层企业的资产额合计或生产额合计达到大型企业标准，且拥有跨省市的紧密层企业；集团公司和紧密层企业生产额超过全国同行业总产量十分之一。需要报国家审批的企业集团，有筹建单位申请，国家行业管理部门提出审查意见，由相关主管部门审批。除由国家审批的符合上述条件的企业集团外，其余的企业集团均由省、自治区、直辖市、计划单列市审批。企业集团在获得审核批准和注册登记后，还需办理法律规定的其他手续，如果有关企业认为有必要，还应到公证机关办理公证。

通常来说，企业集团设立登记流程图如图5-2所示。

◆ 案例：中国南方航空集团公司的组建

中国南方航空集团公司是以南方航空（集团）为主体，联合中国北方航空公司和新疆航空公司，经国务院同意进行国家授权投资的机构和国家控股公司的试点。集团公司成立后，对其全资公司、控股企业，参股企业逐步按照《中华人民共和国公司法》进行改组和规范，保留中国南方航空股份有限公司的名称，对原中国北方航空公司和新疆航空公司进行主辅业分离，将航空运输主业及关联资产规范进入中国南方航空股份有限公司，统一使用中国南方航空公司标志，完成企业集团公司运输主业一体化，辅业另行重组，由集团公司统一管理。

中国南方航空集团公司的组建原则包括：政企分开——集团公

申请资料不齐或不符合法定形式的,当场或5日内告知申请人需要补充的全部内容;当场可更正的允许当场更正

← 受 理
由申请人提出书面申请,提交《企业集团设立、变更、注销申请书》等相关资料,由注册分局受理人员对申请人提交的资料进行审查

不符合条件的不予办理并及时告知其理由 ←

核 准
资料齐全、符合法定形式的,由注册分局核准人员核准,出具《准予登记通知书》

颁发营业执照
准予登记的,由注册分局颁发企业集团登记证
(1个工作日)

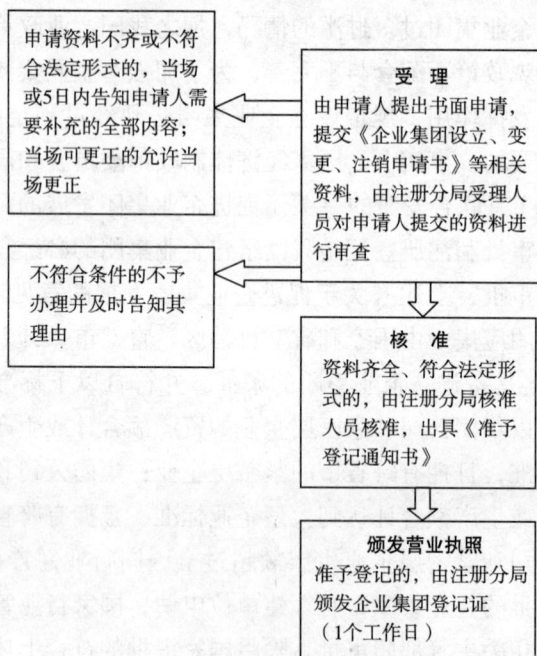

图5－2 企业集团设立登记流程图

资料来源:《企业集团登记管理暂行规定》。

司按照《中华人民共和国公司法》的要求,与其有关企业建立规范的母子公司体制,是自主经营、自负盈亏的法人主体和市场主体,不承担政府职能;优化配置——集团公司根据国家政策,以市场为导向,以经济效益为中心,按专业化生产和规模经济的要求,合理调整结构,提高资源利用率;提高竞争能力——在国家宏观调控与行业监管下,集团公司以资本运营为主要经营手段,精干主业,分离辅业,提高综合实力;稳步实施——集团公司的组建和结构调整,要统筹规划,精心组织,逐步推进,稳妥实施,保证飞行安全和正常经营,促进企业改革、发展和稳定。

中国南方航空集团公司的组建目标包括短期目标和长期目标。短期目标是:在确保飞行安全和企业稳定的前提下,完成业务、人员、资产和机构的重组;以市场为导向,以资本为纽带,深化企业

改革，转换经营机制，加快结构调整，建立现代企业制度，加强企业管理，优化资源配置，最大限度地实现投资收益和经济效益。远期目标是：以航空运输业为主要投资方向，以资本运营为主要经营方式，充分利用各种资源，逐步发展成为具有先进管理水平和国际竞争力的大型航空运输企业集团。

从企业集团组建的推动力量、组建原则和目标可以看出，中国南方航空集团公司采用的是典型的政府—市场联合推动组建方式。一方面，中国南方航空集团公司、中国北方航空公司和新疆航空公司均是国有企业，其重大决策须经政府主管部门同意，三家公司的重组是在国家产业政策指导下政府部门行政力量推动的结果，同时新组建的企业集团需要承担职责范围内国务院及有关部委委托的部分工作；另一方面，航空行业的市场化程度较高，在强大的市场竞争压力下，三家公司通过整合重组，可以在竞争激烈的航空行业提高自身竞争力，同时重组后的企业集团拥有自主经营权，是自主经营、自负盈亏的法人实体和市场主体，并不承担政府职能。

5.2　企业集团的组织结构

所谓企业集团的组织结构就是指企业集团内各成员企业之间所确立的关系形式，它形成了企业集团组织的基本框架，实质反映了企业集团各成员企业之间的相互关系。本节描述了企业集团组织结构设计的原则、组织结构相关理论的发展历程，对欧美企业集团组织结构进行简要介绍，总结了我国当前企业集团组织结构类型，并对其存在的不足之处提出一些看法。

5.2.1　企业集团组织结构设计的原则

长期以来，管理学家与经济学家对如何设计企业集团组织结构进行了许多有益的探讨和研究。根据国内外总结所得经验，企业集团的组织机构设计一般要遵循以下原则：

一、目标统一

目标统一原则可以表述为企业组织必须有一个统一的目标，组织中每一部分的存在都应该与这个既定的组织目标有关，组织机构的设计与组织形式的选择必须有利于这个组织目标的实现，否则这个组织毫无意义。同时，企业组织的每一部分又有自己的分目标来支持总目标的实现，这些分目标是企业组织进一步细分的依据。企业的组织工作要以企业统一的战略目标为出发点，并为实现这个目标提供组织保证。

二、统一指挥

统一指挥原则可以描述为企业组织中的各级机构以及个人只能有一个统一的指挥系统。它们均要服从一个上级的命令与指挥。只有这样，才能保证命令和指挥的统一，避免多头领导和多头指挥，使企业组织最高管理部门的决策得以贯彻实施。企业中的每一层次均有上级，下属必须负责任地向直接上级报告工作，不能越级报告；并且每一层次只接受一个上级领导，只对唯一的上级负责，不能有多头指挥。上下级之间形成一个"指挥链"，既能使上级了解下属情况，又能使下属明晰上级意图。

三、权责明确

权责明确有几层含义：首先，必须明确规定企业组织中每一个管理层和各个部门包括从企业最高决策者到各级管理人员直至一般员工在内的职责范围，他们各自的权限、利益、风险责任以及上下级信息传递、行为规范，权责利也必须明确到人，不能模糊不清、交叉重叠。其次，各层级决策管理者是各层级组织的直接负责人，必须对各自的决策管理行为后果负责，不可推卸责任。最后，每一层级组织承担的责任必须与其享有的权利相对等，不可大于或小于享有的权利，并与利益挂钩。

四、职务对称

组织结构设计的根本目的是为了保证组织目标的实现，使目标活动的每项内容都能够落实到具体的岗位和部门。为此，要求在设计组织结构时，应坚持因事设职与因人设职的原则，即要求职务与事务相对称，因事务设职务、设机构，做到事与职高度配合，避免出现无人承担事务的情况。同时，职务大小也决定着承担事务的多少，有职无事或事务太少会出现浪费人才、浪费资源的现象，只承担事务而无相应职务会伤害从事者的工作积极性和主动性，引起不满情绪的产生。科学设计组织结构应当为职务、事务制定规范、定出章程，确保无论什么人，只要担任职务就要承担相应责任。

五、精于高效

精于高效原则适用于每一种组织结构形式，是任一组织结构形式设计的重要原则。一个组织是不是具备精于高效的特点，是衡量组织结构是否合理的主要标准之一。精于高效可以描述为：在服从由企业组织目标所决定的业务活动需要的前提下，力求减少管理层次，精简管理机构和人员，充分发挥各级组织成员的积极性，提高管理效率，更好地实现组织目标。一个机构精简、人员精干的组织往往伴随着出众的工作效率；组织层次繁多，机构臃肿，容易导致人力资源浪费、办事效率低下、官僚主义滋生。

六、适应环境

企业集团在设计组织结构时，要遵循"以变制变"的战略思想。一方面，企业的组织结构及其运行机制应具备必要的适应性，能在不同的内外环境下保持一定的水平；另一方面，企业的组织要能够根据适时的需要进行调整和变革。组织为了进行实现目标的有效活动，需要维持一种相对稳定的状态，组织越稳定，效率也会稳步提高。但同时，组织结构的大小调整和各个管理层次不同职能部门权责范围的每次划分，都会给组织的平稳运行带来一些不利的影响，企业组织结构的设计要争取处理好企业组织适应性与稳定性之间的辩证关系。

5.2.2　企业集团组织结构设计的相关理论

组织结构相关理论通过数十年创新发展，到目前为止已经形成一个完整的学术体系。

从 20 世纪初至 20 世纪中叶，在组织结构理论领域中，占支配地位的是古典管理理论，它的组织结构理论称为"古典组织结构理论"。该理论认为，所有的组织都共同拥有一种最好的组织模式，即通过一种层级制的高度正式安排，将组织活动由统一规定的事无巨细的计划和制度来支配。这一理论的代表人物是泰勒、法约尔和韦伯。泰勒提倡科学管理，主张实行专业化和标准化的分工，按职能来设置组织结构。法约尔提出了直线职能制的组织结构模式，设计了"法约尔跳板"。韦伯则提出了所谓理想的行政组织体系理论。古典组织结构理论用科学合理的准确性、严格性和普遍性来解释组织结构变化的原因，理论的重点放在对组织管理基本原则的概括和分析上。

在 20 世纪 30 年代出现了"人际关系组织结构理论"，对古典管理理论提出了挑战。这个理论以人的行为为中心，主张通过沟通和共同影响来促进普通员工参加组织的管理。主要代表人物是梅奥和巴纳德。梅奥区分了正式组织和非正式组织。巴纳德在此基础上发展了社会系统学派组织结构理论，他认为社会的各级组织都是一个协作的系统，即由相互进行协作的个人组成的系统，这些协作系统是正式组织。人际关系组织结构理论用感情和人的行为来解释组织结构变化的原因。

到了 20 世纪 60 年代初，系统学派和权变学派的组织结构理论开始出现，其代表人物有钱德勒、卡斯特和罗森茨维克等人。他们主张用系统和权变的观点来考察组织结构，把组织看成是一个开放、动态的社会技术系统，认为管理者必须根据情况的变化不断调整组织结构，不存在普遍适用的最好的组织结构设计，这就是"组织结构权变理论"。组织结构权变理论逐渐取代了古典组织结构理论成为主流，并成为组织结构领域的一个统一理论范式。组织结构权变理论用管理者对各种影响组织结构权变因素的主观选择来解释组织结构变化的原因，管理者是组织结构变革的主导力量。其最著名观点是由美国经济学家钱德勒提出的关于组织结构与战略关系的理论，即"战略—组织结构理论"。钱德勒指出，当公司随着变化着的社会和经济环境的变化而制定出新战略时，即要求组织结构进行相应的变革。该理论重点是战略决定组织结构，而这又取决于企业集团内部的条件。同时，组织结构对战略又有促进和制约的反作用。一方面，组织结构适应企业战略在时间上有一个滞后的过程；另一方面，优化和调整的组织结构对战略有促进和制约的作用，这种作用也要经过一段时间才能逐渐显现出来。除战略这一最重要的影响因素以外，组织结构权变理论还认为，外部环境、工艺技术、企业规模等权变因素也对企业的组织结构产生影响。

自 20 世纪 70 年代中期以来，组织结构理论又取得新的长足进展。汉南、弗里曼等人提出了总体生态理论，迈耶尔等人提出了制度组织理论，帕弗尔等人提出了资源依赖理论，这三个理论模式的一个共同观点是：组织环境是组织结构的主要决定力量，而并非管理者主导了组织结构的变革。

新制度经济学派的代表人物科斯、威廉姆斯等人用制度理论和交易费用理论对组织结构进行了新的研究。新制度经济学认为，企业是一组权利交割的集合，企业内部的组织结构则是一种制度框架或制度安排，它是规范企业内部资源和权利交割的游戏规则。新制度经济学的制度理论和交易费用理论是路罗拉对组织结构研究做出的重要贡献，是组织结构理论的一大突破，他认为组织结构是一种制度安排，组织结构的变迁是为了降低交易费用这一动因下企业制度演变的结果。

20 世纪 90 年代圣吉博士融合了其他几种出色的理论、方法与工具，发展出了学习型组织的蓝图。圣吉博士认为，企业组织持续发展的精神基础是持续学习，并详细论述了建立学习型组织所需的五项修炼，即自我超越、改进心智模式、建立共同愿景、团体学习和系统思考。通过五项修炼，培养弥漫于整个组织的学习气氛，进而形成一种符合人性的、有机的、扁平化的组织，即学习型组织。其中，系统思考是五项修炼的核心。

5.2.3　现代企业集团组织结构的类型

现代企业集团组织结构有多种分类方法，比较常见的有以下几种。

一、按维数划分法

任何一个企业集团的组织设计都要根据多样的标准来进行。一般而言，组织设计的基本标准有三种：职能、物件和地区。采用不同基本标准设计组织结构时，企业集团组织结构可分为一维模式和多维模式两种。

根据组织划分和统合的职能标准，企业集团一维组织结构又可划分为三种模式：一是职能型组织结构，它是以企业集团的核心活动（如研发、生产、销售等职能）为标准进行组织划分而建立起来的；二是对象型组织结构，它是以企业集团的核心产品组（对象）为出发点建立的组织结构，在建立的时候与企业集团的产品规划相联系；三是地区型组织结构，它是从空间约束的活动区或地区为出发点建立的，活动区域的划分与企业集团的区域战略相关。

多维组织结构是指同时按多个基本标准来进行组织的划分而形成的组织结构，多个基本标准在多维组织结构中对企业集团组织设计原则的重要性是相同的。多维组织结构一般有二维的矩阵式组织结构和三维的混合型组织结构。

二、威廉姆森分类法

威廉姆森的企业组织结构分类法是考察组织结构类型的重要方法，本部分对此着重介绍。据其分类标准，现代企业集团的组织结构分为以下三大类：

（一）U 型结构

U 型结构，也称为"一元结构"。其典型特征是在管理分工下实行中央集权控制。企业内部按职能划分为若干部门，各部门只有很小的独立性，权利集中在企业最高决策者手中（如图 5 – 3 所示）。当企业集团中母公司对子公司的控制以行政模式为主或者将集团公司定位为经营者时，企业集团多会选择这种组织模式。U 型组织结构的优点是可以做到集中统一，能迅速、严格地控制协调好下属成员企业，为集团整体服务。在企业集团创建初期，U 型结构的权利集中有利于促进企业集团的自身发展，但随着企业规模的日渐扩大，过于集权的结构也会逐渐显现出自身的缺点：管理幅度过大，加大了行政管理费用；集团总部或集团公司不能集中精力于集团的长期发展战略；下属成员企业的积极性难以调动。

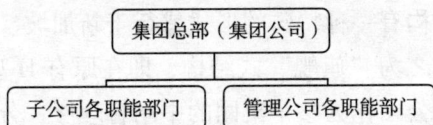

图 5-3 U 型组织架构图

资料来源：夏炜：《企业集团组织结构系统设计研究》，东北财经大学硕士论文，2003 年。

（二）H 型结构

H 型结构是控股公司结构，其特征是母公司持有子公司或分公司部分或全部股份，下属各子公司具有独立的法人资格，所从事的业务一般关联度不大，从而形成独立的利润中心和投资中心（如图 5-4 所示）。集团公司定位为控股公司和大部分以参与控制模式或以资本控制模式为主的企业集团都采用 H 型结构。H 型结构使子公司保持了较大的独立性和自由度，这对提高子公司的经营积极性，以及规避、分散公司经营风险具有积极意义。但是，如果没有实力适当的总部，控股公司高层管理人员就不能集中精力进行战略决策、计划、资源配置、监控、激励等职能。其不足之处具体表现在：控股公司的战略计划、方针等难以向子公司贯彻；子公司难以充分利用控股公司的各种资源；从长期和战略角度看，母公司难以对子公司的经营业绩做适当的评价，对其控制力不足。

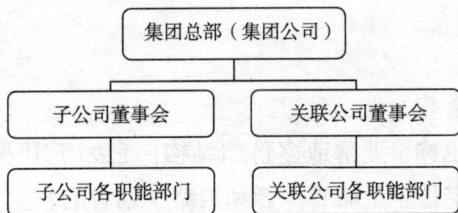

图 5-4 H 型组织架构图

资料来源：夏炜：《企业集团组织结构系统设计研究》，东北财经大学硕士论文，2003 年。

另外，H 型结构有一种特殊的形式盛行于新加坡、中国香港等地的企业集团，一般称之为"旗舰"式结构，即在原有 H 型结构的基础上，设立若干行业集团公司作为整个集团的中间管理层，分别统管一大类业务，是企业集团的利润中心，具有利润生产、利润计算和利润管理的功能（如图 5-5 所示）。集团公司（母公司）对行业集团公司（子公司）进行控制，承担有限责任，并通过控制性股权对行业集团公司进行直接控制和管理。行业集团公司作为母公司的核心企业，统率一大类业务或相近的基层公司，实行行业归口管理。这种组织结构类型的主要优点是有助于发挥专业化管理的优势，但同时也延续了原 H 型结构的部分缺点，即集团总部对行业公司难以控制和管理，容易导致各子公司的投机倾向。

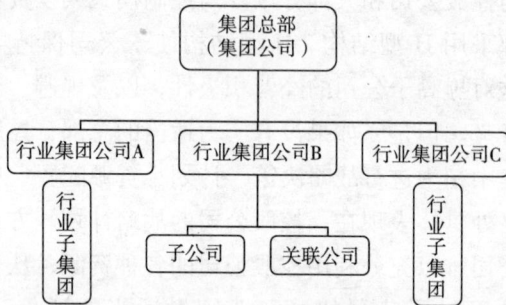

图 5-5　旗舰式架构图

资料来源：夏炜：《企业集团组织结构系统设计研究》，东北财经大学硕士论文，2003 年。

（三）M 型结构

M 型结构，也称事业部或多部门结构。它源于 U 型结构与 H 型结构。将集团公司定位于策略管理者和策略规划者的企业集团或者是采用平台控制模式的企业集团大都采用 M 型结构。M 型结构的显著特征是战略决策与经营决策分离，按产品、技术、销售、地域等设立半自主性的经营事业部。不同的部门和人员负责公司的战略决策和经营决策，从而使得集团公司的高层管理者能够从日常的繁琐管理工作中解脱出来，集中精力从事长期战略计划的制订，对各事业部的工作进行评价、监控。事业部是企业集团的一级利润中心，具有利润生产、利润计算和利润管理的职能；同时也是分权的责任中心或经营中心，管辖同一行业或同一区域的经营单位，专注于行业或区域的业务发展。事业部不直接参与下属成员企业的经营管理，只是通过资产关系，从行业的角度对它们进行产权管理和行业的业务管理。需要指出，事业部本身不是企业法人，不具法人资格，它实质上是企业集团的一个管理机构，但在实际运作中，通过集团公司（总部）的授权，它又具有同独立企业一样的体制和功能，事业部及下属成员企业实际上构成了子集团。集团总部与各事业部系两个层次，实行两级经营、两级负责和两级分配，总部握有各事业部人事决策、财务管理和监督管理等权力，以利润、投入产出比等指标对各事业部进行控制，各事业部负有完成总部下达任务的责任。整个企业集团形成三个层次：集团公司（总部）是整个集团的最高决策层，是集团的投资中心；事业部是集团的中间管理层，是一级利润中心；各事业部属下企业则是集团的次级利润中心和经营中心，实行常规管理。如图 5－6 所示。

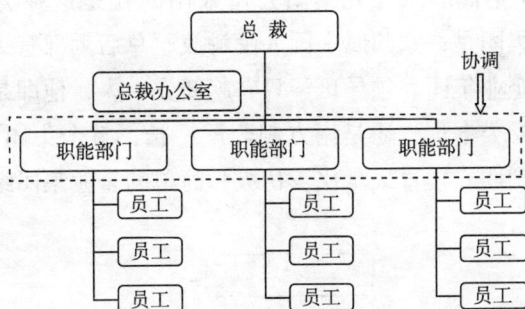

图 5－6　M 型组织架构图

资料来源：夏炜：《企业集团组织结构系统设计研究》，东北财经大学硕士论文，2003 年。

企业集团采用 M 型组织结构，不仅有效实现了集权和分权相结合，而且具有以下优点：实现各行业或区域归口管理，有利于专业化的管理，发挥专业优势；有助于简化集团高层领导的管理内容，扩大领导者的有效管理幅度；有助于发挥成员企业的积极性、自主性和创造性。但这种组织结构也有一些缺点：由于各事业部利益独立，容易产生"本位主义"，忽视长远发展目标和集团的整体利益；各事业部间不易协调沟通，容易出现分离倾向；增加了管理层次，提高了管理成本；对事业部的授权难以把握，不是过于集权就是过于分权。

三、我国企业集团组织结构分类法

在我国，通常依据股权构成、规模大小的不同对企业集团组织结构进行分类，主要类型有以下几种：

（一）垂直式

又称直线式、军事式它是按垂直系统设立组织结构，其主要特点是各级领导者没有专业分工，所有管理职能都集中于一人承担，上下级关系明确，内部结构简单，便于统一领导和指挥（如图 5 - 7 所示）。这种类型的组织结构一般适用于内部成员较少、规模小的企业集团，有的大型集团也采取这种类型，这就对领导者素质能力提出更高更严的要求。20 世纪 90 年代广东三九集团公司采用的就是这种类型的组织结构。当时三九集团是一家归属中国人民解放军总后勤部管理、以南方制药厂为核心的企业集团。领导班子只有赵新先一人，他即是董事长又是总经理，兼任党委书记，还是南方制药厂厂长，整个集团一级抓一级，从上到下均无副职。垂直式是比较初级和简单的企业集团组织结构，当

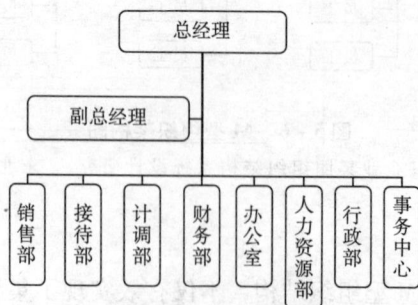

图 5-7　垂直式组织结构

企业集团向前发展时，往往会对原有组织结构进行调整，加强机构设置和人员配备，逐渐向"准事业部"或"事业部"型组织结构转变。

（二）准事业部制

准事业部制组织结构系分权式，董事会授权总经理，由其全权负责决策和指挥。这种类型的组织结构旨在健全计划配套体系，建立经营决策机制，加强对经济效益目标的管理，进一步强化集团优势。准事业部制组织结构依靠三大职能机构系统进行经营决策、配套生产和营销开发。三大职能机构具体分工如下：经营决策系统负责对配套生产与营销开发两个系统的全面横向协调和指导，同时参与以上两大系统业务方面的决策事宜；配套生产系统负责供应物资，并进行协调生产及优化专业分工；营销开发系统以市场需求指导技术开发和面对市场开展营销服务。以上海电器环保集团为例，上海电气环保集团公司在组建之初推行"准事业部"这种组织结构（如图5-8所示），推行董事会领导下的总经理负责制，整个集团公司系多法人代表、下属企业受公司领导。管理方面按照统一目标加以调控，根据成套特点组建生产经营，推行两级核算与分配。

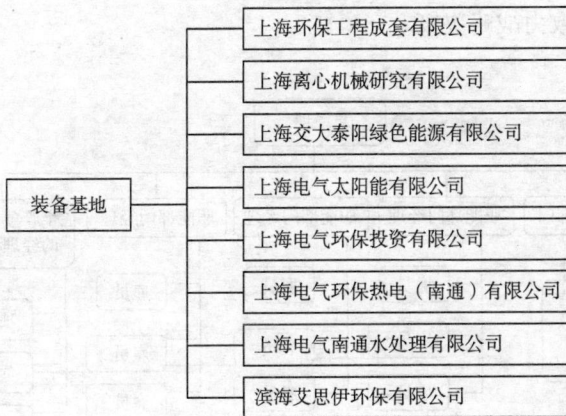

图5-8　准事业部式组织结构（以上海电气环保集团公司为例）
资料来源：上海电气环保集团公司网站（http：//chinasec. com/index. asp）。

（三）事业部制

事业部制组织结构即威廉姆森企业结构分类法中的 M 型结构，对其特点优劣这里不再赘述。我国目前采用这种组织结构的企业集团数量较少，即使采用，由于企业集团多法人、股权结构复杂、管理层次混乱等特点，其"事业部"也难以发挥真正意义上的利益负责中心的职能，仅能发挥企业集团参谋机构和管理机构的作用。

（四）矩阵型组织结构

矩阵型组织结构是按职能划分的部门和按产品、工程项目划分的小组结合起来的组织结构（如图 5 – 9 所示）。为了完成一项特定任务（如产品开发、工程项目），组织从已有的各部门中抽调人员，组成专门机构，形成矩阵组织。这种结构设置时间可长可短，具体要视工作任务的特点而定。实践证明，企业集团设置项目小组，除了可能存在"多头领导"的不足之处外，优点明显：形式机动灵活，适应性强，能有效协调部门和层次之间的关系，使资源得到有效利用；协商解决问题，各专业同事之间的合作与协同作用增强了组织对市场的反应能力，员工间的相互学习也利于员工综合能力的提高和职业发展；致力决策经营，由于重点战略项目领导加强，可使集团公司或事业部领导者摆脱日常烦琐事务，专心致力战略决策。

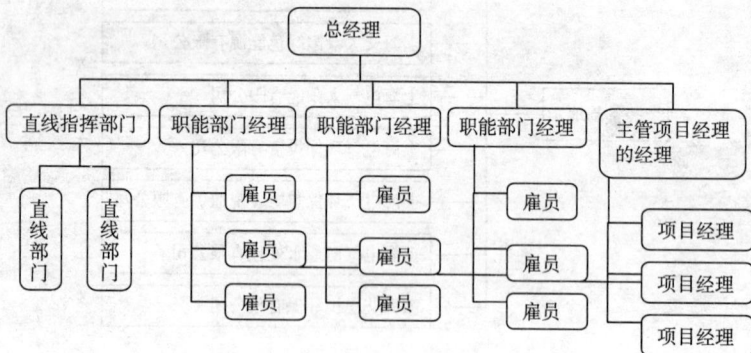

图 5 – 9　矩阵式组织结构

（五）混合型组织结构

目前，我国企业集团一大部分摒弃了直线型组织结构，由于业务结构和经营地域的不断扩张，单纯的事业部制也不能满足其要求，在某些业务和某些地域以子公司的形式存在成为普遍现象。大型国有企业集团基本上是母子公司制和事业部制甚至直线职能制的混合结构。混合结构有两种：一种是母公司设立事业部，所有业务都归由事业部经营，事业部的全部或某些业务可以根据需要以子公司的形式存在。这样，母公司的最高管理层并不需要直接管理子公司，最高管理层只需要管理、协调和考核事业部。另一种是一部分业务以母公司事业部或者直线职能管理单元的形式存在，而另一部分业务以具有法人地位的子公司的形式存在。母公司一般全资拥有子公司或者对子公司进行绝对或相对控股。也就是说，母公司以事业部或者直线职能单元的形式直接经营一部分业务，同时以子公司的形式经营一些业务，这实际上是一种混合控股公司模式。另外，随着管理层级的增加和高耸结构的形成，出现了超事业部。当母公司的 CEO 下面出现许多的事业部和子公司，这时 CEO 的管理幅度过大，无法进行有效管理，母公司就可能将业务具有一定类似性、关联性的几个事业部或者子公司归入一个超事业部之下。这时，母公司就多了一个层次，即 CEO—超事业部—事业部（或子公司）。超事业部的出现只是管理层级增加的一个典型事例。事实上，除了超事业部以外，随着大型企业集团业务的日益庞杂，其他一些管理层级也出现了。企业集团越来越像一个金字塔结构，从企业的基层到最高层要经过许多层级。这种高耸型结构最终将损害企业的活力。

在以上各种企业集团组织结构类型中，没有哪一种类型能够适应企业集团组建、发展和平稳运行所需的全部条件。即使当前的组织结构适应了企业集团的组建，在实际运行过程中，由于内部环境和外部环境的不断变化，也需要不断地调整。因此，企业集团组织结构不是一成不变，企业集团的决策者不仅要根据内外环境的变化对组织结构进行调整，也要对企业集团未来发展方向和周围环境变化趋势进行预判，避免组织结构设计滞后于企业集团的前进步伐。

5.3 我国企业集团组织结构的现状与变革

5.3.1 我国企业集团组织结构现状

目前我国存在的数以千计的企业集团，虽然总体上数量多、发展速度快，但是其发展依然处于起步阶段，缺乏同现代经济增长与企业集团规范化管理相协调的组织结构。从这个意义上说，我国企业集团的内部组织结构尚未系统形成，正处于孕育阶段，这也是我国企业集团发展的薄弱环节。

出现这种情况，与我国企业集团总体产生、发展的特殊性有关。在国外，企业集团的形成有比较规范的程序：先有核心企业，核心企业根据自身发展需要投资建立子公司、关联公司，形成母子公司关系，又通过将零件生产承包出去，形成生产协作企业等，从而形成企业集团。由于企业成员之间的关系非常紧密，通过以资产为主要手段的连接纽带，自然很容易形成真正的共生体。我国的企业集团形成不是如此，相当多的企业在形成生产、技术协作关系的基础上，通过行政力量或市场推动组建企业集团，各子集团公司的关系比较松散；有些名为企业集团，实际上却是行政机构翻牌过来的行政性公司，它们靠行政命令和用行政权力作为连接纽带，有些甚至就是缺乏经济合理性的随意撮合。我国的国有企业集团虽然发展较快，但由于企业集团内部的组织结构不合理、不系统，许多企业集团的发展面临发育不良的问题，特别是在企业集团组织结构方面的缺陷，已成为当前我国企业集团实施规范化管理、变革产权关系的严重桎梏，主要表现在以下几个方面：

一、企业集团组织形式不合理，结构松散

存在各种形式的"空白"集团，如"挂名"式、"翻版"式、"龙头"式等，要么只有几家主导企业支撑着企业集团的架子，名曰集团办企业，实际上是企业办集团；要么是由几个成员企业发起、集资组建的联营公司，仅有生产经营联合，缺少内部资产控股层，更没有形成投资

中心；要么是以名优产品为核心，以骨干企业为依托组成集团，各子企业只有统一商标、销售、出口等经营上的业务关系，没有形成资产一体化的实体。上述大多数企业集团组织结构松散、虚化，生产要素流通不畅，集权与分权存在矛盾，产权界定不清，规模效应和整体优势难以充分形成和发挥。

二、企业集团核心企业的建设进展缓慢

核心企业是组织企业集团整个经营活动并发挥主要作用的母公司，以及在集团中由形成生产经营骨干的子公司共同组成的公司化企业。在组建和发展企业集团的过程中，由于各种非经济因素的影响，使得那些生产效率低下却占据大量生产资料的企业，与那些经营状况良好、急需发展但缺乏新的投资条件的企业难以联合，尤其是管理体制上的原因以及对公司化企业内部组织结构与功能认识上的模糊，使企业集团对各成员企业缺乏吸引力和凝聚力，导致竞争力不强难以为继；同时也难以充分发挥重塑市场主体、培育促进完善统一的市场体系和规模经济的重要作用。

三、企业集团的内部职能分工不明确

从企业集团的组织结构来看，至少应明确资产经营和生产经营两个层次，前者是投资中心的任务，后者是利润中心的任务。但目前我国许多企业集团缺乏这种基本职能的明确分工，因而造成功能重叠。有的企业集团集权过度，投资中心统管了经营范围的事情，干涉成员企业的业务，挫伤了成员企业的生产积极性和创造力；有的企业集团把大权下放给成员企业，使得成员企业各自为政，导致集团的核心形同虚设，不可能形成有机整体。这种因企业集团内部管理组织模式混乱而造成的职能相互冲突，妨碍了企业集团的正常运转。

四、企业集团内部利益激励机制欠缺

经济利益是企业集团建立、发展的主要动力之一，集团内部的利益激励机制是否健全、利益分配是否合理，决定了企业集团的发展动机与集团凝聚力的大小。虽然目前我国企业集团的利益激励机制较以往有很

大进步，但由于产权关系模糊、集团内部关系复杂以及体制遗留下来的传统等问题，利益分配难以公平。利益分配不均一方面导致了"吃大锅饭"、"随大流"、不愿承担风险的情况蔓延；另一方面使成员企业看不到发展的前景，缺乏投资动力，有可能退出企业集团。

五、企业集团内部约束机制欠缺

理论上讲企业集团是经过企业之间组合、调整、改造而形成的具有优化结构的高层次型新企业组织。国家对企业集团产生、运行过程的约束主要通过承包经营责任制和集团内部层层分解的经济责任制来实现，而以技术改造为主的发展潜力指标与提高企业素质为主的管理指标的约束力比较弱，因而偷税漏税、违反财经纪律的现象屡见不鲜。约束机制的缺失，使企业集团的行为在许多非经济因素的影响下很容易偏离规范化的轨道，妨碍企业行为的科学性。

5.3.2 我国企业集团组织结构变革的推动力量

面对一系列的问题和矛盾，也为适应自身发展需要、基于自身发展战略的原因，我国企业集团对自身的组织结构有变革要求。同时，外部政治、经济和市场环境的复杂多变，也形成了促进我国企业集团组织结构变革的强大的外在推动力。

一、经济波动期的推进

随着较长时期经济的平稳快速增长，组织结构逐步向适应市场化方向变革。而经济危机的到来，使得作为经济中坚力量的大型企业集团要承担更多责任，承受巨大风险。这就要求企业集团组织结构要加速向风险承受能力强的方向调整，要从以往的"在发展中吸取经验找出方向和道路"转向"在危机中变革，在变革中成长"，也就是改变以往的稳步发展、稳步调整的组织结构调整方式，变为跨越式、探索式的大踏步前进的组织结构调整方式。

二、技术革新的推动

信息化、数字化等高新技术是改造传统产业的有力工具，这些高新技术在大型企业集团中的应用非常广泛，可以有效缩短地域概念，提高企业对市场的反应速度，同时压缩管理层次，节约成本开支。通过高新技术的应用，促进组织结构的调整和变革，提高企业的组织效率和市场竞争优势，对于规模庞大、附属公司众多的企业集团尤为有效。

三、经济全球化的推动

随着我国市场的进一步开放，企业集团原有的政府保护和垄断优势逐渐丧失，将要或正在遭遇来自国际的实力强大的跨国企业集团的激烈竞争。对传统上行政色彩强、机构设置繁杂的组织结构进行变革，建立适应全球业务架构的跨国企业的组织结构，才能更好地应对国外企业集团的竞争，并进军国际市场。

四、人力资源的推动

我国传统的企业集团组织结构多是以政策、资源和产品为导向来设计的。而当今社会人才成为企业最宝贵的财富，企业也应以集团战略为基础、以所拥有的人力物力资源为基础、以市场需要为导向来设计其组织结构。

五、改革自身弊端的需求推动

通过上面的分析描述，我国企业集团当前还存在着较多的问题和不足。只有对现有的组织结构进行变革，建立现代企业制度，才能把国有企业集团打造成企业界的先锋。

5.3.3 我国企业集团组织结构的变革方向

一、母子公司型结构

母子公司型结构是指位于顶端的母公司（核心企业）通过控股，控制着一批子公司、孙公司，其控股层次往往和公司规模有关，而且这些子公司本身也可能是一个子集团的母公司。[①] 子、孙公司是由居于顶

---

① 赵月华：《母子公司治理结构》，东方出版社 2006 年版。

端的母公司衍生而来的，为集团的经营战略目标服务；同时，为了适应市场竞争的需要，母公司可以依据经营战略需要，调整子、孙公司与母公司的结合形式。当前主要有三种具体形式适合母子公司型结构：

第一种是母公司与上市公司合为一体化的大公司，也被称为"航母型结构"。航母型结构是大公司战略，所属企业采取独资子公司或事业部的产权结构，母公司的结构则实行分散化，并可上市。新组建的"航母"多为一个地区或一个行业的龙头企业，本身进行产品经营。它们通过对主业的进一步整合，改变集团子公司数量过多、经营分散以及集团内部争抢市场、瓜分资源的状况，降低外部交易费用和赋税，充分发挥集团的整体优势。

第二种是母公司从生产经营性的混合控股公司，逐步转化为财务管理性控股公司。这类企业集团一般进行多元化经营，各子集团公司间的关系比较松散，母公司既难以形成统一的经营战略，又不易对每个子集团进行战略规划。母公司主要通过对投资、利润上缴额、日常经营开支等财务支出进行管理来控制子公司的经营发展。这种类型的组织结构能够较大限度发挥子集团公司的积极主动性，同时多元化经营也可保证整个企业集团的稳步发展。

第三种是战略管理型控股公司，又称为"旗舰型结构"。这种组织结构在中国香港、新加坡等地的企业集团中运用较多，由于我国企业集团组建过程中较多参考了这些地区和国家的组建方式和组织结构，因此当前我国部分企业集团组织结构类型与"旗舰型结构"有类似之处，但是在组织层次简单化、经营决策市场化等方面，与这些地区还有不小差距，这种结构依然是我国企业集团组织结构变革的主要方向和目标。

在母子公司型结构中，要形成强有力的集团总部（母公司）。母公司作为企业集团的战略管理中心，负责实施和调整企业集团的发展战略和中长期规划，对战略实施的过程进行控制并对实施结果做出评价；母公司还是投资中心和资本营运中心，通过投资融资和产权运作，实现保值增值和利润最大化；母公司又是资金筹集、分配和资源配置中心，通过运筹内部资金并向国内外金融市场融资，依据发展战略和经营需要对资源进行合理配置；母公司还具有组织管理功能，作为企业集团的组织指挥中心，母公司要承担集团的计划、监控、协调管理责任，并通过股东身份对子公司进行人事和人才管理。

与此同时，母公司还要把握好与子、孙公司的集权分权关系。母公司应该给予子、孙公司一定范围的自主经营权，因为很多市场机会只有处于经营一线的子、孙公司才能察觉，同时出现风险时往往也是子、孙公司最先预知，因此子、孙公司具有一定程度的自主经营决策权有利于规避风险和把握市场机会，以增强企业集团活力。

二、扁平化结构

按照经典组织管理理论和原则建立起来的管理组织层级制，在既定的管理幅度和职能下，为应对日趋复杂激烈的市场环境和管理要求，只能不断增加管理层级，其结果是组织代理链越来越长，组织效率日益低下。我国的企业集团组建时间短，发展速度快，扩张规模大，不可避免形成了组织结构层次繁多、机构臃肿、效率不高的局面。李荣融指出，企业层级太多是目前中央企业普遍存在的一个问题，并强调国有企业集团的母子公司结构一般应控制在三个层次以内。国际上许多企业集团都已对传统的层次结构进行改革，其中的一个重要措施就是组织结构的扁平化，削减中间管理层。

所谓扁平化组织，就是管理层次减少而管理幅度加大的结构；组织结构扁平化，就是通过破除公司自上而下的垂直高耸型结构、压缩原有管理层次、加大管理幅度、减裁冗员来建立的一种紧缩的横向组织，以达到灵活、敏捷、富有弹性的目的。信息技术的飞速发展和在实践工作中的运用，使企业集团进行扁平化、削减中间管理层成为可能。在企业中，无论高层管理者还是基层员工，通过企业内部网或者互联网，尤其是借助企业的 ERP 系统及其集成系统，可以很方便地获得自己需要的各种信息，信息不再需要通过若干复杂的管理层就可以在高层和基层之间有效传递。这种信息传递方式的改变必然引起企业集团组织结构的变革，表现为中层管理人员逐步让位于信息管理系统的现象。由表 5－2 可以看出扁平化组织与传统的层级组织有许多不同之处。

表 5 - 2 　 层级组织与扁平化组织特征比较

比较项目/组织类型	层级组织	扁平化组织
层次与幅度	层次多，幅度窄	层次少，幅度宽
权利结构	集中，等级	多样、分散化
等级差异（权力、待遇）	不同等级差异大	不同等级差异较大
决策权	集中在高层	分散于整个组织
沟通方式	上下级之间沟通距离长	上下级之间平级斜向沟通
职责	附加于具体的职能部门	很多成员分担
协调	通过等级结构和明确的规定管理程序	手段多样，注重直接沟通
持久性	倾向于固定不变	持续调整以适应环境

资料来源：王秦平：《企业集团论》。

为实现组织结构扁平化，就需要对组织结构进行调整变革，主要变革方向有：

（一） 网络型组织

网络型组织结构主要有企业内部网络和外部网络两种具体形式。内部网络组织主要是企业内部借助沟通方便的信息系统，减少组织层次，实现组织结构扁平化，以克服机构臃肿、官僚主义、文牍主义的弊端，提高整个企业集团及其工作人员的工作成效率；外部网络组织在产权清晰的前提下，模糊企业集团的边界，通过信息高速公路等网络形式，与外界企业进行直接协作，形成开放的系统。网络型组织是我国企业集团组织结构扁平化的一个重要实现形式，同时其有关网络化的思想也给组织结构扁平化的实施提供了很好的工具。

（二） 虚拟组织

自从美国学者普瑞斯、戈德曼和内格尔于 1991 年提出虚拟组织概念以来，虚拟组织就成为组织结构创新的一个亮点。虚拟组织是指两个以上的独立的实体为迅速向市场提供产品和服务在一定时期内结成的动态联盟，它不具有法人资格，也没有固定的组织层次和命令系统，而是一种开放的组织结构，可以从众多的组织中通过竞争招标或自由选择等方式精选出合作伙伴，迅速形成各专业领域中的独特优势，实现对外部资源的整合利用。虚拟组织的内部组织结构、规章制度灵活多变，有较强的适应性；组织内成员之间能够共享信息，通过对成员间资源、技术、顾客市场等各自核心能力的整合，形成强大合力，保证虚拟组织在市场竞争中的优势。

（三）柔性组织

柔性化组织结构是相对于传统刚性组织结构而言的，它是指适应现代市场需求产生的结构简洁、反应灵敏，能适应现代化高柔性生产技术的组织结构，是实现组织结构扁平化所必需的辅助实施手段。柔性组织结构具有组织结构模块化、组织层次精简化、工作方式团队化、人员结构流动化的特征，能够针对企业集团的战略决策调整和市场环境的瞬息万变做出迅速而适当的调整。

三、双元型组织

近年来，双元型组织在西方受到了越来越多的重视，组织双元观正在兴起，并有可能成为一种主流研究范式。双元型组织作为一种新兴的理论学说，目前并没有一个明确的定义，一般认为，双元型组织是指在日益动态复杂的经营环境中形成的能够有效追求效率与柔性、探索与开发、竞争与合作等看似相悖的目标的组织类型。组织双元观认为，领导者必须识别、适应悖论甚至从悖论产生的张力中获益，组织可以利用悖论中存在的张力，并且应该而且也可以同时追逐两个相悖的目标。

双元型组织是现代企业集团组织结构变革的一个方向，并不适用于所有的情况。以下条件同时得到满足时，采用双元型组织比较适宜：组织面临具有战略重要性的悖论，悖论的组成元素之间存在某些兼容性，组织有能力在内部同时融合悖论的各种组成元素。如果前两个条件同时得到满足，那么采取双元型组织结构是有利可图的；第三个条件是组织具备塑造双元型的能力。当企业集团同时具备上述三个条件时，组织构建双元型组织结构不仅是可行的，也是必要的。双元型组织主要有结构型双元、情景型双元和领导型双元三种类型。

（一）结构型双元

结构型双元是指将相对应的组成元素放在不同的组织单元中，是一种自上而下的组织形式,组织的最高领导根据组成元素的特征来决定组织结构,并负责对空间上分离的结构进行整合。除组织的高层领导和子结构的关键负责人必须具备双元型思考和行为能力以外,其他员工一般不必具备双元条件,只需根据专业分工的原则从事某些固定的任务范围较窄的工作。

(二)情景型双元

情景型双元是指在整个业务单位范围内同时展现一致性和适应性。情景型双元要求包括一线员工在内的全体员工具有某种双元型,要求组织营造适当的情景,鼓励个体在一致性和适应性这两种相互冲突的需要之间自主分配时间,以鼓励员工充分展现其双元型特征。

(三)领导型双元

作为组织的关键领导,高层管理者在塑造双元性过程中发挥重要的作用。关于领导型双元,有些学者强调高层管理者在结构型双元和情景型双元建设中的支持性角色,并认为高管团队内部流程能促进组织的双元性建设;有些学者认为领导过程本身就是组织双元型的主要来源。

以上三种双元型组织结构在构建过程中可充当的角色各不相同。从三者的相互关系看,领导型双元居于核心地位,贯穿于双元型组织结构建设的全过程;情景型双元可用于识别和执行阶段,具有一定的路径依赖性;结构型双元可在一定条件下用于执行阶段,但它的作用依赖于领导型双元和情景型双元。[1]

当前日益复杂的外部环境要求组织具有某种双元型,即能够同时实现多个看似对立的目标,构建双元型组织结构已成为越来越多的企业组织追求的目标。著名华人管理学者陆亚东教授指出,中国宏观环境的"双变"(市场结构、制度快速变化)、双强(强政府、强市场)特征使得组织双元观在中国具有特殊的重要性,想要立于不败之地,中国的企业集团就必须牢固树立双元经营观。

---

① 周俊、薛求知:《双元型组织构建研究前沿探讨》,《外国经济与管理》2009年第1期,第56—57页。

◆ **案例：联想集团组织结构变革**

联想集团前身是中国科学院计算所在 1984 年 11 月成立的北京新技术发展公司。在成立次年，公司通过开发汉卡，成功解决西文汉化问题，从而赢得市场地位。依托汉化技术，公司走上贸易代理道路。在贸易代理过程中，公司不仅学习了国际企业的先进营销策略和营销技术，还通过贴牌生产接触到惠普、东芝等跨国公司在生产制造方面的技术和管理经验，从而为公司后来转向制造业和走"技、工、贸一体化"发展道路奠定基础。

随着公司经营业务结构和公司规模的变化，以及经营环境、资源条件和经营发展战略等因素的变化，联想集团的组织结构也在不断地调整、变革。归纳起来，联想集团的组织结构变革可以分为以下几个阶段和形式：

1. 初创期组织结构："平底快船"

在 1984—1987 年间，公司组织结构比较简单，总经理领导下设技术开发部、工程部、办公室、财务室业务部。这种没有权利等级的简单结构，联想公司称其为"平底快船"结构。

实践证明，当时的组织结构与当时联想公司的情况基本适应，其结果是：初步形成了联想公司的对外面向市场同时内部相对集中的组织思路；总体看企业组织结构比较高效、合理、统一，为企业早期的资本积累和产品开发提供了组织保证；培养了一批管理和业务骨干。

2. 成长期组织结构：直线职能制

1987 年，与美国的 ATS 公司合作，开始代理 ATS 公司的电脑，同时也准备自己生产电脑。1988 年 4 月，与香港导远公司、香港中国新技术转让公司合资在香港成立了香港联想控股有限公司，开始了"以国际化代工产业化、以国内电脑市场的培养带动企业成长"为目标的战略行动。到 1993 年，联想集团在美国、德国、新加坡等设立了分公司，在中国大陆建立了 10 多家分公司，并且相继在硅谷、香港、深圳、北京设立研发中心，建立了香港、深圳和北京 3 个生产基地，从而把自身的生产经营和技术开发伸向了发达国家和中国一些主要城市，奠定了向产业化发展的基础。

1988—1993 年，联想公司的组织结构由初创期的"平底快船"式的简单结构逐步转变为直线职能性，联想公司内部称这种组织体制为"大船结构"模式。他们在集中指挥、统一作战的两个要素之外又加入了专业化分工的内容，重新组建了以开发、生产、销售三大系统为主体，体现"技、工、贸"结合的新的组织结构。这种组织结构强调明确岗位责任、权力等级和职能分工，强调交流和沟通正式化，强调"统一指挥，专业化分工"。

联想公司这种组织结构模式的特点主要有：集中指挥，统一协调；各业务部门（"船舱"）实行经济合同承包制；公司实行集体领导，董事会下设总裁（经理）室；建立自我约束体制，逐步实行制度管理；思想政治工作与奖惩严明的组织纪律相结合。实践证明，实行大船结构体制，对联想集中资金、人力和进口渠道，确保公司凝成一体、快速成长起了重要作用；为联想公司形成共同发展的信念和价值观创造了条件。联想的企业文化也是在大船结构的组织形态下逐渐形成的。

3. 大公司时期的组织结构：事业部制

随着企业业务规模和业务范围的扩大以及经营环境的变迁，直线职能制的"大船结构"已难以适应新形势的要求。具体表现在："大船结构"的体制在企业规模扩大后，决策速度慢、市场应变能力差的弊端日益显露；大船结构将权力集中在总部，包括研发营销在内的决策层不能贴近市场，适应不了激烈的竞争；高层管理者因精力和能力所限，妨碍企业制定合适的战略；不利于调动下属的积极性；不利于培养干部，特别是培养领军人物等。

在 1992 年初，联想公司总裁办公室就提出事业部的概念，并在北京联想公司和香港联想公司分别建立了几个事业部，特别是香港联想公司全面实行了事业部制。随之产生的是"大舰"变"舰队"的指导思想，提出期间领导、计划管理、独立核算的体制调整原则，为公司组织结构变革指明了方向。

1992 年下半年开始，联想公司开始在汉字系统业务部、小型机业务部试行事业部制。成立后的汉字系统事业部实行统一管理、统一规划，从而使汉卡业务有了较大发展。

公司原有的经营部门按产品划分为 14 个事业部。在公司总体战略部署和统一经营计划指导下，事业部对产供销各环节实行统一管理，享有经营决策权、财务支配权和人事管理权，从"大船中的船舱"变成了"小舰艇"。至于公司总部，则通过设立销售总监、财务总监，成立审计部，健全人事、财务和审计等方面的制度，对事业部进行"目标管理，过程监控"。

鉴于原有事业部体系分散、资源配置不合理的局面，联想集团于 1996 年采取了合并代理措施，撤销了以代理业务为主的事业部建制，改为成立一个统一的销售公司，将笔记本、激光打印机等优势产品集中起来代理销售，并与地区分公司的销售渠道有机结合，增强公司经销实力，扩大市场规模。同时，公司着手建立第二支柱产业——系统集成。联想在 1996 年底成立了系统集成领导小组，规划集成产业的布局，组建了北方和南方系统集成公司，北方系统集成公司负责财税、商业等行为，南方系统集成公司负责金融和邮电等行业。新设立的销售公司、北方和南方系统集成公司都是作为"分公司"来运作的，并不具有法人地位，对其业绩的考核与其他事业部相同，只是公司在投入上相对有所侧重。这一时期，联想对其他事业部没有进行大的机构调整，只是根据公司的发展需要，设立了生产委员会和投资发展部。

4. 北京联想公司和香港联想公司整合后：建立业务经营单位加地区平台的体制

1997—1998 年，北京联想公司与香港联想公司的整合，为联想事业部体制的进一步完善和发展提供了重要条件。这次组织结构调整主要体现在以下几个方面：

一是业务和资产的重组。为了更合理的配置资源，联想在 1997 年中期进行了香港和北京两地资产的重组，北京联想的微机、集成系统和代理分销三项业务合并到了香港联想集团有限公司，这一方面有效地利用了上市公司的融资能力，另一方面也使北京和香港原独立的决策运作体系整合到一起。

二是进一步完善公司总部和业务经营单位的集权及授权体系。基本业务经营单位对产供销实行统一管理，享有经营决策权、财务支配权和人事管理权；在财务方面贯彻大财务的管理思想，总部实行统一财务；人事资源管理方面，业务经营单位总经理、副总经理由总部任命，业务经营单位的部门经理、副经理由其内部决定任命，总部备案；在经营方面，各业务经营单位有经营自主权，不过大的业务变化、大的经营举措要请示总部；总部对各子公司实行责任利润考核。

三是建立地区平台。地区平台是联想公司对联想地区公司的称呼。整合以后各地业务都逐渐集中到各地公司，通过地区公司的渠道和支持开展业务。地区平台的建立，使联想逐渐形成了以产品业务经营单位为基础以地区平台为全国性网络基础的经营组织体制。

5. 业务分拆和组织调整：探索建立新业务领域的"航母"

2000 年，为了在知识经济的竞争中获得竞争优势和更大发展，联想集团实行了大规模的组织结构调整，使其主要业务相对集中，确保相互之间形成有机的联系，以促进集团整体业务迅速发展。

这次组织结构调整是以联想数码公司的分拆上市作为突破口，随着业务和资产的分拆，联想分拆为两大公司：一个是以原联想电脑公司为主体组建的"联想集团公司"，主要经营联想的传统项目，负责生产和销售网络接入端产品和信息产品及提供 ISP、ICP 信息服务；另一个是由原联想科技发展公司改组成立的联想神州数码有限公司以及联想集成系统公司、联想网络有限公司整合而成的独立上市的"神州数码有限公司"。

根据所服务的不同客户群和业务的特性，联想公司重新划出五大业务群组：消费 IT 业务群组、手持设备业务群组、信息运营业务群组、企业 IT 业务群组以及 IT 服务业务群组。新的业务战略需要新的组织结构的支持，为此，联想公司提出"以客户为中心发展业务并设立组织结构"，以及"建立竞争力保障体系，实施矩阵式管理"的战略路线。

有人以国家军事指挥系统做比拟，将重组后的新联想的组织体制概括为：业务群体制、平台体制和区域市场体制。业务群体制相当于军事系统中的"军种体制"，由陆军、空军、海军以及电子作战部队等构成。平台体制相当于军事领域的"总部体制"，由总参、总政、总后、总装备部等构成，具有在平台上整合各种分类资源的管理规划和服务功能。区域市场体制，即联想业务分部的各个大区，相当于"军区体制"，联想的区域市场遍布国内外。

6. 联想变革及之后同 IBM PC 事业部的合并

为了稳固行业领跑者的地位，2004 年联想以一系列大刀阔斧的变革举措，拉来了进入新三年规划期的帷幕，要求针对市场环境的迅速变化，建立更具客户导向的营销模式和组织构架。同年，联想与 IBM 共同签署了 PC 业务转让协议，联想正式收购 IBM PC 事业部。在经过不到一年的整合后，联想集团于 2005 年 9 月对外宣布开始进入全球整合阶段。这一阶段的工作着眼于调整全球组织构架，将联想集团与原 IBM PC 事业部各自的产品运作、供应链和销售体系在全球范围内整合，形成统一的组织架构，以加强联想在行业领先的创新能力，进一步提升客户满意度。具体的全球整合措施包括：业务整合，将全球的产品及产品营销业务整合为一个新的全球产品集团，向全球的用户提供包括联想品牌、Think 品牌和 IBM-Think 品牌在内的最具创新的产品；供应链整合，把原有的供应链各环节合并成新的全球供应链系统，以提高运营效率；研发整合，把设在中国北京与美国罗利的研发中心整合到一起，形成统一的全球研发架构；为了捕获新兴市场的发展潜力，寻求新的机遇，将区域总部由原来的 3 个扩展到 5 个，由区域总部分管各地区的产品销售和客户服务。

这套新的全球组织架构，于 2005 年 10 月正式生效。从目的来说，这套组织结构是联想为了能够在成熟市场和新兴市场中实现集团的创新战略、高效运作和达成高水准的客户满意度而设计的。从组织特点来看，在权力划分方面，中方高层管理者控制着整个集团的战略发展决策权，外籍 CEO 则拥有全球市场的运营执行权，在中方团队力所能及的领域由中方进行控制，中方能力欠缺的领域则由外方团队掌控。在制度方面，联想开始将双方原有的组织制度融合，将自身良好的制度移植到 IBM PC 部中，逐渐建立其全球统一的组织制度。而联想也需要改进现行的"矩阵式"组织结构，以使之更加柔性化和网络化，提高对市场的应变能力。

主要参考文献

［1］陶向京：《企业集团组织设计》，学林出版社 2005 年版。

［2］国家经贸委经济研究中心课题组：《中国企业集团成长研究》，中国城市出版社 2002 年版。

［3］杜朝辉：《基于现代企业集团模式及功能选择》，《商业研究》2005 年第 11 期。

［4］姚俊、蓝海林：《我国企业集团的演进及组建模式研究》，《经济经纬》2006 年第 1 期。

［5］陈翔云、王云标：《国有企业集团组建与发展运作实务》，沈阳出版社 1998 年版。

［6］秦尊文：《企业集团概论》，经济科学出版社 1999 年版。

［7］国家经贸委经济研究中心：《中国企业集团战略研究》，中国城市出版社 2002 年版。

［8］夏炜：《企业集团组织结构系统设计研究》，东北财经大学硕士论文，2003 年。

［9］周俊、薛求知：《双元型组织构建研究前沿探讨》，《外国经济与管理》2009 年第 1 期。

［10］刘晓明：《企业集团组织结构设计浅析》，《黑龙江对外经贸》2006 年第 2 期。

［11］刘志阳：《企业集团成长经营管理》，中国对外经济贸易出版社 2003 年版。

［12］王秦平：《企业集团论》，企业管理出版社 2003 年版。

［13］赵月华：《母子公司治理结构》，东方出版社 2006 年版。

［14］伍伯麟：《中国企业集团论》，复旦大学出版社 1996 年版。

［15］张斌：《企业集团组织结构与管理模式研究》，中国海洋大学，2005 年。

［16］苗发华：《我国大型国有企业集团组织结构变革研究》，首都经济贸易大学硕士论文，2005 年。

6 企业集团的发展战略

正如项保华所指出的那样，战略回答了"企业的业务是什么，应该是什么，为什么"问题。[①] 因此，战略指明了企业集团行动的方向，在整个企业集团的发展过程中起着重要的作用。

6.1 企业集团的相关战略理论

6.1.1 企业集团战略的内涵

所谓企业集团战略，就是企业集团为了赢得最大限度的发展，在分析外部环境和内部条件的基础上，对关系集团生存和发展的全局性和长远性问题进行谋划所制定的谋略，是指导集团全部经济活动的根本方针。企业集团要在瞬息万变的市场中立于不败之地，必须对企业集团全局性、长远性问题，通盘谋划，巧妙布置；必须未雨绸缪、高瞻远瞩，制定正确的集团战略。集团所属子公司、分公司必须统一按照集团的战略方针从事生产经营活动。

一、企业集团战略的基本特征

企业集团战略一般具有全局性、长远性、方向性和竞争性等特征。全局性是指企业集团战略是以其全系统为控制对象，既要考虑到各

---

① 项保华：《战略"疑思解"运行模式》，http://sm-xbh. zj001. net/show _ hdr. php? xname = L36MBV0&dname = EMHMCV0&xpos = 4。

成员企业自我发展的需要，更要反映集团整体发展的需要，实现局部利益与全局利益的统一。

长远性是指企业集团战略着眼于未来和长远的经营成果与成败得失，是对集团整体长期生存和发展所做的谋划，反映了集团成员长期共同发展的需要，谋求集团整体长期的共同利益。企业集团战略是在对现实情况进行详尽分析研究的基础上，综合运用各种现代科学方法，对集团未来发展趋势进行预测，从而规划、创造未来，并根据长远规划来调整集团的各方面关系。

方向性是指企业集团战略并不拘泥于细枝末节，而是研究带有根本性的主要矛盾与重大方向性问题，主要论述集团生产经营的主导方向、基本发展态势；主导发展目标，解决主要矛盾。企业集团战略内容概括了集团总体长期发展的战略目标、战略重点、战略对策和战略步骤，是具有明确方向性的企业集团行动纲领。

竞争性是指企业集团战略本身就具有强烈的竞争性，在分析内部条件和外部市场环境的基础上深谋远虑，制定满足用户、战胜竞争者的谋略、策划与国内外竞争对手抗衡，对来自各方面的机遇和挑战，能做到不失时机、迎战自如，以求得集团在竞争中生存、发展，并以竞争的手段不断实现企业集团的整体扩展。

二、企业集团战略的构成要素

企业集团战略一般包括战略思想，战略环境、战略目标、战略重点、战略阶段、战略对策、战略步骤等内容。

战略思想是指导战略规划的制定和实施的基本思路与观念，是整个战略谋划的灵魂。它贯穿于企业集团战略管理的整个过程，对确定战略目标、寻找战略重点和采取战略措施具有十分重要的意义。战略环境是指对企业集团战略可能产生重大影响的环境变量。它包括外部战略环境和内部战略环境。企业外部战略环境又包括宏观环境、微观环境。战略目标是企业集团在未来一定发展时期内预期达到的总要求和总任务。战略目标的确定是企业集团宗旨的展开和具体化，是企业宗旨中确认的企业经营目的、社会使命的进一步阐明和界定。战略重点是指企业集团具有决定性意义的战略任务，它是指关系到企业集团战略目标能否实现的重大的、关键的环节和部门。为了达到战略目标，必须明确战略重点。没有重点，就没有政策。随着战略规划的逐步实施，战略重点呈现阶段性特征，必须注意及时调整。战略阶段是指企业集团在一定的时期内，根据战略任务的不同，所划分的不同阶段。为了有步骤地实现战略目标，必须正确地划分战略阶段，战略阶段也称为战略步骤。战略对策是企业集团为了有效地实现战略目标所采取的一整套策略的总称。它包括从属于企业集团战略的企业生产经营活动的各种方针、策略和措施等。战略对策要做到针对性和可操作性强，真正落到实处。

6.1.2　国外企业战略理论

随企业组织环境的变化，企业战略理论不断发展和演进。国外企业战略理论的发展大致经历了四个阶段：战略思想的孕育期、经典战略理论阶段、竞争战略理论阶段、动态竞争战略理论阶段。

一、战略思想的孕育期

最早的战略管理思想要追溯到 20 世纪初，法约尔对企业内部的管理活动进行整合，将工业企业中的各种活动划分成六大类：技术活动、商业活动、财务活动、安全活动、会计活动和管理活动，并提出了管理的五项职能：计划、组织、指挥、协调和控制，其中计划职能是企业管理的首要职能。这可以说是最早出现的企业战略思想。

1938 年，巴纳德在《经理人员的职能》一书中，首次将组织理论从管理理论和战略理论中分离出来，认为管理和战略主要是与领导人有关的工作，并提出组织要与环境相适应的观点。这些隐含的战略管理观点对探索企业战略管理理论做出了特有的贡献，有关组织与环境相"匹配"的主张成为现代战略分析的基础。

二、经典战略理论阶段

1962 年，美国著名管理学家钱德勒的《战略与结构》一书的出版，开创了企业战略研究的先河。经典企业战略理论的主要代表人物有钱德勒、安德鲁斯和安索夫。

（一）钱德勒的战略思想

钱德勒在《战略与结构》一书中，分析了企业环境、企业战略与企业组织结构之间的相互关系。他认为，企业只能在一定的客观环境下方能生存和发展，因此企业的发展要适应环境的变化，企业要在对环境进行分析的基础上制定出相应的战略与目标。组织结构的确定是为了企业发展战略的实现，组织结构必须适应企业的战略，并随战略的变化而变化。钱德勒的"环境—战略—组织"相互之间关系的战略思想奠定了企业战略理论研究的基石。

（二）安德鲁斯的战略设计理论

安德鲁斯认为，战略形成过程实际上是把企业内部条件因素与企业外部环境因素进行匹配的过程，这种匹配能够使企业内部的强项和弱项与企业外部的机会和威胁相协调，并由此建立了著名的 SWOT（Strength，Weakness，Opportunity，Threat）战略分析模型。企业应在 SWOT 分析的基础上制定企业的发展战略。另外，安德鲁斯还强调战略的制定要具有灵活性和创造性，强调战略的实施与控制。

（三）安索夫的战略计划理论

经典战略理论最杰出的代表是安索夫。安索夫在 1965 年出版了《公司战略》一书。安索夫主张，战略构造应是一个有控制、有意识的正式计划过程。他提出了战略构成的四种要素，即产品与市场的范围、增长向量成长方向、竞争优势和协同作用。产品与市场范围是指企业在所处行业中的产品与市场的地位；增长向量是指企业的经营方向和发展趋势；竞争优势是指企业及其产品和市场所具备的不同于竞争对手的能够为企业奠定牢固竞争地位的特殊因素；协同效应是指一种联合作用的效果，它是企业获得的大于由部分资源独立创造的总和的联合回报效果。战略构成要素是相互联系和相辅相成的，它们组合起来产生合力，便形成了企业经营活动的主线。

三、竞争战略理论阶段

随着企业战略理论和企业经营实践的发展，企业战略理论的研究重点逐步转移到企业竞争方面，特别是 20 世纪 80 年代以来，西方经济学界和管理学界一直将企业竞争战略理论置于学术研究的前沿地位，从而有力地推动了企业竞争战略理论的发展。企业竞争战略理论涌现出了三大主要战略学派：行业结构理论、核心能力理论和战略资源理论。

（一）行业结构理论

行业结构理论的创立者和代表人物，是美国著名战略学家迈克尔·波特教授。他致力于将产业组织理论应用于企业竞争战略的研究。波特的杰出贡献在于，实现了产业组织理论和企业竞争战略理论的创新性兼容，并把战略制定过程和战略实施过程有机地统一起来。波特认为，构成企业环境的最关键部分就是企业投入竞争的一个或几个行业，行业结构极大地影响着竞争规则的确立以及可供企业选择的竞争战略。为此，行业结构分析是确立竞争战略的基石，理解行业结构永远是战略制定的起点。波特还指出，企业需要做好的第二个工作是在已决定进入的行业中进行自我定位。为此，波特创造性地建立了五种竞争力量分析模型，他认为一个行业的竞争状态和盈利能力取决于五种基本竞争力量之间的相互作用，即进入威胁、替代威胁、买方讨价还价能力、供方讨价还价能力和现有竞争对手的竞争，而其中每种竞争力量又受到诸多经济技术因素的影响。因此，当影响行业竞争的作用力以及它们产生的深层次原因确定以后，企业的当务之急就是分析自己在所处行业中的强项和弱项，并据此做出正确的战略决策。在这种指导思想下，波特提出了赢得竞争优势的三种最一般的基本战略：总成本领先战略、标新立异战略、目标集聚战略。

（二）核心能力理论

1990年，普拉哈拉德和汉默尔在《哈佛商业评论》上发表了《企业核心能力》一文，首次提出"核心能力"的概念。其后，越来越多的研究人员开始投入企业核心能力理论的研究。所谓核心能力，就是所有能力中最核心、最根本的部分，它可以通过向外辐射，作用于其他各种能力，影响着其他能力的发挥和效果。一般说来，核心能力具有如下特征：可以使企业进入各种相关市场参与竞争，能够使企业具有一定程度的竞争优势，应当不会轻易地被竞争对手所模仿。核心能力理论认为，现代市场竞争与其说是基于产品的竞争，不如说是基于核心能力的竞争。企业的经营能否成功，已经不再取决于企业的产品、市场的结构，而取决于其行为反应能力，即对市场趋势的预测和对变化中的顾客需求的快速反应，因此企业战略的目标就在于识别和开发竞争对手难以模仿的核心能力。只有具备了这种核心能力，企业才能很快适应市场变化，满足顾客的需求，才能在顾客心目中将企业与竞争对手区分开来。另外，企业要获得和保持持续的竞争优势，就必须在核心能力、核心产品和最终产品三个层面上参与竞争。在核心能力层面上，企业的目标应是在产品性能的特殊设计与开发方面建立起领导地位，以保证企业在产品制造和销售方面的独特优势。

(三) 战略资源理论

战略资源理论认为，企业战略的主要内容是如何培育企业独特的战略资源，以及最大限度地优化配置这种战略资源的能力。在企业竞争实践中，每个企业的资源和能力是各不相同的，同一行业中的企业也不一定拥有相同的资源和能力。这样，企业战略资源和运用这种战略资源的能力方面的差异，就成为企业竞争优势的源泉。20世纪80年代，库尔和申德尔通过对制药业若干个企业的研究，进一步确定了企业的特殊能力是造成它们业绩差异的重要原因。1990年，普拉哈拉德和汉默尔在对世界上优秀公司的经验进行研究的基础上提出，竞争优势的真正源泉在于"管理层将公司范围内的技术和生产技能合并为使各业务可以迅速适应变化机会的能力"。战略资源理论认为，每个组织都是独特的资源和能力的结合体，这一结合体形成了企业竞争战略的基础。因此，企业竞争战略的选择必须最大限度地有利于培植和发展企业的战略资源，而战略管理的主要工作就是培植和发展企业对自身拥有的战略资源的独特的运用能力，即核心能力，而核心能力的形成需要企业不断地积累战略制定所需的各种资源，需要企业不断学习、不断创新、不断超越。只有在核心能力达到一定水平后，企业才能通过一系列组合和整合形成自己独特的不易被人模仿、替代和占有的战略资源，才能获得和保持持续的竞争优势。

四、动态竞争战略理论阶段

随着21世纪的到来，全球众多企业面临的竞争环境更加复杂多变和难以预测。面对竞争环境的快速变化、产业全球化竞争的加剧、竞争者富于侵略性的竞争行为以及竞争者对一系列竞争行为进行反应所带来的挑战，传统战略管理的理论方法无法满足现实商业生活中企业战略管理决策的需要。于是，近年来一些管理学者提出了新的战略理论，即"动态能力论"和"竞争动力学方法"。

动态能力论的提出主要基于以下认识：过去的战略理论是从企业战略的层次上对企业如何保持竞争优势的分析构成的，而对企业怎样和为什么要在快速变化的环境中建立竞争优势却论述不多。动态能力论则主要是针对基于创新的竞争、价格/行为竞争、增加回报以及打破现有的竞争格局等领域的竞争进行的。它强调了在过去的战略理论中未能受到重视的两个方面：第一，"动态"的概念是指企业重塑竞争力以使其与变化的经营环境保持一致的能力，当市场的时间效应和速度成为关键、技术变化的速度加快、未来竞争和市场的实质难以确定时，就需要企业有特定的、对创新的反应。第二，"能力"这一概念强调的是战略管理在适当地使用、整合和再造企业内外部的资源和能力以满足环境变化需要。

竞争动力学方法是在竞争力模式理论、企业能力理论和企业资源理论的基础上，通过对企业内外部影响企业经营绩效的主要因素——企业之间的相互作用、参与竞争的企业质量、企业的竞争速度和灵活性分析，来回答在动态的竞争环境条件下，企业应怎样制定和实施战略管理决策，才能获得超过平均水平的收益和维持的竞争优势。它研究处于竞争状态的企业之间的竞争作用、这种竞争作用产生的原因，以及竞争作用发生的可能性；它研究和分析影响企业竞争或对竞争进行反应的能力要素；它还对不同条件下的竞争结果进行了分析和对比。

动态竞争的主要特点是：动态竞争是高强度和高速度的竞争，每个竞争对手都在不断地建立自己的竞争优势和削弱对手的竞争优势，竞争对手之间的战略互动（Strategic Interactions）明显加快；任何一个抢先战略都有可能被竞争对手的反击行动所击败；任何竞争优势都是暂时的，而不是长期可以保持的；竞争战略的有效性不仅取决于时间领先，更主要的是及时地建立新优势；在静态竞争条件下竞争战略的主要目的是建立、保持和发挥竞争优势，主要对成本与质量、时间和专有技术、建立进入障碍、规模优势四个领域的竞争有直接贡献，但在动态竞争条件下，上述四个领域所建立起来的优势都是可以被打破的。

6.1.3 中国企业战略理论

我国春秋末年的大军事家孙武的《孙子兵法》，不仅在军事上贡献卓越，而且在经济领域也产生了深刻的影响。它是我国企业战略理论的主要源泉。

在党的十一届三中全会召开以前，处于传统计划经济体制下的国营企业，只需按上级机构制定的计划进行生产，没有生产经营的自主权，根本无须研究和制定企业发展战略。改革开放之后，我国才开始研究企业发展战略问题。

20 世纪 80 年代以来，我国经济学家为了缩小现实的差距和满足经济发展的客观需要，展开了对企业发展战略问题广泛而又深入的研究。这一历史性的转变，得益于经济体制改革不断地深入发展和企业营运机制的转变。尤其是党的十四大之后，社会主义市场经济体制目标的确立和现代企业制度成为国有企业改革的方向，国有企业将走上自主发展的市场之路。伴随我国改革开放的不断深化、国际市场的带动以及国内市场体系的形成和发展，我国企业作为独立的市场主体参与国际竞争和国内市场的激烈角逐。各个企业面对如此的经济环境，只有抓住时机，制定发展战略，才能更好地生存发展。

20 世纪 80 年代初期，国家对宏观经济的数量及结构进行了大幅度的调整，政府的保护效用大幅度降低。在这种情况下，每个企业不得不重新考虑生存问题，他们一方面开始注重研究企业外部的环境，掂量环境对企业的巨大影响；另一方面进一步探索企业的长远发展。少数企业在经济结构大调整中初创了企业战略管理雏形。

20 世纪 80 年代中期，中国改革开放政策的步幅进一步加大，企业既增强了活力，也面临着市场竞争的巨大压力。为了在国内市场立稳脚根，并能在竞争中保持优势地位，企业在战略管理的实践上进行了艰苦的探索。在这期间，不少企业根据当时的宏观经济形势，立足企业优势，应用科学预测、数量计算等方法确立新的企业发展战略。1984 年 8 月出版的李世俊等学者所著的《孙子兵法与企业管理》一书，是我国

第一部用《孙子兵法》中的军事战略思想研究企业战略的书，也是迄今为止把我国古代军事战略家的理论运用于现代企业战略研究最成功的书。这本书共分四篇：第一篇是未战先算，运筹定计，论述了企业经营战略；第二篇是先胜后战，组织治众，论述了企业生产战略；第三篇是巧能成事，营销谋略，论述了企业竞争战略；第四篇是五德皆备，可为大将，论述了企业领导者的战略素养。这本书不仅具有很高的学术价值，而且具有重要的实用价值，是中华民族优秀文化遗产古为今用的一个好例证。

1986 年，由党晓捷编著的《中小企业经营战略》一书出版。作者通过大量中外企业家成功的经验，着重从科技信息、经营方针、市场销售、经营计划、产品质量、人才培养等方面，具体论述了经营战略，有较强的实用性。1987 年，由陈文雅编著的《论企业战略》一书出版。这本书从战略管理的角度对战略要素进行了分析。同年，由毕可义编写的《公司（企业）的发展战略》出版。作者在书中较全面、系统地介绍了公司（企业）的战略规划、管理组织与实践、人力资源管理与新产品开发等决策的选择与制订的方法、步骤。

20 世纪 80 年代后期，西方发达国家经历了一次产业结构大调整，劳动密集型产业与产品逐步向劳动力素质相对较高而费用较低的发展中国家或地区转移。国内，党中央和国务院提出了关于加快沿海地区经济发展的战略决策。在这种国际、国内形势的紧逼之下，中国企业势必将企业战略管理推进到一个新的发展时期，即中国企业逐步由国内经营转向国际经营，它们将在更为广阔的世界经济舞台上实施其企业发展战略。在这一阶段，我国的企业战略也做了公司战略、事业战略和功能性战略的区分，在战略理念上也有了发展。首先，企业战略的研究开始注意到应深入了解企业所处的行业结构；其次，强调企业应深入了解其顾客，因为竞争的最后赢家属于那些对顾客有透彻分析的企业；最后，强调了解其竞争对手。所有这些，都证明战略管理正在为越来越多的企业所重视，对它的研究也越来越深入。1988 年，由冯正虎等编著的《企业战略》一书出版。编著者结合我国企业发展的实际情况，对企业战略管理的基本原理、大中小企业的生存与发展战略以及各专项战略进行了较为系统而深入的阐述。同年，由倪树根编著的《企业战略管理》出版。全书根据我国新时期的历史条件，确认实行战略管理的必要性，并分别从战略基础、战略策划和战略实施等方面，阐述了实施战略经营的基本思路、理论、方法和技巧。也是这一年，由张彦宁主编的《现代企业经营战略》问世，它是企业管理现代化干部必读丛书的一种。书的内容包括两大部分：第一部分是战略理论，论述了战略的产生、概念、对象和战略哲学，以及战略思想、环境、目标、重点、阶段、对策六要素的有关理论；第二部分是战略管理，叙述了战略的制定、执行、控制、修订四步程序的内容及循环。从现代化企业经营战略上体现了中国的特色。还是这一年，由赵宏主编的《经济战略决策艺术与技术》一书出版，它是管理者丛书的一种。作者对决策科学的主要内容进行了深入探讨，强调了决策中的"软件"——决策的战略思维和心理素质的地位和作用。

1993 年，南开大学陈炳富、杨兆力在《〈孙子兵法〉与战略管理》一文中，把《孙子兵法》的战略思想分为五个层次：总体战略：计篇与用间篇，战略决策：作战篇、谋攻篇与火攻篇，战略过程控制：军争篇、行军篇与地形篇，战略管理艺术：形篇、势篇与虚实篇，统帅艺术：九地篇与九变篇。2008 年，郑州大学商学院宁建新在《〈孙子兵法〉战略管理体系新探》一文中指出，《孙子兵法》的核心思想及系列战略战术原则在内涵、表达形式以及实施方案等方面与当代基于西方的战略管理理论虽然存在较大差异，但却内含着相似的元素。西方战略管理所包含的战略层次、战略过程、环境分析、战略制定和实施等体系主要表现为纵向的逻辑化、过程化和步骤化；而《孙子兵法》则主要表现为横向的立体性、跳跃性和感悟性。"道"是整个兵法体系的根本，引领着组织的方向，决定着组织的价值取向；"五事"承担着公司层总体战略的设计、思考与选择；而"七计"作为组织的经营战略，对战略管理的分析、评价和执行起主导作用。

6.2　企业集团整体战略

企业集团整体战略是指为实现企业集团总体目标，对企业集团未来发展方向做出的长期性和总体性战略，它是统筹各项分战略的全局性指导纲领，它从总体上规定了企业集团发展的基本方向、主要目标和重大步骤。企业集团整体战略除了具有全局性、长期性、竞争性等战略的一般特点外，与各种分战略相比，还具有方向性、综合性和纲领性的特点。企业集团总体战略一般可分为：稳定型战略、增长型战略、收缩型战略和混合型战略等。

6.2.1 稳定型战略

稳定型战略又称防御型战略，是指在内外环境的约束下，企业集团准备在战略规划期使企业集团的资源分配和经营状况基本保持在目前状态和水平上的战略。按照稳定型战略，企业集团在其经营领域内所达到的产销规模和市场地位都大致不变或以较小的幅度增长或减少。

从企业集团经营风险的角度来说，稳定型战略的风险是相对较小的。由于稳定型战略从本质上追求的是在过去经营状况基础上的稳定，它具有如下特征：第一，企业集团对过去的经营业绩表示满意，决定追求既定的或与过去相似的经营目标。第二，企业集团战略规划期内所追求的绩效按大体的比例递增。与增长性战略不同，这里的增长是一种常规意义上的增长，而非大规模的和非常迅猛的发展。第三，企业集团准备以过去相同的或基本相同的产品或劳务服务于社会，这意味着企业集团在产品的创新上较少。

从以上特征可以看出，稳定型战略主要依据于前期战略。它坚持前期战略对产品和市场领域的选择，以前期战略所达到的目标作为本期希望达到的目标。因而，实行稳定型战略的前提条件是企业集团过去的战略是成功的。对于大多数企业来说，稳定型增长战略也许是最有效的战略。

采取稳定型战略的企业集团，一般处在市场需求及行业结构稳定或者较小动荡的外部环境中，因而企业集团所面临的竞争挑战和发展机会都相对较少。但是，有些企业集团在市场需求以较大的幅度增长或是外部环境提供了较多的发展机遇的情况下也会采取稳定型战略，这些企业集团一般来说是由于资源状况不足以使其抓住新的发展机会而不得不采用相对保守的稳定性战略态势。

6.2.2 增长型战略

增长型战略又称扩张型战略或成长战略。增长型战略具有以下特征：

第一，实施增长型战略的企业集团，其产品所在的市场增长很快。增长型战略的体现不仅有绝对市场份额的增加，更有在市场总容量增长的基础上相对份额的增加。

第二，实施增长型战略的企业集团往往取得大大超过社会平均利润率的利润水平。由于发展速度较快，这些企业集团更容易获得较好的规模经济效益，从而降低生产成本，获得超额的利润率。

第三，采用增长型战略的企业集团倾向于采用非价格的手段同竞争对手抗衡。由于采用了增长型战略的企业集团不仅仅在开发市场上下工夫，而且在新产品开发、管理模式上都力求具有竞争优势，因而其赖以作为竞争优势的并不会是损伤自己的价格战，而一般来说总是以相对更为创新的产品和劳务以及管理上的高效率。

第四，增长型战略鼓励企业集团的发展立足于创新。这些企业集团常常开发新产品、新市场、新工艺和旧产品的新用途，以把握更多的发展机会，谋求更大的风险回报。

第五，与简单的适应外部条件不同，采用增长型战略的企业集团倾向通过创造以前本身并不存在的某物或对某物的需求来改变外部环境并使之适合自身。这种去引导或创造合适的环境是由其发展的特性决定的：要真正实现既定的发展目标，势必要有特定的合适的外部环境，被动适应环境显然不一定有帮助。

企业集团选择增长型战略必须具备良好的经济发展形势，必须有能力获得充分的资源来满足增长要求，必须符合政府管制机构的政策法规和条例等的约束，必须有合适的集团公司文化。

6.2.3 收缩型战略

收缩型战略是指企业集团从目前的战略经营领域和基础水平收缩和

撤退，偏离起点战略较大的一种经营战略。与稳定型战略和增长型战略相比，收缩型战略是一种消极的发展战略。一般的，企业集团实施收缩型战略只是短期的，其根本目的是使企业集团捱过风暴后转向其他的战略选择。收缩型战略有以下特征：

第一，对企业集团现有的产品和市场领域实行收缩、调整和撤退战略，如放弃某些市场和某些产品线系列，因而从企业的规模来看是在缩小的，同时一些效益指标，如利润率和市场占有率等，都会有较为明显的下降。

第二，对企业集团资源的运用采取较为严格的控制和尽量削减各项费用支出，往往只投入最低限度的经管资源，因而收缩型战略的实施过程往往会伴随着大量的裁员，一些奢侈品和大额资产的暂停购买等。

第三，收缩型战略具有明显的短期性。与稳定型战略和增长型战略相比，收缩型战略具有明显的过渡性，其根本目的并不在于长期节约开支，停止发展，而是为了今后发展积蓄力量。

企业集团采用收缩型战略可能出于不同的动机，有的是为了适应外界环境；有的是由于经营失误造成企业集团竞争地位虚弱、经营状况恶化；有的是为了谋求更好的发展机会，使有限的资源分配到更有效的使用场合。

6.2.4　混合型战略

混合型战略是稳定型战略、增长型战略和收缩型战略的组合，事实上，许多有一定规模的企业实行的并不只是一种战略，从长期来看是多种战略的结合使用。混合型战略的特征是：

从采用情况来看，一般是企业集团采用混合型战略较多。因为企业集团相对来说拥有较多的战略业务单位，这些业务单位很可能分布在完全不同的行业和产业群中，它们所面临的外界环境、所需要的资源条件完全不相同。因而若对所有的战略业务单位都采用统一的战略态势的话，就有可能导致由于战略与具体的战略业务单位不相一致而导致企业集团的总体效益受到伤害。可以说，混合型战略是企业集团在特定的历史阶段的必然选择。

从市场占有率等效益指标来看，混合型战略并不具有确定变化的特点。因为采用不同的战略态势的不同战略业务单位市场占有率的变化方向和大小并不一致。从企业整体市场占有率、销售额、产品创新率等指标反映出来的状况并没有一个一般的结论，实施混合战略的企业只有在各不同的战略业务单位之间才体现出该战略业务单位所采用的战略态势的特点。

在某些时候，混合型战略也是战略态势选择中不得不采取的一种方案。例如，企业集团遇到较为景气的行业前景和比较旺盛的消费者需求，因而打算在这一领域采取增长型战略，但如果这时企业集团的财务资源并不是很充分的话，可能无法实施单纯的增长型战略。此时，就可以选择部分相对不令人满意的战略业务单位，对他们实施抽资或转向的收缩型战略，以此来保证另一战略业务单位实施增长型战略所需的充分资源。由此，企业集团从单纯的增长型战略转变成了混合型的战略态势。

6.3　企业集团竞争战略

竞争战略就是对竞争中整体性、长期性、根本性问题的谋划。它是在企业集团总体战略的制约下，指导和管理具体战略经营单位的计划和行动。企业集团竞争战略要解决的核心问题是，如何通过确定顾客需求、竞争者产品及本企业集团产品这三者之间的关系，来奠定本企业集团产品在市场上的特定地位并维持这一地位。企业集团要在竞争中取得主动，要在瞬息万变的市场中立于不败之地，必须未雨绸缪、高瞻远瞩，制定正确的竞争战略。企业集团竞争战略包括成本领先战略、差异化战略、市场控制战略、多角化战略和技术创新战略等。

6.3.1　成本领先战略

成本领先战略又称低成本战略，即企业的全部成本低于竞争对手的成本，甚至是在同行业中成本最低。成本领先战略的理论基石是规模效益（即单位产品成本随生产规模增大而下降）和经验效益（单位产品成本随累积产量增加而下降），它要求企业的产品必须有较高的市场占有率。从国际范围角度来讲，20 世纪 70 年代随着经验效益被人们所认识，成本领先战略逐渐成为多数企业所采用的战略，它可以使价格低于竞争者，从而提高市场份额，甚至将一些竞争者彻底逐出市场。

为实现产品成本领先的目的，企业内部需要具备下列条件：第一，设计一系列便于制造和维修的相关产品，彼此分摊成本。同时，要使该产品能为所有主要的用户集团服务。第二，在现代化设备方面进行大量的领先投资，采取低价的进攻性定价策略。这些措施短期内可能会造成初期的投产亏损，但长远目标是提高市场占有率，获取更好的利润。第三，低成本给企业带来高额边际收益。企业为了保持低成本地位，可以将这种高额边际收益再投到新装备和现代化设施上。这种再投资方式是维持低成本地位的先决条件，以此形成低成本、高市场占有率、高收益和更新装备的良性循环。第四，建立起严格的、以数量目标为基础的成本控制系统。

但是在实施成本领先战略的过程中，将相对市场占有率优势等同于市场中可持续的优势是非常危险的。企业在专注于成本领先的同时，必须注意防范以下风险：第一，新技术的出现可能使过去的设备投资或产品学习经验变成无效用的资源，使行业中的新进入者能以更低的成本起点参与竞争，后来居上。第二，由于采用成本领先战略的企业其力量集中于降低产品成本，从而使它们丧失了预见产品的市场变化的能力。企业可能发现所生产的产品即使价格低廉，却不为顾客所欣赏和需要，这是成本领先战略的最危险之处。第三，受通货膨胀的影响，生产投入成本高，降低了产品成本—价格优势，从而不能与采用其他竞争战略的企业相竞争。

6.3.2 差异化战略

差异化战略是企业使自己的产品或服务区别于竞争对手的产品或服务，创造出与众不同的属性。一般说来，企业可在下列几个方面实行差异化战略：产品设计或商标形象的差异化、产品质量的差异化、顾客服务上的差异化、销售分配渠道上的差异化等。应当指出的是，产品或服务差异化战略并不是讲企业可忽视成本因素，只不过这时主要战略目标不是低成本而已。企业要实行差异化战略，需具备下列条件：很强的研究与开发能力，研究人员要有创造性眼光；以其产品质量或技术领先的声望；在这一行业有悠久的历史或吸取其他企业的经验并自成一体；很强的市场营销能力；研究与开发、产品开发以及市场营销等职能部门之间要具有很强的协调性；能吸引高级研究人员、创造性人才和高级技能职员的物质设施。

企业可以通过差异化战略建立起稳固的竞争地位，从而使企业获得高于行业平均水平的收益，它的益处主要表现在以下几个方面：第一，建立起顾客对产品或服务的认识和信赖，当产品或服务的价格发生变化时客户的敏感程度就会降低。这样，差异化战略可为企业在同行业竞争中形成一个隔离地带，避免竞争对手的侵害。第二，客户对商标的信赖和忠实形成了强有力的行业和细分市场进入障碍，如果行业新的加入者与之竞争，它必须扭转顾客对原产品的信赖和克服原产品的独特性的影响，这就增加了新加入者进入该行业和细分市场的难度。第三，差异化战略产生的高边际收益增强了企业对供应商讨价的能力。第四，通过产品差异化使购买者具有较高的转换成本，使其依赖企业，削弱购买者的还价能力。第五，企业通过差异化战略建立起顾客对本产品的信赖，使得替代产品无法在性能上与之竞争。在电子、汽车、机械等产业中，许多企业都采用差异化战略。日本的索尼公司、美国的 IBM 公司、德国的奔驰汽车公司、中国的海尔集团等，就是突出的代表。它们的产品质量优越，经久耐用，服务周到，深受顾客欢迎。

成功的差异化战略能够使企业以更高的价格出售其产品，并通过使用户高度依赖产品差异化特征而得到用户的忠诚。但采用差异化战略也有一系列的风险，主要表现在：第一，实行差异化战略的企业，其生产成本可能很高，因为它要增加设计和研究费用，选用高档原材料等。如果采取差异化战略的产品成本与追求成本领先战略的竞争者的产品成本差距过大，可能会使购买者宁愿牺牲差异化产品的性能、质量、服务和形象，而去追求降低采购成本。第二，竞争者可能会设法迅速模仿产品的差异化特征，而这时如果企业不能推出新的差异化，那么由于价格较高而处于劣势，产品差异化优势又不明显，企业将处于非常困难的境地。

6.3.3　市场控制战略

市场控制战略是大型企业利用其特有的市场优势，对市场的价格、数量和份额进行控制，降低市场竞争的强度，确保企业在市场上处于主导地位的战略。市场控制战略作为大型企业最典型的竞争战略，在大企业的经营活动中占有极其重要的地位。大型企业对市场的控制主要是通过规模的扩张和市场份额的扩大来实现的，因此，大型企业实行市场控制战略的途径主要有以下两种：兼并收购战略和联盟合作战略。

一、兼并收购战略

大型企业经常利用其资金的优势对其他企业进行兼并收购以达到控制市场的目的。兼并可分为横向兼并和纵向兼并。横向兼并是将市场上直接与其竞争的同类企业收购兼并，如德国奔驰汽车企业兼并美国克莱斯勒企业、中国一汽集团兼并东北的一些地方汽车生产企业等。横向兼并的主要目的是扩大市场份额，减少竞争对手。在钢铁、烟草、石油等行业里，兼并很明显地把原来的寡头市场或竞争市场变为一个近乎垄断的市场。纵向兼并是将与企业采购、销售等环节相关的上、下游企业兼并收购，目的是为了控制原料和产品销售渠道等，确保企业战略优势地位不受到来自任何一个方面的挑战。

二、联盟合作战略

一般情况下，大型企业的竞争对手也是实力强大、市场份额较大的大企业，并且该企业不愿被兼并。此时，采取联盟合作的途径或许是较为明智的选择，甚至会比兼并收购的代价更低，风险也更小。联盟合作的优点是可以避免在激烈的竞争中两败俱伤，而且降低了因收购而引起的事先不可预见的风险。联盟合作的双方企业可以根据彼此的优势，在某一经营领域或某一生产环节展开多方面的合作，包括资金的合作、技术的合作和市场渠道方面的合作。海尔集团与三洋公司关于在对方国家共享销售渠道的协议，就是大型企业合作联盟的一个典型案例。

6.3.4 多角化战略

企业集团的多角化战略，是指通过开发新产品打入新市场，或者通过以新产品和新市场结合的方式促进多种经营的产品市场战略。如果发现在现有的事业领域中，目前和不久的将来都很难使企业继续生存下去，只好转移到新的事业领域中，这时的多角化经营战略是防御性的、被动的。如果是为了适应内外环境的变化而寻找新的发展机会，或是为了发挥企业的潜力向新的事业领域主动进军，则可称为挑战式的、能动的多角化经营战略。

一、企业集团多角化战略类型

多角化经营战略根据现有事业领域和将来的事业领域之间的关联程度，可以分为横向多角化、纵向多角化、多向多角化和复合多角化。

（一）横向多角化

横向多角化以现有的产品市场为中心，向水平方向拓展事业领域。例如，汽车工业集团可以利用发动机和车桥等关键部件，同时发展和经营客车、轿车、载重车、救护车、警车、清洁车及压路车等系列产品。横向多角化又可分为三种类型：市场开发多角化、产品开发多角化、产品、市场开发多角化。

（二）纵向多角化

纵向多角化以现有的产品、市场为基础，向垂直方向扩大事业领域。它有两种类型：一是后向多角化，销售商向制造商甚至向原料开采方向发展。例如，钢铁集团可以向采矿、采煤以及对钢铁生产过程中的副产品深度加工两个方向同时纵向发展；水泥集团可以发展矿石、矿渣、泥土的挖掘开采，也可发展各种水泥制品的深加工，以及与此相关联的其他建材产品等。二是前向多角化，即朝着市场的方向发展，例如，电视机零件制造向整机方向发展；石油加工集团可以向石油化学工业方面发展，以综合利用石油资源经营石油产品及各种化工产品。

（三）多向多角化

多向多角化是指虽然与现有的产品、市场领域有些关系，但却是通过开发完全异质的产品、市场来使事业领域得以扩展。它又可分为三种类型：一是技术关系多角化，即以现有事业领域中的研究技术或生产技术为基础，以异质的市场为对象，开发异质的产品；二是市场营销关系多角化，即以现有事业领域的市场营销活动为基础，打入完全不同的产品或市场；三是资源关系多角化，即以现有事业所拥有的物资资源为基础，打入异质的产品领域和市场领域。

（四）复合式多角化

复合式多角化是从与现有的事业领域没有明显关系的产品和市场中去寻找成长机会的经营战略，即跨部门跨行业地发展那些与主导产品无太大关系的产品和服务。例如，钢铁集团除发展与钢铁生产有关的产品外，还发展纺织、轻工、房地产、旅游等产品和劳务。

二、企业集团多角化战略的制定

制定企业集团的多角化经营战略，要抓好以下几个环节：

一是明确多角化经营的战略思想。战略思想是战略的灵魂，企业集团的多角化经营战略思想要体现市场经济发展的要求，同时也要服从国家的计划指导和宏观调控。根据我国的情况，企业集团的多角化经营的战略思想应当是：在国家的计划指导下，把社会需要同集团的具体条件相结合，合理确定产品的经营方向和产品结构，使之符合国家的产业政策和经济发展规划的要求，把多角化经营的社会效益同经济效益结合起来，在多方位满足国家和社会需要的同时，力争最大的经济效益。

二是确定企业集团多角化经营的战略目标。战略目标是企业集团在一定时期内的发展方向、经营范围、品种结构、市场占有率等方面要达到的目标。确定企业集团多角化经营的战略目标是制定多角化经营战略的核心。战略目标的确定要依据企业内外客观条件。企业集团的内部条件主要是指企业集团的整体实力，它包括企业集团的资本实力、现有的生产能力、技术能力、推销力量、人员素质和管理水平等，这些条件是企业集团生产力的表现。企业集团的外部条件是指企业集团所处的环境状况，主要包括国家的方针、政策、法令、法规及国家的社会经济发展战略，企业集团所处的地区经济发展的总体战略，科技发展以及新工艺、新材料、新产品的运用情况，国内外市场的发展及趋势。这些外部因素对企业集团来讲是不可控制的。

三是确定不同时期多角化经营的战略重点。战略重点是一定时期内企业集团多角化经营中的主要矛盾或工作的中心环节。由于每个企业集团的内部条件和外部环境不尽相同，因此其战略重点也有差异，即使同一集团在不同的时期其战略重点也不相同。战略重点不同，使企业集团的市场经营战略在不同时期的表现特点各不相同。

三、制定多角化经营的战略措施

企业集团的多角化经营措施包括两个方面：一是外延型的多角化经营措施，二是内涵型的多角化经营措施。

（一）外延型多角化经营的战略措施

外延型多角化经营指集团公司通过增加投资、新增生产能力扩大集团联合规模、拓宽联合领域的多角化经营。主要包括：

企业合并。集团公司及其子公司和关联公司可通过与其他企业实行水平合并、垂直合并或混合合并的方式，增加其产品品种系列或拓宽经营范围，以此推动集团的多角化经营。

对外投资收购或控制其他企业股权。集团公司和子公司都以自己的法人资产收购其他中小企业或控制其他企业，以此方式扩展企业集团的边界，拓宽多角化经营的范围。

联合经营。集团公司及其子公司通过协议的方式和集团外的其他企业开展技术等方面的合作，从而拓宽经营。

投资兴办子公司或分公司。集团公司和子公司均可以法人资本建立独立法人的子公司或非独立法人的分公司，或者与其他企业联合投资组建独立法人的股份制企业，从而拓展经营领域。

（二）内涵型多角化经营的战略措施

内涵型的多角化经营指通过发挥现有的能力、利用现有的条件发展多角化经营。主要包括：

利用现有的生产能力发展工艺相近的不同产品。这时，可以利用现有的生产能力同时生产多种产品，也可采取多种产品轮番生产的方式。

围绕某一主导产品的生产，发展深加工产品。在我国目前大多数企业集团产品比较单一、技术专业性较强的情况下，围绕主导产品，把产品的开发向深加工发展是一种较现实的选择。例如，钢铁企业集团可以发展不同品种规格的金属材料，也可利用集团内各企业的技术力量发展一些金属制品，还可利用钢铁冶炼中的废渣发展化工产品和生产建筑材料。

利用主导产品生产中的标准件，发展变型产品的生产。这是机械行业的企业集团比较适宜的多角化经营措施。例如，电子工业集团可以利用相同的电子元件发展各种不同的电子产品。

通过调整企业集团内部现有的专业分工和资本配置，重组技术优势，合理确定各企业的专业方向，实现多角化经营。

6.3.5　技术创新战略

企业技术创新战略是指企业家为了应付未来形势对企业发展的挑战，对关系企业技术创新的全局性、长期性问题的运筹谋划。企业集团的技术创新战略就是要解决如何不断保持技术的先进性，并把先进技术转化为规模化和利润丰厚的产品生产。技术创新不仅仅是一个技术开发概念，而是一个体制问题。这涉及从市场开发到市场销售的经营全过程，要求领导体制、组织体制、管理方法等发生相应地变革。技术创新的核心是技术本身的突破，但技术突破的前提是有效的科研体制，随之而应调整的是企业管理体制、组织行为、基础管理工作，以及企业家的观念、意识等。只有体制实行突破，技术创新才是有效的。

随着经济关系的日趋国际化和新技术革命的突飞猛进，使得企业竞争更加白热化，适者生存、优胜劣汰是企业面临的严酷现实，而经济竞争的实质是科技进步。只有不断地进行技术创新，企业才能在激烈的竞争中立于不败之地。技术创新战略研究已成为企业战略和策略管理中的核心内容。企业技术创新战略包括以下几个部分：

一、理论基础

技术创新战略理论的基础主要有：技术选择标准理论、技术经济理论、技术结构理论。

二、战略依据

企业拟定技术创新的战略依据主要有四个方面：一是市场需求。市场需求是企业技术创新的外在拉动力，它既有现实性也有一定的潜在性，并处于不断的变化之中，它为技术创新的产生与运行提供了机会，同时又孕育着一定风险度，因此它成为制定企业技术创新战略所要研究的首要问题。二是企业技术创新能力。它是企业家制定技术创新战略的物质技术基础和后盾。没有技术创新能力，技术创新战略就只能是纸上谈兵，空中楼阁；有了一定的技术创新能力而没有出色的技术创新战略去有效地利用，企业也得不到应有的发展。三是竞争者。竞争者的存在使企业家必须制定技术创新战略去谋求制胜的力量，竞争者的技术创新战略又将对本企业的技术创新战略有着重大影响。因此，企业家在制定企业技术创新战略时，必须认真研究竞争者及其战略，以便知己知彼扬长避短，在竞争中谋求和保持优势。

三、战略内容

技术创新战略包括产品创新战略、工艺创新战略、市场创新战略、原材料及能源创新战略、组织与管理创新战略。其中，产品创新战略是重点和核心，工艺创新战略、市场创新战略、原材料及能源创新战略是一种支持战略，而组织与管理创新战略是一种保证战略。

四、战略模式

企业技术创新模式是战略目标规划与战略实施规划之间的桥梁。技术创新模式主要有：自主研究、合作开发、委托研究和技术引进等。

（一）自主研究模式

自主研究模式是指企业依靠自己的研究开发力量来完成技术创新工作。在确立自主研究模式时，可根据企业的技术创新目标和企业研究开发力量的大小来进行。通常又分为三种类型策略：一是进攻型策略。主要是着眼于未来市场的潜在需求，不断推出新的独家产品或技术来压制竞争对手，保持和发展自身优势。这种策略需要在科研方面不断地投入大量的人力、物力和财力，需要以基础科学研究作为强大后盾；要求企业家能够根据环境预测，准确地把握未来市场的变化，并具有把市场机会及时转化为新构想和实际效应的能力。由于它耗时长、风险大，要求企业有较强的承受失败冲击的忍耐力，而一旦成功，利润很大。采用这种策略的一般是实力雄厚的大中型企业。二是防卫型策略。在激烈的市场竞争中，以开展低成本、高性能、多功能的产品来占领市场、谋求利润。此策略主要是运用产品生命周期原理对现有产品做改进型的技术创新。采用这一策略的企业必须具有较强的技术改造能力并有健全的营销机构和力量。三是补缺型策略，又称非对抗性策略。是指寻求市场的空隙和充分利用自己特有的专门技术，而推出独具特色的产品来占领市场，求得生存与发展。在强手如林的市场条件下，处于劣势的小企业一般采用此种策略，以避开强手的锋芒。

（二）合作开发模式

一方面，随着科技的发展、社会需求的不断变化与提高，对企业提出了更高的要求。然而一个企业的技术创新能力是有限的，在某些方面寻求协作与联合是不可避免的。另一方面，技术创新带有较大的风险性，为了强化企业的薄弱环节和分散创新风险，也要求与其他企业和科研单位共同进行合作研究开发。合作开发策略就是联合各方优势进行研究开发和生产销售，以加快技术创新、节约创新投入的一种策略。其特点是共担风险，共享成果。近年来，科研生产联合体、各类企业集团的蓬勃兴起正是实施合作开发模式的体现。

（三）委托研究模式

这种委托专业科研机构开发的模式，对于缺乏研究开发力量的企业来说，不失为一种有效的办法。此模式实施的前提是社会中存在着有相当力量的专业科研机构，愿意承接各类研究开发项目，企业有自身无力承担而又必须解决的技术开发项目难题，并能提供足够的研究开发委托费。这种模式可克服自身研究开发力量的不足和缺陷，及时推进企业技术创新。

（四）技术引进模式

技术引进模式是指企业利用各种手段引进外部的先进技术来实现技术创新的目标。引进模式不需要投入大量的研究开发力量，成本低、风险小，且可以较快地提高企业的技术起点和生产能力，常为各类企业所采用。技术引进模式在实际应用中可分为三种类型策略：一是仿制策略。通过情报的收集或样机剖析试验获得他人的设计制造技术，以同样或改进的产品投入市场。它要求企业具有较强的工艺创新能力及生产和销售力量。由于企业是跟随者而非创新者，这种策略比较稳妥，风险较小。二是技术贸易策略。通过许可证贸易等方式引进所需专有技术知识和专利为己所用，通过消化吸收实现产品和工艺的技术创新。这种策略投资较大，但可使技术使用合法化并减少自行摸索的时间。使用这种技术的企业要具有较强的技术选择能力，有一定资金和技术消化能力。三是人才引进策略。任何技术创新均离不开有创造能力的科技人才，他们是科学技术知识的载体，因而引进人才策略是最有效的途径。

6.4 企业集团母子公司战略

母子公司战略管理是指集团公司为了实现集团的整体战略目标而采取的指导、监督下属子公司的战略管理和战略实施的一系列政策、程序和方法。它是对战略管理的管理，管理的对象不仅包括母公司本身还包括下属所有的子公司。母子公司战略管理是一个动态的过程，具体包括以下几个步骤：一是通过对整个企业集团外部环境分析和内部资源与能力分析，制定出母公司战略；二是在母公司战略基础上确定各子公司的战略目标；三是子公司进行各种投入，如人员、技术、原材料等，为其经营做准备；四是子公司根据其战略目标采取行动；五是子公司通过生产经营取得绩效；六是子公司的产出绩效将对母公司战略的调整和重新制定提供决策依据。

从母子公司战略管理的动态过程看，母子公司战略管理与母子公司管理控制以及母子公司绩效评价有着密切的关系，为了母公司以及子公司战略的成功实施，母公司必须对子公司进行绩效控制，这是因为：母公司通过对子公司的投入绩效评价进行投入控制，以加强事前反馈；母公司通过对子公司的内部过程绩效评价进行内部过程绩效控制，以加强事中反馈；母公司通过对子公司产出绩效评价进行产出绩效控制，以加强事后反馈；通过事前、事中、事后三个阶段的全面控制反馈，母公司能够及时获取子公司全方位的信息，以利于母公司重新进行战略评估、定位以及调整，从而进入下一个母子公司战略管理循环。

6.4.1 母子公司的职能分工

企业集团的战略管理首先牵涉到母子公司战略管理关系的定位问题。在企业集团战略发展中，母子公司都是独立的法人主体，各自遵循自己的公司治理结构和战略管理程序。由于母子公司构成关系的不同，在企业集团战略管理中各自职责定位、行使战略管理的权限也不同。一般原则是，公司集团实行集权式的战略管理模式，即子公司基本上没有战略制定和选择权，均集中于母公司，子公司只是战略实施机构。母公司负责企业集团的战略制定和选择、战略实施监督、战略实施评估，而子公司主要负责战略实施。这样，对于母公司而言，只有正确地选择了子公司，为子公司制定恰当的战略，并对母公司以及各子公司的战略进行协调，才能有效实现企业集团的整体战略目标，实现资产的保值与增值。在此基础上，确定子公司的责任目标，并对子公司的业绩进行评估和考核。

为了实现整个集团的战略，对整个集团实现有效的管理控制，母公司应该有必不可少的职能。具体而言，依母公司类型的不同而有所差异。对于纯粹控股式企业集团尤其是财务型纯粹控股式企业集团而言，其母公司的职能非常少，平时主要集中于财务收益和财务安全性的监督，子公司享有很大的战略决策自主权。对于混合式企业集团，集团总部必须具备四项战略管理职能：一是集团发展战略的制定和监督职能。通过制定与监督发展战略，选择恰当的投资方向，实现集团资源向高效业务倾斜配置的目标。二是资本运营职能。资本运营的主要内容是实施产权（股权）的转让、收购、重组、托管、投资等来实现企业集团的发展与壮大。三是金融职能。集团总部充分利用各种资源聚集资本，可在总部建立资本结算中心或财务公司，形成专业化的融资机构和资金管理机构。四是业绩考评职能。设计一套科学合理的考核评估体系，考核各子公司的经营业绩。考核的内容主要包括资本保值增值率、资本收益率、销售利润率、市场增长份额等，并在考核期满对子公司高级管理层进行奖惩兑现。

6.4.2 母子公司的机构设置

企业集团内部的战略管理职能分工，决定了母子公司根据需要建立各自相应的战略管理组织机构。母公司设置的战略管理机构是董事会战略管理委员会，主要负责企业集团的战略管理，包括战略方向确定、战略目标制定、战略方案设计、战略实施监督、战略评估等，同时在母公司总部设立战略管理部，主要协助战略管理委员会对企业集团进行战略管理。二者的具体职责分工是：战略管理部负责制定母公司战略方案，并负责母公司的战略实施，初步审核子公司的战略方案。对于子公司的战略监督管理和效果评估，也由母公司战略管理部负责。战略管理委员会负责制定和审议母公司战略方案，对子公司战略方案具有最终裁决权。

子公司视不同情形决定是否设立战略管理组织机构。在控股型企业集团，子公司可以设立战略管理委员会和战略管理部。其中，战略管理委员会主要负责子公司业务和职能管理，即负责子公司的战略发展方向定位、战略实施过程监督、战略实施效果评估等。战略管理部主要协助战略管理委员会做好战略管理，负责子公司的战略监督管理和效果评估。对于混合式企业集团而言，子公司一般不设立战略管理委员会和战略管理部，子公司的业务和职能战略由母公司负责制定，子公司只负责战略执行。若子公司为上市公司或大型股份公司，也可以根据情况分别设立战略管理委员会和战略管理部，分别履行上述职责分工。

6.5 中国企业集团战略创新

6.5.1 华为技术创新战略

华为技术有限公司成立于 1988 年，是由员工持股的高科技民营企业。华为从事通信网络技术与产品的研究、开发、生产与销售，专门为电信运营商提供光网络、固定网、移动网和增值业务领域的网络解决方案。华为已成为全球领先的电信解决方案供应商，在基础通信网络、业务与软件、终端和专业服务四大领域都确立了端到端的领先地位。凭借在固定网络、移动网络和 IP 数据通信领域的综合优势，华为已成为全 IP 融合时代的领导者。目前，华为的产品和解决方案已经应用于全球 100 多个国家，服务全球运营商 50 强中的 45 家及全球 1/3 的人口。

华为在创业的前十年中，产品战略主要是"引进产品、国内推广"的贸工技型战略。但自 1998 年后，随着国内电信市场竞争机制的引入，特别是诸如爱立信、诺基亚、摩托罗拉等跨国公司在中国电信设备市场的主导地位逐步确立，华为靠进口设备求发展已非常困难。因此，这时的华为明确提出技工贸战略，即在产品上实施"强化自主研发、消化吸收、发展中高端、与先进技术接轨"的战略。公司由传统的交换机设备的进口和研发，全面向新一代系统设备和技术研发转变。目前，公司在产品领域，已全面转入 3G（WCDMA/CDMA2000/TD-SCDMA）、NGN、光网络、xDSL 和数据通信领域。华为已拥有端到端的业务运营级解决方案的提供能力，网络设备涵盖了固定网络、移动网络、光网络、数据通信、业务与软件和终端六大领域，产品线之间基于共享的软硬件平台和 ASIC 芯片设计中心，降低了成本；同时构建了完整的核心技术体系，提升网络综合竞争力，充分发挥了大平台在客户解决方案中 TVO/TCO 的优势。在新一代移动通信领域，华为公司在 3G 领域全面投入，是全球少数实现 3G WCDMA 商用的厂商，已全面掌握 WCDMA 核心技术，并率先在阿联酋、中国香港、毛里求斯等地区获得成功商用，跻身 WC-DMA 第一阵营，成为全球少数提供全套商用系统的厂商之一。研制成功了 WCDMA、CDMA2000 和 TD-SCDMA 设备和终端等全套解决方案，是业界 R4 软交换解决方案的领先者和分布式 UMTS 基站的创立者，同时也是增长最快的 CDMA 设备供应商。

华为的成功首先来自于技术创新。企业国际竞争力虽然来源于成本优势和技术优势，但对企业的国际竞争力来说，最终是靠技术优势。华为正是认识到这一点，因而将核心技术创新当成企业的生命线。华为在美国达拉斯、印度班加罗尔、瑞典斯德哥尔摩、俄罗斯莫斯科以及中国北京、上海等地建立了研究所。研发系统普遍实施 CMM 和 IPD 流程管理、印度、南京、上海研究所及中央软件部已通过 CMM5 级国际认证，北京所通过 CMM4 级国际认证。华为拥有一支庞大的高水平专业技术团队。目前，华为拥有一万多人的专业研究队伍，占员工总数的 46%；华为的技术人才纵向可划分为高级技术战略专家、技术研发专家和辅助技术人才。横向可划分为技术战略人才、技术研发人才、技术推广人才和技术销售人才。这样一套研发队伍有效地解决了技术研发的战略定位、市场定位和技术等级定位，特别是在一些高端、前端技术的研发上，华为已具备在第一时间组建国内超一流技术队伍的能力。

华为每年投资不少于收入的 10% 用于研发，并聘任一批精通国际知识产权保护的专家、律师处理华为在海外市场的知识产权纠纷，保障华为的利益。据国家专利总局统计，华为现已加入了 45 个国际标准化组织，是中国申请专利最多的单位，其中的 85% 属于发明专利，专利申请连年高于 100% 增长，年度专利申请量突破 1000 件，三年内获四项国家科技进步奖。[①]

为什么华为能在技术创新上成功？关键是华为制定了一整套科学而可行的自我技术创新战略，科学地选择技术创新的切入点，形成以核心技术为创新中心的技术创新路线。华为自 1995 年起，凭借技术引入、技术合作和不断强大的技术研发，形成了一套市场定位明确、成长性极强、技术资本收益率很高的技术创新路线：

固定网络：推出 NGN 商用解决方案，支持话音、数据、多媒体三网合一的融合业务；支持有线无线合一，提供面向 3G 核心网的软交换系统，以及宽带和移动（3G）互通的视讯业务网关等解决方案；推出 IP DSLAM 和多业务综合接入系统，支持 ADSL 的线路测试和宽带终端管理，降低网络维护成本；在 C&C08 商业网应用的基础上，推出针对行业集团用户的多媒体通信解决方案（政府、医院、酒店、交通、公安、教育、企业等）。

无线网络：发布面向国内及海外的全套 WCDMA 商用版本 3G 方案支持软交换架构，支持系列网关、综合承载、多种 QoS 运营要求。

数据网络：第五代路由器的倡导者，在 IP 新技术、新应用领域达

---

① 史炜：《对华为公司的调研与分析［EB/OL］》，百度文库，2010-06-04。

到领先水平；160G/320G/640G/1.2T 大容量高端路由器 GSR/TSR 实现商用。

业务与软件：独家开放 VI（电话互联网）业务，推出全套移动数据业务解决方案，推出新一代 OSS 运营支撑系统，在中国各地成功商用。

光网络：实现无电中继 4000 公里传输，大幅降低基础传输网络的建设和维护成本；提供大容量智能化的业务运营光网络，提供高质量的带宽应用与服务。

6.5.2　海尔多元化经营战略

海尔集团的前身是青岛电冰箱总厂，由青岛东风电机厂和工具四厂合并成的青岛日用电器厂，1984 年改名为青岛电冰箱总厂。1984 年 10 月与德国利勃海尔公司签约引进电冰箱技术和生产线，从事电冰箱的生产和销售。经过 20 多年的发展，海尔集团已经是世界第四大白色家电制造商。海尔在全球 30 多个国家建立本土化的设计中心、制造基地和贸易公司，全球员工总数超过 5 万人，主要产品有电冰箱、电冰柜、空调器、洗衣机、微波炉、彩电、小家电、整体厨房和卫生间等 27 个门类、7000 余个规格品种。海尔集团多元化经营战略是中国企业集团多元化经营成功的典范。

海尔集团经历了由电冰箱到白色家电、全部家电再到知识产业的多元化发展历程。自 1984 年到 1991 年底，海尔只生产一种产品——电冰箱，是一个专业化经营企业。"海尔"牌电冰箱成为中国电冰箱史上第一枚国产金牌，是当时中国家电唯一驰名商标，并通过美国 UL 认证出口到欧美国家。同时，海尔集团 OEC 管理法基本形成，全国性销售与服务网络初步建立起来。1991 年 12 月 20 日，以青岛电冰箱总厂为核心，合并青岛电冰柜总厂、空调器厂组建海尔集团公司，经营行业从电冰箱扩展到电冰柜、空调器。1995 年 7 月，海尔集团收购名列全国三大洗衣机厂的青岛红星电器股份有限公司，大规模进入洗衣机行业。其后通过内部发展生产微波炉、热水器等产品。1997 年 8 月，海尔与莱阳家电总厂合资组建莱阳海尔电器有限公司，进入小家电行业，生产电熨斗等产品。1997 年 9 月，海尔与杭州西湖电子集团合资组建杭州海尔电器，生产彩电、VCD 等产品，正式进入黑色家电领域。海尔集团几乎涉足了全部的家电行业，成为中国家电行业产品范围最广、销售收入超过 100 亿元的企业。与此同时，海尔集团还控股青岛第三制药厂，进入医药行业；向市场推出整体厨房、整体卫生间产品，进入家居设备行业。1998 年 1 月，海尔与中科院化学所共同投资组建海尔科化工程塑料研究中心有限公司，从事塑料技术和新产品开发；1998 年 4 月 25 日，海尔与广播电影电视总局科学研究院合资成立海尔广科数字技术开发有限公司，从事数字技术开发和应用；1998 年 6 月 20 日，海尔与北京航空航天大学、美国 C-MOLD 公司合资组建北航海尔软件有限公司，从事 CAS/CAM/CAE 软件开发。海尔集团开始进入知识产业，而且上述知识产业的产品都是海尔集团未来发展所需要的，两者形成一体化关系。

多元化经营的成功率与新老行业之间的相关程度呈正相关，即相关程度高，成功率高，相关程度低，其成功率低。海尔集团的多元化正是根据行业相关程度，从高相关到中相关再到低相关发展。1991 年海尔进入的冰柜和空调行业与其以前经营的电冰箱行业存在高度的相关性：技术方面的制冷技术是同一的，其他生产工艺技术亦高度相关；市场方面的销售渠道和用户类型是同一的。1995 年海尔进入的洗衣机行业与以前的制冷家电行业存在较高的相关性：技术方面中度相关，洗衣机生产技术低于制冷家电，技术协同作用较明显；市场方面，品牌、销售网络等资源可以完全共享，是高度相关的。1997 年海尔进入黑色家电行业与以前经营的白色家电行业存在中度的相关性：技术方面，白色家电的关键技术是设计，根据不同地域市场要求设计出适应的产品，而黑色家电大多是以电子技术为核心，两者之间技术相关性是低度的；市场方面，品牌及销售资源是高度相关的。

6.5.3　中兴通讯的自主创新和国际化战略

中兴通讯成立于 1985 年，当时主要从事来料加工电子小产品业务，经过 20 多年的发展，中兴通讯已成为中国通信设备制造业的开拓者、中国综合性的电信设备及服务提供商，拥有无线产品、网络产品、终端产品（手机）三大产品系列，在向全球用户提供多种通信网综合解决方案的同时，还可以提供专业化、全天候、全方位的优质服务，并逐步涉足国际电信运营业务。中兴通讯从加工贸易起步，历经规模数量扩张后，开始进入全球化战略新阶段。依靠自主知识产权、高新技术和品牌优势，中兴通讯在国际市场上，规模和效益实现了跨越式发展，这与中兴通讯正确的战略选择密不可分。

从 1985 年中兴成立之始到 1992 年，从开展来料加工电子小产品业务开始，进而转为生产我国急需的数字程控交换机，并初步具备了自主研发程控交换机的能力，相继研制出 ZX-60 程控空分交换机、ZX500 用户数字程控交换机以及 ZX500A 农话端局交换机，特别是中兴 ZX500 用户数字程控交换机被认定为国内具有知识产权的国产化第一台数字程控交化机。中兴通讯自此踏上了自主研发的电信系统设备制造商之路。1992 年，深圳中兴新通讯设备有限公司成立，首创"国有民营"的新机制。1995 年 3 月，中兴研制出万门机，并由一家生产中小容量的交换机厂商转变为生产万门以上大容量交换机的主流电信设备制造商。同时，万门交换机的推出也实现了中兴的国产主流厂商由农村市场转向城市市场。中兴通讯在成功研制"94 年度国家级新产品"ZXJ2000 局用数字程控交换机的基础上，又自主开发出终局容量为 17 万线的 ZXJ10 大容量局用数字程控交换机。ZXJ10 是当时国内自行研制的三大主力机型之一，被专家认定为国内当时能与国际一流机型相媲美的最好机型。1996 年，中兴从单一的交换机产品发展到涉及交换、传输、接入、视讯、电源 5 个相关领域。1997 年，通过股份制改造，深圳市中兴通讯股份有限公司成立，并在深圳证券交易所挂牌上市。1997 年 7 月和 2001 年 3 月两次在股市融资 20 多亿元，从而为中兴在 3G、数据和光通信等领域的研发提供了坚实的经济后盾。2000 年前后，中兴把战略重点从固话通信向移动通信转变。2002 年确立手机、国际化、3G 三大战略领域。2005 年以后，中兴全面实施国际化战略，着力将自身打造成全球性综合电信设备制造商，塑造成世界级卓越企业。

中兴通讯多年来一直坚持通过自主创新不断掌握核心技术，同时以技术和市场相结合，推广应用为重点，大力提升运营管理，不断开拓国际市场，实施包括人才、技术、市场等在内的全面国际化战略，成为中国企业持续、稳健成长的典范。中兴通讯很早就意识到企业自主创新的知识产权战略的重要性，作为一家高科技企业，中兴通讯把美国高通这类经营知识产权的公司作为自己的标杆，坚持不懈地追求自主创新的知识产权。到 2002 年，中兴通讯最终形成了全方位、同企业经营战略紧密配合的知识产权整体战略，自主创新的知识产权战略成为中兴的核心资产之一。

中兴通讯的技术实力来自于它多年坚持的自主研发的道路，自主研发的技术创新是企业持续发展的不竭动力。中兴自创立以来，就确立了自主研发、掌握核心技术的发展道路。其在国内外设立了 10 多个研发机构，并且每年研发投入均保持在销售收入的 10% 左右。近年来，每年的研发投入均在 10 亿元以上。作为电信系统设备制造商和联通 CDMA 唯一一家国内设备提供商，中兴通讯现已开发出无线产品、网络产品、终端产品（手机）三大系列共 70 多种产品。① 在无线产品领域，中兴通讯已形成 CDMA、GSM、PHS 等全网解决方案，成为国产无线设备"第一品牌"，实现了由传统的固定通信向移动通信的转变；在网络产品领域，中兴通讯具有业界领先的技术优势和客户化的解决方案，并加入全球软交换设备供应商"第一军团"；在手机领域，中兴通讯拥有核心软件、硬件电路、核心芯片、整机设计集成等全套自主技术，是目前国内唯一提供 GSM、CDMA、PHS 三大系列产品的手机生产企业。同时，中兴开始涉足国际通信专利和标准的角逐。目前，中兴通讯已全面加入包括 ITU、3GPP、3GPP2、CDG 等国际权威组织在内的 30 多个国际标准化组织，并在 ITU 获得了光通信、信息安全、NGN 等多项相关国际标准编辑者席位。目前，中兴通讯在第三代移动通信（3G）、软交换、数字集群等前沿技术领域，已成功与世界水平保持同步，部分技术和产品已经处于全球领先地位，如中兴通讯全球首创的基于 CDMA 技术的 GOTA 数字集群系统，令全球数字集群市场感受到了"中国力量"的强大。因此，确立自主创新的知识产权战略，造就了中兴的全球竞争力，实现了中兴的可持续发展。

---

① 资料来源于中兴官方网站，http://www.zte.com.cn/。

"走出去"一直是中兴通讯的战略选择。早在1994年，中兴就开始了国际化的探索之路；1995年，中兴通讯首次参加日内瓦国际电信展，成为最早"走出去"的中国通信制造企业；1996年，开拓国际市场被列为中兴发展的三大重点战略之一；2001年，中兴正式将国际化战略作为其主要战略之一。当时中兴销售额突破百亿大关，国内市场基本稳定，开始全面启动海外市场。在此之前，中兴对海外市场采取"广种薄收"，直到2002年初，中兴成立专门的国际化部门——第一营销部，任命丁明峰为总经理，中兴海外市场进入"精耕细作"阶段。2004年，中兴开始大规模推进海外市场。通过一系列国际化道路的探索，中兴通讯在发展中国家和中等发达国家市场站稳脚跟的同时，已开始进军发达国家市场，与全球150多家运营商建立了业务关系。WCDMA、CDMA2000、NGN、GoTa等高端产品也已相继在海外市场实现规模商用。针对海外市场的拓展，中兴把亚非这些发展中国家作为主战场，对巴基斯坦电信市场的抢占，确立了中兴在巴基斯坦"三足鼎立，中兴第一"的大好局面，拉开了中兴海外本土化的序幕。紧接着，中兴通讯又开辟了印度、俄罗斯作为其第二战场。并采取其最拿手的"农村包围城市"策略，通过局部落后市场突破，挺进了欧洲发达国家市场。截至目前，中兴通讯的产品已进入全球60多个国家和地区，成为中国高科技产业进军海外的领军企业。国际市场使中兴通讯成为全球增长最快的通信设备企业之一。

总的看，中兴通讯一方面通过提高产业技术水平，在重要领域尽快掌握核心技术、提高系统集成能力，形成一批拥有自主知识产权的核心技术、产品和标准；另一方面加强与国际市场的融合，利用比较优势和后发优势，拓展在国际市场的发展机遇，从而使自主创新和国际化两大战略有机结合、互相促进，使企业不断地发展前进。

6.5.4 格兰仕专业化战略

广东格兰仕集团的前身广东顺德桂洲羽绒厂成立于1979年，到1991年，公司经营业务包括白色兔毛纱出口、染色纱出口、纱线染色加工、羽绒被、服装等制品生产、出口。公司获得"中国乡镇企业十大百强"的殊荣，产值超亿元。1992 年 6 月，公司更名为广东格兰仕企业（集团）公司，格兰仕牌羽绒系列制品全国总销售额达 3000 万元，集团公司总产值 1.8 亿元人民币，年出口达 2300 万美元。

1991 年，格兰仕最高决策层普遍认为，羽绒服装及其他制品的出口前景不佳，并达成共识：从现行业转移到一个成长性更好的行业。经过市场调查，格兰仕选定小家电为主攻方向，最后确定微波炉为进入小家电行业的主导产品（当时，国内微波炉市场刚开始发育，生产企业只有 4 家，其市场几乎被外国产品垄断）。格兰仕从上海无线电 18 厂聘请了 5 名微波炉高级工程师。以上海专家为主，格兰仕很快组建了一支技术人员队伍。然后，以创业 10 多年的资金积累，从日本东芝集团引进具有 20 世纪 90 年代先进水平的自动化生产线，并与其进行技术合作。1992 年 9 月，中外合资的格兰仕电器有限公司开始试产，第一台以"格兰仕"为品牌的微波炉正式诞生。1993 年，格兰仕试产微波炉 1 万台，开始从纺织业为主转向家电制造业为主。1995 年，格兰仕微波炉销售量达 25 万台，市场占有率为 25.1%，在中国市场占据首位，取得惊人的业绩。1996 年 8 月，格兰仕集团在全国范围内打响微波炉的价格战，降价幅度平均达 40%，带动中国微波炉市场从 1995 年的不过百万台增至 200 多万台。格兰仕集团以全年产销量 65 万台的规模，占据中国市场的 34.7%，部分地区和月份的市场占有率超过 50%。1997 年 2 月，国家统计局授予格兰仕"中国微波炉第一品牌"称号；经国家权威部门评估，"格兰仕"品牌的无形资产达 38.1 亿元。1997 年 10 月，格兰仕集团再次大幅降价，降价幅度在 29%—40% 之间，全年微波炉产销售量达 198 万台，市场占有率达 47.6% 以上，稳居首位。

格兰仕专业化经营战略取得了巨大的成功。专业化经营战略的要点是选择一个合适的产品，集中全部或几乎全部的经营资源把这个产品做精、做深、做透、做大，并建立进入壁垒，使竞争者不断退出（主动或被动），潜在竞争者不敢贸然进入，从而实现企业的持续经营目标。格兰仕集团于 1991 年选择微波炉为其专业化经营是合适的：第一，中国微波炉市场处在发育的初期，与发达国家相比差距很大，因此其市场前景看好，市场潜力很大。第二，微波炉生产企业并不多，且规模大多在 10 万台以下，市场竞争程度比其他家电产品要低得多。第三，外国品牌的产品在市场上居主导地位，但这些产品在其制造商的销售总额中所占的比重很小，因此微波炉并非这些制造商的战略性或主导性产品。第四，格兰仕所在地——广东顺德是中国著名的家电产品生产基地，元器件、零配件的供应及其他相关技术和服务较为稳定。第五，微波炉产品的生产技术已是一项较为成熟的技术。建立进入壁垒是专业化经营战略的重要内容。格兰仕集团在这方面的表现也是突出的，主要包括：第一，在总成本不变或降低的前提下，不断开发新产品和专有技术。1995年以来，格兰仕集团共获得球体微波、多层防漏等与微波炉相关的专利和专有技术100多项，开发100多个品种的新产品。尤其是美国研究机构成立以来，格兰仕的自主技术水平有较大的提高，新产品推出更多、更快。第二，利用总成本领先的优势，向市场推出质好价廉的产品，扩大市场占有率。1996年8月和1997年10月在全国范围内大规模、大幅度地降低产品价格，其成效非常明显。第三，利用自己的技术力量开发关键元器件，并投入生产，进一步降低总制造成本。

主要参考文献

[1] 吴如嵩：《孙子兵法浅说》，解放军出版社1999年版。

[2] Andrews, K11. *The Concept of Corporate Strategy*, Homewood, IL: Irwin, 1971.

[3] Chandler, A., *Strategy and Structure: Chapters in the History of American Industrial Enterprise*, Cambridge, MA: MIT Press, 1962.

[4] Michael E. Porter, *Competitive Strategy*, Free Press, 1980.

[5] 弗雷德·R. 戴维：《战略管理》（第十版），李克宁译，经济科学出版社2006年版。

[6] 李世俊等：《孙子兵法与企业管理》，广西人民出版社1984年版。

[7] 毕可义编著：《公司（企业）的发展战略》，化学工业出版社1987年版。

[8] 李玉刚：《战略管理研究》，华东理工大学出版社2005年版。

[9] 王方华:《企业战略管理》,复旦大学出版社 1997 年版。

[10] 张映红:《公司创业战略——基于中国转型经济环境的研究》,清华大学出版社 2005 年版。

[11] 魏杰:《中国企业战略创新》,中国发展出版社 2006 年版。

[12] 项保华、李庆华:《企业战略理论综述》,《经济学动态》2000 年第 7 期。

[13] 简兆权、李垣:《战略管理的演进与发展趋势》,《科学管理研究》1999 年第 6 期。

[14] 汪涛、万健坚:《西方战略管理理论的发展历程、演进规律及未来趋势》,《外国经济与管理》2002 年第 3 期。

[15] 张红兵、和金生:《战略管理理论的演绎和展望》,《电子科技大学学报（社科版)》2007 年第 4 期。

[16] 唐春晖:《战略管理理论演化——企业战略观的发展与比较》,《生产力研究》2004 年第 10 期

7 企业集团管控体系

企业集团是一组企业法人联合体,[①] 其组织机构、公司治理、管理体制与控制方式与一般的单体企业相比,其结构更为复杂、体制更为多元、治理难度更大。集团管控能力是企业集团面临的最为迫切的挑战,缺乏集团控制力实际上已经成为影响企业集团做大做强的一个制度性缺陷。因此,企业集团管控体系与模式的设计与建设,是促进我国企业迎接经济全球化带来的各种机遇和挑战,在激烈的国际竞争中赢得优势,实现可持续发展的一项重要的制度创新。

7.1 企业集团管控的基本概念

7.1.1 企业集团管控的内涵

张文魁认为,企业集团的管控不仅包括母公司、子公司(事业部)各自的管理和治理,而且包括母子公司之间关系的协调问题。因此,他指出,所谓母子公司管理控制就是要通过一套制度和方法来保证公司战略目标和使命在整个企业或企业集团中的顺利实现,管理控制在大型企业和企业集团的管理体制中具有核心的地位。[②] 丁敬平认为,集团公司

---

① 《企业集团登记管理暂行规定》:"企业集团是指以资本为主要联结纽带的母子公司为主体,以集团章程为共同行为规范的母公司、子公司、参股公司及其他成员企业或机构共同组成的具有一定规模的企业法人联合体。"
② 张文魁:《大型企业集团管理体制研究:组织结构、管理控制与公司治理》,《改革》2003年第1期。

管控涉及三个层面的问题：首先是狭义的管理模式的确定，即总部对下属企业的管控模式；其次是广义的管控模式，它不仅包括狭义的具体的管控模式，而且包括公司的治理机构的确定、总部及各下属公司的角色定位和职责划分、公司组织架构的具体形式选择（直线职能制、事业部制、矩阵制、子公司制及多中心网络式）、对集团重要资源的管控方式（如对人、财、物的管控体系）以及绩效管理体系的建立；最后是对与管控模式相关的一些重要的外界因素的考虑，涉及业务战略目标、人力资源管理、工作流程体系以及管理信息系统。[①] 王凤彬和赵民杰认为，企业集团管控体系是指为了解决企业集团内部母子公司之间的责、权、利关系所进行的一系列制度安排。[②]

根据我国企业实际情况，企业集团作为一种特殊的组织，其不仅包括了由于资本联结进行控股、参股而联结的各个法人主体之间的股权关系，而且包括了因为各种契约纽带、人事纽带、行政纽带而联结形成的组织间合作关系。但无论企业集团成立的动因是什么，他们都是因为一个共同的战略目标而合作，为了更好地实现组织的目标，需要企业集团内的各个成员单位进行协调配合，形成一个有机整体。因此，综合学者们的理论研究成果和企业界的实践探索，本书认为，企业集团管控是以企业集团战略为导向，对企业集团内部各组成部分之间责权利关系所进行的一系列制度安排。

7.1.2　企业集团管控的特征

一、战略性

根据钱德勒的观点，"战略可以定义为确立企业的根本长期目标并为实现目标而采取必需的行动序列和资源配置"[③]；其回答的是"做什

---

① 丁敬平：《如何确定集团公司管控模式》，《中国电力企业管理》2005 年第 10 期，第 43—45 页。

② 王凤彬、赵民杰：《企业集团管控体系——理论·实务·案例》，经济管理出版社 2008 年版。

③ 艾尔弗雷德·D. 钱德勒：《战略与结构》，云南人民出版社 2002 年版。

么，如何做，由谁做"的问题。[①] 为了保证各个子系统能够按照集团总部的意图进行经营发展，母公司（核心企业）必须开发和设计统一的管控框架，对各个业务单元发展方向的确定与监控，对集团的资源进行配置与协调，如资金分配、人员派遣、绩效评估等，正如王凤彬和赵民杰指出的那样，"构建合适的集团管控体系是企业集团发展中的战略问题"。[②]

二、系统性

系统是指由一些相互联系、相互制约的若干要素结合而成的、具有特定功能的一个有机整体，其具有三个基本特征：要素性、结构性、功能性。企业集团管控是以战略为导向，选择合适的模式和组织结构，定位各个组成单元的功能，协调各种责权利关系，从而使集团形成一个有机整体，提升集团竞争力。"企业集团管控体系建设是一项系统工程，需要考虑许多构成要素及其相互关系。"[③]

三、动态性

安索夫（Ansoff）指出，战略管理思想的根本是环境变化和组织适应之间的关系。伊丹敬之认为，战略成功的本质在于战略的适应性。为了适应环境变化，企业集团的战略需要不断地修正与调整，而以实现战略目标为导向的企业集团管控体系，也必然会随着企业集团战略的改变和内外情境的变化而不断地调整。王吉鹏指出："管控体系作为一个系统，是具有动态联系的要素的内聚统一体，它具有对外在影响因素的开发性与动态适应性、内在构成要素的关联性与集成性等诸种系统特性。因此，企业集团管控体系的建设是一项需要因地制宜、系统筹划和因时

---

① 项保华：《战略管理——艺术与实务》，复旦大学出版社2007年版。
② 王凤彬、赵民杰：《企业集团管控体系——理论·实务·案例》，经济管理出版社2008年版。
③ 王凤彬、赵民杰：《企业集团管控体系——理论·实务·案例》，经济管理出版社2008年版。

调整的过程。"①

四、权变性

权变理论认为，每个组织的内在要素和外在环境条件各不相同，因而在管理活动中不存在适用于任何情景的原则和方法，必须根据组织所处的环境和内部条件选择恰当的管理模式。企业集团管控模式的选择受到了企业集团所在国家的法律法规、行业特征、集团战略、组织规模、企业发展阶段等各种因素的影响，因而对一个企业集团恰当的管控模式对另外的企业集团可能就是不适宜的。企业集团必须根据自身的特征来选择相应的管控模式，合理配置集团内部各种权力关系，充分调动内部资源，达到集团价值最大化。

五、层级性

企业集团具有层级性，即由核心层、紧密层、半紧密层和松散层所组成。这种组织关系的层级性使得企业集团的管控也呈现层级性，通常包括了三个基本的层次：决策管理层、中间管理层和操作管理层。决策管理层通常由集团股东大会、董事会和高管层所组成，负责对整个集团实施战略性管理，它们通常是集团的决策中心和投资中心，对企业集团的组织管理活动进行统筹安排；中间管理层通常由集团公司的事业部、分公司和各级子公司所组成，负责执行来自决策层的各种战略，同时协调下属部门和单位的经营活动，它们通常是集团的利润中心；操作管理层通常指的是从事具体生产经营和服务的基层单位，如各级子公司的职能部门、协作工厂等，一般从事常规性管理，以降低经营成本和提高经营效率为目标，它们通常是集团的成本中心。

7.1.3 企业集团管控的纽带

为了将各个下属业务单位紧密地联结在一起，集团总部在设计管控方案时，必须寻找和界定影响母子公司关系的核心控制因素，并据此确

---

① 王吉鹏：《解读关于集团管控的六大误区》，http://www.chinaacc.com/new/635_652_/2009_7_27_le548414332717279900218734.shtml。

立对子公司的管控内容和管控方式。因此，企业集团管控纽带指的是在集团战略和集团章程等制度的规范下，集团总部为了对其下属业务单位进行有效的管理控制，所选择的带有不同战略倾向性的管理路径。[①]

通常而言，企业集团的管控纽带可以划分为四种基本类型：资本管控纽带、治理管控纽带、运营管控纽带和契约管控纽带，这些管控纽带对集团总部能否实现对下属业务单位管理控制具有重要的影响。

一、资本管控纽带

资本管控纽带体现了集团总部与下属业务单位之间的产权关系，这种产权纽带将集团总部与各下属单位紧密联结而形成命运共同体。根据我国《公司法》和《企业集团登记管理暂行规定》，集团总部对其拥有全部股权或者控股权的下属业务单位，则为企业集团的子公司。资本管控是最为重要的管控纽带，集团总部根据对其子公司的出资额度承担有限责任，并享有对下属单位的控股权、重大问题决策权、高级管理者的任免权以及重要信息的知晓权。而作为被投资企业的子公司，应当维护出资人的种种合法权益，为出资者收益最大化做出自己应有的贡献。

资本管控纽带是最牢固的联系纽带。因为，根据资本关系确定利益关系，为处理内外经济利益关系提供了基础，增强了企业集团的凝聚力；核心企业能够控制重要的子公司，形成企业集团统一的经营战略，优化企业集团内部的资源配置，实现集团利益最大化；母公司以较少的资本控制了比自身规模更大的资本，扩大了集团的规模，增强了集团的实力。

二、治理管控纽带

治理管控实际上就是依据企业集团与其子公司之间的产权关系，通过对母子公司之间责任和义务的一系列制度安排，以便对子公司的经营活动进行指导和监控。集团总部依照法律程序和公司章程，负有制定集团战略规划、协调成员关系、设计组织管理制度和监控子公司运行等职

---

① 付春满：《企业集团管理控制系统研究》，天津大学博士论文，2008 年。

责。子公司的活动不能超越公司章程中的相关条款规定的范围，必须服从集团整体发展战略，自觉地接受集团总部的监督和指导，确保集团整体战略目标的实现。集团总部对子公司的治理应当遵守坚持产权管理的原则，以投资安全性、盈利性、增值性为目标；应遵守坚持参与决策的原则，以参与子公司法人治理机构（股东会、董事会、监事会）决策为主要手段。

三、运营管控纽带

运营管控纽带是指集团总部从业务战略布局和实施监控的角度，对各子公司的业务经营活动进行统一规划和指导，从而提高对集团业务发展的控制力。运营管控通常针对的是企业集团各成员企业之间围绕一个行业或多个行业内的产品生产和销售为主实现联合或发生关系，并依托产业链条的上下延伸或横向拓展来实现集团业务扩张和规模成长。企业集团可以依托业务管控纽带实现多个企业成员在社会化分工基础上的联合，能产生单个企业难以实现的产业组合效应，分散经营风险，获取规模经济和范围经济效益。

四、契约管控纽带

契约管控纽带是指在企业集团系统的运行中，通过建立具有法律效力的契约制度来界定各成员之间的权利、业务关联或合作等关系。建立稳固的契约关系有助于实现企业集团各成员企业之间的明确分工，确立集团总部对各下属单位管理关系的合法化。

母公司与关联公司之间主要是通过契约建立固定的经营协作关系，以期达到互惠互利的目的，彼此之间不存在投资关系。母公司与关联公司建立契约关系，对双方的产权、业务和技术等事项加以界定，可以保证相互关系的稳定性，从而增强集团整体防范风险的能力。

7.1.4 企业集团管控的内容

企业集团管控是一个系统性的工程，其包括了哪些内容呢？或者说，为了实现企业集团的整体目标，应该从哪些方面去着手管控呢？

企业集团母子公司管控包括了三个方面的主要内容:① 管控平台,包括公司治理、集团战略、组织架构和管控模式;职能管控,包括财务管控、战略管控、人力资源管控;业务管控,包括研发管控、营销管控、供应链管控和品牌管控。本书认为,在管控平台中,公司治理主要是根据母子公司之间的股权投资关系,对企业集团内有关董事会的功能、结构、股东的权利等所做出的制度安排,其目的是通过科学的组织设置、权利分配和制度设计,解决因公司所有权与控制权相分离而产生的委托代理问题,在实现各方利益主体的相互制衡中追求利益共赢。集团战略与组织结构则是在这种制度安排下,为实现共赢的目标所开展的具体经营安排,其与职能管控、业务管控相结合,对企业集团所拥有的资源进行优化配置以期实现整体利益最大化的目标。简单地说,公司治理涉及的是对权利与义务的安排,而集团战略、组织架构、职能管控与业务管控则是在权利与义务关系确定下的资源优化配置,其在于获取集团整体最大利益。

因此,本书认为,企业集团管控体系的主要内容包括治理管控与运营管控,前者的目的在于对各种权利与义务进行规范,而后者的目的则在于追求整体利益最大化。

7.2　企业集团治理管控体系

7.2.1　企业集团治理管控的内涵

一、企业集团治理与管理的关系

最早对公司治理和公司管理进行区分的是垂克尔(Tricker),他认为管理关注的是公司边界之内的业务运营,而治理则倾向于考察公司边界之外董事会对企业管理活动的指导和监察,以确保在正确的轨道上完

---

① 白万纲:《母子公司管控的重要性及管控机制的研究》,http://www.enet.com.cn/article/2007/0104/A20070104371803_3.shtml。

成这一营运，满足有关利益团体对企业的预期。① 戴顿（Dayton）认为，公司治理和公司管理是同一硬币的两面，既有联系又有区别，前者是指董事会对管理层监督的过程、结构和联系，而后者则是管理层确定目标和实现目标的过程。② 费方域认为，公司治理是战略导向的，而公司管理是任务导向的。③ 而王璞认为，公司治理与管理在考察企业的角度、研究企业的核心内容、在企业管理中的地位和发挥的作用都不相同。④

　　尽管公司治理与公司管理属于不同的体系，但它们之间存在着十分紧密的互动关系：财富创造方面，管理关注如何创造更多的财富，而治理则关注如何合理分配财富；研究内容方面，治理关注董事会、监事会、经理层的相互制衡机制、结构和联系，而管理则关注管理者如何确定目标和如何实现目标；结构方面，治理规定了整个企业运作的基本网络架构，而管理则是在既定架构下实现企业目标；管理层次方面，治理倾向于公司战略规划、重大投资决策以及治理模式选择等，而管理则倾向于战略管理、中层管理和作业管理；从联系点来看，公司治理负责公司战略的制定、控制监督和实施效果评估，而公司管理则承担公司战略实施过程的管理；从终极目标来看，公司治理与公司管理都是为了实现财富的有效创造，只是各自扮演的角色不同。

二、企业集团治理管控的含义

　　相对于一般单体公司，企业集团内部各种复杂的联结关系使得企业集团的治理主体，以及权力配置、决策和监控等治理活动更为复杂。企业集团的治理特征来源于"有组织的市场"、"有市场的组织"这种复杂的企业间关系产生的复杂的交易形式。⑤ "相对于一般的公司治理，企业集团治理的最大差别是要设计一套控制、协调、激励和约束机制，

---

① Tricker，R. I. ，*Corporate Governance*，Gower Publishing Company Limited，1984：6-71.

② Dayton，K. N. ，"Corporate Governance：The Other Side of the Coin"，*Harvard Business Review*，1984，162（1）：34.

③ 费方域：《企业的产权分析》，上海三联出版社、上海人民出版社 1998 年版。

④ 王璞：《母子公司管理》，中信出版社 2003 年版。

⑤ 李维安：《公司治理学》，高等教育出版社 2005 年版，第 258 页。

处理好成员企业之间的关系。"① 企业集团的治理首先要解决集团母公司一级与企业集团内部各个成员企业面临的代理问题，还要解决成员企业之间的交易费用问题。② 总之，企业集团治理的实质除了股东大会、董事会、监事会和经理层之间的权力制衡关系外，更多的是集团管控关系、分权集权关系。

集团治理管控是指集团总部根据其与下属业务单位的股权关系，对企业集团内有关董事会的功能、结构、股东的权利等所做出的制度安排。集团总部通过科学的组织设置、权力分配和制度设计，解决因公司所有权与控制权相分离而产生的委托—代理问题，在实现各方利益主体的相互制衡中追求利益共赢。企业集团治理的目标就是在企业集团中建立起合理的平衡机制，这个机制一方面要能够保证母公司对子公司实现有效控制，防止子公司的行为背离母公司的意志；另一方面要能够充分保护子公司的其他利益相关主体的利益，以减少和消除母公司出于自身利益的考虑侵害子公司其他利益相关者的利益，从而达到诸利益相关者的"共赢"。因此，企业集团治理本质上是一个使集团管理成本与治理成本总和最小化的过程。③

7.2.2　企业集团治理管控的一般体系

一、企业集团治理管控的主体

公司治理的主体"应是包括股东、债权人、雇员、顾客、供应商、政府、社区等在内的广大公司利益相关者。作为所有者，股东处于公司治理主体的核心"。④ 显然，这样的治理主体界定对应的是广义的公司治理。如果从内部治理将公司治理进行狭义的界定，那么治理的主体自然应是作为所有者的股东。⑤

理所当然，在企业集团的治理管控中，企业集团股东是其治理主

① 席酉民、赵张耀等：《企业集团治理》，机械工业出版社 2002 年版，第 13—90 页。
② 张黎明：《关于集团公司治理机制的思考》，《中央财经大学学报》2005 年第 1 期。
③ 杨和熊：《企业集团治理的两个模型和一个过程》，《集团经济研究》2006 年第 14 期。
④ 李维安、武立东：《公司治理教程》，上海人民出版社 2002 年版，第 333 页。
⑤ 孟执芳：《企业集团治理研究》，山东大学硕士论文，2008 年。

体。但是，这里的股东包括了两层含义，一方面，与单体公司一样，投资主体通过对企业集团的出资组成股东大会而成为企业集团的治理主体；另一方面，企业集团母公司通过拥有子公司的控股权，尤其集团公司对那些对集团战略产生重要影响的子公司的绝对控股，使得股东大会成为事实上的"大股东大会"，因此集团总部和下属子公司之间这种在产权上的控制与被控制关系，使得拥有子公司控股权的母公司成为子公司的治理主体。

除此之外，在企业集团中，企业集团母公司与子公司之间存在着事实上的支配与被支配的等级关系，即集团总部是战略决策单位，而子公司则是战略单位，这就使得子公司的治理层次实际上已经降级为管理层次，即子公司的治理与管理统一在一起，从这种意义上说，企业集团母公司的经营管理层实际是子公司的治理主体。

二、企业集团治理管控的客体

企业集团治理管控的客体指的是公司治理的对象。在企业集团的治理管控中，企业集团治理的对象同单体公司一样，包括了公司的董事会和管理者。对董事会的治理来自于股东以及其他利益相关者，其目的在于依据投资回报率来判断公司的重大战略决策的恰当性；而对经营者的治理则来自于董事会，其目的在于依据公司的经营业绩评判公司经营管理战略以及管理者是否恰当。可见，公司董事会一方面接受股东的委托，参与重大战略问题的决策，是治理的客体；另一方面，董事会监督高层经营者，审查其经营活动和管理者的恰当性，是治理的主体。因此，董事会在公司治理中具有双重身份。此外，企业集团的治理还包括了集团总部对子公司的股东大会的治理，从而使得母公司的管理层和子公司的股东大会都具有了治理主体和客体的双重身份。

三、企业集团治理管控的边界

企业集团治理就是突破了单一企业边界的治理。① 因此，研究企业

---

① 李维安、武立东：《企业集团的公司治理——规模起点、治理边界及子公司治理》，《南开管理评论》1999 年第 4 期。

集团治理的关键就是要寻找到企业集团内母子公司的治理边界。科斯认为，企业规模的边界，应该在其运行范围内扩展到企业内部组织交易的费用等于通过市场或其他企业进行同样交易的费用的那一点上。① 马连福认为，在与公司具有基本权利的关系中，是否愿意承担追求利益所带来的风险就成为公司治理边界的划分界限。② 李维安明确指出，公司治理边界涉及的是公司治理的对象和范围，是对公司治理主体和客体的界定。因此，公司治理的边界指的是公司权力、责任以及治理活动的范围及程度。

对于单体公司来说，其公司决策意志范围被限定在法人边界内，即公司的权力、责任的配置以及治理活动不能超越其法人边界，因而从这个意义来说，单体公司的公司治理边界和法人边界是一致的。

在企业集团中，通过与子公司的股权联结，从而形成了一个控制和被控制、支配和被支配的等级关系，因而母公司的决策意志能够充分地体现在子公司的行为中，子公司对母公司负有完全的说明责任。虽然子公司与母公司一样都是独立的法人，但是由于子公司受到母公司的控制，它的行为体现了母公司的决策意志，也就是说，母公司决策意志延伸的范围构成了母公司与子公司外延的界限，它是基于控制权的边界，体现出母公司决策权的范围，李维安等将其称之为集团治理的内边界。

除此之外，在企业集团中，一方面，集团母公司与子公司以及其他协作单位，基于共同拥有市场、共同使用资源等战略目标，从而通过各种契约形成关联关系；另一方面，其他相关利益者通过影响资源的供应与企业集团之间构成了社会责任关系，其影响着企业集团的决策与行为。这种关联关系和社会责任关系构成了企业集团治理的外边界，它确定了集团母公司通过发言权表达自己意志的权力。因此，企业集团治理的外部边界是建立在发言权基础之上的。

由此可以看出，与单体公司不同，企业集团治理管控的边界既包括了基于控制权的内边界，也包括了基于发言权的外边界。

---

① 科斯：《企业、市场和组织》，上海人民出版社1990年版。
② 马连福：《公司内部治理机制研究：中国的实践与日本的经验》，高等教育出版社2005年版。

四、企业集团治理管控的机制

(一) 治理机制的含义

在《现代汉语词典》中，对"机制"一词的解释是有机体的构造、功能和相互关系，泛指一个工作系统的组织或部分之间相互作用的过程和方式。而对于公司治理机制，目前存在着两种不同的观点。一些学者认为，公司治理机制是一种制度形式，实际上就是公司治理结构。如射勒福（Shleifer）认为，所谓公司治理机制是指处理投资者（外部人）与公司高层经理（内部人）关系的一套制度安排，简单地说即是投资者如何有效监督和约束高层经理的问题；① 而杨瑞龙等借鉴西方"利益相关者"理论，认为，公司治理机制是一组联系各相关利益主体的制度安排，以达到相关利益主体之间的相互制衡，实现效率和公平的合理统一。另外一些学者则认为，公司治理机制是超越公司治理结构的一套机制，其包括了公司内部机制和外部治理机制。黄义志则强调，公司治理机制是一整套赖以指导、监管和控制公司运作的制度和方法。② 苏敏与刘增学则从阐述治理结构与治理机制的关系角度来描述治理机制的概念。他们认为，"公司治理包括两个层次，一是治理结构，二是治理机制。治理结构主要是对股东大会、董事会、监事会及管理层之间的权利与责任所做的制度规定，治理机制则是这种制度的运作，通过治理机制的有效运作保证公司决策的科学性与有效性"。③ 李无非认为，公司治理机制是一种用来协调企业内外部不同利害关系者之间的利益和行为的制衡机制。④ 如方龙喜认为，公司治理机制即公司机关的配置及其相互关系。公司治理机制是为实现公司财富创造最大化，公司治理主体作用于公司治理客体，以发挥治理作用的机理、运行方式和途径。⑤ 它包括外部治理机制和内部治理机制两大组成部分。

---

① Shleifer, Vishny, "A Survey of Corporate Governance", *Journal of Finance*, 1997 (52).

② 黄义志：《关于中国上市公司治理机制的再思考》，《经济评论》2002 年第 4 期。

③ 苏敏、刘增学：《公司治理机制研究》，《经济经纬》2003 年第 4 期。

④ 李无非：《基于复杂适应系统理论的公司治理机制研究》，河北工业大学硕士论文，2006 年。

⑤ 方龙喜：《德、美、日股份有限公司治理机制比较》，《当代法学》2001 年第 3 期。

（二）企业集团内部治理管控机制

企业集团内部治理管控机制是通过企业集团内部决策和执行机制建立起委托者和代理者之间的激励约束机制，它要求在公司内部构造一个合理的权力机构，从而在股东、董事会与经理人之间形成一种有效的激励、约束与制衡机制，以保证公司遵守有关法律法规并实现公司及股东利益的最大化。

（1）决策机制。企业集团母子公司内部治理的决策机制，其由决策权力配置、对决策者的激励与约束以及决策环境三者构成。决策机制首先要解决的是决策权力的配置问题。企业集团内部的权力系统由股东大会、董事会、监事会和经理层共同组成，它们被赋予了不同的权力，有着明确的权力边界，形成相互关联的决策机制。而四者之间是层级的委托代理关系，决策权力分配也形成了一种层级的关系，即层级制决策机制。第一层级是股东大会决策，它是母子公司的最高权力机构的决策；第二层级是董事会决策，它是公司常设决策机构的决策；第三层级是经理层决策，经理层是董事会决策的执行者。① 在决策权配置问题解决后，决策机制必须从制度上使决策参与者能分享成功决策的胜利果实，同时分担错误决策所造成的损失。决策机制要解决的第三个问题是企业理性决策的环境问题。决策机制必须要在考察影响决策者理性限制的因素的基础上，从文化、制度、设施等方面改善决策环境。②

（2）监督机制。监督机制是公司所有者对经营者的经营决策行为、结果进行有效审核与控制的制度设计。公司内部监督机制就是指公司内部监督系统各构成要素相互作用的关系及其运行过程和方式。③ 作为所有权与实际控制权相分离的一种现代企业组织形态，现代企业集团的特点是公司财产的所有者往往不直接参与经营活动。为了保护所有者和利益相关者的利益，必须设计一套制度对公司经营者的经营结果、行为或决策进行及时的审核、监察与督导。其包括以下内容：组织监督、代理

---

① 汪健康：《基于子公司主导行为的企业集团母子公司治理研究》，哈尔滨工程大学博士论文，2007 年。

② 李无非：《基于复杂适应系统理论的公司治理机制研究》，河北工业大学硕士论文，2006 年。

③ 刘雁翎：《我国上市公司内部监督机制研究》，武汉大学硕士论文，2004 年。

人自我监督、高层经营人员监督和企业员工监督。

（三）企业集团外部治理管控机制

企业集团外部治理机制指的是通过市场竞争形成的委托人之间和代理人之间激励约束机制，如资本市场、产品市场和职业经理人市场，当事人之间的市场竞争是形成委托人和代理人之间激励约束机制的主要原因。企业集团外部治理机制要求通过产品与价格竞争、控制权竞争、经理人才竞争等方式对企业集团产生激励约束作用。

（1）市场机制。企业集团外部治理的市场机制指的是企业集团的出资人，即股东和债权人等，通过外部市场体系对经营者进行控制，以确保出资者收益的方式和机制，它包括以下几个方面[①]：一是公司控制权市场。其指的是公众公司的控制权被交易的市场，主要的方式有接管、兼并、收购等。而来自于控制权市场的敌意收购和接管将对公司治理产生有效影响，其迫使企业集团的决策者和经营者提高治理绩效。二是证券市场。对于上市公司而言，证券市场通过公司股票价格的变动，及时反映企业绩效，从而对董事会和经营者产生压力，促使其提高治理绩效和管理绩效。三是职业经理人市场。职业经理人市场通过一个对经理人员过去绩效的事后处理机制，能够有效地降低代理成本。职业经理人市场是从外部监督公司的重要机制，其包括了公平竞争机制、信息传导机制和信誉机制。四是发达完善的产品和要素市场。在市场经济条件下，市场评判是监督和约束经理层的主要依据。对公司治理过程产生最根本约束的是产品市场的竞争，公司治理的内在结构的最终结果反映在公司产品的市场竞争力上。充分竞争的产品和要素市场的存在，有助于克服经营权和管理权分离下的信息不对称，从而为解决代理人问题提供了可靠的信息支持。

（2）行政机制。企业集团母子公司外部治理的行政机制，主要是指政府和银行的管制机制。行政机制是公司治理结构的重要外部治理机制，因为行政机制是一种强制性机制，政府通常以游戏规定制定者和"裁判员"的双重身份，通过法律、行政和经济手段，深刻影响着公司

---

① 汪健康：《基于子公司主导行为的企业集团母子公司治理研究》，哈尔滨工程大学博士论文，2007年。

治理运行方式和营运绩效。政府对企业集团的治理，包括了法规性治理和政策性治理。一方面，政府通过各种法规对企业集团的治理行为和经营行为进行监督和约束，限制企业集团的非法行为，并对企业集团有可能损害其他利益相关者的行为进行监管；另一方面，政府制定的各种产业政策、行业发展规划、重大预算方案等，对企业集团的决策具有直接或间接的导向作用，企业集团的治理行为必须服从和服务于这种导向。银行作为债权人，对企业集团的治理，主要通过是否向企业集团贷款、贷款的条件、使用及偿还方式等，从资金上对企业集团及其主要经营者施加约束，进行间接治理，主要表现为保护性条款和重组或清算。债权契约是解决代理人问题的一种重要机制。债权虽然只是资本流动的一种特殊形式，但它实际上是一种控制能力。债权契约的基本特征是：如果债务人违反契约或不能支付，企业资产的部分控制权将由债务人转向债权人。[①]

（3）社会机制。企业集团母子公司治理离不开社会这个大环境。企业集团母子公司外部治理的社会机制，主要是指社会中介机构，如证券公司及律师事务所等中介组织的诚信机制、社会意识形态、文化价值观念、历史传统及道德规范等，这些变量对企业集团母子公司治理产生了越来越大的影响。

五、企业集团治理管控的结构

公司治理结构是指一组联结并规范股东大会、董事会、监事会和高级管理者等相关利益者彼此之间权利和义务的，以及与此有关的人员聘选、监督等问题的制度框架。由于企业集团的特殊性，从而导致其治理结构具有以下特征：一是企业集团各层级之间通过委托代理关系来维持，由上至下以授权的方式在各层级之间进行权力分配。其领导体制由权力机构、决策机构、监督机构和执行结构组成，它们各司其职，相互制衡、相互协调。二是由于代理人的动力、信息的不对称等原因，必须对代理人进行激励，同时要求建立制衡关系。通过报酬形式和一整套制

---

① 汪健康：《基于子公司主导行为的企业集团母子公司治理研究》，哈尔滨工程大学博士论文，2007年。

衡关系，最大限度地实现委托人所预期达到的目标。三是在企业集团母子公司治理中，治理的主体是集团母公司，治理的客体是集团子公司，根据集团子公司的策略性、自主性角色、发展阶段的不同，治理方式和手段也存在很大的不同。

因此，集团母公司的治理和子公司的治理，主要是在企业内建立完善的治理结构，从股东大会、董事会、监事会和经理层等方面构建一套控制、协调、激励和约束机制，使股东大会、董事会和监事会共同发挥作用，处理好出资人和经营者之间的关系，有效地解决代理问题，降低代理风险和成本，建立科学的决策机制。因此，股东大会、董事会、监事会和经理层，尤其是子公司的股东大会、董事会进而经理层之间的责、权、利划分构成了治理的主体框架，其中董事会是治理的核心。而企业集团也是利益相关者的协调与合作网络。母公司和子公司都是嵌入在由各利益相关者构成的社会关系网络中，内部治理结构仍然体现了利益相关者之间的利益冲突与协调。首先，母子公司董事会由各自的利益相关者构成，分别接受来自包括控股股东在内的所有利益相关者的治理，并向他们履行不同的说明责任。其次，母子公司中的经营者分别接受来自各自董事会的治理，并向他们履行说明责任。最后，子公司中除控股股东以外，其他利益相关者也要参与治理。其可通过向子公司董事会和监事会引入代表子公司利益的独立董事和外部监事来实现，从而在一定程度上体现子公司利益相关者的利益。[1] 由此，可以构建出企业集团母子公司的治理结构，如图 7 - 1 所示。

六、企业集团治理管控的内容

通常而言，集团母公司根据不同的产权关系与结构对子公司采取不同的治理管控方式。

（一）母公司治理管控

母公司是其他子公司的出资者，因而其治理管控的模式或内容对于其他子公司、参股公司和关联公司的治理有着决定性的影响。母公司治理主要是通过母公司股东大会、董事会、监事会等机构，主要采取市场

---

[1]　谢明亮：《协调与合作视角下的企业集团治理研究》，山东大学博士论文，2006 年。

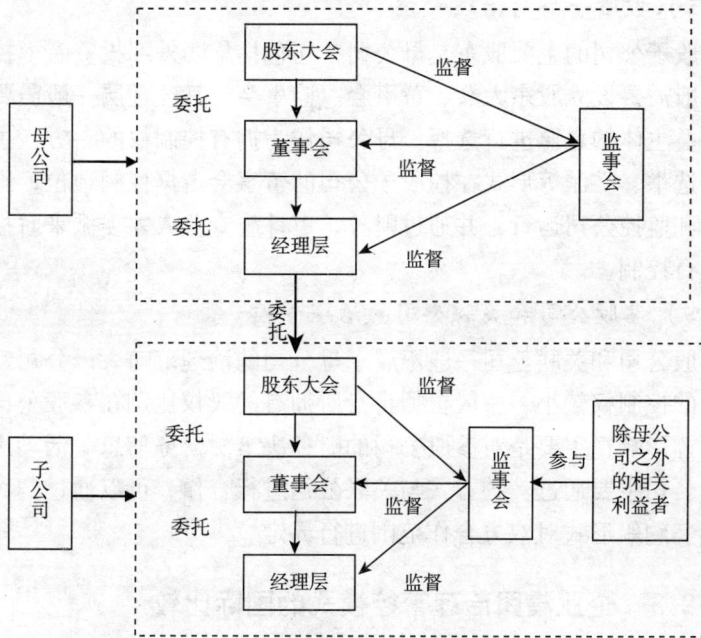

图 7 – 1 企业集团治理管控结构

方式选聘公司经理层来进行。除此之外，母公司不但负责整个母子公司治理结构和治理机制的设计，并以"企业集团章程"的形式加以制度化，而且还负责对子公司的治理活动进行决策和控制，对子公司的经理层进行绩效考核等。①

（二）全资子公司治理管控

全资子公司的股东只有母公司一个，因而母公司对其拥有全部的控制权。全资子公司一般不设股东大会，需设立董事会、监事会。股东大会的部分权力下放给公司董事会。全资子公司的经理层一般直接由母公司委派或以市场形式选聘。母公司对全资子公司的治理一般采取直接方式，对其发展战略、组织结构、管理体系和经营机制等活动进行直接运作。

---

① 付春满：《企业集团管理控制系统研究》，天津大学博士论文，2008 年。

（三）控股子公司治理管控

控股子公司的主要股东是母公司，还包括集团外部投资者。控股子公司一般需要设立股东大会、董事会、监事会，其经理层一般需要根据各方利益主体的意愿进行选择。母公司作为拥有控制权的一方，主要通过董事选举、委派等形式在控股子公司的董事会占据控制地位，影响公司决策和监控公司运行，并通过财务、审计等专业人才委派来对控股子公司进行控制。

（四）参股公司和关联公司的治理管控

参股公司和关联公司一般不属于母公司的治理范畴。母公司对于参股公司的控制权较小，一般根据自身所拥有的股权比例在参股公司董事会中发挥影响，主要是对参股公司的财务决策、财务信息等活动进行监控。母公司主要通过契约方式与关联公司进行合作，可以通过契约变革或新签契约等形式对双方合作范围进行界定。

7.2.3　企业集团治理管控模式的国际比较

由于各国的财产权制度、文化政治特征、市场结构特征和国家经济发展战略等的不同，经过长期的公司发展历程和企业制度的演变，产生了不同的公司治理模式。总的来说，国外企业集团管控模式主要有两类：英美模式和日德模式。

一、国外企业集团治理管控的主要模式

（一）英美模式——市场导向型

英美公司治理模式是以股东利益为导向、以资本市场为基础的市场主导型模式，股东高度分散、流动性强，不直接参与公司经营决策，对公司经营管理的影响很弱；经理层成为公司的实际控制者，形成"强管理者、弱股东"的结构。在这种结构下，股东和经营者之间的委托—代理问题主要通过外部市场解决。股东利益靠资本市场、公司控制权市场和经理人市场等外部市场来保护，管理人员的选择、激励也依赖于外部市场"收购接管"的潜在约束机制来实现。

（二）日德模式——银行导向型

日德公司治理模式是以利益相关者为导向、以大股东控制为主的内

部监控模式，决策机构基本由内部经营人员控制，外部治理机制较弱，激励机制方面主要通过团队精神、个人名誉和社会地位等内部激励来推动经理努力工作，实现公司的长期经营目标。日德模式的最大特点是主银行制，稳定、专业的银行既是公司核心股东，又是公司主要贷款人，同时具备行使股东监控权力的动力和能力。作为股票持有人，银行有丰富的专业知识和经验，能够对公司的生产经营活动进行有效的监督；作为公司的最大资金支持者，公司的经营状况直接影响到银行的本息偿付，银行必然会对其贷款进行监督，对经理层实行有效的控制，保证公司股东监督机制的实施，促进公司全面长远发展。

二、两种模式的比较

(一) 两种模式的差异

英美模式与日德模式作为目前公司治理结构中最具代表性的两种模式，他们表现出了许多相异之处。总体而言，英美模式是以股东主权与竞争性资本市场为特征，强调"看不见的手"的作用的市场导向性模式，即强调公司外部治理机制；日德模式是以主银行制与法人相互持股为特征，对"看不见的手"加以修正后的银行导向模式，这种模式更强调公司内部治理的作用。从形式上看，英美模式的所有权结构最接近于伯尔勒—米恩斯的股权分散化模式，其公司内部治理结构的基本特征为：强大的管理者（内部人）、顺从的董事会（橡皮图章）及疏远的股东（所有者），由此产生代理问题；外部市场（产品市场、资本市场、经理人市场）是对管理者进行监督制衡的主要力量，金融中介机构在公司治理中的作用十分有限。而日德模式的特点是：集中的所有权结构，法人相互持股；机构投资者（主要是银行）在融资和公司治理方面发挥着巨大的作用。此外，日德公司还注重协调员工、银行、供应商、关联企业等诸多利益相关者的关系。由此，我们可以总结出以下几点差异：英美、日德模式的法人治理结构以"一会制"、"两会制"相区分；英美模式下分散化的股权结构和发达的金融市场使公司的股权流动性大大高于德日模式下股权的流动性；英美模式发达的资本市场便于公司利用资本市场直接融资，而日德公司多通过银行贷款进行间接融资；在外部治理主体上，英美模式下是发达的资本市场，而日德模式下依靠公司最大的债权人——银行。①

（二）两种模式的局限性

通过更进一步的分析，可以发现两种模式存在各自的有限性：

英美模式存在较严重的内生性代理问题。虽然英美模式有利于培育活跃的商业创新机制，通过"创造性的破坏"（如并购）来加速生产要素的积聚与重组，并使经理们可按自己的意愿办事，更大程度地发挥创造力，但高度分散的股权弱化了股东对公司经理层的监督，董事会成为受经理控制的"橡皮图章"。这样就导致了经理有充分的资产处置权，并有可能为追求个人利益而违背股东利益，从而产生内生的代理问题，使经理只重视短期盈利；而且不能通过签订完全契约而更多地依赖资本市场购并来解决代理问题的代价过于昂贵。

日德模式的外部治理相对弱化。日德模式中，主银行制有助于公司实现长远发展，相互持股能节约交易费用，提高交易效率，还有利于利用各自拥有的信息及管理优势来提高公司资产经营效率和盈利能力。但由于疲软的证券市场，某种不易通过直接监管加以纠正的管理失误和低效企业往往长期存在；而且，由于缺乏关心利益相关者利益的外部治理机制，利益相关者之间的冲突愈加显著化。

（三）两种模式的趋同性

两种治理模式孰优孰劣？这个问题目前尚无定论。单纯地依靠某一方面主体的监控不可能解决公司治理中存在的问题，两种模式在各国经济发展中都暴露出不少问题。如日本在经济不景气时，由于证券资本的流动性差又缺乏活跃的公司控制市场，股权少的股东为得到较高的回报而诉诸法律的利益冲突事件屡见不鲜。又如金融危机下某些不易通过直接监督加以纠正的长期存在的管理失误、交叉持股下形成的银行激励的扭曲及泡沫经济的破灭等也凸显出来。

自 20 世纪 90 年代以来，两种模式的"趋同"现象已经发生。由于一些新的发展现象为两种模式都注入了新的内容，使得二者正在相互靠近，相互补充，取长补短，进行着"趋同化"的新的开拓与尝试。如

---

① 刘婷：《中国企业公司治理创新研究》，湘潭大学硕士论文，2002 年。

英美模式放松了银行对持有公司股票的限制，使银行的相机治理作用得以完善。在美国，金融机构作为重要的股东的作用逐步加强。而日德模式开始强调个人股东的利益，使证券市场日益发展，尤其在日本，主银行的中心作用正在削减。了解这种趋同性，无疑对中国企业公司治理的创新取向具有重要的借鉴意义。

7.2.4　中国企业集团治理管控创新

一、中国企业集团治理管控模式

中国的公司治理采用的是二元制公司治理模式，在股东会下设立董事会和监事会，董事会和监事会两者是平等关系，一同向股东负责，监事会负责监督董事会。从形式上看，中国的公司治理模式最为接近日本模式，但从实质上看并不一样。中国的公司治理还学习了美国，引入了美国的独立董事制度，即在董事会中引入独立董事，目的是利用独立董事制衡约束内部董事。

二、中国企业集团治理管控模式的缺陷

当前，中国公司治理模式是对日德模式和美英模式的简单组合，从中国自身特点和实际应用效果角度分析，这种组合存在着一些缺陷：

第一，中国虽在形式上模仿了日德的二元制公司治理模式，但中国外部治理十分薄弱，既没有日德的主银行制，也没有英美发达资本市场上的大量机构投资者。在中国，商业银行一般不是主要股东，没有大量法人交叉持股，不存在大量机构股东，缺乏外部力量监控公司治理和制约大股东，存在大量一股独大、股权过度集中的现象。正是由于外部力量薄弱和机构股东作用不强，导致大量内部人控制现象。作为二元制中重要的职能部门——监事会，在中国公司发挥的作用不大，甚至常被大股东或董事会控制而形同虚设。

第二，中国引进了独立董事制度，规定公司董事会中至少要有1/3的董事为独立董事，通过独立董事制衡与约束内部董事。但实际上同样存在与监事会相同的问题，独立董事也有作用不大和形同虚设的现象。这种现象也可归因于中国公司外部治理很弱、股权结构不合理。

从近年来全球公司治理发展看，各国公司治理大有趋同之势。但由于各国国情不同，趋同化是一个长期整合的过程。中国在吸收他国优秀公司治理之处的同时，要结合自身国情，找到真正适合自己的公司治理模式。[①]

三、中国企业集团治理管控的创新

（一）优化企业集团股权结构

中国企业集团股权过度集中于少数大股东，股权分散程度较低。中国应借鉴过于集中的日德模式与过于分散的英美模式的趋同，通过引进战略投资者以及高管层与员工持股等方式来分散大股东持股比例。

（二）强化监事会与独立董事的互补制度

如果说监事会属于内部监督机制的话，那么独立董事则属于外部监督机制。虽然中国的企业集团中同时存在着这两种监督机制，但是二者之间并没有形成互补作用，反而成为互相推诿的机制。在现实中，由于监事会成员更多来源于集团内部，常常架空来自于外部的独立董事。因此，需要进一步强化独立董事的作用，使二者之间形成互相制约同时又互相补充的机制。

（三）改组董事会

在董事会内部分设内外两个部分，即董事会内包括内部董事会和外部董事会。内部董事会成员由公司内部高层人员担任，一般多由经理人员担任。外部董事会成员由独立董事和利益相关者担任，独立董事应在半数以上，外部董事会中的利益相关者包括中小股东、债权人、主要客户以及公司员工等。内部董事会负责公司重大事项的经营管理工作，外部董事会负责监督工作，同时也具有投票表决权，这是与监事会最根本的不同之处。内、外部董事会的主席分别由一名副董事长兼任，分别负责本部分工作以及相互配合工作。两个董事会不是并列的关系，而是董事会内的融合关系。这样改组董事会，既提高了董事会效率，充分激发了各利益方的工作积极性，又增加了董事会内部的相互制衡作用，有效

---

① 赵鹏：《全球公司治理趋同下的中国模式创新》，《合作经济与科技》2010年第2期。

弥补了中国外部治理薄弱的缺陷。①

7.3 企业集团运营管控体系

7.3.1 企业集团运营管控的内涵

所谓企业集团运营管控，通常是指企业集团在日常运营过程中，如何处理母公司与子公司、集团总部与成员企业之间的资源分配、权力分配以及运营模式的管理方法和程序。

7.3.2 企业集团运营管控模式②

一、企业集团运营管控模式分类

关于企业集团运营管控模式，国内外学者进行了大量的研究，虽然没有一个统一的观点，但总的来说，基本上是沿着集团公司与其他业务单元之间的授权程度进行划分的。本书采用得到较多学者和企业家赞同的分类方法，即将企业集团运营管控模式分为财务管控型、战略管控型和操作管控型。

财务管控型是指集团母公司作为投资决策中心，以追求资本价值最大化为目标，倾向于关注业务单元和协作单位的经营结果，着重于投资回报率。在三种基本的管控模式中，财务管控型是分权程度最高的一种模式。在满足预期收益的前提下，不干预子公司的战略规划和经营运作，更不会插手具体业务环节的控制。集团总部负责集团的财务管理、资产运营、投资决策和实施监控，以及对外部企业的收购、兼并工作

---

① 赵鹏：《全球公司治理趋同下的中国模式创新》，《合作经济与科技》2010 年第 3 期。

② 本文认为，在通常的企业集团管控理论中所指的管控模式，通常是基于企业集团母子公司之间的运营管理中关于集分权程度来划分的。而企业集团的管控体系，实际上是包括了资本管控、治理管控、契约管控和运营管控，除了运营管控，其他管控体系并不能依据母子公司之间的集分权程度来划分，因而本文将通常意义上所指的企业管控模式，等同于企业集团运营管控模式。

等，还包括确定子公司年度财务目标。财务管控型模式主要适用于以下情况：各子公司业务相关度低、产权关系松散、对集团影响不大或风险小等。

战略管控型是指集团母公司作为集团的战略和投资决策中心，以追求企业集团总体战略控制和协同效应的培育为目标，主要管理子公司的资产以及战略规划。在三种模式中，战略管控型的集、分权程度处于中间，一方面，它要求子公司遵从集团的整体发展战略，并从人力资源、资金等方面给予支持或限制；另一方面，对于子公司中符合集团发展战略的具体运营不作过多控制，以便保持其独立性。通常而言，集团总部负责集团的财务管理、资产运营和战略规划，各子公司（或业务单元）也要制定自己的业务规划，并提出达成规划目标所需要投入的资源预算；集团总部负责审批子公司的计划、批准其预算，再交由子公司执行。集团总部主要负责平衡各子公司之间的资源需求、协调它们之间的矛盾等。战略管控型模式主要适用于以下情况：各子公司之间的业务相关程度较高、产权关系紧密度较高、业务运作比较成熟、对集团影响较大等。

操作管控型是指集团母公司作为决策中心和生产指挥中心，以追求企业经营活动的统一和优化为目标，对集团的资源和生产经营活动进行集中控制和管理。在三种模式中，运营管控型是集权程度最高的模式，它不仅要求企业遵从集团统一发展战略，而且集团母公司对子公司的资金、采购、销售、生产等各个运营环节都参与管理与控制。在这种模式下，几乎所有事务的最终决策权均集中在集团总部，子公司仅仅是集团决策的被动执行者。运营管控型模式主要适用于以下情况：集团总部与子公司之间产权关系紧密程度高；总部为投资中心和利润中心，子公司为成本中心。

二、企业集团运营管控模式选择的影响因素

企业集团究竟选择何种管控模式，实际上受到许多内外部环境因素的制约，总的来说，主要有以下几种因素影响企业集团运营管控模式的选择：

（一）环境确定性

企业集团是整个社会系统中的一个子系统，外部环境为其提供了生存发展的机会与各种资源，因而企业集团的运营管控模式将受到其所在外部环境的影响。在管理学理论中，通常用动态性和复杂性来衡量外部环境的确定性程度，越是动荡、复杂、差异和对抗的环境，就越易引起组织成员的不确定性，而这些不确定性可能促使企业集团母公司提高对其子公司或关联单位的授权程度。

当面对不确定的环境时，为了快速响应环境变化，即使母子公司之间具有较强的依赖性，也通常需要给予子公司更大的灵活性和自主权；而在相对确定性的环境中，为了提高企业集团的效率性，通常需要采用集中性和规划性的程序或惯例。因此，企业集团所在的外部环境的不确定性程度与企业集团母子公司之间的分权程度呈正相关关系。简单地说，在不确定性环境中，企业集团更适宜采用分权式的管控模式，如战略型或财务型。

（二）业务相关度

业务相关度是指权属企业的业务经营项目与集团对自身的总体定位以及集团总体业务发展战略的一致性大小，母子公司业务战略一致性越高，业务相关度越高，两者呈正相关关系。业务相关度将直接反映权属企业在集团产业结构布局中所承担的角色定位和板块地位，是母子公司管控模式选择的一个至关重要的影响维度。根据业务相关度的大小，权属企业可分为四个层次：核心业务、主营业务、衍生业务和非相关业务。核心业务是指与集团战略完全一致、业务高度相关的业务板块，一般处于母子公司体系的核心层位置。主营业务是指与集团主业相关度较高，起到重要利润支撑点或掌控关键资源的业务板块，一般处于母子公司体系的紧密层位置。衍生业务是围绕集团主业产业链条进行上下游衍生拓展的业务板块，业务相关度较低，一般处于母子公司体系的半紧密层位置。①

---

① 赵黎明、成红波、付春满：《基于管控客体视角的企业集团管控模式研究》，《西北农林科技大学学报（社会科学版）》2009 年第 5 期。

（三）业务重要度

业务重要度是指根据集团战略，其各业务单位所经营项目对其贡献的大小，主要包括四个方面的内容：一是资产贡献率，即某一业务单位其净资产在集团净资产总额的比例，体现了集团总部对业务单位的业务主导力度。通常来说，集团总部对业务单位所持股份越多，其业务重要度就越高。二是利润贡献率，即某一业务单位的净利润额与集团总利润额之比。通常而言，其比例越大，则业务重要度越高。三是市场地位，指各业务单元的业务规模、地域范围以及市场覆盖比率，该指标反映了权属企业在本行业内的竞争地位。四是协同效应，指该业务能为集团其他业务开展带来帮助的程度，包括价值定位以及运营的协同效应，前者是指客户、产品、渠道、品牌等方面的协同性，后者是指资金、管理流程、共享服务等方面的协同性。

（四）业务成熟度

业务成熟度主要是从净资产收益率、发展阶段和管理成熟度这三个影响因子对其进行综合考量。净资产收益率，主要是考察各业务板块自身的盈利能力，这是业务成熟度的一个重要衡量指标。发展阶段，主要是衡量各权属企业在生命周期动态演化的不同阶段，其业务的灵活性与可控性的大小以及成熟度的高低。管理成熟度，主要体现在企业的治理机制完善程度、组织结构和管理制度健全与否、母子公司协调及融合能力等方面。

（五）母子公司组建模式

从世界范围来看，各国企业集团的母公司即为控股公司，控股公司的功能定位有三种基本选择模式[①]：一是金融型控股公司。以追求资本增值为唯一目标，无明确的产业选择。投资对象多为上市公司，股权流动性高。金融型控股公司将注意力放在财务指标数据的控制上，通过控制股权，支配被控股公司的重大决策，以达到资本控制的目的。二是战略型控股公司。以追求资本增值与多元产业发展双重目标，有明确的产业选择，有核心企业，母子公司关系稳定，集团母公司通过控股方式形

---

① 阎同柱、李鹏、詹正茂：《全方位透视母子公司管理》，《企业管理》2001 年第 9 期。

成战略型企业集团。如果母公司定位于战略型控股公司，一般情况下，该公司控制的子公司依据集团战略负责某一方面业务的日常经营与管理，即偏向于某一方面业务的具体操作，承担利润中心的角色。三是运营型控股公司。以追求主导产业市场占有率与资本增值双重目标，有明确的主导产业，既从事股权控制又从事具体某个业务的实际经营的控股公司。由于公司从事较多的具体业务的操作指导，母子公司关系密切，人员配备较多，管理费用较高。企业在多元化初期通常采用这种组织体制，此时主业由母公司经营，多元化的业务由子公司经营；如果母公司定位于操作型控股公司，则一般情况下该公司控制的子公司主要承担业务运作某方面的职能，如研发、生产、营销等。[1]

（六）母公司经营战略

母子公司管控的目的就是更有效地为实现母公司经营战略服务。总体来说，母公司的经营战略有以下几种[2]：一是集中型战略。母公司在某一行业中只选择一个特定的细分市场，这个特定的细分市场可以是某个特定的顾客群、某产品系列的一个细分区段或某一个地区市场。企业将所有资源集中在这一特定细分市场上从事生产、服务与经营，而母公司及其子公司的所有业务活动与控制均集中围绕单一细分市场来组织开展，在这种战略下通常会采用集权式的管控模式。这一方面是由于经营的产品品种单一，管理比较简单；另一方面，实行集权，有利于减少管理人员，降低成本。二是差异化战略。母公司在同一产业中根据企业自身能力，同时选择多个细分市场，为不同的细分市场提供差异化或独特的产品和服务，母公司的生产经营活动在各个细分市场同时铺开，以占领各自领域的市场份额。这种战略下，母公司对子公司主要采取分权式管控模式。三是纵向一体化战略。母公司在目前行业所在的产业链方向，通过投资或兼并，或是前向一体化原料、零配件等上游企业，或是后向一体化分销、物流等下游企业，使企业形成从原料、配件生产、初

---

①　蒋敏凤：《论企业集团母子公司人事管理控制模式的选择》，南京师范大学硕士论文，2006 年。

②　葛晨、徐金发：《母子公司的管理与控制模式——北大方正集团、中国华诚集团等管理与控制模式案例评析》，《管理世界》1996 年第 6 期。

级产品生产、总装、销售、物流等纵向的完整的生产销售体系。此时，母公司对子公司主要采取相对分权式管理模式，但视具体情况，也可采取集权式管理模式。四是横向多元化发展战略。母公司为拓展产品及服务领域，开辟利润来源，规避市场风险，在相关或完全不相关的不同行业内投资或兼并相关企业形成多领域、多行业类型的多元化经营格局。当母公司多元化发展进入到与原来业务无关的领域，母公司对子公司主要采取分权式管控模式。

◆ **案例：如何选择适合的集团管控模式？**①

A 企业：主业经营管理经验丰厚，辅业经验缺乏，管理水平中等，处于成长阶段的中型民营企业。

A 企业是东北地区一家有 6 年历史的中型民营企业，是当地的农业产业化龙头企业。目前，该企业已经成为以肉类屠宰及熟食加工为主业，横跨饲料、皮革、生物有机肥、房地产等多个领域的集团公司，产品销往国内外市场。最近两三年，该企业一年上一个新台阶，正处于蓬勃发展的成长期。2005 年，公司年营业额达到 6.8 亿元人民币。受到公司业绩不断飙升的鼓舞，2006 年，企业开始对外大力扩张，先后并购了当地另外一家肉类屠宰企业，并在黑龙江、河南两地分别新建了两家肉类屠宰厂。伴随着公司的发展壮大，对下属企业的管控问题开始成为摆在 A 企业面前的一道不大不小的难题。

在深入调研和理性分析的基础上，我们对 A 企业的集团管控提出了如下分析建议：首先，肉类屠宰是该企业的主业，地位重要，经营管理经验丰厚，但考虑到新并购和新建的三家肉类屠宰企业均距离本部较远，以及出于激励下属企业积极性的需要，该企业应对本部屠宰企业实行操作管控，对另外三家屠宰企业均实行战略实施型的管控方式，其战略发展方向由集团总部决策，日常经营管理权大部分仍归总部，一部分下放。其次，熟食加工也是企业主业，但它刚刚起步，且属于公司较新的业务，出于大力鼓励其发展

---

① 根据《从三个企业看中国企业如何选择适合的集团管控模式》改编，http://www. bupt. edu. cn/news/lou1/viewtx. asp？id＝20113。

的目的，宜实行战略管控。再次，考虑到地理位置因素和辅业地位，对位于本部的饲料厂宜实行战略实施型的管控，由于皮革、生物有机肥等相关度不大的业务单元是辅业，行业经验匮乏，且处于次要地位，宜实行战略管控。最后，对与主业不相关且运作经验匮乏的房地产业务单元，宜实行战略指导或财务管控。

B企业：刚刚实现集团化，基础管理薄弱，尚处于初级发展阶段的地方国有小型企业。

B企业是南方一家有10多年历史的小型国有商城企业，拥有各种资产2.1亿元左右，企业品牌在当地颇有影响力，与领导人更换频繁、人际关系错综有关，企业的基础管理一直比较薄弱。2006年，新上任的领导人雄心勃勃，以商城主业为基础，连同新收回的××宾馆，以及企业原有的××酒店、××房地产开发公司一起，制定了宏伟的公司战略，准备实现新的跨越。至此，原本不存在的集团管控问题浮出水面，成为B企业需要解决的一大问题。

我们经过认真调研，对B企业的集团管控问题提出如下分析建议：首先，鉴于商城公司经营班子的业内管理经验丰富，而集团领导对商城业务相对陌生，故虽为公司主业，地位重要，仍宜采取战略实施型的管控方式；其次，考虑到该企业并不擅长酒店经营，故应在聘请专业酒店管理公司的前提下，对酒店业务单元实行战略管控；最后，对房地产开发业务单元应分长短期来区别对待，短期内应明确将之定位为集团内部的工程建设与维护公司，实行操作管控，未来应视情况而定，可实行战略管控。

C企业：实力雄厚，水电厂管理经验相对丰富，已经发展到成熟阶段的地方国有大型企业。

C企业是中原地区一家已有10多年发展历史、实力雄厚、管理经验相对丰富的水力发电国有大型企业，资产达到10.7亿元，旗下拥有一家全资水电厂、一家控股火电厂、一家工程咨询公司、一家旅游企业、一家房地产企业。作为一家财力雄厚、已经处于成熟阶段的地方国有大型企业，该企业的主业是水力发电，水电厂营运与管理经验丰富，因此对水电厂宜采取操作管控；火电业务与水电业务属于中高度相关，但该企业管理火电厂的经验相对不足，故宜实行战略管控；对中度相关的工程咨询业务宜实行战略管控；对轻度相关但进入障碍不大的景区旅游业务宜实行战略管控：对不相关、且行业壁垒高、风险相对较大的房地产业务宜实现财务管控，以谋取财务受益为主要目的。

通过对以上三家中国典型企业的解析，可以发现，企业集团对下属企业的管控模式并不存在一个"标准"或"万能"的模式，也没有"最佳"的模式，只有"最适合自己"的模式，而且它们还将随一些外界因素的变化而不断调整。因而在现实生活中，企业集团的管控模式实际上往往是以一种混合的形式存在的。

7.3.3　企业集团运营管控的手段

企业集团运营管控通常是通过母公司对子公司所采取的具体职能管控手段来实现的，通常包括战略管控、预算管控、人力资源管控、信息管控、文化管控和绩效管控，这是母公司管控权力得以有效发挥的关键。

一、战略管控

战略管控是母公司根据集团战略目标，从组织、制度、方法及流程等角度建立一套完善的管理体系，对集团战略管理和子公司战略实施情况进行控制的过程。战略管控能够增强各子公司的战略一致性，使得集团整体沿着既定的发展道路前进。

母公司是企业集团的战略管控中枢，子公司是母公司的主要管控对象。母公司进行战略管控主要是采取集权式管理，即企业集团的战略目标制定、战略规划、战略监督及实施效果评估等权力均集中于集团母公司。子公司主要是作为基本的战略业务单元，根据集团的战略部署在所属市场内进行专业化经营。子公司制定和实施战略必须服从和服务于母公司战略。

保持战略协同性是集团战略管控的重要目标。母公司需要制定统一的战略管控体系，对子公司的经营活动进行指导和规范，使得各个子公司围绕共同战略目标合理配置资源，实现分工与合作，形成协同发展的规模经济效应。母公司通过战略管控可以把集团关键资源和管理重点集中到关键的经营领域，促进集团战略目标实现。

二、人力资源管控

人力资源管控主要是指母公司对子公司高级管理人员的管控。母子公司人事管理主要包括子公司高层人员的委派、考核、绩效评估、激励机制等内容，对于子公司中层管理人员、一般职工的人事管理（招聘、培训、考核、薪酬等内容）不在此范围之内。

集团人力资源管控的重点是要解决子公司高管层的任命与控制，对子公司管理层进行考核和激励。按照现代企业制度和法人治理结构的要求，母公司作为出资者依法对子公司享有选择、委派、推荐、提名管理者的权利。以资产为联结纽带组建的企业集团，其人事权主要掌握在母公司手中。企业集团在选拔子公司经营者方面可以通过以下方式进行管理：一是内部委派，即由集团内部选拔人员并由母公司推荐来担任子公司的董事、监事和高层管理人员，子公司也可以提名其经理层人选并上报母公司审核和批准。二是外部招聘，即借助外部市场力量进行公开的人才招聘。

母公司对子公司的人力资源管控是分层次的，这取决于母公司与子公司之间的关系，特别是股权联结的紧密程度。对于全资子公司，母公司具有完全的人事控制权；对于控股公司，则派遣董事、监事和高层管理人员来控制子公司的经营决策和经营管理；对于参股公司，母公司主要通过派遣董事参与其董事会，对参股公司的重大决策和经理人员任命施加影响。

操作型人力资源管控。操作型人力资源管控模式指的是集团总部统一管理各级企业的人力资源，集团人力资源部拥有绝对的管理权限，子公司、分公司的人力资源管理受总部人力资源部的严格约束，是总部人力资源管理制度、政策的忠实执行者。从集团的多元化程度来看，多元化程度越低，越容易采用这种集中式的人力资源管控；从集团的规模看，中小企业集团多采用这种模式。在这种模式下，母公司是最高人事管理中枢，负责制定企业集团的人事管理制度体系，负责对子公司董事、监事和主要高管人员的选拔任命并对其经营行为考核和监控。母公司董事会可以成立提名委员会，母公司总部可以成立人力资源部，共同对母子公司体系的人事活动进行决策支持和管理。全资子公司的总经理由母公司董事会任免，副总经理等人员由子公司总经理提名并经母公司总经理批准。控股子公司总经理由子公司董事会聘任，副总经理等人员由子公司总经理提名，子公司董事会任命。

战略型人力资源管控。战略型人力资源管控模式是根据集团的具体情况，通过谈判等方式，尽可能地控制子公司、分公司的一些重要岗位，实现对人事的适当控制。它是一种集权与分权相结合的产物。采用这种人力资源管控模式的企业，总公司与下属组织在人力资源管理职能上各有分工。通常集团负责整体人力资源政策、子公司重要岗位的人事权等，而对一般部门经理、普通员工的人力资源管理等职能则下放给子公司、分公司，让它们拥有相对独立的权限。

财务型人力资源管控。在财务型人力资源管控模式中，总部的人力资源部门只负责整个集团人力资源政策和制度的制定、实施与监督，对下属机构人力资源政策、制度的审核，对集团人力资源信息的掌控等。通常来说，在这种模式下，总部委派关键人员到集团的子公司，以达到控制子公司的目的，如对财务人员的委派制度等，一般资本投资型的母子公司都采用这种模式。

三、预算管控

（一）企业集团预算管控的内涵

建立完善的预算管理制度是财务管控的重要内容，预算管控是强化企业集团管理控制的一种有效方式。集团母公司根据集团的发展规划，提出一定时期内的集团总目标，并根据总目标编制集团的长期规划和年度规划，将各项指标分解下达给各子公司。子公司根据母公司下达的各项指标要求和本单位的具体情况编制年度预算，上报母公司审批。预算强制性地确定了企业发展的战略目标和每一个阶段的经营目标，从而建立了实现目标的企业运行和资源分配的框架。

（二）企业集团预算管控模式

预算管控的目的是提高企业集团资源的利用效率。

（1）操作型预算管控。采用操作型预算管控的企业集团一般业务关联度较高（通常是横向或纵向一体化模式）。母公司与子公司之间、各子公司之间存在着较强的业务协同性，从而使得总部协调功能发挥所得收益远远大于协调成本。在这种模式下，集团总部通常通过建立统一的资源规划系统、集团内部信息反馈系统和作业控制系统、企业集团内部的业绩控制系统来强化总部财务规划功能，来理顺母公司与子公司之间的财务关系。

在操作型预算管控模式下，其所有的预算管理都是围绕着企业集团目标的实现来开展的，其通常具有以下特征：一是预算导向必须符合母公司产业发展战略，母公司与子公司的预算目标明确，而且市场导向（如市场占有率）及相应的市场预测结果可能成为母子公司各自预算目标确定的主要依据。二是强化预算的资源功能，在预算目标确定的基础上，将一切经营活动所消耗的财务资源全部纳入预算体系。三是总部具有对下属业务单位的预算控制权，下属业务单位通常只是预算执行主体而不是预算决策主体。四是资本分配以是否支持集团总部战略为主要标准，而不是以财务可行性为主导。子公司没有投资决策权，各子公司都只是利润或成本中心而非投资中心。五是强调总部的基础设施和财务集中服务（如要求资金集中结算、收支两条线管理）。可以看出，在操作型管控模式下，企业集团的预算管理是全面的，既强调预算管理的战略目标导向，同时又强调预算的全程规划与全程控制、财务（预算）与非财务（作业）统一性等。

（2）财务型预算管控。当企业集团各子公司间业务关联度较低、协同效益差时，企业集团通常会采用财务型预算管控模式，即母公司成为资本运作的实体，行使作为股东的资产处决权。在这种模式下，子公司的业绩是否达到母公司的期望更为重要，因而母公司的预算控制体系建立在业绩基础上。

财务型预算管控模式具有以下特征：一是母公司对下属子公司的预算导向是目标型的，即业绩目标成为子公司预算的起点，目标控制与目标管理是预算管理的主要内容。二是子公司根据母公司所制定的预算目标来编制预算，但其必须与子公司的经营战略相一致，而母公司并不对子公司做统一的预算规定。三是利用预算监控来保证预算目标的实现，但预算监控以不损害各子公司独立财务运作为前提。四是预算指标是核心式的关键指标体系，过程指标相对较粗，但结果考核指标很严，预算考核成为评价母公司是否对子公司进行再投资或其他决策的主要参考依据。五是母公司对子公司是否追加投资，主要从财务上看各子公司是否已达到了母公司所规定的资本竞价条件。竞价条件主要是母公司进行资本投资时所能接受的最低收益率，总部负责资本竞价管理，审定资本预算，并分配资本。

在财务型预算管控模式下，结果考核上的集权是其主要控制特征，预算控制是实施财务控制的主要手段，"用预算数据说话"成为一种管理文化。由于它只强调结果而不考虑过程，因此短期预算目标的合理确定就非常重要，母公司过高或过低的目标导向都不利于集团整体的盈利和可持续发展；同时，由于信息不对称，子公司是否实现了预算目标、是否存在人为的利润操纵等，都是母公司关注的焦点。

（3）战略型预算管控。战略控制型企业集团试图将上述两种模式的优势整合在一起，即在关注战略目标导向和过程控制的同时也关注预算结果。它代表了 20 世纪 80 年代末 90 年代初以来战略管理由战略规划转向战略控制的趋势。在这种模式下，母公司作为战略筹划者，主要从事以下工作：制定集团主要政策；在各子公司业务计划与母公司资源可供性协调的基础上，按照集团整体最优化原则向各子公司分配财务资源；母公司提供预算大纲和预算思想，具体预算由子公司编制，但需经过上级主管（包括业务归口部门主管和上一级预算管理部门等）认定与初审，由母公司最高权威组织审批下达；母公司严格评估各子公司的业绩。

在这种管理控制模式下，预算管理采用折中型的做法，其管理要点主要有：母公司作为战略筹划者，根据市场环境与集团战略，提出母公司战略目标，如明确进入（或巩固）哪些产品领域、这些领域的销售增长率或利润增长率等；根据产品领域优先顺序，由母公司提出企业集团的资本预算，以确定对各子公司的资本分配政策（如哪个子公司的投资应当追加，追加多少等）；采用自下而上式预算编制模式，强化对子公司预算的审批权；重点审核各子公司的重点业务预算，对获准通过的业务预算进行全方位的监控；加强对各子公司预算执行情况的评估与考核。战略控制型管理导向是当代企业集团管理的主要方式，预算模式摆脱了"事无巨细的战略规划型"的各种不足，同时也避免了"粗放管理的财务控制型"的诸多缺陷，其结合了资源规划与结果控制。

四、信息管控

信息管控对于企业集团及时了解集团总体尤其是子公司的经营动向提供了具体数据，为集团总部的经营决策提供了依据，是母子公司间的信息反馈系统，它可以有效地控制子公司的工作进程。母子公司内部信息制度一般包括：管理者的定期述职制度、总经理月报、经营管理信息报告制度、重大事务及突发事件报告制度、财务信息报告制度、人事分析月报等职能部室月报内容。[①]

信息管控首先要明确信息的使用者是谁，信息传递的目的是什么，为什么要了解此信息，想了解、控制哪一方面的经营情况，该情况的关键点和路径是什么，这样才可进一步细化信息报告的各项指标和内容。其次要确定信息报告的形式、频率和时间，以便使用者能确定各项工作的轻重缓急，统筹安排各项工作。如日本的 NEC 公司，各成员公司在进行下述经营决策时，必须先向母公司报告：有关公司资本的增加或减少、设立子公司或其他公司投资、新事业计划与设备投资、年度预算与决策、公司章程变更、重大合同的签订、董事的变动、其他重要事项。[②]

五、文化管控

企业文化有广义和狭义之别，广义的企业文化包括了企业物质文化和精神文化的总和，其既包括有形的外显文化、硬文化；也包括无形的隐文化、软文化；狭义的概念只包括企业的思想、意识、观念以及与之相适应的行为模式，[③] 其主要构成要素是：共同价值观、行为规范、形象与形象性活动。企业文化的主要功能是：导向功能、内控功能、凝聚功能、激励功能、辐射功能、品牌功能。

---

① 靳鲁东：《L 集团母子公司管理控制研究》，山东大学硕士论文，2007 年。
② 谢志华主编：《内部出资者财务——母公司对子公司的财务激励与约束》，浙江人民出版社 2001 年版。
③ 杨有红主编：《企业内部控制框架——构建与运行》，浙江出版社 2001 年版。

2003 年国资委下发的《关于加强中央企业文化建设的指导意见》中，明确提出"企业集团要处理好集团文化与下属企业文化的关系，注重在坚持共性的前提下体现个性化。要以统一的企业精神、核心理念、价值观念和企业标识规范集团文化，保持集团内部文化的统一性，增强集团的凝聚力、向心力，树立集团的整体形象。同时允许下属企业在统一性指导下培育和创造特色文化，为下属企业留有展示个性的空间。"因为集团文化作为企业集团经营理念和群体意识，是经营活动的灵魂。[1]

母子公司文化控制是一种更为深层次的控制，更多的是一种隐性的控制，它需要母公司有意授之、无形传播。母子公司企业文化控制的要点：一是培育母子公司共有的价值观和理念，养成员工良好的职业习惯，使企业员工能自动调整他们个人的目标和行为，使之符合企业的目标和行为；二是行为的规范，要以公司的制度约束员工，构成管理的氛围，使员工主动的自我控制与企业的行为准则结合在一起；三是在企业文化传播中要做到"有意而为、无心而受"，切实通过公司的标识等物质文化，来增强员工的认同感，从而提高员工的忠诚度，实现比外在控制更为深层次的控制，以强化员工的归属感。[2]

六、绩效管控

企业绩效指的是在一定经营期间内企业经营效益和经营者业绩。从出资人角度看，构成企业绩效的基本要素为："财务效益状况、资产营运状况、偿债能力状况和发展能力状况，其中财务效益状况是构成企业绩效的核心内容，资产营运状况是提高企业效绩的重要途径，偿债能力状况是企业安全性的重要体现，发展能力状况是企业未来价值的源泉。"[3] 而母公司对子公司的绩效控制是母公司对子公司绩效评价体系的建立、绩效评价实施以及绩效评价结果运用。

绩效控制是母公司对子公司实施控制的必备途径，它在一定意义上决定了子公司的发展方向，明确了母公司对子公司的要求。母子公司绩

① 席酉民、赵增耀主编：《公司治理》，高等教育出版社 2004 年版。
② 靳鲁东：《L 集团母子公司管理控制研究》，山东大学硕士论文，2007 年。
③ 财政部统计评价司编：《企业集团内部绩效评价指导意见》，经济科学出版社 2002 年版。

效控制的设计原则：一是目标一致性，实现母子公司利益一致化和最大化；二是系统全面原则，合理评价母子公司和职能部门的绩效；三是战略符合性，符合母公司发展的需要，确实做到"与时俱进"，适合母公司各个发展阶段；四是实用性，真正反映公司所存在的问题，利用定量和定性的分析方法，找出问题的关键所在；五是可比性，能与自己比、与行业比、与标杆企业比，使企业做到"知耻而后勇"，同时使各子公司对自身发展状况能做到心中有数，知道其长短处，也就使子公司知道目标所在，增强其动力。

7.3.4 中国企业集团运营管控创新

我国企业集团在 30 多年的发展过程中，逐步形成了具有自身特色的管控模式。作为中国大型企业集团先进管理模式的典型代表，操作型的宝钢模式、战略型的华菱模式和财务型的华润模式在实际运作中都取得了相应的成功。这说明，由于企业面临的内外部环境不同，在管理模式的选择上并没有固定的程式可言，选用相对集权还是分权的管理模式，如何将权力在母子公司间进行分配，要根据企业的实际情况而定，不可一概而论。

一、宝钢模式——操作管控型

宝钢集团采用了相对集权的操作管控模式，对主营业务的核心成员采取集中管理，实行人、财、物、产、供、销"六统一"，对后勤、服务等实行分散管理。具体如下：

战略管理：集团公司的战略管理集中由母公司统一规划、制定、监督实施和效果评估；子公司仅负责战略实施。

人事管理：各子公司领导层的正职由集团母公司任命，副职通过职工选举产生。劳动工资总额由母公司管理。

财务管理：集团母公司制定财务管理体系，监督子公司财务活动，提出财务改进意见；帮助子公司对重大基建项目所需资金进行筹措。

审计管理：集团公司的审计部门每年度对子公司进行全面审计。

计划投资管理：子公司的年度计划、发展计划以及重大基建、技改项目的立项和审批，均由母公司统一管理。子公司的对外投资一律按集团母公司投资管理程序办理，子公司没有对外投资的决策权。子公司运用自由资金提出技改、基建重大项目的立项批准权在集团母公司，一般项目由子公司自主决定立项，报集团母公司备案。子公司从事生产性建设的融资方案须报集团公司审批。

利润分配：全资子公司实现的利润全额上缴集团母公司，由集团母公司统一进行利润分配，税后利润由集团母公司按授权经营书及子公司章程规定的比例返回子公司，作为子公司的法定盈余公积金。控股和参股子公司的利润分配，通过母公司在子公司董事会中的代表行使决策权。

二、华菱模式——战略管控型

华菱集团采用了集、分混合的战略管控模式，子公司具有了较大的经营自主权，具体如下：

战略管理：子公司负责战略方案的制定、实施和落实，母公司负责其审批、实施监督和效果评估。

投资管理：投资管理由母公司全面负责，子公司仅负责投资的实施和落实。

人事管理：子公司董事长、总经理由母公司统一任命、考核和管理，其他由子公司负责。

财务管理：子公司财务管理、预算、对外融资等由母公司财务公司统一处理。

审计管理：采取母子公司两级审计。

利润分配：子公司利润分配方案由其自行拟定，上报母公司审批。

三、华润模式——财务管控型

以贸易起家的华润，凭借资本实力和并购手段，在大陆产业界驰骋纵横，转型为集团化、多产业的大型控股集团。经过大规模的并购扩张，华润的业务范围涉及房地产、啤酒、能源电力、纺织等诸多领域，在华润系内存在九大行业，25个利润中心的繁杂业务。

面对业务地域分布广、产业跨度大、业务管理度低的庞大集团，华润集团采取了分权式的财务管控模式。总的来说，集团总部只是一个投资决策中心，其主要负责财务管理、投资决策和实施监控，对于子公司其更关注盈利情况和投资回报、资金收益，而对于子公司的生产经营不予过问——它们只要达到财务目标就可以。在 1999 年引入 6S 管理体系，加强对子公司的财务管控，在 2003 年又引入了 BSC 体系加强对利润中心的战略管理，弥补 6S 的不足，增强集团的战略协同性。确定集团总部的职能与利润中心的职责定位之后，形成了"集团多元化、利润中心专业化"投资控股型的集团管控体系。这样，华润集团就像一个车轮，所属的利润中心就像车轮的辐条，车轮的整体性和辐条的刚性、柔性有机结合起来，驱动华润这辆庞大的战车南征北战。

7.4 中国企业集团管控体制优化

我国企业集团的发展，对促进国民经济发展、提高我国企业管理现代化水平起到了积极的推动作用。一方面，我国国有企业在集团化的过程中通过所有权与经营权分离，不仅大大提高了生产效率，而且通过各种形式的联合与专业化改组，冲破了条块分离而促进了产业融合，促进了我国产业结构的升级与优化；另一方面，我国民营企业通过集团化，推动作坊式的家族企业向现代化的企业集团转变，不仅提高了企业效益，而且增加了企业生存与发展的机会，产生了众多具有国际知名度的大型企业。但是，从企业集团管控的角度来说，无论是国有企业还是民营企业，都存在着或多或少的问题，从而限制了我国企业集团的进一步发展壮大、做大做强。因而如何在集团化过程中，建立科学的管控制度，选择恰当的管控模式，是我国企业集团迫切需要解决的问题。

7.4.1 我国企业集团管控体制现状

一、国有企业管控现状

（一）特殊的产权体制导致"行政化治理"问题

对于我国国有企业集团来说，由于历史的原因，大多数企业的母公司是国有独资公司或国有控股公司，这就导致其具有浓厚的政府背景，即国家通过政府机构来实现所有权职能。在这种产权体制下，政府的行政目标往往渗透在企业集团的经济目标当中，政府在人事任命、经营决策和资源配置等关键问题方面对企业干预过多，政府的行政机制代替了企业集团的内部治理机制，从而导致了治理行为的行政化。

我国国有企业集团企业治理行为的行政化，主要表现为资源分配行政化、经营目标行政化、经营者人事任命行政化，即"内部治理外部化，外部治理内部化"，其直接后果就是企业内的非效率，产生高昂的治理成本。① 因此，中国的企业集团对于中国公司治理的改革来说，当前最为需要的，是构造区别于政府直接治理企业的外部治理制度，为企业治理机制的完整发挥提供坚实的平台。②

（二） 转轨缺陷导致"内部人控制"问题

由于我国处于由计划经济体制向市场经济体制转轨的特殊时期，许多制度尚未完全建立，从而导致了许多制度性转轨"缺陷"。这种转轨缺陷表现在企业集团治理问题上，产生了"内部人控制"问题。内部人的形成是建立在一定的"利益集团"的基础上，内部人员把持或控制了公司多数股份，其所代表的就是自己的或者本集团的利益，而不是普通股东的利益。③ "内部人"造成的股权结构障碍，是转轨经济国家共有的公司治理问题。从我国企业集团董事会的构成和运作来看，董事会内部机制不合理，一些董事会并没有设立相应的投资决策委员会、审计委员会，不仅不能为董事会的日常运行提供正常的服务，而且使得董事会对企业集团的高层经理的监督职能很难得到贯彻。作为企业集团的专职监督机构，监事会的职权也没有得到较好的行使，有许多企业集团的监事会成员是其集团内部人员，均来自集团的党委、工会等部门，这样的遴选机制所产生的监事会，其职能的发挥受到很大的限制。董事长、总经理的权力不受制约，职工没有有效的途径来参与企业的经营与管理，并且政府控制机制在信息不对称的环境中难以有效地发挥监督作

① 李维安、武立东：《公司治理教程》，上海人民出版社2003年版。
② 青木昌彦、钱颖一：《转轨经济中的公司治理结构》，中国经济出版社1995年版。
③ 李晓娣：《基于博弈分析的企业集团公司治理模式研究》，哈尔滨工程大学博士论文，2006年。

用，因此无法对"内部人控制"进行积极的控制。

关联经理现象的大量存在，也加剧了这种"内部人控制"问题。所谓关联经理，指的是"在同一集团内，同时在两家或两家以上成员企业担任经理或董事职务的高级管理人员"①。我国国有企业中大量存在的（总）经理兼董事（长）的现象，使得董事会很大程度上演变成了经理的"橡皮图章"。关联经理虽然在沟通信息、统一决策等方面起到了积极的作用，但在当前我国国有企业集团成员企业（包括母公司）尚未建立有效监督机制的条件下，关联经理的权力膨胀将引起公司权力结构失衡，公司法所设计的公司内的权力制衡机制遭到破坏，监督约束机制失效。这在很大程度上加大了关联经理产生道德风险的可能，增加了共谋的机会，因为关联经理之间更多的是处于自身利益而相互协作而非相互监督。

（三）股权结构失衡，导致企业集团母公司恶意侵占现象

现代企业理论认为，"剩余索取权与控制权的对应是企业效率最大化的必要条件"。② 我国企业集团大多是在非公司制基础上，以松散联合的模式组建的。20世纪90年代以后，企业集团逐渐由松散结构向紧密结构转变，但由于在大部分股份公司中存在国有控股股东缺位问题，在集团联合中无法以独立的市场主体参与公司治理，在这种特殊的产权制度和资本市场机制下，我国企业集团没有形成像美国企业集团那样以资本投入为基准的所有权支配结构，也没有形成以交叉持股为纽带的日本环状控制型企业集团，而是形成了中国特有的集团母公司控制型治理模式，即集团母公司对子公司拥有绝对控制权，各股份公司的治理结构形同虚设，无法制衡母公司的控制。在这种缺少股权制衡的集团体系中，控制权与剩余索取权的偏离必然会强化终极控股股东获取控制权收益的偏好，产生行为的负外部性，难以实现资源的有效配置。③

国有股"一股独大"是存在于我国证券市场的普遍现象，这种特

---

① 彭正新：《中国国有企业集团治理机制研究》，重庆大学博士论文，2003年。
② 李晓娣：《基于博弈分析的企业集团公司治理模式研究》，哈尔滨工程大学博士论文，2006年。
③ 徐伟：《控制权过度偏离与企业集团治理改进》，《中州学刊》2005年第7期，第46—49页。

殊的股权结构大大地增加了激励、监督、约束机制的设计难度，从而使得公司治理的制衡功能失效，尤其是作为大股东的母公司通常恶意侵占小股东或子公司的利益，其主要表现为以下几种方式[①]：大量拖欠对子公司的应付账款；让子公司从事风险高而利润低的项目；通过转移定价，实现利润转移；利用子公司为母公司及其关联公司进行高额贷款担保。

（四）联结纽带脆弱，无法形成战略协同

由于我国国有企业集团化过程的特殊性，许多企业集团往往是以横向生产合作或以人才、技术、信息等生产性要素为联结纽带。相对于资本联结纽带而言，这种因为生产经营关系而形成的契约性纽带较为松散，各业务单位之间的信任关系往往会受到各种内外部环境变化的影响，如核心公司遭遇困境，其他成员企业可能就会抛弃企业集团利益而追求自身利益，即"有利则合，无利则散"。

另外，我国国有企业是在政府主导下进行的集团化，许多企业集团的形成更多来自于行政命令而非企业集团整体利益最大化，各成员企业之间并没有形成内聚力和协同能力，这种"拉郎配"集团化可能导致企业之间的"貌合神离"。即使在以资本投资为联结纽带的企业集团中，也可能由于母公司自身效益低下或资产不具有优势，从而导致子公司不听从于母公司的管理与控制，"集而不团"，企业集团母公司或总部形同虚设，企业集团名存实亡。[②] 这可能导致各业务单位为了局部利益进行内部同行业恶性竞争，增加集团内部的交易成本和竞争内耗，并进而损害企业集团的全局利益。[③]

二、民营企业管控现状及问题[④]

改革开放以来，中国的民营经济得以恢复并迅速发展壮大，民营企业在自身发展的同时也为国民经济的腾飞做出了巨大贡献。但是，同国

---

① 谢明亮：《协调与合作视角下的企业集团治理研究》，山东大学博士论文，2006 年。
② 谢明亮：《协调与合作视角下的企业集团治理研究》，山东大学博士论文，2006 年。
③ 李晓娣：《基于博弈分析的企业集团公司治理模式研究》，哈尔滨工程大学博士论文，2006 年。
④ 包岩：《中国民营企业公司治理研究》，《北方经济》2007 年第 3 期。

有企业一样，民营企业在集团化过程中也存在着许多由于管控制度缺陷而产生的经营问题，其限制了民营企业的进一步发展壮大。

（一）家族式管理盛行

据统计，中国民营企业中的70%属于家族式企业，公司的关键职位一般由具有血缘关系的家族成员担任，从而使家族牢牢掌握了公司的经营管理权。这种情况，不仅有限责任公司如此，即使是股份有限公司甚至上市公司中也很常见。这类民营企业一般是从家庭作坊式的店铺逐渐发展起来的，家族成员对企业具有深厚感情，不愿意把权力交给"外人"，外来经营管理者很难在此放开手脚、施展才华。

在家族企业建立初期，企业的血缘关系和经济关系结合得非常融洽，并且节约了契约成本。但随着企业的发展和壮大，就会出现一系列的经济关系与血缘关系的对抗，那无疑会导致血缘关系破裂、企业内部权力纷争、企业无法继续经营的状况。如果想扩大企业的规模就要打破血缘关系，建立现代企业制度。

（二）股权过分集中，股权结构不合理

民营企业中私人股东持股比例过高，在企业中处于绝对控股地位，法人或其他股东所持股比例微乎其微。在私人股东中，企业主个人投资又占投资总额的多数，即便在有多位股东共同投资的有限责任公司中，甚至民营上市公司中，企业主个人在大多数企业中也是"一股独大"。这种特点导致企业决策通常由少数人甚至是企业主一人做出，从而决策失误的风险性非常大；没有形成多元持股带来的相互监督、制衡的优越性，股东会形同虚设。

（三）董事会职责不清

大部分民营企业都存在着董事会成员与经理班子交叉任职的现象，董事长与总经理由同一人担任的现象比较普遍。这种交叉任职的现象极大破坏了董事会的独立性，从而难以实现对经理层的有效监督。

（四）监事会机构不健全，许多职能不到位

监事会利益受制于公司管理层并普遍缺乏行使监督职能所需的法律、财务、技术等专业知识能力，难以对董事和经理起到监督作用。

（五）难以找到可以信赖的专职经理人才

相关调查研究表明，从外部聘请了职业经理人的民营企业，多数并不成功，甚至有的经理人损害公司的利益。除当前国内缺乏相应的职业经理人队伍这一事实之外，虽然民营企业在形式上采取了公司制，但包括上市公司在内，其运作机制和产权结构并没有实质性的变化，经理人缺乏自主决策的空间，并经常受到原有家族成员的排挤、牵制，再加上缺乏约束机制，使经理人产生了扭曲的人格，进而产生损害企业的行为。

7.4.2 我国企业集团管控体制优化

我国企业集团在产权结构、内部机制、母子公司关系、协作公司关系等方面存在着明显的缺陷，从而导致我国企业集团治理管控缺乏有效性，因此有必要通过一系列对策对此进行优化。

一、国有企业集团管控优化对策

（一）约束政府在企业集团发展过程中的行为

在企业集团组建过程中，政府需要摆正自己的位置，以保障企业集团的组建与发展的高效率。[①] 对此，钱颖一曾提出"有限政府"的概念，认为经纪人和政府都应置身于法治的框架之下，都受到法律的约束；法治通过预先制定的规则来划分政府和个人的权力范围，建立决策和解决纠纷的程序；法律通过政府保护产权，实施合同，维持市场秩序，但同时法律也约束政府；法治造就一个有限与有效的政府，政府与经济之间是一种"保持距离型"的关系。[②]

具体来说，根据我国特殊的国情，在企业集团化过程中，政府应该从以下几个方面来约束自身同时发挥协助企业的作用：一是政府应该成为企业集团化过程中制度的提供者，而不是直接的指挥者。也就是说，政府应该制定一系列有助于企业集团健康发展的制度，而且随着市场体制的发育与完善、企业自身的成长，逐步退出、让位于市场的自我调节。二是政府应成为企业集团的信息提供者。政府通过发布各种产业信息和市场信息，推动企业集团朝着国家产业政策的要求发展，降低企业

---

① 谢明亮：《协调与合作视角下的企业集团治理研究》，山东大学博士论文，2006 年。
② 钱颖一：《政府与法治》，《比较》2003 年第 5 期。

集团的交易费用。三是政府应成为竞争性市场的培育者。政府通过制定合理的产业政策，根据国家经济发展的需要，对于不同的行业分别采取不同的鼓励、限制或自由发展的政策指导。对于那些关系到国计民生的战略性产业，政府应当通过组建大型企业集团的方式形成国家保护下的国内垄断的企业集团，以达到培育实力、迅速壮大的目的；对于那些已经形成规模经济、在国内国外市场具有一定竞争力的成熟的战略产业，政府的工作则是破除垄断，培育出有效竞争的市场环境。四是利用政府权威打破地方保护主义，独立于地方的中央—层司法体制是打破地方保护主义、维护国内统一大市场的一种有效的制度安排。因此，当务之急是要完善中央—层司法体制，充分下放一般权力，但同时又将某些专门权力归属中央。①

（二）重构母子公司控制体制②

母子公司治理的目的是要实现企业集团的利益目标与子公司的利益互动耦合，协调一致，从而实现企业集团价值最大化的战略目标。重构母子公司控制体制，具体包括：首先，母公司董事会广泛吸收外部董事加入。董事会下设起决策咨询功能的各类委员会，以增加决策的透明度和科学性。执行层分工明确，执行的副董事可以兼任子公司的董事长，以便贯彻执行董事会的各项决议。其次，企业集团的主要职能是监督管理和投资，子公司独立经营、独立开展各项业务，企业集团不从事子公司经营业务，也不干预其日常经营活动，只负责派往子公司的董事和提名总经理等人事、财务、收益、重大投资和内审、风险监督等管理事项和政策业务指导工作以及负责收购、兼并、转让和子公司的股权结构变动、协调内部资本共享形成合力及新领域投资等，但收购兼并后的公司和新投资的公司应该实行独立经营、独立核算。最后，集团子公司的财务、审计、风险等管理部门的负责人，实行母公司子公司双重领导、以子公司为主的管理体制。子公司是经营实体，管理部门的负责人履行本公司的岗位职责，但要接受集团的考核和监督。

---

① 谢明亮：《协调与合作视角下的企业集团治理研究》，山东大学博士论文，2006年。
② 谢明亮：《协调与合作视角下的企业集团治理研究》，山东大学博士论文，2006年。

（三）优化企业集团协同治理机制

企业集团作为一种经济组织形式，必须有一套行之有效的协同治理机制，以保证其能够高效运营。优化企业集团协同治理机制，主要从两个方面入手：一是企业集团各成员单位通过协同出资者与经营者的关系，解决内部的委托—代理问题；二是企业集团核心公司协同好企业集团内部各成员之间关系，促进企业集团整体利益的最大化。企业集团是法人联合体，各业务单位有着自身独立的利益，因而如何最大限度地减少成员企业之间的摩擦和冲突，是有效提高企业集团整体经济绩效的关键。[①] 完善企业集团内部成员企业之间的协同治理路径，将有助于企业集团协同能力的提升并促进内部共有资源有效配置。

（四）完善企业集团内部治理机制

为了解决企业集团"内部人控制"问题，董事会改革最为重要的有两个方面的内容，即引入独立董事制度和限制或废除关联经理制度。发源于西方发达国家现代公司制度的独立董事制度为提高公司治理效率、维护利益相关者的利益发挥了重要的作用。但是独立董事制度的有效性取决于几个关键的条件：一是独立董事的独立性。只有真正独立的独立董事才能抵制内部人（大股东和经营层）对中小股东等外部利益相关者利益的损害行为，其独立性取决于报酬机制、生成机制和约束机制的独立。二是独立董事的专业性。独立董事必须对企业集团的运营情况了如指掌，并且对各种业务具有相当程度的审核能力。三是有助于独立董事发挥作用的制度环境。国家必须建立有关独立董事的一系列法规与制度，从制度和法律上保证独立董事从事相关工作的合法性。除此之外，解决"内部人控制"问题的有效对策是废除或限制关联经理制度。由于企业集团内部存在着各种各样的关联经理，使得应有的监督体制缺乏失效。因此，除了必须的情况外，不仅在集团内部应尽量限制董事会、监事会与高级管理人员之间的相互兼任，而且在各成员单位之间，也尽量避免各种各样的关联经理现象，使企业集团的治理结构发挥它应有的作用。

---

① 谢明亮：《协调与合作视角下的企业集团治理研究》，山东大学博士论文，2006 年。

（五）集团总部管控正确定位[①]

母子公司是由承担不同职责和功能的各级职能单位组成的，每个职能单位必须进行明确的职责确定和权力配置。可以根据责权利相结合的原则，依据母公司和子公司的功能分工定位和组织集、分权灵活设置职能机构。母公司在企业集团组织结构中处于核心地位，是进行母子公司体系结构设计的管理中枢，负责制定集团的整体组织框架和各项制度。其中，母公司总部也是企业集团的总部，负责根据母子公司的产权构成比例关系，对独资子公司和控股子公司的组织结构进行指导设计。根据企业集团的发展战略和定位基点，集团总部在整个母子公司体系中的管控功能定位应包括如下方面：一是战略管理中心，即总部担负对集团整体发展进行战略分析、规划与实施管理的各项职能，这包括负责集团整体战略的分析、规划和控制工作，负责重大投资项目的分析、决策和管理，负责年度经营计划的审核，负责权属企业战略实施过程的监控和评估工作等。二是资本运营中心，即总部担负集团的资本变动和资本经营活动的统筹管理工作，这包括负责集团资产的结构优化、合理重组和有效配置，负责资本运营活动的具体操作及管理工作等。三是决策监控中心，即总部是最高决策中心和监控中心，集团内所有重大事项的决策必须置于集团总部的掌控之中，这包括负责重大投融资决策、资本变动、企业并购、重要人事任命等重要事项的决策，负责母子公司体系的监控与调整工作等。四是资源管理中心，即总部掌握着集团内人、财、物等资源的配置权和管理权，集团总部根据集团战略、集团资源保有量及各成员企业的具体情况进行优化配置。这包括负责统一的集团资金资源管理，负责人力资源配置管理，负责土地资源的统一购置和运作，负责信息系统管理、企业文化建设、集团品牌管理等，负责预算控制、资金计划与融资、财务分析等。五是协同服务中心，即总部负责对成员企业间的横向协调及共享服务支持，以增强集团协同效应。这包括负责协调集团内各企业在经营活动的各类各项管理事务，负责提供统一的信息、宣传、技术、法律等服务支持等。

---

① 付春满：《企业集团管理控制系统研究》，天津大学博士论文，2008 年。

二、民营企业集团管控优化对策

(一) 产权多元化改革

通过产权的多元化，可构成相互监督又相互支持的风险共担的多元投资主体，从而大大降低由于个人"独裁"决策带来的高风险性，有利于企业的迅速壮大和扩张。[1]

(二) 构建合理的法人治理制度

法人治理制度建设应特别注重权力制衡，须明确股东大会、董事会、监事会和高管层各自的权责。只有在所有权与经营权相分离的产权结构下，所有者才可以集中精力考虑和处理战略性问题，同时也才可以按照企业发展要求从更大范围内选择最有经验的专业经理人员，从而降低企业重大决策失误的概率。

(三) 建立职业经理人制度

通过建立职业经理人制度，为企业选拔优秀的人才。

总之，民营家族企业产权治理结构的再造必然涉及对代理人的激励和监督问题。企业治理结构改变后，股东与职业经理构成委托者和代理人之间的关系。代理问题的产生是由于委托者和代理者之间的信息不对称，单纯的监控无法从根本上制止代理人的越轨行为，需要建立相应的激励机制来协调委托人和代理人之间的关系。企业既要利用内部的创新制度来协调二者的关系，又要在外部形成有效的竞争机制来激励代理人的行为，使得代理人的个人利益和企业的长远利益结合起来，在心理上和情感上以及职业道德上不做出危害委托人的事情。

◆ 案例：山东某民营企业集团改制重组与公司治理完善[2]

1. 企业背景

某集团是山东省东部某市名列前三的大企业集团之一。该企业集团公司成立于 1992 年 10 月，经过多年迅速发展，该企业集团目前已形成化工、贸易、汽车配件、机械、啤酒等多行业跨地区的产业

---

① 包岩：《中国民营企业公司致力研究》，《北方经济》2007 年第 3 期。

② 改编自《山东某民营企业集团企业改制重组与公司治理完善》，http://www. tonghe. net/main. aspx? mid = 29&aid = 660。

集团。2005 年该集团被授予"中国汽车零部件出口基地企业"、"国家大二型工业企业集团"、"山东工业机械百强企业"等桂冠，其刹车片产品还畅销北美、南美、欧洲、中东、澳大利亚等世界各地。

2. 治理管控出现问题

伴随着产业的迅猛发展，该企业集团治理管控出现了以下问题：①双头模式。集团 1999 年整体改制后，形成了未改制企业与改制后企业"双头运营"的模式，为企业日后的发展带来较大的法律风险。②股权架构松散。集团对下属企业的控股地位不明显，导致各下属企业各自为政、缺乏凝聚力。这种股权架构松散的情况在化工、贸易、汽配等产业方面更为突出。③风险集中，优质资产的收益和风险不匹配。集团投资分散，涉及汽配、贸易、橡胶、化工、机械等多个方面，集团的业务组合没有很好地划分、管理。集团主要利润来源为汽配，非主业资产对集团的利润贡献微薄，但资产总额庞大，占集团的 40% 以上。④股权激励约束双向弱化，决策随意。虽然引入了法人代表持股、管理层持股和员工持股制度，但管理层持股及关键岗位持股比例较低，并未能和绩效考核挂钩，由此带来股权激励约束效果弱化，以及决策效率的低下和随意。⑤主导产业发展面临制度、资金、人力资源制约。集团主导产业为汽配，但由于产权在不同层面的松散，导致汽配产业在产业价值链上难以有效发挥资源的整合效应，集团的集约效应和协同效应受到影响，也不利于集团汽配产业整体公司治理结构的构建。同时，由于汽配产业处于产品线及产能迅速扩张阶段，投资规模大，内部积累难以形成，且由于治理规则的缺失，决策机制的不明确，企业资金投向随意，缺乏效率。公司技术能力不足，人才匮乏，集团下属分公司的管理人员都没有持有集团的股份，没有和企业形成长期的利益关系。

3. 问题根源

①董事长改制后只拥有集团 8% 的股权，并沉醉于追逐快速获利的投资机会，对于如何管理好多元化经营的企业集团缺乏经验。近年来，董事长以集团名义贷款几个亿，在未经股东会、董事会批准的情况下，拿到外地搞房地产投资，更是引起企业内部的议论。

②集团的总经理，将汽配产业发展成为集团的主导产业，并且随着集团汽配产业的发展壮大，其在集团的威望也与日俱增，成为实际的大权独揽的人。③政府只是名义上的大股东。随着旗下集体企业纷纷通过改制与集团划清界限，集团在企业的影响力越来越弱，难以在董事会中起到作为大股东应有的作用。日积月累，股东层面权力机制的矛盾不断地演变和激化，以及公司治理层面的缺陷，导致了集团内部多个环节受到牵制，使集团在面临良好产业发展态势的同时，埋藏着巨大的经营风险和财务风险。

因此，该集团必须引进外部力量，来公平合理地从根本上解决内部利益的冲突，对集团的控制权进行适当的分割和明确，变"人治"为"法治"。

4. 解决方案

通过内部产权优化与外部产权多元化相结合，在内部产权优化的基础上，通过引入外部投资者，完善公司治理，解决融资瓶颈，启动快速发展；产权优化与股权激励相结合，搞活机制，解决人才瓶颈；以点带面，以汽配产业的整合为切入点，在实现既定目标的同时，为集团非汽配产业重组、规范运作提供示范性参考意见。具体来说，有以下几个方面：①根本目标是通过企业重组，实现企业控制权乃至所有权的分割。引入外部投资者，可以为汽配产业的发展解决融资瓶颈；能够实现外部产权的多元化，有利于治理机制的完善，以及新的科学管理机制的引入；最关键的是可以通过外部第三方的影响，推动集团权利的分割。②内部产权优化，指梳理集团的股权架构，并形成科学、合理的母子公司产权关系，这也是集团重组分立的手段依托。基本的思路是按集团涉及的化工、汽配、贸易等产业划分，形成不同板块的控股公司，将不同产业的控制权下放给各产业控股公司，即董事长负责非汽配板块业务，总经理作为汽配板块的实际控制人和经营者，从而实现企业控制权及所有权的分割。③以对集团股权激励机制历史经验的整合、优化、提升为重点，以公司治理机制的高效、科学运行为保证，在企业产权架构战略调整的基础上，与股权激励优化相结合，搞活机制，科学管控，完善公司治理。

主要参考文献

[1] 张文魁：《大型企业集团管理体制研究：组织结构、管理控制与公司治理》，《改革》2003 年第 1 期。

[2] 丁敬平：《如何确定集团公司管控模式》，《中国电力企业管理》2005 年第 10 期。

[3] 王凤彬、赵民杰：《企业集团管控体系——理论·实务·案例》，经济管理出版社 2008 年版。

[4] 艾尔弗雷德·D. 钱德勒：《战略与结构》，云南人民出版社 2002 年版。

[5] 项保华：《战略管理——艺术与实务》，复旦大学出版社 2007 年版。

[6] 王吉鹏：《解读关于集团管控的六大误区》http://www.chinaacc. com/new/635_652_/2009_7_27_le54841433271727900021 8734. shtml。

[7] 付春满：《企业集团管理控制系统研究》，天津大学博士论文，2008 年。

[8] Tricker, R. I., *Corporate Governance*, Gower Publishing Compamy Limited,1984.

[9] Dayton,K. N. ,"Corporate Governance:The Other Side of the Coin", *Harvard Business Review* ,1984,162(1).

[10] 费方域：《企业的产权分析》，上海三联书店、上海人民出版社 1998 年版。

[11] 王璞：《母子公司管理》，中信出版社 2003 年版。

[12] 李维安：《公司治理学》，高等教育出版社 2005 年版。

[13] 席酉民、赵张耀等：《企业集团治理》，机械工业出版社 2002 年版。

[14] 张黎明：《关于集团公司治理机制的思考》，《中央财经大学学报》2005 年第 1 期。

[15] 杨和熊：《企业集团治理的两个模型和一个过程》，《集团经济

研究》2006 年第 14 期。

[16] 李维安、武立东：《公司治理教程》，上海人民出版社 2003
年版。

[17] 孟执芳：《企业集团治理研究》，山东大学硕士论文，2008 年。

[18] 李维安、武立东：《企业集团的公司治理——规模起点、治理
边界及子公司治理》，《南开管理评论》1999 年第 4 期。

[19] 科斯：《企业、市场和组织》，上海人民出版社 1990 年版。

[20] 马连福：《公司内部治理机制研究：中国的实践与日本的经
验》，高等教育出版社 2005 年版。

[21] Shleifer, Vishny,"A Survey of Corporate Governance", *Journal of
Finance*,1997(52).

[22] 方龙喜：《德、美、日股份有限公司治理机制比较》，《当代法
学》2001 年第 3 期。

[23] 黄义志：《关于中国上市公司治理机制的再思考》，《经济评
论》2002 年第 4 期。

[24] 苏敏、刘增学：《公司治理机制研究》，《经济经纬》2003 年第
4 期。

[25] 李无非：《基于复杂适应系统理论的公司治理机制研究》，河
北工业大学硕士论文，2006 年。

[26] 汪健康：《基于子公司主导行为的企业集团母子公司治理研
究》，哈尔滨工程大学博士论文，2007 年。

[27] 刘雁翎：《我国上市公司内部监督机制研究》，武汉大学硕士
论文，2004 年。

[28] 谢明亮：《协调与合作视角下的企业集团治理研究》，山东大
学博士论文，2006 年。

[29] 靳鲁东：《L 集团母子公司管理控制研究》，山东大学硕士论
文，2007 年。

[30] 谢志华主编：《内部出资者财务——母公司对子公司的财务激
励与约束》，浙江人民出版社 2001 年版。

[31] 杨有红主编：《企业内部控制框架——构建与运行》，浙江出

版社 2001 年版。

[32] 席酉民、赵增耀主编:《公司治理》,高等教育出版社 2004 年版。

[34] 财政部统计评价司编:《企业效绩评价指南》,经济科学出版社 2002 年版。

[35] 彭正新:《中国国有企业集团治理机制研究》,重庆大学博士论文,2003 年。

[36] 青木昌彦、钱颖一:《转轨经济中的公司治理结构》,中国经济出版社 1995 年版。

[37] 李晓娣:《基于博弈分析的企业集团公司治理模式研究》,哈尔滨工程大学博士论文,2006 年。

[38] 徐伟:《控制权过度偏离与企业集团治理改进》,《中州学刊》2005 年第 7 期。

[39] 赵黎明、成红波、付春满:《基于管控客体视角的企业集团管控模式研究》,《西北农林科技大学学报(社会科学版)》2009 年第 5 期。

[40] 《从三个企业看中国企业如何选择适合的集团管控模式?》,http://www.bupt.edu.cn/news/lou1/viewtx.asp? id=20113。

[41] 阎同柱、李鹏、詹正茂:《全方位透视母子公司管理》,《企业管理》2001 年第 9 期。

[42] 蒋敏凤:《论企业集团母子公司人事管理控制模式的选择》,南京师范大学硕士论文,2006 年。

[43] 葛晨、徐金发:《母子公司的管理与控制模式——北大方正集团、中国华诚集团等管理与控制模式案例评析》,《管理世界》1996 年第 6 期。

[44] 包岩:《中国民营企业公司致力研究》,《北方经济》2007 年第 3 期。

[45] 钱颖一:《政府与法治》,《比较》2003 年第 5 期。

[46] 《山东某民营企业集团企业改制重组与公司治理完善》,http://www.tonghe.net/main.aspx? mid=29&aid=660。

[47] 刘婷:《中国企业公司治理创新研究》, 湘潭大学硕士论文, 2002 年。

[48] 杨韶良:《英美、德日公司治理模式比较与启示》,《广州大学学报 (社会科学版)》2007 年第 2 期。

[49] 赵鹏:《全球公司治理趋同下的中国模式创新》,《合作经济与科技》2010 年第 3 期。

8 企业集团投资管理

随着现代企业制度改革的推进，一大批企业集团将成为我国经济发展中的重要微观主体成为我国国民经济和社会发展的中坚力量。在市场经济条件下，大型企业集团以资本为主要联结纽带的母子公司为主体，以母公司、子公司、参股公司及其他成员企业或机构共同组成的具有一定规模的企业法人联合体。大型企业集团要实现规模扩张、业务拓展及开辟新的利润增长点，就需要进行投资。企业集团投资管理关系着企业集团的发展。企业集团投资是企业集团对内增加凝聚力，对外实现扩张的重要手段。提高企业集团投资管理水平，选择符合企业集团需要的投资方式，并通过切实的执行取得良好的投资收益，实现企业集团的发展战略。

8.1 企业集团投资管理概述

8.1.1 企业集团投资管理的内涵

投资，一般是指经济主体为获取经济效益而垫付货币或其他资源于某项事业的经济活动。[①] 投资一般分为实物投资与金融投资。实物投资是指投资主体把资本投向机器、设备、土地、原材料等形成有形资产，直接进行企业生产经营活动表现为"资本形成"，又称为直接投资；而

---

① 陶永诚：《现代投资理论与实务》，高等教育出版社 2009 年版。

金融投资则是投资主体通过将资本投向股票、债券或租赁等方式，将资本提供给他人用于实物投资的行为，实际表现为"资产运用"，又称为间接投资。对企业而言，实物投资是指企业通过运用企业自有资产收益、企业自有资金、银行借贷以及其他渠道融资而取得经营资产、投入新项目或扩大经营规模、谋求经济效益的经营行为；金融投资则是指企业通过将自有资产收益、企业自有资金、银行借贷以及其他渠道取得的资金用于购买股票、债券等金融资产以获得收益的经济行为。因此，在企业投资学中，体现着"投资"一般含义的实物投资和金融投资，经常同时并用。企业投资同时包含实物投资和金融投资。

企业集团投资管理是指企业集团对母公司及其所属全资控股、参股企业投资过程进行管理，对集团及其成员企业实施资源配置。介入市场竞争的具体手段和方式，[①] 具体包括企业集团投资资金的筹集，资金管理以及投资决策的整个管理过程。

大型企业集团发展的需要对投资形成了内在需求。企业集团是多级法人结构的经济联合体，其投资管理既包括集团内核心企业自身的投资管理，也包括集团对下属子公司的投资管理。企业集团内部公司关系呈现多样化，按照资本关系，集团内部公司可分为母公司、全资子公司、控股子公司、参股子公司和关联公司。企业集团的投资管理涵盖上述所有主体，就母公司的角度而言，投资管理包括发生在母公司内部的项目投资、集团安排给下属主体承担的项目投资和母公司对下属所有主体的股权投资管理；就下属主体角度而言，投资管理包括接受上级控股主体安排的投资、本企业的项目投资及向下属主体进行的股权投资等。[②]

实际上，企业集团的投资管理是集团重要财务管理问题，需要遵循"事前、事中、事后控制"相结合的原则——事前定目标、定制度、定操作程序；事中严格遵循制度、程序的要求进行管理；事后严格跟踪、考核、反馈，以保证集团投资方案的有效执行并取得满意的投资收益。

---

① 张双才、于增彪等：《企业集团财务控制系统研究》，中国财政经济出版社 2006 年版。
② 张春瑞、姜强：《企业集团投资管理的若干问题探讨》，《商场现代化》2009 年第 2 期。

8.1.2 企业集团投资功能的形成条件

我国企业发展经历了从计划经济体制阶段向市场经济体制的转变。在计划经济体制下，我国的投资体制不健全，没有发展资本市场，缺乏金融投资渠道，没有具有典型资本市场特征的股票、债券等投资方式，整个投资体制表现为决策主体单一、决策权过分集中、渠道狭窄等，企业投资主要表现为实物投资。这个时期，企业实物投资的功能也未能得到充分发挥。因为，企业没有成为独立的微观经济主体，没有投资决策权，不能根据市场条件的变化，及时安排投资、调整产品结构、改进工艺技术，难以适应市场的变化，企业缺乏其应有的活力，使得经济缺乏活力；企业不能作为经济主体，金融投资方式的缺乏使得企业投融资方式贫乏，企业的融资功能不足，社会资本不能很好地转化为经济发展所需要的资本。随着我国经济体制改革的推进，市场经济体制逐渐完善，企业作为投资主体的功能得以体现，其投资功能得以真正发挥，企业日益成为国民经济中重要的投资主体——企业既可以进行实物投资，也可以参与金融投资。在市场经济条件下，随着资本市场的形成和逐步发展完善，企业投资转向坚持以市场为导向，以效益为中心，以高新技术和集约化经营为手段，以企业品牌为标志，以资本为纽带，逐步形成主业突出、行业特点鲜明、多元化发展的产业体系。

企业集团作为特殊的企业类型，其投资功能的形成主要需要以下几个方面的条件：

第一，完善的投资市场体系，为投资主体提供多样化的投资方式与投资渠道。

投资实际是在市场经济环境中完成和存在的经济活动或者经济行为。没有完善的投资市场体系，参与投资的主体将无法按照市场经济规律，通过预先支付资本或资源以获取未来的收益。我国的投资市场体系还不够完善与健全，需要大力完善投资相关市场体系，如加快资本市场的建设，构建完善金融市场体系，加快完善适应市场经济体制的国有企业投融资监管体制等。

第二，企业集团必须是一个集投资权力主体、责任主体、利益主体为一体的完整投资主体。

投资一般具有行为上的继承性、长周期性和风险性，这要求投资主体必须是集权利、责任与利益三位于一体者。如果责、权、利三者之间处于一种分离的状态，必然使得投资主体虚置。投资主体不拥有投资权力——能相对独立地做出投资决策，包括投资目标的确定、投资方式的选择等方面自主决策的权力，就不能成为相对独立做出投资决策的法人或自然人，从而不能成为真正的投资主体；投资主体不能承担投资风险或责任（包括政治风险、经济风险、法律风险和社会道德风险），就不能构成真正的投资主体；投资主体不能享受一定投资利益——包括投资后的盈利性收入或非盈利性效益，则不构成真正的投资主体。企业集团能不能成为真正的投资主体，决定其是否可以真正行使投资行为。例如，在某项直接投资活动中，单纯的投资组织者（如我国实行的项目工程指挥部、建设单位）、投资实施者（如建筑、勘察、设计单位）就不能构成投资主体，因为它们既不是该项投资的决策者，也不是投资风险的承担者和投资利益的分享者。

第三，要求完备的法制、法规体系，为投资行为提供良好的法制保障。

市场经济实际是法制经济。企业集团作为投资主体，在市场经济环境下进行投资行为，需要健全的法律法规体系提供法律保障。中国企业集团是在计划经济体制向市场经济体制转化过程中萌芽并发展起来的，因此特殊的"生长"环境决定了中国企业集团的中国特色——在民营企业集团发展起来之前，主要是国有大型企业集团，其担当的投资任务和角色实际是完成政府的投资决策。虽然中国企业集团"出生"的特殊性与市场经济体制下的企业集团有一些差别，但这仍然不妨碍中国企业集团投资行为对完善的法律法规体系的需要，甚至于更加需要这样的体系建立。因为，作为投资主体的大型国有企业集团是中国实行转轨经济的产物，是为了更好地处理国有企业与政府之间的关系，使大型国有企业集团真正在市场竞争中实施投资战略，增强其对经济的控制力，所以，完善与投资相关的法律法规体系显得尤为重要。

构建完备的投资法律法规体系，如对投资监管的相关法律法规、对涉及国家经济命脉的重大投资的程序法规等，对于防范投资过度或者投资失误具有法制保障。特别是对金融投资的监督管理法规，对于监管金融等虚拟投资出现过度泡沫、防范金融风险具重要作用。完善投资监管的相关法律法规建设，加强金融风险防范的监管，促进投资健康有序的发展，为经济持续稳健的发展提供保障。

8.1.3　企业集团投资的主要内容

企业投资行为既不同于各级政府部门进行的建设投资，又不同于金融市场上的纯粹金融投资，其目的在于通过投资实现企业的发展。因此，企业投资是在以实物投资为主体的基础上，通过金融投资优化资本结构，从而有其本身特定的投资对象和投资范围。企业集团作为企业多级法人结构的经济联合体，其投资考虑的是企业集团整体的投资收益，在投资决策时，必然要从系统角度出发选择相应的投资内容与方式，这与一般企业投资仅仅关注企业本身投资需求的投资内容有所不同。

在市场经济条件下，企业集团投资行为是一个市场行为。其投资内容是在市场竞争中以投资预期收益来决定的。由于在中国企业集团的形成与发展中，政府的推动作用是十分明显的，大型国有企业集团的投资在以预期投资收益为主要决策依据之外，还要承担政府对重要产业领域、重要区域的投资。随着市场经济体制的逐步完善，企业集团的投资主体地位得以加强，并且民营企业集团逐渐成长起来，我国企业集团的投资内容无疑更加多元化。

一、集团内部投资——企业集团成长发育期的投资内容

我国国有企业集团的最初形成，多是源于政府推动的结果。[1] 因此，国有企业集团行为直接受到政府政策推动、指引、规范和扶持的影响。为了实现政府的经济目的与政策，我国国有企业集团的形成有一些"先天不足"：在国有企业集团成长发育期，企业集团核心企业（母公司）的规模实力往往不够大，有些企业集团甚至还会出现"小马拉大车"的现象；集团内部缺少资本联结纽带，集团向心力差，不能充分发

---

[1]　蓝海林：《经济转型中国有企业集团行为的研究》，经济科学出版社 2004 年版。

挥集团整体优势；没有形成多层次的组织结构，集团不能按照专业化协作原则组织生产，集团内部资源不能起到优势互补的作用。

我国企业集团在发育成长时期的投资行为主要是对集团内部的核心企业及全资子公司加大投资，以提升企业集团的核心竞争力，整合内部资源，优化内部结构，增强企业集团整体实力。企业集团竞争力最直接体现为其产品的竞争力，企业集团需要发展核心企业或企业集团已有的品牌产品，加强对产品研发的投资，更新生产技术及设备，提高企业集团产品的关键技术，拓展新的市场等。同时，为了改善集团内部经济结构，促进集团内部的专业化分工与协作，增强集团凝聚力，提高集团的生产性收益，围绕核心企业的产品，企业集团对为提供重要或关键零部件的相关成员企业进行投资，扶持一些对集团成长具有重要作用的成员企业发展，增强核心企业与成员企业之间的产业连接力。企业集团通过内部投资及资源整合，实现企业的内向型资本集聚和扩张，增强企业集团的核心竞争力，促进企业集团内生性发展。

二、集团扩张投资——企业集团成熟期的投资内容

企业集团发展到成熟时期，核心企业已达到相当的规模，资金雄厚，拥有较强的市场竞争力，集团内各成员企业之间实现了良好的专业化分工协作，内部经济结构趋于合理。这个阶段的企业集团已经具有了向外扩张的实力与要求，并有了企业集团扩张发展的整体规划与发展方向。围绕企业集团拥有的资源优势及其发展思路，集团投资方向为——拓展原有的经营领域，向集团外部进行扩张，通过多角化战略实现规模经济或范围经济。例如，向集团核心企业主导产品上游企业或下游企业进行投资，拓展产业链，实现上下游一体化经营，以此来解决集团主导产品的原材料供应问题和产品的市场销售问题，提高集团整体的市场竞争能力；或者向其他经营领域延伸，实行多元化经营，以创造新的利润增长点并分散经营风险。

开展多角化经营战略是企业集团成长扩张的战略选择之一。[①] 多角化主要有四种类型：技术相关多角化、市场相关多角化、"技术—市

---

① 董邦国、李燕：《试析企业集团投资战略》，《经济师》2002 年第 6 期。

场"相关多角化及非相关多角化。当企业集团主导产品的市场容量趋于饱和，或扩大产品生产规模不经济时，企业集团需要在更广阔的产品市场领域寻求新机会，多角化经营就是企业进入新的产品市场或者新的产业领域的一个重要手段。根据日本的小野丰广对四类多角化经营与绩效之间的关系研究结果，"技术—市场"相关多角化经营的收益率最高，技术相关多角化和市场相关多角化的收益率也较高，而非相关多角化收益率最低。可见，多角化经营中，如果能有效发挥协同效应，则可以提高集团的经营效益。在技术或市场相关多角化经营中，几个经营项目或产品可以共同利用集团的研究能力和生产设备，形成生产规模优势，或共同利用销售渠道，形成销售的规模优势。非相关多角化经营由于无法充分利用集团的共有资源，不能发挥资源以及管理的协同效应，投资收益率低，但对于企业进入一个全新的产业领域是一种便捷的方法。

　　根据多角化类型，将企业集团经营战略模式具体归纳为以下四种类型：一是同心多角化经营战略（Concentric Diversification），也称技术相关多角化经营战略。指企业利用原有的生产技术条件，制造与原产品用途不同的新产品。如汽车制造厂生产汽车，同时也生产拖拉机、柴油机等。同心多角化经营的特点是，原产品与新产品的基本用途不同，但它们之间有较强的技术关联性。二是水平多角化经营战略（Horizontal Diversification），也称市场相关多角化经营战略或横向多角化经营战略。指企业生产新产品销售给原市场的顾客，以满足他们新的需求。如某食品机器公司，原生产食品机器卖给食品加工厂，后生产收割机卖给农民，以后再生产农用化学品，仍然卖给农民。水平多角化经营的特点是，原产品与新产品的基本用途不同，但它们之间有密切的市场相关性。三是垂直多角化经营战略（Vertical Diversification），也称纵向多角化经营战略或"技术—市场"相关多角化战略。它又分为前向一体化经营战略①（Forward Diversification）和后向一体化经营战略②（Back-

――――――――――

　　① 前向一体化战略是指企业集团对本公司产品向前延伸而做进一步深加工，或者对资源进行综合利用，或公司建立自己的销售组织以销售本公司的产品或服务等战略。
　　② 后向一体化战略是企业集团经营向后延伸而自己供应生产现有产品或服务所需要的全部或部分原材料或半成品的战略。

ward diversification）。一体化战略是企业集团将外部市场活动内部化的战略选择，或者是对市场交易成本与管理成本比较之后所做出的经营战略。一体化经营可以通过集团内部控制和协调的经济性、信息的经济性、交易成本的经济性和稳定市场关系的经济性实现投资效益。纵向一体化能够使关键的投入资源和销售渠道控制在自己的手中，确保企业在原料供应紧缺时仍能够得到充足的原材料供应，或在总需求很低时仍能有一个畅通的产品输出渠道，这不仅可以降低企业的采购成本（后向一体化），或者提高价格（前向一体化），还可以通过减少谈判成本而提高整体经济效益，提高企业集团总资产回报率。通过实施一体化战略，企业集团不仅保护了自己原有的经营范围，而且扩大了经营业务，同时还限制了所在行业的竞争程度，增强垄断势力，使企业的定价有了更大的自主权，可以制定更有竞争力的价格，从而获得较大的利润。IBM 公司即是采用纵向一体化的典型。该公司不仅生产计算机产品，还生产微机的微处理器和记忆芯片（后向一体化），设计和组装微机，生产微机所需要的软件，并直接销售最终产品给用户（前向一体化）。IBM 公司采用纵向一体化，主要是由于该公司生产的许多微机零部件和软件都有专利，只有在公司内部生产，竞争对手才难以获得这些专利，从而形成进入障碍，增强公司产品核心竞争力和市场垄断势力。四是整体多角化经营战略，也称混合式多角化经营战略或非相关多角化。指企业向与原产品、技术、市场无关的经营范围扩展。例如，由广州白云山制药厂为核心发展起来的白云山集团公司，在生产原药品的同时，实行多种类型组合的多角化经营。该公司下设医药供销公司和化学原料分厂，实行前向、后向多角化经营；下设中药分厂，实行水平多角化经营；下设兽药厂，实行同心多角化经营；还设有汽车修配服务中心、建筑装修工程公司、文化体育发展公司、彩印厂、酒家等，实行整体跨行业多角经营。

8.1.4　企业集团投资的主要方式

企业集团投资方式是指企业集团为达到既定目标而选择的具体投资方案，这里的目标可以是集团竞争能力的提高、市场份额的扩大以及生产能力的提高等。① 显然为了达到企业集团的目标，企业集团投资可以是实物投资或金融投资，具体表现为企业集团的资本形成投资、组建战略联盟投资和兼并收购等。其金融投资的目的不是简单的资本利得，而是通过股权投资等方式进行兼并收购等资本扩张。

一、实物投资——资本形成投资方式

当企业集团已经初步具有核心技术，具有资本扩张的潜力和需求，但是在市场中，企业集团尚不具备通过建立联盟或者并购等手段获取关键资源、核心技术或者与核心能力培育相关的资源等条件，必然只有更多地关注集团内部的资本形成，即在企业集团内部进行实物投资，进而通过提升集团内部的核心竞争力，增强企业的资本实力，适应资本扩张的需求。

企业集团以实体投资的方式进行资本形成投资，是指企业集团主要依靠集团自身力量，以集团自有资金的投入、配置与使用，在集团内部进行投资，利用集团内母公司及子公司的各种资源，提高集团产品生产技术，塑造企业品牌，提高管理水平和劳动生产率，提升企业集团的核心竞争能力，从而降低企业集团内部的生产成本和经营成本，使集团利润最大化。企业集团内部的资本形成投资方式所带来的缓慢变化更有利于促进企业集团组织在内部的资源整合，提升企业集团自身的实力，从而增强企业集团在市场中的竞争力，增强发展后劲。

在进行集团内部资本扩张的投资中，必须以增强集团整体核心竞争力与市场竞争力为目标，加大对技术创新研发的投入，加大对新技术、新管理以及高级人才等所需资本的投入，真正形成内化于企业的资本实力，提升集团的整体竞争力。而不是简单扩大生产规模，增加产品供应量，实现企业集团的内生性增长。

二、资本联盟投资——外向型投资方式之一

在企业集团的核心竞争能力较强、整体竞争优势较强但实力又不足以通过兼并与收购达到对资源的获取时，为了实现与其他企业共同拥有

---

① 魏项森、柯长松：《企业投资方式的选择分析》，《企业经济》2002 年第 8 期。

市场、共同使用资源等战略目标，并达成自己的战略目标——增强自身规模、扩大市场份额、迅速获取新的技术、进入国外市场、降低风险等，在利益共享的基础上，企业集团与其他企业之间可以采取组建战略联盟的投资方式，通过签订企业之间的契约形式，形成一种优势互补、风险共担、要素双向或多向流动的分工协作的松散式联盟组织。战略联盟是各企业在追求长期竞争优势过程中为达到阶段性企业目标而与其他企业的结盟，通过相互交换互补性资源形成合力优势，共同对付强大的竞争者。联盟的方式主要有：品牌联盟、供求联盟、研究开发联盟、市场共享联盟、销售联盟、投资资本联盟等。

投资资本战略联盟的表现形式为正式的合资企业，即两家或两家以上的企业共同出资并且享有企业的股东权益。投资资本战略联盟之间多为自发的、非强制的，联盟各方仍保持着原有的经营独立性。战略联盟有一定的互补性，但同内部实体投资、交易型的兼并收购相比，核心资源的互补性较低。因此，战略联盟是企业间的松散联络组织，彼此之间没有明确的资本连接纽带关系，彼此之间约束力小，甚或没有约束力，这样的联盟还不能称为一个固定的企业组织。

三、交易型投资：兼并收购——外向型投资方式之二

基于企业集团核心能力的投资战略方式的选择，企业集团能迅速扩张资本实力的方式是通过产权市场、资本市场进行交易型投资完成。交易型资本投资是指企业集团通过交易方式向外部资源市场购进促进本企业核心能力培育与发展的互补性资源。企业集团从交易型投资方式中获得资源的成本往往低于企业自身进行实体投资的成本，并可以节约投资时间，抓住投资机会。

通常的交易型资本投资方式为兼并和收购。所谓兼并，是指两个或两个以上的企业按某种条件组织成一个企业的产权交易行为。收购是指一个企业以现金、证券取得另一个企业的大部分产权，从而居于控制地位的交易行为。两者的区别为，前者是兼并企业与被兼并形成一个企业，是一个法人主体，而后者保持被收购企业法人地位。从广义的角度来讲，收购被认为是兼并行为的一种。在企业并购中，企业是基于集团核心能力的相关多元化进行投资，其扩展的方向可能是纵向（前向或后

向）一体化，也可能是横向一体化，以通过规模经济或者范围经济实现企业集团的发展。企业集团并购对象与目标的选择对于并购成功具有重要意义。在繁复的投资环境中理清投资目标、选择投资对象，企业集团必须通过对其所处环境进行搜索、分析与研究，选择能够促进企业集团核心能力提升、对企业具有互补资源的企业作为并购的目标与对象。一般而言，并购的理想对象是战略联盟的伙伴。① 在产权市场、资本市场日益完善的条件下，企业集团可以采用金融投资的方式对目标企业进行兼并收购。

8.2 企业集团投资资金的筹集

8.2.1 企业集团发展与投资资金的关系

资金是企业的血液，资金的健康循环是企业发展的前提。对于企业集团的发展而言，除了生产经营活动所需足够的资金外，还需要通过运用投资资金，投资形成企业的资产以及企业之间资本纽带，以资本纽带把成员企业连接起来，建立起稳定的"血缘"关系，从而形成利益共同体。这就需要企业集团筹措好投资资金，管理好投资资金，高效发挥投资资金的效益。运用投资资金，企业集团可以进行集团内部实体投资，提升核心企业的竞争力和经济实力，或通过其他投资方式，如资金、土地、技术、先进设备等，与成员企业形成资本纽带关系，从而增强集团的凝聚力。同时，企业集团要实现飞跃式的发展，必然需要强大的资金进行外延式扩张，如通过建立联盟，或者通过控股方式，对上下游企业或外围企业进行兼并重组，实现外部资源整合，将需要市场交易的经济行为内化为企业集团内部的企业行为，降低交易成本，扩展市场或者原料供应，或者进行多元化经营，为企业集团进入新的领域提供市场机会。

---

① 企业在战略联盟中，通过相互学习，提高了企业集团的核心能力，增强了互补性，促进了企业相互之间联系程度与依赖性；企业彼此之间增强了解程度，从而减少了对并购的敌对意识；企业并购后的文化、观念等冲突更易于消除，增强并购后的企业资源整合成效，提高并购成功效率。

8.2.2　企业集团投资资金筹集规模与结构

不同经济体制下，企业的投资资金来源不同。在计划经济时期，国家对国有企业所需的资金实行财政供给制，即企业所需流动资金的大部分由国家财政拨款，企业无偿使用，小部分由银行低息贷款解决。这种资金供给制不利于企业有效利用资金，而且在宏观上造成资金只能纵向缴拨，不能横向流动，不能在企业之间自行调剂余缺，影响了社会总资金的流通速度，无法有效发挥资金效能。随着我国社会主义市场经济体制的建立和发展，企业所需的资金，除国家投入的资本金外，均由企业通过各种方式自行筹集，如自行积累，或向商业银行贷款，或通过发行股票、债券等融资方式向社会融资等。筹资由此成为企业重要的经营活动之一。筹资是企业集团的投资前提，是广泛意义上的投资活动。如何合理筹集资金、提高筹资效果，是企业集团投资管理的一部分。

筹资是需要成本的。市场经济下，企业筹资行为必须要考虑筹资成本，考虑合理筹资结构，降低筹资成本，提高资金使用效益。因此，需要企业集团合理进行筹资决策，选择合理的筹资方式，加强资金管理，经济高效地筹措资金，防范筹资风险，提高企业的经济效益。

（一）确定合理筹资规模

资金的稀缺性以及资金具有时间价值，决定了资金是有使用成本的。因此，企业集团筹措资金必然要面对筹资成本。这就要求企业集团的筹资规模既经济又合理。根据企业集团实际需要确定筹资规模是做好投资资金管理的前提。如果在事先不进行可行性研究、科学研究而盲目决策，就会使筹集到的资金与企业正常的资金需要量之间发生数量差异。[①] 如果是正差异，则会造成资金的闲置和浪费，增大资金使用成本，同时会给企业经营带来压力；如果是负差异，会使企业资金仍然短缺，影响企业集团生产经营和投资目标的实现。因此，合理确定筹资规模就显得十分重要。

筹资需主要考虑集团内资金余缺的调剂，以及需要进行投资的规模

---

① 崔海：《谈企业资金的筹集与管理》，《工业技术经济》1999 年第 5 期。

以及投资周期等。通过各种预测手段和方法对集团内部流动资金的需要量进行预测，并根据企业集团投资要求预测所需投资资金需求，为集团筹资规模提供基本的数量界限。考虑投资资金的时候，除了考虑通过兼并重组或者控股方式所需要的确定资金外，对用于实际购买设备投资的资金，需要注意固定资产项目投资的高效化、储备资金占用的最优化和经营费用的节约化。

总之，根据企业集团实际需要资金状况进行筹资，才可以达到对资金使用上的"有的放矢"，充分发挥有限资源的效用，提高资金的使用效率。

（二）选择合理筹资结构

企业集团可以通过多渠道、多方式筹集资金。不同筹资方式的难易程度、资金成本以及财务风险各有不同。根据企业实际和所处外在经济环境情况，综合考察各种筹资方式和渠道，核算资金成本①（包括筹资费用和资金占用费用），选择最佳筹资结构。

筹资结构是指不同筹资方式的组合。一般的筹资方式有银行借贷，债券及股票等。不同的筹资方式有不同的资金成本，不同的优缺点。例如，企业通过发行债券筹资，与发行股票相比较而言，其发行成本较少，债券利息在税前支付，有一部分利息实际上由国家负担了，企业所有者对企业的控制权不会被稀释。但是，发行债券的限制条件比股票要多而且严格，并要承担按期还本和付息的义务，财务风险相对较高，同时企业利用债券筹资的数量通常也要受到一定额度的限制②。债券筹资与借款筹资的资金使用成本相差不大，财务风险也相似，债券如果可以发行，就可以为企业解决大的资金需求，而借款数额相对要小，但是债券发行的限制条件相对于借款更严一些。债券更多适于企业长期投资领域，而借款更多用于解决流动性问题。

企业集团在选择筹资模式时需要优化资本结构，考虑所筹得的资金

---

① 资金成本是指为取得资金使用权在筹集和使用过程中所发生的，为了便于筹资方案的比较可以用资金成本率表示。计算公式为：资金成本率 $= \dfrac{资金占用全部成本}{筹资总额 - 筹资费用} \times 100\%$；投资收益率 = 年平均收益额/投资总额 ×100% 。

② 按国家有关规定，发行债券总额不得大于该企业的自有资产净值。

在企业形成的资本结构是否实现最优化。因为，每一个筹资方案对应一个资金结构，筹资方案的优劣表现为资金结构的优劣。根据对多个资金筹集方案的加权平均资金成本率进行比较，从中选择筹资最佳方案。如果投资收益率大于平均资金成本率，则该方案为优，筹资效益好，反之则为劣，筹资效益差。在此基础上，对好的筹资方案进行财务风险测评，选择财务风险相对较低的筹资方案，并通过改进该方案的资金结构逐步使其达到最优。① 这一方面可以有效避免企业过度负债，规避财务风险；另一方面可以使得企业价值最大，实现企业集团财务目标。筹资量大但资本结构安排不当导致企业集团财务机制崩溃直至破产倒闭的例子屡见不鲜，最典型的例证是韩国的大宇集团。该集团因为醉心于无限度的扩张规模，母子公司反复用同一资产作抵押申请贷款而不考虑资本结构是否合理，当遇到金融危机时，看似强大的集团也同样不堪一击。根据现代资本结构理论，企业最佳资本结构是实际存在的，在资本结构最佳点上，企业的加权平均资本成本最低，而企业价值最大。企业集团选择筹资模式，最关键的是根据自己的筹资目标量和收益成本约束，确定债务资本和权益资本的合理比例，使企业集团市场价值最大。在此基础上，根据具体情况选择合适的筹资模式。一般认为，我国企业资产负债率在45%—60%之间较为合理，企业集团可适当提高这个比率，但要注意相应放大的财务风险防范。

8.2.3　中国企业集团投资资金筹集方式

在市场经济下，企业集团筹集资金的方式多种多样，既可以吸收货币资金的投资，也可以吸收实物、无形资产等形式的投资，还可以发行股票、债券或向银行借款等方式筹集资金。因此，企业集团对投资资金的筹集，形成两种资金来源，即权益资金和负债资金。其中，权益资金的筹集方式主要包括：吸收直接投资、发行股票（普通股和发行优先股）和留存收益。负债资金的筹集方式为向银行借款、利用商业信用、发行公司债券、融资租赁等。

---

① 刘晓娟：《谈企业在市场经济条件下资金的筹集与管理》，《工业技术经济》2000年第4期。

企业集团具体的资金筹集方式主要有：

一是吸收直接投资，接受其他机构或者投资者的直接投资。吸收直接投资是指企业集团以协议等形式吸收国家、法人、个人和外商等直接投入资金，形成企业所筹资金的一种筹资方式。吸收直接投资与发行股票、留存收益都是企业筹集权益资金的重要方式，但发行股票要以股票为媒介，而吸收直接投资则无须发行任何证券。直接投资中的出资者是企业的所有者，对企业具有经营管理权。企业经营状况好，盈利多，各方可按出资额的比例分享利润，但如果企业经营状况差，连年亏损，甚至被迫破产清算，则各方要在其出资的限额内按出资比例承担损失。

二是发行股票（普通股和发行优先股）。企业集团可以通过发行股票的方式筹集投资资金，即符合条件的发行人以筹资为目的，按照法定的程序，向投资者或原股东发行股份的行为。发行股票，使得企业集团的权益资金增加，分散了原有股东的控制力。普通股（Ordinary Share）的发行与股份公司最开始发行原始股类似，享有剩余索取权和表决权，而优先股是相对于普通股而言的，主要指持有这种股份的股东在利润分红及剩余财产分配的权利方面先于普通股股东享受分配，通常为固定股利。优先股收益的主要特征有：享受固定收益①、优先获得分配、优先获得公司剩余财产的清偿、无表决权②。此外，发行人为了吸引投资者或保护普通股东的权益，对优先股附加了很多定义，如可转换概念、优先概念、累计红利概念等。

三是留存收益。留存收益是企业集团在经营过程中所创造的，但由于企业经营发展的需要或由于法定的原因等，没有分配给所有者而留存在企业的盈利，即企业从历年实现的利润中提取或留存于企业的内部积累，它来源于企业的生产经营活动所实现的净利润，包括企业的盈余公积和未分配利润两个部分，其中盈余公积是有特定用途的累积盈余，未分配利润是没有指定用途的累积盈余。

---

① 优先股通常预先定明股息收益率。由于优先股股息率事先固定，因此优先股的股息一般不会根据公司经营情况而增减，而且一般也不能参与公司的分红，但优先股可以先于普通股获得股息，对公司来说，由于股息固定，它不影响公司的利润分配。

② 优先股的权利范围小。优先股股东一般没有选举权和被选举权，对股份公司的重大经营无投票权，但在某些情况下可以享有投票权。

四是银行借款。企业集团常会向银行借款来筹集资金，短期借贷用于解决企业集团的流动资金，而长期借款则更多用于集团的长期投资。因此，用于投资的借贷资金筹集主要是向银行的中长期借款。借贷在企业集团的筹资结构中占有重要位置，是企业保持合理的资金结构的重要组成部分。当然银行借款存在一个固定的利息，按期还贷存在压力，但是借款利息可以税前抵扣，借贷资金由于不存在对红利的分配以及对控制权的稀释，而且存有较大的杠杆效应，是企业集团筹资中比较重要的筹资模式。

五是商业信用。商业信用是指工商企业之间在正常的经营活动和商品交易中由于延期付款或预收账款所形成的企业之间相互提供的、与商品交易直接相联系的信用形式。商业信用的形式主要有：赊购商品、预收货款和商业汇票。商业信用交易对于加强企业之间的经济联系、加速资金的循环与周转、促进社会再生产的顺利进行等方面都起着非常重要的作用。但具体而论，对于商业信用的卖方提供者来说，其作用表现在能够扩大商品经营规模、开拓商品市场、提高竞争力；对于商业信用的买方提供者来说，其作用主要表现在能够稳定货源、稳定供需关系。商业信用的优点在于方便和及时。商业信用的局限性主要表现在：规模的局限性（受企业商品数量和规模的影响）、方向的局限性（一般是由卖方提供给买方，受商品流转方向的限制）、期限的局限性（受生产和商品流转周期的限制，一般只能是短期信用）、授信对象的局限性（一般局限在企业之间），此外它还具有分散性和不稳定性等缺点。商业信用的筹集方式需要整个社会的信用体系建设比较完好，因此中国的企业集团利用商业信用需要与社会信用体系建设结合起来，在利用商业信用筹集资金的同时，加大对社会信用体系的建设。

六是公司债券。公司债券是指公司依照法定程序发行的，约定在一定期限还本付息的有价证券。它是公司债的表现形式，它表明发行债券的公司和债券投资者之间的债权债务关系，公司债券的持有人是公司的债权人，而不是公司的所有者，这是与股票持有者最大的不同点。债券持有人有按约定条件向公司取得利息和到期收回本金的权利，取得利息优先于股东分红。公司破产清算时，优于股东而收回本金。但债券持有者不能参与公司的经营、管理等各项活动，公司债券只是公司向债券持有人出具的债务凭证。

七是融资租赁① （Financial Leasing）。又称设备租赁（Equipment Leasing）或现代租赁（Modern Leasing），也称金融租赁或财务租赁。是指出租人根据承租人对供货人和租赁标的物的选择，由出租人向供货人购买租赁标的物，然后租给承租人使用，承租人则分期向出租人支付租金②，在租赁期内租赁物件的所有权属于出租人所有，承租人拥有租赁物件的使用权。租期届满，租金支付完毕并且承租人根据融资租赁合同的规定履行完全部义务后，对租赁物的归属没有约定的或者约定不明的，可以协议补充；不能达成补充协议的，按照合同有关条款或者交易习惯确定；仍然不能确定的，租赁物件所有权归出租人所有。资产的所有权最终可以转移，也可以不转移。融资租赁实质上是指转移与资产所有权有关的全部或绝大部分风险和报酬的租赁。融资租赁是集融资与融物、贸易与技术更新于一体的新型金融产业。由于其融资与融物相结合的特点，出现问题时租赁公司可以回收、处理租赁物，因而在办理融资时对企业资信和担保的要求不高。此外，融资租赁属于表外融资，不体现在企业财务报表的负债项目中，不影响企业的资信状况，方便企业集团进行投资资金筹集。

◆ 案例：鲁能集团的融资方式

鲁能集团的发展经历了初创阶段，市场的经营与开拓。在经营稳定之后，需要有筹资的能力，来支持企业迅速做大，如果仅仅依赖企业盈利进行积累和再发展，资金难以支撑企业发展的速度，因此要有融资的渠道和能力来支撑。于是，高发展随之带来了高销售增长、高现金需求、高负债，并有可能带来管理效率的流失和利润率的下降，企业的财务风险加大。当企业市场居于领先地位、业务

---

① 融资租赁是市场经济发展到一定阶段而产生的一种适应性较强的融资方式，是 20 世纪 50 年代产生于美国的一种新型交易方式，由于它适应了现代经济发展的要求，所以在 20 世纪 60—70 年代迅速在全世界发展起来，当今已成为企业更新设备的主要融资手段之一，被誉为"朝阳产业"。我国 20 世纪 80 年代初引进这种业务方式后，近年来也得到迅速发展，但比起发达国家来，租赁的优势还远未发挥出来，市场潜力很大。

② 与传统租赁一个本质的区别在于，传统租赁以承租人租赁使用物件的时间计算租金，而融资租赁以承租人占用融资成本的时间计算租金。

成熟时，企业成长受限，利润增长放缓，这时候如果现金流充沛，企业就进入了新的阶段——投资，寻找新的增长点，以培养新的主营业务。

当前，鲁能集团主要通过两种方式获取资金：内部融资和债务融资。内部融资，主要指企业不断将自身的储备（折旧和留存盈利）转化为投资的过程以及企业间资金的相互支持。留存盈利是鲁能集团企业内源融资的重要组成部分，是鲁能集团再投资或债务清偿的重要资金来源，以留存盈利作为融资工具，不需要发生融资费用，不需要实际对外支付利息或股息，不会减少企业的现金流量。债务融资，债务融资是指通过金融中介机构充当信用媒介而实现融资的一种方式，债务融资的资本形成具有高效性、灵活性、大量性和集中性等特点。鲁能集团债务融资的具体形式包括：抵押贷款，即借款人向银行提供一定的财产作为信贷抵押的贷款方式；信用贷款，即银行仅凭对借款人资信的信任而发放的贷款，借款人无须向银行提供抵押物；担保贷款，即以担保人的信用为担保而发放的贷款。

近几年，政府主管部门出台了不少旨在强化对企业发放银行信贷的政策，城市商业银行、农村信用社等地方性金融机构也极力支持企业的发展。通过银行信用或商业信用的形式，利用债权人或他人资金，从而达到企业规模扩张、增加企业经营能力和竞争力的目的。因此，债务融资成为市场经济条件下每个企业的必然选择，也已经成为鲁能企业融资的重要来源。

然而，债务是要偿还的，需要以特定的偿付责任和一定偿债能力为保证，并讲求负债规模、负债结构及负债效益，否则企业可能由此陷入债务危机当中。在实践中，债务融资形成了鲁能集团资本结构的弱点，主要体现为中长期投资与短期资金的矛盾、现金流基本不能完成对资本的回报、资本结构难以支持鲁能集团的中长期发展。解决鲁能集团资金短缺问题的思路：强化现有的内部融资方式，利用建行现有的系统平台，实行账户、资金集中管理，加强闲置资金调度，调整鲁能集团的资金结构，设立财务公司；继续保持和发展债务融资方式、加强新增贷款管理以保障资金需求，发售信托投资计划、从事保理业务，利用集团企业的应收账款融资、办理银行承兑汇票买方贴现业务、融资租赁；发行债券融资；利用发行股权进行融资。

8.3　企业集团资金管理模式

8.3.1　企业集团资金管理的一般模式

目前，企业集团在资金管理上分为集权管理和分权管理两种模式。所谓集权式管理就是指资金集中到集团资金管理中心，并通过企业集团资金集中管理中心对整个集团资金运用进行管理控制。而分权管理则是企业集团各成员独自管理资金积累与使用，企业集团没有集中调配资金的权利。企业集团选择资金管理模式需要根据集团自身的实际情况进行。

一、资金管理模式选择需要考虑因素

（一）资金管理模式要适应企业集团的条件和管理的需要

首先，企业集团公司的集权程度——这由集团的组织架构决定，集权程度高的企业集团可以选择资金控制管理相对集中的模式。其次，企业集团信息收集管理能力也是一个重要影响因素。如果企业集团有较为畅通的信息提供及反馈渠道，有高效的信息收集和控制监督手段，可以保证资金管理决策的正确性和资金使用的高效性机制，则适宜采取集中统一的资金管理模式。此外，资金管理模式选择需要考虑整个集团资金周转速度与资金回报率高低。

（二）资金管理模式要与集团公司内部母子公司的地位和重要性分布相适应

母公司在企业集团中的管理能力对资金管理模式的影响至关重要。母公司具备强大的管理能力是实现资金集中管理的前提。每个子公司在母公司战略发展中的地位也不尽相同，需根据企业集团目前的发展状况以及未来的产业发展规划判断子公司的重要性。对母公司有重要影响的

子公司，宜保持高度的决策权、控制权和管理权。对母公司影响不大的子公司，可以采取分权模式。具体而言，对于上市子公司的资金利用，可考虑将已经上市的子公司收编为分公司，从制度上保证资金的集中控制到位；对于参股和控股子公司的资金控制可以采取另外一种处理方式，即通过在董事会议上投票来决定资金的投向和使用，或通过审查公司现金流动状况等方式达到间接监控的目的；对于协作单位，主要通过供应链的管理来进行，可以通过内部交易对冲、货款的结算时间调节来控制资金。

二、静态视角下的企业集团资金管理模式选择

从静态来看，根据集团公司的组织体制不同，集团所用资金管理模式有不同[①]：

第一，直线职能制的企业集团适于集权式资金管理模式。这种组织形式下，财务由企业总部集中核算、统一管理，下属机构仅作为报账单位，定期将业务数据报到总部财务部门，财务的决策全部由总部决定。这样削弱子公司的资金决策权限，利于集团统一指挥。

第二，通过控股公司形成的企业集团适宜分散型资金管理模式。控股集团是一个松散的联合体，母公司持有子公司部分或全部股份，下属各子公司具有独立的法人资格，各子公司有独立的财务权，总部对其约束很小，母子公司之间从事的产业一般关联度不大，各自形成相对独立的利润中心和投资中心，不适宜实施高度集权的资金管理模式，而宜采取分散型的资金管理模式。

第三，事业部制企业集团的资金管理模式随集团发展选择集权或分权模式。企业集团按照产品、地区、顾客或职能建立事业部，各事业部或子集团在集团统一领导下独立经营核算，自负盈亏。这种组织结构下，企业集团的决策权分散，财务控制的关键是解决好集权与分权问题。目前一般做法是在资金、财务信息和人事等方面集中控制的基础上，充分实行分权管理制度。集团的资金控制会随集团发展需要采用集权或分权管理。

---

① 刘戬一：《集团公司资金管理的中国特色》，《管理学家》2006 年第 12 期。

三、动态视角下的企业集团资金管理模式选择

从动态来看，资金管理模式应与公司的发展生命周期相对应。企业集团的发展有初创期、发展期、成熟期、调整期等阶段，处于不同发展阶段的企业集团的经营风险、财务实力有不同。因此，根据公司发展所处的不同阶段，企业集团应当采用适合企业发展需要的资金管理模式，并且随着企业发展阶段的升级，应相应放宽子公司的融资额度和审批权限，促进其资金自筹能力提升，实现企业集团整体利益的最大化。

（一）初创期一般采用资金的高度集权管理

初创期的企业集团经营风险比较大，主要表现在企业集团的核心能力尚未形成、市场影响力非常有限、融资环境不利。初创期的企业集团对产品市场缺乏认识，对产品市场的确定缺乏依据与理性，投资项目的选择有时显得无序，甚至会出现较大的管理失误和投资失败；企业集团的管理水平还没有提升到一个高的层次，管理的无序化要求强化集权；企业集团财务实力非常薄弱。为了更好地发挥集团优势，聚合集团资金，发挥财务协同效应，企业集团通常采用高度集权的资金管理模式。

（二）发展期宜采用资金的适度分权管理

发展期的企业集团面临着较大的经营风险和财务风险。首先，快速增长的集团，由于新项目的增加以及各子公司对项目投资的内在冲动，面临着巨大的资金需求，但是企业集团处于产品的市场开拓期，大量应收账款造成资金被占用，企业集团形成巨大的现金缺口。其次，技术开发和巨额的资本投入形成大量的固定资产，会计的账面收益能力不高，投资欲望高涨会增加投资的盲目性，造成财务不必要的损失。因此，在这个阶段，企业集团应该采取稳固发展型的资金管理战略。企业集团可以对子公司予以适度分权，子公司的筹资可以采取分片包干，即子公司自行融资解决一部分，母公司解决一部分；子公司的投资管理仍然要采取高度的集权，由母公司统一管理；子公司的利润分配适宜采用无股利的分配政策，可以积累部分资金，满足企业集团快速发展的需要。

（三）成熟期宜采用资金的分权管理

处于成熟期的企业集团规模扩大，资金需求量趋于稳定，资金流量

基本稳定，企业集团发展到一定阶段，市场定位比较明确，企业往往形成较大的现金净流入量。此时，企业集团有足够的实力对外借款，而且能充分利用杠杆来达到节税、提高权益资本报酬率的目的。同时，子公司的管理水平在实践中得到了锻炼和提高。该时期，企业集团宜采用分权的资金管理体制，给予子公司根据自身情况设立资金管理体系的自主权，以发挥子公司的经营自主性，调动经营的积极性。也就是子公司正常经营所需的资金由子公司自行筹集和自行融资解决，高峰期临时用款、特殊项目用款由集团公司调剂补充，母子公司建立以提高资金效益为目标的资金合作关系。另外，集团公司可以给予子公司一定的投资权。

（四）调整期宜采用资金的集权下的适度分权管理

企业集团进入调整期，需要通过新产品的开发或者新产业的投建来进入一个新的发展期，即集团内部的一些子公司的生产经营需要调整，企业集团需要对组织结构进行调整。这时，企业集团应该集中财务资源，投资已确定应进入的领域与行业。因此，对子公司的管理要适当地收权，聚合财务资源。

8.3.2 企业集团资金管理与资金使用效率

一、加强企业集团资金系统性与流程的管理

企业集团的资金使用需要从系统性的角度考虑资金运营效益。为了提高资金的使用效率，企业集团可以对企业的资金统一管理、集中调度、有偿使用，可以进一步完善现有财务公司、内部银行等资金统管形式。即企业集团本部作为投资中心，对集团内增量投入进行控制与调节，主要表现在发展企业集团的新产品、新产业、新市场等；企业集团所属全资子公司与控股公司则只可使用盈余公积金进行投资，其他如新建项目、技改项目的投资决策权属于集团公司董事会，项目投资按程序需要报董事会审批；企业集团成立内部财务结算部门，依据财务管理制度对子公司资金实行统一存贷、结算，组织集团内的资金进行"内部循环"，对资金的投放实行有效监控，可以极高地发挥集团资金的整体效益；企业集团内部可以使用资金模拟银行结算，建立"内部银行"，改

变"只计单利，不计复利，只计现值，不计终值"的资金使用成本计算方式，拓展资金成本的核算内容，增强企业对资金成本的意识，控制好企业的资金流程管理，提高资金使用效率。

二、加强资金信息和预算管理

资金管理实际是信息管理。企业集团必须加强市场研究，全面收集市场相关有用信息以及企业集团内部的财务信息，并及时准确处理信息，为集团资金管理提供客观真实的信息；准确编制企业集团的资金全面预算①，发挥资金预算对企业集团经营的主动性和积极性。例如，对能发挥企业优势、效益高的项目进行补充预算，对筹资难度大、投资风险高的项目谨慎编制预算等。这样，通过做好资金全面预算，比较项目的投资回报率和筹资成本率，选择适合市场需求也符合企业集团投资目的的项目进行投资。

三、加强资金结构管理

企业集团必须保持合理的资金结构，适度负债经营，安全有效地利用企业集团的资金财务杠杆作用。合理的资金占用结构是保证资金发挥最大效能的前提，通过财务测算选择最佳购存点上的资金结构，提高企业集团财务中心对资金运筹的调控力度，加快资金流动，适时实施战略性的资金结构调整。

8.3.3 中国企业集团资金管理模式选择

中国企业集团形成的特殊性②使得企业集团资金管理模式的产生和选择，必须根据自身的条件，因此具有极强的中国特色和创新性。

我国企业集团在实践中主要有报账中心、结算中心、内部银行和财

---

① 资金全面预算是资金投入量、投向和投放时间的总体计划方案，对指导和控制生产经营活动、保证目标的实现具有重要作用。

② 中国企业集团是特定时期和特定环境下的产物，大多在比较松散的生产协作基础上建立，或由行政管理机构转变形成。集团内部母子公司之间业务联系不够紧密，母公司对子公司的控制力有限。

务公司①四种资金管理形式。② 这四种资金管理模式产生于特定的历史背景，适用于不同的集团公司。

"报账中心"在集团形成初期产生于"一体化"的资金管理体制，即"资金统一解决、管理集中统一"模式，着重于风险控制和扶植发展。针对子公司改制初期管理不规范、资金供需矛盾突出、自我融资困难、控制能力弱、抗风险能力低，子公司实行"一体化"的资金管理体制，能更好地聚合企业集团的财务资源，发挥整合优势、管理协同优势和信息共享优势。在这种情况下，企业集团在核心企业——集团公司的主导下，在尊重各子公司"个性"的同时，遵循"共性"特点，将各自的财务运行纳入企业集团统一目标、统一战略与统一秩序的规范和约束下，在特定的多级法人制的框架下进行权利与义务的整合重组，以最大限度增强内部改制企业初始财务相对集中管理的优势和资金集中管理、集中调控的优势。

"结算中心或内部银行"在企业集团发展期产生，因为报账中心过高的集权，不利于调动各子公司的经营积极性，而企业集团成立财务公司的条件不成熟。这个时候企业集团可以采用结算中心或内部银行。

企业集团对于规模效益发展快、业务创新能力强、集团内部和开户银行资信等级比较好的子公司，对于一定额度范围内的项目，允许子公司自行投资，但必须报送母公司审批。由此，企业集团可以整体上采用财务公司形式，在二、三级子公司采用内部银行或结算中心，形成多层次的资金管理模式，即"以财务公司为核心的多元化"模式。

在企业集团调整时期，比较适宜采取财务公司模式，即由集团成员出资建立具有独立法人地位的非银行金融机构，由其为集团成员提供金融服务，同时财务公司与集团子公司保持较强的独立性。这一模式有利于实现资金使用市场化管理，扩大企业的投资和融资功能。

企业集团发展的实践过程中，企业集团结合实际选取适合集团发展的资金管理模式，在资金管理模式上进行创新发展，从报账中心发展到

---

① 1987 年财务公司的出现，有力地支持了企业集团的产品和市场开发，促进了企业集团的发展。但财务公司的成立具有较高的门槛，对企业集团的要求也比较高。

② 杜松波：《企业集团资金集中控制新方式初探》，《对外经贸财会》2006 年第 10 期。

自由度相对比较大的财务公司，体现了企业集团在资金管理调度中集权与分权的权变之策。

8.3.4 中国企业集团资金管理模式的缺陷与优化

在实践中，中国企业集团资金管理模式存在一些缺陷，主要表现在：

第一，一般情况下，企业集团资金管理各模式一般只是发挥了集中结算的功能，融资信贷功能、监控职能以及信息反馈职能并未充分发挥。实践中的四种模式在具体应用时，常常出现报账中心统得过死，结算中心、内部银行手续较多，财务公司门槛高等问题。这些问题都削弱了集团公司对子公司的财务监控。

第二，各种资金管理模式功能发挥不足。良好的资金管理模式必须充分发挥结算、融资信贷、监控等职能。企业集团需要确定各子公司现金的最佳持有量、融资的额度以及融资的时间。企业集团对子公司的现金收支进行实时监控，必须以有效的预算体系、良好的信息沟通体系为基础。而目前我国部分企业集团网络建设比较落后，成员众多，地域分布分散，信息的收集还依靠传统的报表传递，无法实现资金管理的实时监控，无法掌握各子公司资金的实际情况。有些企业集团虽采用了ERP，但是很多软件都没有金融服务的功能，无法整合外部的金融资源，包括企业银行账户余额、应收和应付款项、短期投资和债券发行等。因此，要发挥各种资金管理模式的功能，需要加强企业集团的信息化建设，加强企业集团资源整合，并通过建立集团融资管理机构，加强其融资信贷功能。

第三，在企业集团的经营管理实践中，由于企业集团各成员企业在银行开设的账户较多，造成大量资金闲置，因此从总体上看，企业集团有不少沉淀资金，但企业集团同时也有大量的银行贷款需要偿还，因而形成了"存贷并举"现象。中国企业集团内部融资规模居高不下与沉淀资金现象共存，融资渠道不畅，财务成本高，现金资源配置低效。如果企业集团建立有效的银行账户管理模式，逐步减少成员企业不必要的银行账户，把闲置的资金集中在几个主要的合作银行，就可以有效地避免企业集团总体资金浪费现象，特别是企业集团可以监控上市公司的资金使用情况，彻底改变家底不清及决策信息不对称、不准确、不充分、不及时的被动局面，强化企业集团的监管权力。

第四，集权式管理方式会使子公司丧失主动性和积极性，分权式管理又会使企业集团财力分散、管理失控，削弱整体实力。实施"集权有度、分权有序"的企业集团资金管理模式可以使资金管理控制得以优化。

"以资金管理为核心的财务管理模式"是一套适合企业集团的银行账户管理办法，具体包括三种模式：① 一是企业集团账户模式。此模式较适合企业集团下属各企业集中在某个城市的企业集团，较便于其开展日常资金的划转，是指企业集团资金管理部门以企业集团名义在选择的商业银行申请账户服务。企业集团根据服务需要建立"总—分"银行账户机制，即设立"总"账户——企业集团结算账户（简称"一级结算账户"），由资金管理部门代为管理，同时设立"分"账户——挂接多个子公司结算账户（简称"二级结算账户"）；子公司可以将已有的银行账户作为二级结算账户纳入企业集团账户管理体制内。这样成员企业在企业集团所选择的每家合作银行就有两个银行账户，即基本账户②（本企业自行开立）、二级结算账户（由与银行签订的企业集团账户管理协议所管理）。通过此方式不仅可以实现闲置在各成员企业银行账户的资金集中，形成资金"蓄水池"功效，同时通过下放部分权力给成员企业，即成员企业对基本账户的使用，有效缓解了企业集团资金管理的压力。

二是收支结算账户模式。该模式适合于企业集团属下企业分散在不同地方，需要保持各企业资金使用灵活的企业集团，是指企业集团内的成员企业在指定银行开设两个独立的一般结算类存款账户，或从已有的银行一般结算账户中选择。其中一个一般结算户专用于对外收款（简称"收入结算户"），并与银行协定该银行账户只允许办理收入款项结算；

---

① 王华：《试探企业集团资金管理模式》，《财会通讯·理财版》2007年第5期。
② 基本账户用于限额日常支出，其额度根据各成员企业的实际状况由企业集团资金管理部门核定，其资金来源由资金管理部门代管的一级结算账户下拨。

另一个一般结算户与银行协定只允许办理对外支付款项结算（简称"支出结算户"）。

三是混合账户管理模式。该模式将上述两种银行账户管理方式混合，即本地企业集中管理，异地企业实施收支两条线管理，上市公司则采用银行账户监控方式，这样可避免因集权和分权过度以及企业集团对上市公司资金监管不力问题，从而形成企业集团"相对集中，全面监控"的资金管理状况。

◆ 案例：中远总公司资金集中管理应用[①]

中国远洋运输（集团）总公司的前身，是成立于 1961 年 4 月 27 日的中国远洋运输公司。1993 年 2 月 16 日组建以中国远洋运输（集团）总公司为核心企业的中国远洋运输集团。1993 年 10 月 5 日，集团买壳上市成立"中远投资（新加坡）有限公司"迈出了进入海外资本市场的第一步，中远这艘航运巨舰从此驶进国际资本市场的汪洋大海，开辟了资产经营与资本经营并举的新航路。到目前为止，中远在海内外拥有 7 家上市公司的总市值已达 500 多亿元，海外机构超过 400 个，已经形成以北京为中心，以香港、欧洲、美洲、新加坡、日本、澳洲、非洲、西亚和韩国为支点的全球经营网络和服务体系。中远构筑了中国最大、最完善的陆路货运网络，致力于为全球客户提供航运、物流等全球优质承运服务的同时，还能够为客户提供船舶和货物代理、船舶工业、码头、贸易、金融、房地产和 IT 等多个行业的服务。

中远集团由于其业务和收入的多样性、地区分布的广域性、组织结构和产权结构的复杂性，使得资金的流动变得更加难以准确预测和控制。中远集团公司的财务与资金管理日益趋向高度集中是历史的必然。在充分借助现代信息技术基础上，中远集团将资金结算和控制流程与经营业务流程有机融合，疏通资金结算部门和业务部门之间区分明显的界限，消除非增值环节，构建资金集中管理平台。

---

① 《中远总公司资金集中管理应用案例》，http://solution.weaseek.com/2006/0606/14359670.shtml。

　　企业集团资金管理的趋势分析：由分散到集中。企业集团在生产经营过程中，每天都发生大量的资金流入和流出，发生资金盈余和短缺，如何降低企业集团的资金成本、提高资金使用效率，成为关系到企业生死存亡的重要课题。企业集团通过实施集中化管理，总部可以随时掌握、监控遍布全球的子公司的财务状况和现金流动。因此，中远集团对国内外企业集团资金管理的趋势进行认真分析，拟进行资金管理模式的创新，将分散管理转变为集中管理。

　　企业集团资金管理摸索的创新：资金管理的组织创新。资本是一个企业赖以生存发展的血液。中远的国际化战略，不仅表现在航线和实力规模的扩张上，还表现在利用全球资本掌控未来发展能力的提升上。玩转资本魔方，利用国际资本加速企业国际竞争力的提升是中远国际化战略中的又一大亮点。中远集团目前拥有的7家上市公司，要实现融资创新、管理创新，确立在航运及物流业中的国际领先地位，必须有效整合集团资源，对资金的集中管理首当其冲。中远集团在资金组织的建设上进行规划，成立了财务公司、总结算中心和分结算中心，为资金集中管理提供组织保证。

　　信息技术与管理融合的创新——构建IT环境下的资金集中管理平台。中国远洋运输集团作为一家以航运和物流为主业的多元化经营的跨国企业集团，核心业务是物流运输，涉及的单位多，涉及资金管理的信息量大，实现高效、准确的资金管理必须要依赖于信息化网络平台的搭建，进行集中式管理。在探索和实践中，中远构建资金结算中心信息系统，做到资金数据的集中、实时控制，为集团企业在降低经营成本、提高资金使用效益、提高企业偿债能力、严格集团内部监管制度等方面提供了强有力的支撑，推动了中远集团加速提升国际竞争力，走向国际市场的战略实施。

　　中远集团使资金的控制与业务流程再造、供应链协调、银行网络化系统紧密相连，实现资金控制从单纯的经验型、粗放型、行政型向市场化、集约化、流程化方向转化。

8.4　企业集团股权投资管理

随着我国现代企业制度建设步伐加快，多数企业集团所属子企业实现了股权多元化，以合资、合营或参股的形式与集团公司发生联系，集团母公司对子公司已经不再是单一的投资主体，资本纽带已经逐步取代行政纽带。股份制集团作为现代企业集团的组织结构，为当今我国企业集团的发展趋势，正处在发展和走向成熟的过程之中。相对于一般性企业集团，股份制企业集团具有控股、投资、融资等功能。

8.4.1　企业集团股权投资管理的基本概念

股权投资，主要指为了资本增值或为了其他利益，通过出资购买或以合资方式，投资人占有一个企业全部或者部分股权、参与企业经营、分享利润，并对企业的经营方针行使表决权。股权投资形式具体分为全资拥有被投资公司、取得控制股权、参股三种形式。从时间上看，股权投资又分为长期股权投资和短期股权投资。前者指超过一年的股权投资，后者指一年内的股权投资。

企业集团股权投资管理是企业集团通过对股权管理实现投资管理方式之一。股份制集团公司股权管理要负责控制整个企业集团的股金投放和管理，保证股东的权益。① 股权投资管理是现代企业集团管理中重要的职能。

8.4.2　企业集团股权投资管理流程

股权投资管理是一项系统性较强的管理工作，包括调查、项目筛选、项目决策审批、相关财务处理、风险管理、投资评价以及股权投资退出等关键管理环节。各环节的管理内容也各有侧重，需要各有关专业职能部门协同配合。在合理划分部门管理职能的基础上，进一步明确实

---

① 李中南：《西方企业集团投资决策方法的研究》，《科技信息》2007 年第 21 期。

际出资人与股权投资人之间的职责。按照"谁出资,谁负责"的原则和公司治理的有关要求,出资人的最高决策机构应行使对外股权投资决策权,承担出资人责任。

一、调查与可行性分析

股权投资前,首先要在企业集团内部信息与外部环境信息搜集调查的基础上,结合企业的发展战略目标进行分析。具体包括股权投资决策分析、财务可行性分析及非财务因素分析。

(一)股权投资决策分析

即股权投资之前,对股权投资的动因、投资机会的选择、投资政策的制定,以及如何安排科学的决策程序进行投资策划。企业价值、责权利的统一性、内外监督检查构成投资决策的制衡机制。

(二)股权投资的财务可行性分析

科学分析论证股权投资的财务可行性,可以避免决策失误。投资具备财务可行性是实施股权投资的前提条件。财务可行性是指股权投资符合企业财务管理战略,预期收益和风险配比合理,并有利于提高企业可持续发展能力。衡量财务可行性一般可选用投资收益率、投资回收期和净现值等常规指标。

股权投资财务可行性分析要做到:充分掌握与股权投资相关的财政、税收、外汇等政策,尽可能量化分析有关政策对投资风险与收益的影响;建立科学的多指标评价体系,绝对指标与相对指标、静态指标与动态指标配套使用;在分析方法选用上以定量分析为主,适当使用定性分析,结合应用敏感性分析;合理估计投资的沉没成本和机会成本,以校验预期投资收益指标的合理性;与筹资管理配套,合理安排资金来源、结构,确定最优筹资方案。

(三)股权投资的非财务因素分析

对于具有控制权的股权投资,非财务分析是项目分析的重要组成部分,主要包括股权投资所获得的人力资本因素以及文化资本因素。前者涉及人才专业结构的安排、教育培训制度的设计、专业技术能力的培养以及领导人才的培养等;后者包括通过文化在核心理念、制度以及行为层面的融合，直接形成一种包括绩效和能力导向的文化生产力，特别是对于控股模式下的品牌效应与价值的提升、集团公司商誉价值的提升，有着重大的作用。股权投资的这些非财务因素的评价指标设计、与财务投资的比例及其相应的绩效评估，都是股权投资管理的重要方面。

二、股权投资项目筛选与决策审批

在投资决策分析以及可行性分析基础上，对投资项目的投资收益与风险进行比较筛选，选择具有好的投资收益且风险相对小的项目。按照投资管理决策程序，将所选择的投资项目向企业集团的所有者或所有者代表（对国有企业，即国资管理机构）提交审批，出资人的有关上级单位应作为审批人行使对下属单位股权投资的审批权。审批人一般可采用财务部门牵头、相关职能部门联签、分管领导及企业负责人共同批准的方式履行审批程序。最后由企业集团董事会通过的投资项目作为将要进行的股权投资项目。

三、实施动态财务监控，控制投资风险，提高投资收益

股权投资管理必须以控制投资风险和提高投资收益为核心。在股权投资管理工作中，深入运用财务管理的思想与方法，有助于控制投资风险和提高投资收益，实现股权投资目标。对股权投资实施动态财务监控，及时掌握被投资方的资产质量、财务状况和现金流量，有利于"管人、管事、管资产"等出资人职权及时、有效履行，有利于控制投资风险、提高投资收益。

对股权投资实施动态财务监控的方法主要有：统一会计政策与财务信息系统；明确动态财务监控的责任人的岗位管理职责；建立股权投资动态分析和评价指标体系，合理设定指标预警值；建立动态财务监控信息传递机制，确保决策者及时获取有效信息。

四、股权投资风险管理及效益评价

在股权投资的过程控制中必须对股权投资风险管理及效益进行评价。股权投资风险管理模式总体上主要包括股权投资风险管理的规划、实施、风险检查、评估与改进等环节。股权投资的效益评价主要包括已

经投资的、正在投资的以及潜在投资的效益评价等。

五、建立和完善股权投资的退出机制

建立和完善股权投资的退出机制，有利于股权投资的不断优化。需要处理好以下几个方面：一是设定股权投资退出的触发点。即当发生如下情况时，投资方应考虑处置或退出有关股权投资：被投资方经营状况转坏或即将转坏，投资方对被投资方的控制力被削弱或即将被削弱，投资方与被投资方的协同效应被削弱或出现同业竞争，投资方与被投资方在经营理念上发生冲突，国家投资管理政策转变，投资方被限制持有被投资方股权。二是设定合理的股权投资退出目标。股权投资退出的总体目标可概括为——所投资企业思想不散、秩序不乱、业务不断；分项工作目标可设定为——时机合适，补偿对价合理，资产负债和权益的处置简便、高效、彻底，人员安置妥善，法律手续完备。三是制定完善的股权投资处置方案。主要包括：处置的必要性与可行性、处置数量、处置方式、定价方法、处置的成本效益分析。涉及员工安置的股权投资处置应制定员工安置具体措施风险分析与应对措施。四是对股权投资处置活动实施严格监控。股权投资决策与执行岗位要相分离，投资处置谈判等重要活动要形成书面记录，实行法律文书审核与授权签订制度，交易标的股权与有关对价要同时交割，对价要及时入账。五是要做好总结和回顾工作。对股权投资处置活动进行必要的事后分析与评价，吸取股权投资管理的经验和教训。

8.4.3 中国企业集团股权投资管理特点

在中国，其企业集团中占主体的是国有控股企业集团，国有控股集团的股权投资管理具有其特殊性，主要表现在对投资人"人格化"以及投资人"事权管理的制度化、程序化"方面的管理。

一、出资人——"人格化"[①]

出资人行使股权管理职责，这要求出资人不应是虚化的，要使出资

---

① 李金泉、柴艳丽：《企业集团如何加强对所投资公司的股权管理》，《国有资产管理》2006年第2期。

人"人格化"，要落实到具体的"人"身上。出资人要选派能代表自身利益的代表对所投资公司行使股权管理职责。对于子公司来说，能代表股东履行权利的从法律上讲应为其母公司的法定代表人。但是，母公司的法定代表人只有一个，面对几十甚至上百个所投资公司行使权利，这里就有一个授权的问题。可以授权其他人来行使权利，被授权人主要代表母公司履行出资人职责，是代表企业集团与各股东方沟通的主要载体，更是企业集团作为大股东行使股权管理职能的维护者和代言人。这个被授权人我们称为股权代表。股权代表能更好地代表和行使股东权利，代表股东参加股东大会，使股东的权利和责任真正到位，实现了出资人的"人格化"，使所有体现股东权利义务的事项均有了具体的责任人和执行人；对于大型企业集团来讲，设立股权代表能更好地使所投资公司贯彻落实企业集团总部的发展战略，增强集团公司的控制力。

股权代表实为产权代表，产权代表是投资单位派出的全权代表，是以所有者的身份出现的，首先要旗帜鲜明地维护股东的利益，同时又是被投资单位的管理者，因此具有所有者和管理者的双重身份。[①] 其被赋予以下几个方面的主要职责：依法出席所投资公司的股东会及董事会或监事会会议，对所议议题发表意见及行使表决权（股东对表决事项已经形成有关意见的，应执行股东的决定，并在授权范围内进行表决）；有义务提请、监督所投资公司按照企业集团规定的事权管理的内容，履行股东内部审议程序，及时、准确地将有关事项或材料上报到集团总部，并执行申报、审批、审议程序；及时组织协调企业集团总部委派的其他董事和监事就需在股东会、董事会及监事会会议上表决事项或者议题进行研究，并形成相关建议意见后上报企业集团总部审批；协助企业集团总部与所投资公司的联络和沟通，帮助企业集团总部获得实施股权管理所需的信息，以便对拟在所投资公司股东会议或董事会议上提出的议案和需表决事项进行研究和准备；督促所投资公司将企业集团总部其依法应得的资本收益及时、全额上缴并入账；根据股东要求或实际情况提议召开临时股东大会或临时股东会会议。

同时，对股权代表的职责权限应有明确的授权，合理区分需要报审

---

① 王兆顶：《大型企业集团对外投资产权管理的思考》，《煤炭经济研究》2001 年第 9 期。

事项和报告事项的范围，明确哪些是按照有关规定可以直接在股东会上直接议定的，哪些是需要大股东先进行决策或者有明确的意见和观点后到股东会或董事会上进行表决的；对出资人代表管理应制度化，明确股权代表的任职资格、工作规则、职责权限、考核与激励等制度；对股权代表还应建立定期述职制度。

二、投资人事权管理的制度化、程序化

投资人事权管理的制度化和程序化可以提高投资人对所投资企业的股权投资管理效益，对控股企业实现有效控股，对参股企业达到参与重大事项决策的过程监控，满足投资者的投资目的。2005 年 1 月 1 日开始施行的新《公司法》第四条做了明确规定：公司股东依法享有资产收益、参与重大决策和选择管理者等权利。对于国有及国有控股、国有参股的公司，按照《国有企业监督管理暂行条例》第二十二条，国有资产监督管理机构依照公司法的规定，派出股东代表、董事，参加国有控股的公司、国有参股的公司的股东会、董事会。即出资人对所投资企业的事权管理主要集中在管人、管事、管资产三件事上。国有控股的公司、国有参股的公司的股东会、董事会决定公司的分立、合并、破产、解散、增减资本、发行公司债券、任免企业负责人等重大事项时，国有资产监督管理机构派出的股东代表、董事，应当按照国有资产监督管理机构的指示发表意见、行使表决权。股东可以在公司章程中以适当的方式进行明确和约定以下几个方面的重大事项的参与决策权：发展战略管理、股权运营管理、资产管理与预决算管理。此外，股东还应对所投资公司加强日常监控，主要包括对所投资公司经济运行情况进行分析、对重点工作计划执行情况进行检查、定期审查财务报告，以及定期进行财务审计监督等。对控股企业，集团总部主要是"管战略"和"管决策"。"管战略"，即要保障控股子公司的发展战略与集团发展战略保持一致，控股子公司的经营战略在重大对外投资项目及其他重大事项方面与企业集团的中长期发展规划协调一致，在发展规划、产业产品的调整，不能控股而不控制。"管决策"，指控股子公司的重大事项和决策程序管理。对参股企业，集团总部主要是"管权利"和"管收益"，管理重点为：在参股企业的股东代表权和在管理层的参与

权，及时获得参股企业的财务信息和其他重大信息，保障参股企业的分红派息等。

企业集团总部对股权管理事项内部的审议规则程序化，即事权管理的程序化，体现在以下几个方面：一是会议议案需提前上报。所投资公司在召开股东会、董事会和监事会之前，股权代表应提前将会议议案报至企业集团总部。同时，对所提议案中哪些是已报过的、哪些尚未经企业集团总部内部审议的做出说明。对未经审议事项，应对自己了解的情况和观点做出说明，供集团公司参考决策。二是股权管理部门协调汇总集团总部意见。企业集团总部股权管理归口部门将股权代表上报的有关材料进行分类登记后，按照集团公司的职责分工送至各相关部门审议，重要事项须报总经理办公会审议，对各部门审议结果汇总，并于召开"三会"之前书面通知股权代表，股权代表再传达给集团公司派任的各位董事、监事。三是明确股东会、董事会、监事会不得议定事项。未履行大股东内部审议程序的事项不应列入当期股东会、董事会、监事会议题。股权代表在参加"三会"过程中，对于公司其他股东及其派任的董事、监事临时提出而未经集团内部审议的议案，原则上应当提请股东会、董事会、监事会不得在本次会议上审议或进行表决。

◆ **案例：开滦（集团）有限责任公司股权管理的实践与探索**①

开滦（集团）有限责任公司始建于 1878 年，已经走过了 130 多年的沧桑岁月。这个国有特大型煤炭企业，2008 年在全国 500 强中名列第 291 位，是河北省目前最大的煤炭企业。除煤炭产品外，开滦还经营电力、焦化、新型建材、运输、商贸等产业。开滦享有"中国近代煤炭工业源头"、"中国北方民族工业摇篮"的美誉。

近年来，为适应国家深化国有企业改革和建立现代企业制度的要求，开滦（集团）有限责任公司采取主辅分离、辅业改制分流和专业化整合重组等方式，通过吸收其他投资主体，将所属部分单位改制成为国有资本控参股公司。开滦一手抓公司制改造，变以往

---

① 刘武锋：《开滦（集团）有限责任公司股权管理的实践与探索》，《全国商情（理论研究）》2010 年第 1 期。

的行政手段管理为以资本为纽带的股权管理；一手抓对国有股权的管理，积极探索有效的股权管理模式。

投资主体多元化

开滦控参股公司都有两个以上的股东，并有进一步多元化、分散化的趋势。由于多元投资主体的公司与股东之间、股东与股东之间的经营战略和目标并不完全一致，相互之间存在利益冲突和矛盾，可能对国有股权合法权益造成损害。但是，在国家法律、法规框架内，国有投资主体只能以股东的身份参与对控参股公司的监控和管理，依法行使权利和履行义务。因此，加强股权管理、确保国有股权保值增值就被提上了重要议事日程。

母子公司体制要求由行政管理向股权管理转变

控参股公司与集团公司之间是母子公司关系，也就是以资本为纽带的投资关系和股权关系。按照现代企业制度要求，股东不能以行政命令方式直接干预所投资企业的生产经营活动，只能以股东身份参与其管理。在这种母子公司体制上，管理方式必须由过去高度集中的行政管理向股权管理转变。只有通过加强股权管理，依法正确行使资产收益、参与重大决策和选择经营者等权利，才能影响控参股公司的经营方针和目标，使其最大限度地符合集团公司战略要求，维护好国有股权利益。

防范风险的需求

随着开滦"开发融入、调整转型、科学发展、做大做强"战略的实施，通过加强资本运作、增加对外投资和辅业改制，控参股公司数量在不断增加。如何确保这些公司沿着集团公司战略轨道发展，防控集团化运作的经营风险呢？答案就是加强股权管理。通过加强股权管理，强化投资项目全过程管理，规范投资行为和投资后续管理，才能完善控参股公司法人治理结构和运行机制，切实落实企业集团参与重大决策和选择经营者等权利，对不符合企业集团战略的事项进行否决或纠正，才能使企业集团战略意图得到贯彻执行，使控参股公司总体发展方向与企业集团保持一致。

主要参考文献

[1]　陶永诚：《现代投资理论与实务》，高等教育出版社 2009 年版。

[2]　张双才、于增彪、刘强：《企业集团财务控制系统研究》，中国财政经济出版社 2006 年版。

[3]　张春瑞、姜强：《企业集团投资管理的若干问题探讨》，《商场现代化》2009 年第 2 期。

[4]　蓝海林：《经济转型中国有企业集团行为的研究》，经济科学出版社 2004 年版。

[5]　董邦国、李燕：《试析企业集团投资战略》，《经济师》2002 年第 6 期。

[6]　魏项森、柯长松：《企业投资方式的选择分析》，《企业经济》2002 年第 8 期。

[7]　崔海：《谈企业资金的筹集与管理》，《工业技术经济》1999 年第 5 期。

[9]　刘晓娟：《谈企业在市场经济条件下资金的筹集与管理》，《工业技术经济》2000 年第 4 期。

[10]　杜松波：《企业集团资金集中控制新方式初探》，《对外经贸财会》2006 年第 10 期。

[11]　刘戬一：《集团公司资金管理的中国特色》，《管理学家》2006 年第 12 期。

[12]　李中南：《西方企业集团投资决策方法的研究》，《科技信息》2007 年第 21 期。

[13]　李金泉、柴艳丽：《企业集团如何加强对所投资公司的股权管理》，《国有资产管理》2006 年第 2 期。

[14]　王兆顶：《大型企业集团对外投资产权管理的思考》，《煤炭经济研究》2001 年第 9 期。

[15]　刘武峰：《开滦（集团）有限责任公司股权管理的实践与探索》，《全国商情（理论研究）》2010 年第 1 期。

9　企业集团财务管理体制

　　企业集团一旦成立，就会面临竞争，并且其经营过程始终处于生存与倒闭、发展与衰退的矛盾之中，只有不断发展才能持续生存。无论是生存、发展还是获利，实际上都涉及经营资金的科学筹集、有效使用和合理分配，而资金的筹集、使用和分配活动就是财务管理，因此财务管理是企业集团运营过程中一项非常重要的管理活动。由于企业集团是由一组具有独立法人资格和各自利益所构成的相对松散的组织，其组织关系更为复杂，利益冲突相对较多，因而其财务管理活动也更为复杂。

9.1　企业集团财务管理体制概述

9.1.1　企业集团财务管理体制的内涵

　　所谓企业财务管理体制，卫建国认为其"指的是企业集团为了其组织财务活动、协调财务关系的需要而建立起的管理组织、管理法规和管理方式的总和"。[①] 本书认为，企业集团财务管理体制指的是在特定经济环境下，为界定企业集团各层级的财务权限、责任和利益，规范各个财务主体的财务行为而确定的制度和方法的总称。它包括财务组织、财务决策、财务控制等方面的内容，其核心问题在于如何配置财务管理权限，包括筹资权、投资权以及收益分配权等，其中最为重要的内容是规

---

　　① 魏明海、谭劲松主编，卫建国著：《新世纪中国会计改革与发展研究》，中国财政经济出版社 2000 年版。

定母子公司之间的财权分配。

9.1.2 企业集团财务管理体制构建的目的

企业集团财务管理体制是为处理和协调企业集团内外多元财务主体的责、权、利关系而构建的，财权的合理配置是构建企业集团财务管理体制的关键内容，[①] 其主要包括两方面的内容：一是企业集团与外部出资者之间的财权配置；二是企业集团内部各层级之间的财权配置。因此，企业集团财务管理体制的目的就是要实现各主体之间的权利制衡，保证决策的科学性和实施的有效性。

一般来说，企业集团中的财权分配主要是沿着"股东大会—董事会—企业集团财务总部—内部结算中心或财务公司—子公司财务部"这样的层级结构进行的。通常而言，股东大会对重大财务事项如重大投资、筹资、资本变动、利润分配及公司重组等行使最终决策权和监督权，其主要职能是制衡和监督董事会以免其滥用财权。董事会享有的财权是代表股东大会行使日常决策权，除对投资、筹资、资本及资产变动、利润分配进行决议外，还决定如何设置财务职能机构和制定财务管理制度，以及怎样激励和约束经理班子等。

9.1.3 企业集团财务管理体制的特点

企业集团是由一系列组织因为资本或契约而组合而成的，其规模大，业务范围广，内部关系复杂，因而其财务管理活动也更为复杂。企业集团的财务管理部门不仅要进行集团资金筹集、使用和分配工作，而且还要做好确定集团内部之间产品和服务的转移价格，监督集团内各级财务机构业务活动。集团财务管理活动的质量高低，将直接决定企业集团的兴衰。一般来说，企业集团财务管理体制通常具有以下特点：

一、母公司财务管理目标的双重性

作为营利性组织，企业集团的母公司为了生存发展，必须要获得利

---

① 肖剑：《我国企业集团财务管理体制问题与对策研究》，东北师范大学硕士论文，2005 年。

润，因而同单体企业一样，追求"企业集团总体财富最大化"，是其财务目标之一；同时，企业集团母公司又是其子公司的投资者，因而其需要指导和监督子公司实现"利润最大化"。

二、"资本管理"是财务管理的核心

与单体企业不同的是，企业集团通常是通过资本纽带联结而成的，因而资本管理成为其财务管理的核心活动。通过资本管理，一方面可以形成对子公司的约束、监督和激励机制，从而促使其利润最大化；另一方面，通过资产运营、投资管理等手段，可以实现从生产经营管理型向资本管理型的转变。①

三、财务管理主体的多元性

企业集团由多个法人企业组成，各成员企业既然是独立的法人，就有经营自主权，就是一个以企业价值最大化为目标的营利组织，就要对实现的利益在投资人、债权人、企业职工以及企业单位本身之间进行分配，即是一个利益分配的主体。企业集团多元化的法人组织形成了多元化的复杂的利益分配主体。多个分配主体不仅对集团外进行分配，而且对集团内部有投资关系的企业进行分配，即使是相互持股、环型持股的公司也要相互分配利润。

四、财务决策权的多层次性

企业集团是由集团公司、子公司、参股公司及其他成员企业或机构共同组成的具有一定规模的企业法人联合体。因而，企业集团的财务管理活动也呈现出一元中心下的多层级复合结构特征。集团母公司与子公司分属不同的管理层次，因而具有不同的决策权力。

五、关联交易的经常性

关联交易指的是发生在集团内部关联企业之间的资源转移和业务转移的活动。相对于单体企业而言，集团内部各业务单位之间存在着更多

---

① 熊非非：《企业集团的财务管理研究》，武汉理工大学管理学硕士论文，2001年。

更经常性的关联交易。因而在企业集团的日常财务管理活动中，对于关联交易的管理是其主要内容之一。

9.1.4　中国企业集团财务管理体制的演变

我国企业集团是在改革开放以后才开始萌芽并迅速发展起来。20世纪80年代初的企业横向联合至今，经过30多年的发展，已形成一大批以资本为纽带，跨地区、跨行业的大型企业集团。总的来说，伴随着我国企业集团的发展，我国企业集团财务管理体制也在不断地演变。

一、放权让利阶段（1980—1986 年）

1980 年 7 月，国务院发布了《关于推动经济联合的暂行规定》，鼓励企业发展横向联合，这种横向联合为企业集团的组建和发展提供了理论和实践基础，中国企业集团开始萌芽。在这一阶段的前期，财务管理体制改革以对企业的放权让利为中心，财务管理工作的重点是扩大企业自主财权和完善利改税的配套改革；本阶段后期的财务管理体制主旋律是贯彻企业承包制，同时试行企业租赁、股份制试点和企业集团的财务管理办法。总体而言，财务管理体制从传统的计划经济模式到放权让利、承包制后，企业拥有了更多的自主权，政府的随机干涉有所减少，但企业与政府间的行政依附关系仍未改变，企业仍然不能成为独立的市场主体。在这种背景下，还谈不上有针对企业集团的财务管理体制。

二、税利分流阶段（1987—1991 年）

1987 年，国家体改委和国家经委联合发布了《关于组建和发展企业集团的几点意见》，对企业集团的含义、组建、条件和内部管理等问题第一次做了原则性的明确规定。之后，各种形式的企业集团迅速涌现。1989 年，国家体改委印发了《企业集团组织与管理座谈会纪要》，首次对企业集团的基本特征做了初步的界定，强调企业集团要以产权为主要联结纽带。这一阶段的企业集团绝大多数仍然是不规范的，但已有部分企业集团开始以产权为主要联结纽带，现代企业集团的雏形开始出现。本阶段企业财务管理体制改革的主要探索是试行税利分流。利税分流体现了国家的社会管理者权能与国有企业所有者权能的分离，有利于完善企业经营机制，为以后的税制改革和建立现代企业制度做了必要的铺垫。随着企业集团的大量涌现，构建企业集团财务管理体制显得越来越迫切。①

三、财务分层阶段（1992—1996 年）

1991 年 12 月，国务院发布了《批转国家计委、国家体改委、国务院生产办公室　关于选择一批大型企业集团进行试点请示的通知》，对试点企业集团的有关问题做出了明确规定，并确定了首批 55 家试点企业集团，我国企业集团从此进入规范化发展的轨道。1993 年 12 月公布的《中华人民共和国公司法》和 1994 年 11 月国家经贸委组织实施的《关于选择一批国有大中型企业进行现代企业制度试点的方案》，进一步为国有企业的现代企业制度改造提供了一定的范本和经验，为企业集团的发展创造了有利条件。本阶段经济体制改革的重点集中在转换国有企业经营机制，建立现代企业制度。与此相适应的财务管理体制改革主要有：1992 年 11 月，财政部公布了《企业财务通则》，随后又相继颁布了全国统一的行业财务制度，并进一步调整国家与企业的利润分配关系。这一阶段的企业财务改革，体现了探索建立社会主义市场经济条件下新的企业财务管理体制的要求。随着股份制的发展，所有者与经营者两权分离，产权问题成为企业集团财务管理体制的重要课题，财务分层理论开始引起人们的广泛关注。

四、财务体制创新阶段（1997 年至今）

1997 年，国务院明确提出企业集团要建立以资本为主要联结纽带的母子公司体制，并将试点企业集团数扩大到 120 家，同年在党的十五大报告中，强调要以资本为纽带，通过市场形成具有较强竞争力的"四跨"大型企业集团，这些政策的出台，迅速催生了一大批企业集团。企业集团营业收入、年末资产、利润都有较大幅度的增长，一批横跨多领域、多种所有制且具有一定规模和国际影响力的大企业集团已经初步形

---

① 谭佰秋：《我国企业集团财务管理体制研究》，长春理工大学硕士论文，2007 年。

成。随着集团规模的壮大和市场环境的变化，集团财务管理涌现出了更丰富的内容，需要整合战略管理、全面预算管理、内部融资管理、财务信息化管理等，企业集团财务管理体制面临着新的挑战。在这样的背景下，我国企业集团财务管理体制急需创新，发展出适合中国企业集团的财务管理模式。

我国目前的许多企业集团发展速度较快，管理系统建设和资金供给两大瓶颈常常被忽视，给企业经营带来较大风险。为此，要使我国企业集团成为真正意义上的跨国公司，仅仅关注生产和销售是不够的，还需要大力加强集团精细化财务管理、投融资管理、风险管理等建设。[①]

9.2　企业集团财务管理模式

母子公司财务管理模式是母子公司财务管理体系和财务管理制度的总称。它既是处理母子公司之间财务关系的依据，又是母子公司从事管理活动应遵循的基本规范。从母子公司的整体来看，子公司只不过是母公司资本扩张和经营延伸或多角化的结果。母公司为了调控好子公司的经营活动，必然要参与子公司的财权配置，把母公司的财务管理权力渗透和延伸到子公司。母公司通过下派董事和高级管理人员，制定财务管理制度等实质性措施，以形成对子公司财权的约束和均衡的关系。

9.2.1　企业集团财务管理模式的类型

根据母公司对子公司主要财务决策权限（如融资决策权、投资决策权、资产处置权等）控制程度的不同，可以将企业集团的财务管理模式分成三种：集权模式、分权模式和统分结合模式。

一、集权模式

集权模式指的是企业集团的财务活动的决策权绝大部分集中于母公

---

① 彭珊：《国有企业集团财务管理研究》，首都经济贸易大学硕士论文，2009年。

司，母公司对子公司采取严格控制和统一管理的财务管理模式。

（一）集权模式的特点

财务管理决策权高度集中于母公司，母公司统一管理集团的资本筹集、投资、资产重组、贷款、利润分配、费用开支、工资及奖金分配、财务人员任免等重大财务事项，子公司只有少量财务决策权。在这种模式下，母公司通常直接参与控制子公司的生产经营活动，几乎全部掌控着子公司的投资功能，子公司通常只是利润中心。集权的财务管理模式是国际上企业集团的通行做法。组建企业集团的目的就是要使各子公司优势资源得到互补，统一整个企业的资源调配，有利于企业的整体规划和可持续发展。如果财权分散，各子公司各自为政，不服从母公司的统一投资筹资计划，那么要想实现集团的整体战略和决策、创造最大化的企业价值是非常困难的，而且会形成严重资源浪费。因此，企业集团集中财权、统一配置企业各项资源是有效选择。①

（二）集权模式的优点

集权模式最大的优点是确保了企业集团的财务战略顺利实施；在集权模式下，通常会成立专门的财务管理公司，从而使财务管理活动由专门的人员开展，其对全局更为了解，因而可以降低集团和子公司的财务风险和经营风险；由于母公司集中执行资金筹集、使用和分配的活动，因而可以统一调剂集团资金，保证资金头寸，降低资金成本。

（三）集权模式的缺点

集权模式最大的缺点是由于分配权集中于母公司，可能会损害子公司的利益；投资权高度集中，一旦失误可能造成的损失比较大；财务管理权限过度集中于母公司，对子公司的灵活性和创造性容易造成损害。

二、分权模式

分权型财务管理模式是指子公司拥有充分的财务管理决策权，而母公司对子公司以间接管理方式为主的财务体制。在这种模式下，母公司

---

① 中国集团公司促进会：《母子公司关系研究——企业集团的组织结构和管理控制》，中国财政经济出版社2004年版，第17页。

只保留对子公司的重大财务决策事项的决策权或审批权，而将日常财务决策权与管理权完全下放到子公司，子公司只需将一些决策结果提交母公司备案即可，子公司相对独立，母公司不干预子公司的生产经营与财务活动。

（一）分权模式的特点

在财权上，子公司在资本融入及投出和运用、财务收支费用开支、财务人员选聘和解聘、职工工资福利及奖金等方面均有充分的决策权，并根据市场环境和公司自身情况做出重大的财务决策；在管理上，母公司不采用指令性计划方式来干预子公司生产经营活动，而是以间接管理为主；在业务上，鼓励子公司积极参与竞争，抢占市场份额；在利益上，母公司往往把利益倾向于子公司，以增强其实力。[①]

（二）分权模式的优点

在分权模式下，子公司有充分的财务自主决策权，因而其更容易把握住市场变化，从而做出相应的财务投资和运营决策，更容易降低风险和抓住获利机会。

（三）分权模式的缺陷

由于子公司的决策权力较大，其又有与母公司不同的利益，这就可能会导致其过度追求自身利益而忽视甚至损害集团的整体利益；集团总部难以有效约束子公司经营者，从而造成子公司"内部控制人"问题，挫伤员工的积极性。

三、混合模式

母公司掌控重要的财务决策权，而将日常的财务管理活动以及与子公司自身利益相关的活动授权给子公司财务管理部门，这种将适当的集权与分权相结合的财务管理模式，就是混合模式。

混合模式一方面能有效发挥母公司财务调控职能，激发子公司的积极性，另一方面又能有效控制经营者及子公司风险，因而是很多企业集团财务管理体制所追求的模式。但是在现实中，很难平衡母公司与子公

---

① 濮震玮、李真：《论母子公司财务管理模式及其财权配置》，《安徽工业大学学报（社会科学版）》2008 年第 1 期，第 59—61 页。

司的权力分配与平衡。

集权与分权是企业财务相关权力分配的两种方向相反的财务管理模式。集权是为了形成规模和整体效益，避免企业资源重复配置和浪费；分权是为了接近市场，降低成本，提高反应速度，提高专业化水平。企业集团的本质决定了集团既要发挥规模效应和协同效应，又要面对关联企业在法律上相对独立的事实，因此在现代经济条件下集权和分权不是绝对的，在不同的企业集团规模、不同的发展阶段、不同的行业经营领域和不同的企业集团经济资源条件下各有侧重，即重要决策集中，其他决策分散；对某些子公司实行财务集中，对某些子公司实行财务分权。

9.2.2　国外企业集团财务管理模式比较及借鉴

由于受到不同的意识文化和管理理念的影响，各国的企业集团在财务管理模式的选择上存在很大差异。在现有的模式中，以美、日、德等国的企业集团财务管理模式较为典型。

一、美国模式

美国企业集团多采用多元化经营方式，其子公司业务之间的相关性相对较小，因而其在财务管理模式上，多采用财务的集中和综合控制。通常来说，对于各业务单位具有共性的财务工作（如资金结算、原材料采购、产品销售等）普遍采用了母公司集权控制的模式。这种做法在很大程度上拓宽了财务控制的职能，强化了财务监管，限制了财务人员数量的增加，提高了财务人员的工作效率，使得美国的企业集团率先在财务上实现了规模经济。财务的综合控制主要体现在"三大财务中心"（投资中心、利润中心、成本中心）的设立上。投资中心一般设在母公司内部，母公司通过它来控制子公司的重大投资活动；利润中心的作用主要体现在利润的上缴和分配方面，母公司利用利润上缴等方式来集中和筹集资金，同时利用利润分配等方式控制子公司的资金调拨；成本中心的作用主要体现在子公司的日常财务活动中，子公司在产品的定价和销售等方面具有自主权，一般不受母公司的控制。从以上三个中心的设立来看，美国集团公司的财务控制模式注重强调综合控制。①

二、日本模式

日本企业集团实行国家对企业集团的外部监督和集团的内部财务监督的。国家对企业集团外部监督从国家在理财中的地位可以看出：作为政府管理者，主要通过制定一些法规、制度来影响、制约企业集团。日本并没有国有资产的专业管理机构，由国家出资的特殊法人分别归总务厅、大藏省、经济企划厅等政府部门管辖。日本企业集团普遍实行主银行制或母子公司制，这两种形式都对财务监督比较重视。在主银行体制中，主银行除拥有公司的股份外，还对企业进行短期和长期贷款，并在现金管理方面与公司有密切联系。在母子公司体制中，母公司一般在总部设立监察机构，负责检查事业部和子公司的财务活动。如松下公司财务总部的监察部对各事业部进行检查，包括账目检查和经营状况检查，然后向总经理报告巡视评估并提出相应改进意见；而对小公司则采用重点性原则，主要监督工厂的经营与器材管理。②

三、德国模式

德国是世界上最早产生垄断组织的国家。在德国企业集团的形成过程中，政府和社会历史背景起到了巨大的推波助澜作用。这些因素的存在，决定了德国企业集团财务控制模式的特殊性。一方面，母子公司之间以资本控制为主要手段，母公司的董事会只对集团的重大财务事项进行控制，日常的财务活动由子公司自行控制。子公司及成员企业，与母公司一样，具有独立社会人格特征，享有平等的法人权力地位。可见，德国企业集团多采用分权型财务控制模式。另一方面，德国企业集团实行"监督董事会"（监事会）和"管理董事会"（理事会）的双重董事会制度。监事会由股东大会选举产生，行使董事会的职能，负责集团的重大经营决策，属于双重董事会制的上层机构，其成员数在 3—21 人之

---

① 朱艳：《西方国家集团公司财务控制模式及其启示》，http://www.lwlm.com/qita-jingjiguanli/201003/353116.htm。

② 雷均：《我国企业集团财务管理模式研究》，《企业经济》2009 年第 12 期。

间；理事会由监事会招聘组成，行使经理人员的职能，负责集团日常的经营与发展，属于双层董事会制的下层机构，其成员数一般不少于10人。德国大多数企业集团较好地解决了母子公司的管理职权问题，充分发挥了母子公司两个管理层的作用和企业集团的整体竞争优势。德国大型跨国公司普遍利用现代先进的计算机技术、信息技术，建设企业财务管理信息系统。公司总部和各层次管理部门，通过信息系统随时了解并掌握权限内的全部会计信息和业务信息，对本公司的生产经营活动实施及时的、有效的动态管理和全过程控制，实现了会计核算电算化、财务管理现代化、办公自动化，提高了公司的科学管理水平，增强了对市场变化的反应速度和应变能力。德国企业集团普遍实行了全面预算管理，通过建立全面预算管理体制，使追求利润最大化成为母子公司共同的、自觉的追求。此外，德国企业集团还重视财务工作和财务机构设置的科学性；重视科技投入，集中资金进行技术研究和新产品的开发。

通过上述分析，不难发现以美国和德国为代表的欧美型企业集团成立较早，发展较为完善，规模也相对较大，产品品种、分布区域和市场占有范围都达到相当高的程度，因此其财务管理基本上都采用集权和分权相结合的管理模式，而且分权的成分大于集权的成分，其目的在于充分发挥成员企业的积极性。而相对于欧美企业集团而言，日本企业集团集权的程度较高，一般采取的是"大权集中，小权分散，战略集中，战术分散"的做法，如企业集团的对外投资、筹资和财务制度由集团公司总部（或经理会）决定，而公司本身的财务预算、财务计划、财务考核由各公司进行，具体的生产、产品成本费用管理，由公司下属的工厂或事业部完成，独立核算，自主经营。

9.2.3　企业集团财务管理模式选择

一、企业集团财务管理模式选择的影响因素

对于企业集团财务管理模式的选择，要因地制宜和因时制宜，在确立财务管理模式时应考虑以下因素：

一是企业集团发展战略。企业集团在不同的阶段发展战略各异，因而各时期管理模式也不相同。在公司实施扩展战略阶段，应采取集约经

营方针，积极鼓励子公司开拓外部市场，逐渐改善经营品种、提高质量，形成集团内多个新的经济和利润增长点，分权程度就应该大一些。在稳定型战略下，投融资权力必须从严把握，而对资金运营方面的权力可以适当下放。在紧缩战略下，必须强调高度集权，严格控制各子公司资金筹集、使用、分配权，严格控制其生产经营管理权。在混合战略下，集团财务管理实行相融型管理模式。

二是企业集团的发展阶段。在初创阶段，企业集团面临的最大问题是管理不规范，各成员企业对管理总部战略意图缺乏充分的认同，市场竞争优势尚未确立等，因此该阶段完全有必要通过集权方式，促使企业集团从无序逐步走向有序。在发展阶段，随着经营规模的不断扩大、企业职能的增多，总部的资产日益庞大，高度集中的管理体制难以适应开拓新市场的需要，因此，要对各成员单位适当下放经营管理权力，将日常经营的财务管理权分离出去。在成熟阶段，企业集团发展到一定规模，企业集团对占领新市场的期望值越来越小，发展速度减慢甚至停滞，但收益仍有提高。由于规模的空前扩大，管理协调难度的加大和全球性跨区域的多样化经营对管理体制的效率性、灵活性提出了更高的要求，促使企业集团的管理体制进一步向分权制发展。在衰退阶段，由于企业只贪图稳定的收益，失去了创新能力，管理体制开始僵化，企业集团凝聚力减弱，甚至面临解体，因此集团的管理应精简机构以提高管理效率，相应的集权度较高的财务管理体制又开始建立。

三是股权结构。一般情况下，控股公司财务决策权的集中程度与其对子公司的控制程度成正向关系。通常而言，母公司对子公司的控制要比对关联公司的控制更严格，而对全资子公司的控制又比相对控股子公司的控制更为严格。简单地说，母公司对参股关联公司和协作企业通常采取分权式的财务管理模式，对绝对控股子公司通常采用集权式财务管理模式，而对相对控股子公司则采用集分权结合模式。

四是集团规模。小型企业集团母公司因缺乏充足的资金来源和优秀的财务专家，通常较多地把财务管理决策权授予子公司经理，宜实行分权制的管理模式。大型企业集团有雄厚的资金实力和大批优秀财务管理专家，有实行集中财务管理的能力，但由于大型集团往往进行多角化经营，涉及业务和经营的品种较为广泛，所处的环境较为复杂，因而大型企业集团一般采用统分结合制模式。中型企业集团拥有较强的经济实力和较多的财务专家，且经营的业务较为单一，因而一般实行偏向集权的体制模式。

五是子公司财务管理能力。在一般情况下，母公司的财务管理能力都要高于子公司的财务管理能力，基本上能够满足集权模式财务管理体制对财务管理能力的要求。而在分权模式中，如果子公司的财务管理水平偏低、频繁的决策失误，会造成企业资源利用效率下降，增大子公司面临的财务风险，甚至会给母公司造成巨大的损失。因此，为了降低母子公司面临的风险，保证整个企业的价值，选择财务管理模式时，要充分结合母子公司的财务管理能力。

六是竞争环境。市场竞争的激烈程度同样对母子公司财务管理体制选择有着不可忽视的影响。面对激烈的市场竞争，子公司对当地市场和经营环境的变化做出迅速反应已成为企业集团成功的关键因素之一。在市场经济中，企业会不惜一切代价集中所有优势资源应对挑战，不允许任何资源因为分散使用、分散管理而引起的浪费，集权模式在这种情况成为首要考虑。而在竞争环境宽松的条件下，企业会转而考虑适合自身发展的其他模式。[①]

二、企业集团财务管理模式选择的原则

合理而有效的财务管理模式对企业集团的发展具有十分重要的意义。但企业集团财务管理体制并没有一个固定模式，企业集团的财权配置方式是动态的，而不是僵化不变的。随着母、子公司的发展，以及各种环境的变化，遵循必要的原则，及时调整财权配置政策与方式，才能使之保持最佳状态，发挥最大效能。

（一）集权与分权适度的原则

企业集团财务总部集权过多，会影响子公司的理财积极性，子公司没有主动灵活性，集团财务及经营机制必然僵化；相反，过度的分权，也会导致子公司追求个体经济利益，而忽视集团整体利益，容易造成失控现象。通常的选择是首先保证企业集团财务总部集中必要的财务管理

---

① 于东智：《公司治理》，中国人民大学出版社 2005 年版，第 242 页。

权限，特别是重大财务管理决策权，在此基础上实行适当的分权。这样既能发挥企业集团财务调控职能，激发子公司的积极性和创造性，又能有效控制经营者及子公司风险。

（二）责权利平衡的原则

分权能否达到目的，与权责利关系处理密切相关。给予子公司、分公司的权限大，但承担的责任小，就容易产生滥用权力的现象；反之，给予的权限小，但承担的责任大，则不利于调动子公司、分公司的积极性。因此，权责应对称、均衡。

（三）与财务机构相适应的原则

集团内各成员企业及其下属单位的财务管理机构设置哪些职能部门，应与承担的财务管理责任相适应，这也是财务部门履行好职责的重要保证。在实践运用中，财务管理体制并没有一个固定模式，绝对的集权和分权并不存在，企业往往根据自身要求和存在的问题在二者之间寻找管理的突破和制衡。只有通过集权与分权的交织配合，聚合各方面各层次的资源优势，激发各层次管理者的积极性与责任感，才能协调、高效地实现集团的整体利益目标，并根据自身实际，综合考虑各方面的影响因素，遵循一定的原则，灵活掌握，做出相应的选择和安排。

9.2.4 中国企业集团财务管理模式创新

目前，我国大型企业集团财权分配存在两种倾向，要么过度集权，不把成员企业当作独立的法人来看待，整个集团被看作一个大企业来管理，"统一领导"的财务原则绝对化；要么过度分权，大量的财务控制权下放到子公司，母公司控制协调能力削弱，"统一领导"的财务原则名存实亡。

为了解决目前我国企业集团财务管理存在的问题，探索建立具有中国特色的现代企业集团财务管理模式，不应盲目照搬国外财务管理模式，应该根据我国企业集团的实际情况，结合当前的宏观政策和形势要求，针对现代企业集团化、跨地区经营的特点，采取"集权为主，有效分权控制"的财务管理模式。这一模式，有利于企业集团总部（母公司）、下属分支机构（子公司）之间处理好财务管理关系，处理好统一性与自主性的关系，处理好集权与分权的关系，做到既能灵活地集中财力，保证生产重点需要，使资金得到有效使用，又有利于调动下属分支机构的积极性，使其在保证完成企业集团（母公司）下达的各项经济任务的基础上，有一定的自主权，享受相应的经济权益并承担一定的经济责任。① 这种"集权为主，分权控制"的财务管理模式的选择是基于我国企业集团现实情况的：

首先，分权与控制的矛盾要求对子公司财务控制实行相对集权模式。由于发展中的企业集团往往伴随着规模扩张，在经营管理权分散的同时，容易出现财务失控，最终导致企业集团遭受重创。如巨人集团在发展过程中采用了控股型的组织结构，在使各子公司保持较大独立性的同时缺乏相应的财务控制制度，从而加速了企业集团陷入财务困境的步伐。为了在提高效率的同时不至于失去财务控制，客观上要求建立相对集权型财务控制模式。

其次，受我国企业集团所处发展阶段的限制。由于我国企业集团建立的时间较短，各种制度尚未科学化与合理化，企业集团内部的战略协同作用相对较弱，因而完全分权管理的条件还不成熟，母公司有必要对各子公司进行一定程度的集权管理，依据产权关系，"迫使"子公司在其所划定的范围内开展财务活动。但是，出于调动子公司积极性和降低母公司管理成本的考虑，母公司应将一些日常财务活动的管理权，如生产经营权、一般性的投资权、一般性资产的处置权、普通财务人员的任免权等下放给子公司财务人员，而将涉及子公司发展前景乃至影响整个集团战略目标实现的重大财务事项的决策权，如资本金变动权、重大投资权、重大筹资权、重大资产的处置权、财务机构的设置权、财务经理的任免权及预算的审定权等集中于母公司，以实现对子公司的财务监控。通过适当的分权，还可以让母公司的财务人员腾出时间和精力参与整个集团的战略管理。

最后，互联网络的普及和通信技术的发展提供了便利条件。母公司要对子公司进行相对集中的财务管理，必须及时取得子公司的相关财务信息，才能在此基础上做出正确的财务决策。在我国，大多数企业已经

① 罗文洁：《我国企业集团财务管理模式创新探索》，《学术论坛》2007 年第 1 期。

实现了会计核算的电算化，而且集中式的财务管理软件或者网络软件正在得到大力推广，这些无疑加快了企业间信息传递的速度，使得母子公司的管理人员能够通过网络及时了解子公司的财务状况，为其进行财务决策提供了信息保障。通过网络，也可以让母公司的财务政策迅速传递到各个子公司，便于各子公司及时调整其经营策略，最终实现集团整体价值的最大化。另外，通信技术的发展也有助于企业集团实现其财务的相对集中管理。如上海大隆机器厂就利用工商银行上海市分行和上海国脉通讯股份有限公司联合推出的 128 寻呼查询企业单位账户余额的服务项目，把所属各单位的银行账户余额联到总厂财务主管人员的信息机上，使其及时掌握最确切的信息，为进行调控提供了依据。[①]

◆ **案例：鄂尔多斯集团的"四统一分"财务管理模式**[②]

鄂尔多斯企业集团是位于内蒙古自治区鄂尔多斯市的一家以羊绒纺织为龙头的纺织服装企业，其创立于 1979 年，经过 30 多年的持续高额赢利和滚动式发展，经过新世纪之初的大规模产业扩张，现已形成"三大事业板块有序推进，六大主导产业协同发展"的战略格局。进入全国 520 户重点企业和中国企业 500 强之列。集团目前拥有总资产逾 200 亿元，成员企业 126 家，员工 26000 余人。[③]

由于其集团的庞大、子公司众多，内部控制因不同产业、不同规模、不同地域往往会存在很多差异和问题。故新的内控系统不单要兼顾各个下属单位的具体情况，还要使整个企业内部控制的执行具有统一性。为此，鄂尔多斯集团建立了"四统一分"的财务管理模式，并取得了良好的效果。

所谓"四统"指的是指机构、人员、制度、资金统一；而"一分"则指的是分别核算。机构统一，即集团下属企业财务部门的设立全部由集团财务公司统一决定，大企业设部，中企业设科，小企业设股。人员统一，即全集团所有的财务人员由集团财务公司

---

① 许春华：《企业集团财务管理模式问题研究》，广东工业大学硕士论文，2007 年。

② 根据《鄂尔多斯集团实行"四统一分"财务管理》改编，http://portal.72ec.com/article/2007-0712-48679.html。

③ 根据鄂尔多斯集团官方网站相关资料整理，http://www.chinaerdos.com/chinese/about/default.asp? Page = company。

派驻和管理，实行垂直领导，人员的工资、奖金、升迁、职称评定，全部实行垂直管理。制度统一，即财务方面的制度由财务公司统一执行。过去各成员企业报销制度各行其是，你一个标准，我一个标准，非常混乱。现在就是一个制度，各成员企业必须严格统一执行。资金统一，即全集团所有的资金由财务公司一个账户统一进行管理。所有下属企业在外的开户一律取消，成立内部银行，从源头上管理资金的流向。分别核算，即各成员企业仍旧是独立核算，自负盈亏。

如何采用科学合理的财务管理模式，使母公司发挥集团公司的核心作用，有效监督、控制子公司的资金运行情况和经营发展方向，最大限度地调动子公司管理层的积极性和创造性，是当前我国企业集团发展过程中碰到的带有共性的问题。鄂尔多斯集团公司在实践中推出的"四统一分"财务管理模式，为我国企业集团解决集团财务管理问题提供了借鉴。

9.3　中国企业集团财务管理组织

所谓企业集团财务管理组织，也就是根据财务体制与财务管理模式所设立的负责企业集团财务活动的机构，其是行使财务管理权的主体。

9.3.1　中国集团财务管理组织结构

通常来说，我国企业集团的财务组织一般分为三层，即高层财务机构、中层财务机构和基层财务机构三个层次，如图9－1所示。

一、高层财务管理机构

企业集团理事会、企业集团董事会、企业集团监事会、企业集团高管层共同构成了企业集团的高层财务管理机构，它们是集团财务管理的最高决策者。董事会一般对重大财务事项，如重大投资、筹资、资本及

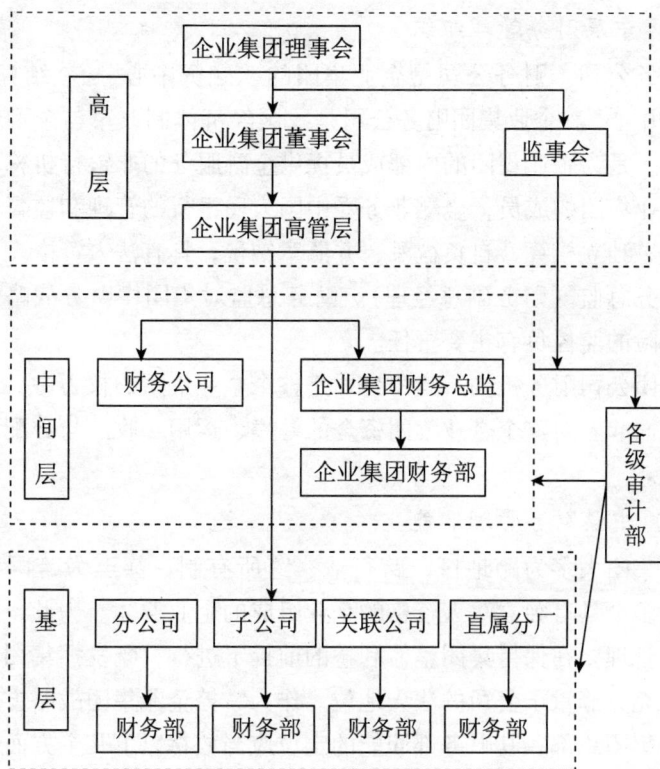

图 9-1 企业集团财务管理机构

资料来源：根据熊非非《企业集团的财务管理研究》改编。

资产变动、收益分配等行使最终决策权和监督权；而总经理则享有执行董事会所授予的财务管理权，即作为公司行政总负责人的财务管理权限。

一般来说，高层财务管理机构负责对集团总体的财务战略及其目标做出决策，而具体财务战略执行则由中层财务机构负责。

二、中层财务管理机构

中层财务管理机构包括：财务公司、集团公司的财务总监以及财务总监领导下的集团公司财务机构。

（一）中层财务管理组织

①财务公司。财务公司是企业集团的"融资中心"、"结算中心"和"信贷中心"。企业集团财务公司是我国经济体制改革与金融体制改革的产物，是为企业集团的内部成员提供金融服务的非银行机构。财务公司是企业集团的成员，金融业务受中国人民银行的管理和监督，实行自主经营、独立核算，自负盈亏，并照章纳税，具有法人资格。

②财务总监（财务副总经理）。财务总监对集团中财务战略的执行和财务风险的监控负有主要责任。

③集团公司财务机构。集团公司是整个企业集团的权力中心，在财务管理方面起着对整个企业集团资金的筹集、运用、收回与分配的战略决策作用。

（二）中层财务管理职能

企业集团大多为跨地区、跨行业、跨所有制，甚至为跨国经营实体，是由多个具有独立法人资格的企业组成的企业群体。为此，企业集团的财务管理要在保持集团整体利益的前提下进行，既发挥集团的整体优势，又充分尊重子公司的法人地位。作为掌控企业集团战略方向和重要资源的集团总部，其财务部职能的定位应当放在以下几个方面[1]：

（1）投资决策中心。集团控制主要体现在三大权力控制，即资产经营权控制、人事任免权控制和投资决策权控制，作为决定集团未来发展方向的投资决策，是集团财务的主要职责之一。集团总部对其所属企业投资拥有决策控制权，集团所有投资必须置于集团总部的掌控之中，只有这样才能有效地保证集团将有限资金投到集团战略需求上，才能保证集团的发展方向符合集团战略。

（2）资源配置中心。集团总部掌握着集团内人、财、物等方面资源配置权，按集团战略需要，每年对内部各单位下达任务，要完成任务，接受任务的下属企业往往要向总部要资源，人、财、物资源需要在集团内部进行有效配置，以保证集团内各公司有足够的条件来完成其预算，这个资源配置中心不能由集团各成员自行完成，也不能由市场来决

---

① 严凡英：《集团公司各财务的职能定位如何划分?》，http://manage. org. cn/Article/200701/42014. html。

定，需要集团总部根据集团战略、集团资源保有量及各成员企业的具体情况，经过综合分析，决定集团资源如何在各成员企业间配置，集团总部是集团各企业的资源配置中心，作为掌管集团财务资源的集团财务，是集团资金的配置中心。

（3）信息中心。集团成员的各种信息都得按集团的规定定期汇集到集团总部，经集团总部汇总筛选后向外发布，作为集团信息的重要组成部分的财务信息，是由各集团成员将各自的财务信息汇集而来，集团成员各自的信息只能代表其自身的情况，无法反映集团的全貌，只有汇集好各成员的单个信息才能反映集团的全貌，集团财务部是集团的财务信息中心。

（4）制度中心。对一个集团来说，统一各项制度非常重要，特别是作为集团制度重要组成部分的财务制度，集团财务部负责制定与修订集团内部统一的财务规章与制度，并督促各集团成员执行这些制度，统一制度是集团步调一致的根本保证，也是集团对各成员单位进行监控与考评的依据，集团财务部是集团的财务制度中心。

（5）监控与考评中心。监控与考评是集团对成员单位进行管理的有效手段之一。也是集团预算执行保证手段之一。监控与考评自然离不开财务，集团监控与考评大部分是通过财务数据来进行，财务承担着集团大量的监控与考评工作，是集团对成员单位的监控考评中心。

三、基层财务管理机构

（一）基层财务管理组织

基层财务管理机构包括分公司、子公司、孙公司、关联公司、直属分厂的财务部门。子公司的财会机构应视子公司的具体情况和母公司的要求并参照集团公司机构而设置。分公司、直属分厂有关筹资、投资决策的业务由总部统一规划，它们只负责本单位的会计核算工作，可只设会计部；但它们要向集团公司财务部门报送报表，向财务公司反映资金需求，接受中层融资管理机构的领导和监督。

（二）基层财务管理组织职能

集团所属各企业，是集团经营业务的基础，基层财务管理组织职能主要有：

收入利润中心。集团业务大都分散在集团各成员单位之间，是企业集团的利润源之所在，完成集团预算的收入和利润计划是各成员单位的主要任务。

成本费用中心。集团各成员单位既是集团的利润中心，当然也是集团的成本费用中心，收入、成本、利润是企业不可分割的三要素，集团的大部分收入由基层机构实现，成本也由各个分部支出，自然成本费用中心与收入利润中心一样，都在各基层机构。

制度执行中心。集团总部统一制定相关制度，但制度具体还是要由各分部实施，制度的执行贯穿于各项实务之中，因此基层机构在实际事务中，形成了制度的执行中心。

信息反馈中心。企业集团是一个统一的整体，各种信息由集团统一汇集与向外发布，信息反映的是各基层机构的实际工作结果。基层机构只有在规定的时间内按规定格式将本分部的信息及时反映到集团总部，集团才能取得全面有用的信息，因此基层机构是集团信息的来源地，是集团的信息反馈中心。

9.3.2　中国企业集团财务公司

与单体企业不同的是，企业集团内部可设立财务公司这种非银行金融机构。虽然我国企业集团财务公司是借鉴国外企业财务管理组织而设立的，但是其定义与职能都与国外有着显著的区别。

一、中外企业集团财务公司定义比较

（一）财务公司的国际涵义

财务公司的英文名为"Finance Company"，我国也有译作"金融公司"的；有的国家也叫"Finance Services"，即"金融服务公司"；也有称"Treasury Company"或"Treasury Center"，翻译为"融资公司"或"资金运作中心"。但由于各国金融制度有很大的不同，财务公司的业务功能也有所差别，加上财务公司在金融资产中所占份额还比较小，因此目前尚未看到国际上对财务公司有一个统一定义。[①]

---

① 卜志坤：《我国企业集团财务公司的发展问题及对策研究》，南京航空航天大学硕士论文，2008 年。

美国联邦储备银行对财务公司的定义是："任何一个公司（不包括银行、信用联合体、储蓄和贷款协会以及共同储蓄银行），如果其资产中所占比重最大的部分由以下一种或多种类型的应收款组成，如销售财务应收款、家庭或个人的私人现金贷款、中短期商业信用、房地产二次抵押贷款等，则该公司就称为财务公司。"在德国，银行以外的金融机构可统称为金融服务机构。金融服务机构是指出于商业目的而为他人提供金融服务的企业，或者在一定程度上需要一个商业组织的事业。在英国，财务公司有工业财务公司（Financial Company of Industry）和租赁财务公司（Hire Purchase Company）之分，前者主要为工业企业提供资金，帮助他们执行发展计划，取得最高效益；后者专门经营租购、赊销和租赁业务。在日本，企业集团附属的金融机构大都为银行，从事消费信贷方面的非银行金融机构有消费信贷公司、小额贷款公司和信贩公司。在中国香港，设立财务公司的目的，是银行为逃避政府对银行的利率管制及停发银行牌照的限制。[①]

（二）财务公司的中国涵义

中国的财务公司是国家重点大型企业集团改革的配套政策的产物。与上述发达国家与地区相对成熟的金融市场中的财务公司不同，中国的财务公司是由中国一些重点大型企业集团申请，主要由集团内成员单位投资入股，经由中国银行业监督委员会（2003 年 4 月以前由中国人民银行）批准后设立的，为本集团成员提供企业发展配套金融服务的金融机构，因此又称企业集团财务公司，基本上都以有限责任公司的形式出现。

中国的财务公司行政上隶属于大型企业集团公司，受本集团公司的直接领导，业务上受银监会管理、协调、监督和稽核，是独立核算、自负盈亏、自主经营、照章纳税的企业法人。财务公司与我国银行、证券、信托、保险等金融机构相比，主要区别在于：在服务范围上前者局限于某一企业集团内部，而后者面向社会；前者业务种类更为综合，产业服务专业性突出，后者的金融专业性更强。财务公司与内部银行、内部结算中心相比，前者是金融机构，可办理独立核算的集团内部成员间

---

① 王伟东、董贤圣、丁建臣：《财务公司经营与管理》，中国人民大学出版社 2004 年版。

的金融业务，后者不是金融机构，不能办理金融业务，充其量通过银行等金融机构实现资金的集中管理与内部调剂。[①]

根据中国银行业监督管理委员会于 2004 年 7 月 27 日颁布的新的《企业集团财务公司管理办法》中的规定，我国财务公司是指"以加强企业集团资金集中管理和提高企业集团资金使用效率为目的，为企业集团成员单位提供财务管理服务的非银行金融机构"。[②]

二、中国财务公司的发展历程

我国的企业集团财务公司（以下简称财务公司）是伴随着我国大型企业集团的发展而产生的一类非银行金融机构，其作为一类新型的金融机构，从产生到现在已经走过了 20 多年的历程，可以分为初期发展、快速发展和调整规范发展三个阶段，[③] 财务公司的数量规模也从无到有，逐步发展壮大起来。

（一）初期发展时期（1987—1991 年）

1987 年 5 月，中国人民银行批准第一家财务公司——东风汽车工业财务公司成立，到 1991 年末，中国人民银行共批准成立了 19 家财务公司。这一时期，财务公司处于初期探索发展阶段，具有如下几个特点：规模小，经营稳健，开展的业务比较单一，大多资产规模不大；名称及组织形式不规范，有的称"财务公司"，有的称"集团财务公司"，也有称"金融公司"，且各财务公司在管理体制及内部机构设置上的差别也很大；监管不规范，作为一种试办的金融机构，加之国内外没有现成的经验可以借鉴，对财务公司的监管处于摸索阶段，缺乏规范的程序和方法。

（二）快速发展阶段（1992—1995 年）

搞好搞活国有大中型企业始终是我国经济改革的重要内容，而产业适当集中并走集团化的发展道路，则是社会化大生产的客观要求，

---

①　卜志坤：《我国企业集团财务公司的发展问题及对策研究》，南京航空航天大学硕士论文，2008 年。

②　中国财务公司协会：《中国财务公司的发展与前景》，中国金融出版社 2005 年版。

③　王伟东、董贤圣、丁建臣：《财务公司经营与管理》，中国人民大学出版社 2004 年版。

也是达到资源最佳配置的必由之路。至 1995 年，财务公司已达 65 家，资产规模也由 1991 年底的 150 亿元人民币发展到 800 亿元人民币，财务公司的设立范围已包括了机械、电子、化工、汽车、能源、交通、原材料等大部分国家重点行业。由于机构发展过快，加上这一时期正是我国经济波动的高峰期，金融领域盲目扩张，各机构的自我约束机制尚未建立，财务公司出现了较多的违规现象，主要表现有超范围经营、违规从事期货及证券回购等高风险的金融活动、抬高利率、乱拆借等。

（三）规范及调整阶段（1996 年至今）

财务公司在经历了近 10 年的探索发展后，机构数量越来越多，业务规模越来越大，在金融体系中的作用也越来越大，但同时也暴露出了一些问题，面临着总结经验、重新定位、规范发展等问题。随着我国金融体制改革的逐渐深化以及有关金融监管的法律、法规陆续出台，各类金融机构的业务分工越来越明确，分业经营格局已开始形成。在这种情况下，人民银行从 1996 年开始放慢了新机构的审批速度，着重研究财务公司的发展方向及规范管理问题，财务公司开始进入调整及规范发展时期。1996 年 9 月 27 日，为规范财务公司的行为，加强监督管理，保障财务公司的稳健运行，促进企业集团的发展，中国人民银行发布了《企业集团财务公司管理暂行办法》（银发【1996】355 号文）。2000 年 6 月 3 日中国人民银行发布的《企业集团财务公司管理办法》（2000 年人行 3 号令），是我国第一部有关财务公司的正式法规。2004 年 7 月 27 日中国银行业监督管理委员会发布了《企业集团财务公司管理办法》（银监会 2004 年 5 号令）。新办法与旧办法相比，变化主要体现在：企业集团财务公司的市场定位有所调整，市场准入标准有所降低，明确允许财务公司设立分支机构，财务公司业务范围有所调整。这是银监会加强金融监管、支持企业集团发展的重要举措，对促进财务公司规范发展、完善我国投资环境将起到积极作用。财务公司借此进入了成熟发展阶段。[①]

---

① 莫继才：《企业集团财务公司功能定位及绩效评价研究》，复旦大学硕士论文，2008 年。

三、中国企业集团财务公司特点

我国企业集团财务公司正在运行的模式是一种以资金管理为基础的内向式发展模式，这是我国在现阶段综合考虑了多方面的因素而选择的结果。虽然这种模式仍存在着一些不足，但是目前仍然有其存在的必要而且在今后一段时期仍将发挥作用。作为具有中国特色产业资本与金融相结合的探索，我国的财务公司主要具有以下特点：[1]

一是服务范围局限于企业集团内部。财务公司是企业集团内部的金融机构，其经营范围只限于集团内部，为企业集团内的成员单位提供金融服务。虽业务范围较为广泛，但服务对象局限性较大。

二是资金来源单一，对企业集团的依附性强。财务公司的资金来源主要是集团公司和集团公司成员单位投入的资本金，以及各成员单位在企业集团财务公司的存款。无论哪种形式，均是来源于企业集团，资金来源较为单一。同时，财务公司的资金主要用于为本集团成员单位提供资金支持，少量用于与本集团主导产业无关的证券投资。由于资金来源和运用方式都限于集团内部，因此财务公司对集团的依附性强，其发展状况与其所在集团的发展状况紧密相关。

三是接受监管机构和企业集团的双重监管。我国财务公司是企业集团内部的金融机构，其股东大都是集团成员单位，因此其经营活动必然受到集团的监督。同时，财务公司所从事的是金融业务，其经营活动又受到国家监管机构的监督，目前主要由中国银行业监督管理委员会对其进行监管。

四、中国企业集团财务公司主要职能

2004年中国银行业监督管理委员会发布的《企业集团财务公司管理办法》对企业集团财务公司的定义实际上明确指出了我国企业集团财务公司的主要职能：财务公司是集团内部的业务单位；财务公司以加强企业集团资金集中管理和提高企业集团资金使用效率为目的；财务公司是非银行金融机构，但其侧重点在于为集团内部提供财务管理服务，而

---

[1] 莫继才：《企业集团财务公司功能定位及绩效评价研究》，复旦大学硕士论文，2008年。

不是单纯的资金供给。总的来说，我国企业集团财务公司具有以下主要职能：

（一）内部结算职能

企业集团由于规模大，成员单位众多，地域分布广泛，管理成本较高，在资金管理上经常存在着部分企业资金闲置、部分企业资金短缺的问题。通过设立财务公司，可直接控制各货币的头寸净额，还可充分统一调拨内部资金，使集团调整融资规模，最大限度地降低借款。通过内部交易的抵消，降低资金占用额度。成员单位之间的资金往来以内部结算的方式完成，可使资金结算方便、快捷，财务费用明显减少，并且集团对成员单位的资金状况更易监控。防止成员单位多头开户，导致资金管理失控。通过内部结算，可以加快企业资金的周转，减少资金的占用，同时稳定集团成员单位在财务公司的存款，将各成员单位的闲置资金、沉淀资金集中起来，统一调度。可以说，结算业务是财务公司的生命线，是目前吸纳资金的主要通道。[①]

（二）筹资融资职能

企业集团财务公司的内部结算职能实际上意味着其还可以承担为集团内部各业务单位进行筹资融资的作用。由于企业集团各成员单位在资金使用上可能存在时间和空间上的差异，就某一时点来说，在部分企业资金短缺的同时，其他企业存在着资金盈余；就某一企业来说，在生产周期的某阶段出现短缺，而在另一阶段则可能产生资金盈余。由于集团各企业都有数额不等的自由资金积累与暂时闲置资金，财务公司通过金融功能运作，运用内部结算功能，在集团资金需求总量平衡的基础上将暂时闲置的资金筹集起来进行合理调配，在一定程度上解决了成员单位的资金需求；有力地促进了集团经济的增长。筹资和融资，是集团企业对财务公司的基本金融需求，也是财务公司所需的业务功能之一，特别在直接融资渠道并不很通畅、银行间接融资商业化程度不高的情况下，财务公司的内外筹融资功能对集团来说尤为重要。

---

① 莫继才：《企业集团财务公司功能定位及绩效评价研究》，复旦大学硕士论文，2008 年。

（三）投资管理职能

企业的暂时闲置资金，归集后除了以财务公司贷款形式在内部实现余缺调剂外，还需要财务公司发挥其投资功能进行资源配置，投资于各种金融品种或股权，取得更多的收益。财务公司可以利用自身的多种金融手段，对集团暂时闲置的资金在国债、央行票据、企业债、货币基金、证券基金、股票一二级市场等多种金融产品中进行配置组合，在保持一定流动性和分散风险的前提下，获得资金的最大收益，实现集团资金的增值。这样一方面可以分散金融风险，另一方面也有利于增强资金的流动性和收益性，更好发挥资金的使用效益。此外，财务公司在投资管理方面可以配合集团战略型扩张，来收购或持有一些公司的股权，从而充分发挥财务公司里的财务金融专家的核心作用，同时这也是形成企业集团内部金融服务群（体系）的必要手段。①

（四）委托代理咨询服务功能

金融市场信息是一项宝贵的资源，它既会影响企业集团发展战略的决策，也会制约集团企业和其产品消费者对金融商品的选择。在金融市场特别是国际金融市场中，财务公司要能对市场的变化和趋势快速做出反应，以促进集团生产和需要的及时协调。

◆ **案例：潞安集团通过财务公司实现资金链**
与产业链的有效对接②

潞安集团是山西五大煤炭企业集团之一，现有总资产634亿元，职工家属30万人（包括潞安新疆公司），子分公司75个，其两次被评为"中国十大最具影响力企业"。潞安集团以煤为基础，延伸煤电化、煤焦化、煤油化三条主产业链，建设煤电、煤油、焦化、电化四大循环经济园区，发展煤、电、油、化、硅五大产业。2009年潞安集团煤炭产量5509.2万吨，销售收入498.6亿元，利润总额37.9亿元，人均员工工资66049元，分别是2000年的4.8

---

① 莫继才：《企业集团财务公司功能定位及绩效评价研究》，复旦大学硕士论文，2008年。
② 李元清：《从强化财务公司融资功能角度看潞安集团资金链与产业链有效对接》，《煤》2008年第3期。

倍、32 倍、110 倍和 4.5 倍。①

近年来，潞安集团紧紧围绕战略发展目标，狠抓了资金链与产业链的培育。尤其是在资金链方面，形成了"六条渠道"、"一个公司"的融资链条，实现了产业链与资金链的无缝对接。"六条渠道"即发行企业长期债券和短期债券、银行授信贷款、股改上市、新上项目股权多元化和在集团公司层面增资扩股。潞安环能股票于 2007 年 9 月 22 日在上海证券交易所成功上市，募集资金 19.8 亿元，成为山西省及全国煤炭行业上市公司中发行价位最高、融资额度最大的第一绩优股。但潞安集团并没有停步，通过积极筹划将电化产业包装上市，融资投向多晶硅、聚氯乙烯，同时对新疆、内蒙古煤炭资源实施开发，同步筹备建设 1000 万吨级的煤变油产业化厂，大力发展煤变油产业。潞安集团还在考虑把所有优良资产打包，在境外上市。目前，"一个公司"是潞安集团财务公司。重组中央计划单列企业——河北耀华玻璃公司财务公司，成立了潞安集团财务公司，这是目前山西省第一家也是唯一一家企业财务公司，现已挂牌运行。

那么，这些产业链的延伸项目，其资金来源于哪里呢？答案就是：集团财务公司。简单地说，潞安集团通过以下几条措施强化了作为金融服务平台的财务公司的融资功能，使之能够为集团的发展提供源源不断的优质资金：加大内部资金归集度，使财务公司成为集团资金的"蓄水池"；办理票据业务，提升集团信誉度；开创信贷资产转让业务，进行资源整合；向集团公司及成员单位发放流动资金贷款。

总之，潞安集团充分发挥了财务公司的融资功能，在《企业集团财务公司管理办法》允许的范围内，不断加强其融资功能，有效扩大了公司的资金来源渠道，开拓出新的市场发展空间，为集团的发展提供了更宽阔的融资渠道和更充分的资金保证，以适应潞安集团建设的需要，为企业集团资金链与产业链的有效对接，发挥好作为集团金融服务平台的重要作用。

---

① 潞安集团官方网站：《潞安集团简介》，http://www.cnluan.com/jtgk/ShowArticle.asp? ArticleID = 5060。

9.4　中国企业集团母子公司财务监管

在现代企业制度下，母子公司都是企业法人，它们之间的关系是资产纽带关系，产权控制是企业集团母子公司关系的核心。财务监管主要是监控企业集团的财务经济活动，按照所有者的意图，根据有关法规、制度和各种标准，主要通过察看、检查、审核、分析、控制集团母公司及其子公司的财务活动和财务关系，促使与财务活动有关的各方面按照财务要求的行为规范去活动。

一般来说，我国企业集团母公司对子公司的财务监管通常通过两种途径实现：对财务人员的监管与对财务资源的监管。对财务人员的监管指的是母公司通过在子公司委派重要的财务管理人员，来实施母公司的财务控制权力；而对财务资源的监管则指的是母公司制定统一的财务管理制度，对集团的财务政策、决策权、现金等资源的集中控制，以便实现财务资源的优化配置。

9.4.1　母公司对子公司财务人员的监管

母公司对子公司财务人员的监管主要指的是财务人员的委派制度，即集团总部向子公司统一委派财务人员，并对这些人员的任免、调遣、考核、绩效等进行统一管理。在财务监控中，企业集团财务总监、财务经理等中高级财务人员的委派与管理是集团财务监管的关键所在。集团总部通过向子公司委派财务总监对子公司重大的财务会计活动进行组织和监督，不但使企业集团的总体经营方针可以在子公司得到较完全的体现和贯彻，而且能确保子公司财务会计信息的真实准确客观，切实维护企业集团的权益，从而达到对其投资最终目标的实现。实行财务人员委派制度，可以使集团总部及时了解子公司以及其他业务单位的动态财务状况，有效防止它们在重大经营活动中的决策失误。

9.4.2 母公司对子公司财务资源的监管

一、母公司对子公司财务制度的监管

母公司对子公司财务制度的监管主要包括以下几个方面：

第一，通过预算管理，实施全过程财务监控。预算管理是为了实现企业既定的经营发展目标，通过编制经营活动、投资活动、现金流量等预算，并以企业内部控制保证决策所确定的最优方案在实际工作中得到贯彻执行。一般企业集团均应编制全面预算，进行预算编制，其内容可包括经营预算、投资预算、现金流量预算等。编制预算的基本程序是：由企业集团董事会根据长期规划，提出一定时期的总目标，并下达规划目标；下属企业编制预算草案时，应使预算可靠，符合实际；企业集团本部各业务部门在汇总部门预算时应协调本部门的预算，然后编出销售、生产、开发和财务等预算；"汇总"部门协调、平衡，汇总出企业的财务预算；经过预算委员会讨论批准，并报告董事会讨论通过，下达给各部门和下属企业控制执行。预算管理是一项事前事中事后全程管理工作。

第二，督促子公司建立、健全各项内部财务管理制度。集团母公司应督促子公司制定各项内部财务管理制度，建立和完善企业内部制约机制，特别是一些易于造成损失和资产流失的重要方面应做出明确的规定，以做到有章可循。同时，要强调子公司的内部规定制度应从属于集团总部相关的规定和制度，重要的制度和规定应上报集团总部有关部门备案。

第三，以投资回报为主要目标，建立、完善各项考核指标体系。子公司在获得运用企业集团投入的资本金进行经营活动的权利后，不但要确保这些资金的安全和完整，而且还必须做到赢利，完成企业集团下达的投资回报指标。企业集团可以参照子公司相关行业的盈利水平，结合子公司的实际情况以及在一定经营期间所能达到的业绩，确定子公司比较合理的投资回报率，核定各子公司的利润指标，促使各子公司在资产保值的前提下，达到资产增值的目的。此外，应建立各项财务指标执行情况的评价体系，使考核和监督体系不断完善和科学化，主要包括：企

业偿债能力比率，如贷款偿还率、流动比率、资产负债率；营运能力比率，如销售利润率、资产周转率；盈利能力比率，如净资产收益率、总资产报酬率、成本费用利润率等财务指标。也可根据企业的实际情况，增加一些定量指标和定性分析的辅助指标，如全员劳动生产率、技术装备更新水平、产品市场占有能力、创新能力、发展潜力等。

第四，加强对子公司定期或不定期的审计。从监控子公司经营规范化和保证财务数据真实、可靠性方面来讲，集团母公司还必须对子公司进行定期或不定期的财务收支审计工作。如发现有"虚盈实亏"、弄虚作假或违反公司财务制度、财经纪律等现象，应坚决予以处罚。对子公司的审计有外部审计（会计师事务所）和集团内部审计。对子公司的财务收支规范性和经营利润真实性审计，主要应由企业集团的审计部负责进行。在具体方法上可由审计部直接审计，也可以先由子公司自查，在此基础上再由企业集团审计部重点检查或抽查。如果企业集团审计力量比较薄弱，也可以组织所属子公司的财务人员，由企业集团财务管理部牵头，在各子公司自查的基础上，组织相关子公司财务人员互审互查。

二、母公司对子公司财务内容的监管

母公司一般对全资子公司和控股子公司采用集权式财务管理，因而在此以集权财务管理模式下母子公司财权配置方式来介绍母公司对子公司财务内容的监管。在集权模式下，集团母公司凭借其原始资本的权力，把财务管理权力渗透和延伸到子公司，子公司只享有部分财务管理决策权，其重大财权均集中到母公司。

一般来说，母公司对子公司财务内容的监控主要集中在以下方面：

（一）对外投资控制

通常来说，对外投资从本质上讲是一种资本的位移，这种位移通常会给集团带来新风险。因此，母公司通常会将对外投资权集中于母公司。

（二）重大项目控制

重大项目一般具有投资大、回报期长、风险大等特点，可能会对企业集团的发展产生重大影响。尤其是一旦决策失误，可能危及企业集团的生存。因而一般重大项目的决策权也会集中于母公司。

（三）重大筹资权

筹资，尤其向外融资通常意味着增加投资者，这可能会直接影响原有股东和集团的利益。因此母公司通常会将对外的重大筹资决策权集中控制。

（四）对外担保控制

对外担保意味着增加集团负债，因而母公司通常会集中掌控对外担保活动。

（五）成本费用控制

成本费用的多少直接影响企业集团的整体利益，尤其是企业经营者的职务消费和激励报酬，因而通常母公司会集中掌控对各子公司的成本费用项目。

（六）重要财务职务控制

通常来说，企业集团各子公司的财务机构负责人、会计主管人员一般由集团总部聘用和任免。[①]

9.5 中国企业集团财务管理体制的优化

我国企业集团发展历程的特殊性，使得我国企业集团的财务管理体制存在着这样那样的问题，越来越不适应经济发展的要求，而且更为关键的是，其限制了我国企业集团的进一步做大做强，因而需要对其不断优化。

9.5.1 中国企业集团财务管理体制存在的问题

由于我国企业集团形成过程中的行政捆绑性，以及大型企业集团自身规模大、成员多、跨地区、跨国别等特点，使得我国大型企业集团财务管理体制中存在着许多制度性硬伤，其已影响到企业集团进一步发展

---

① 吴聪玉：《企业集团的财务监控问题》，西南交通大学硕士论文，2005 年。

壮大。总的来说，当前我国企业集团财务管理体制主要存在以下几方面的问题：

一、财权分配失当

管理体制上的集权抑或分权，企业集团更多的是基于发展战略的考虑。特别当子公司及成员企业空间跨度较大、市场环境瞬息万变时，为了激发成员企业的积极性与创造性、增强对市场的应变能力、及时把握商机，企业集团往往实行一体化战略下的分权制管理体制。目前，我国大型企业集团财权分配存在两种倾向，要么过度集权，采取完全"集权式"管理模式，不把成员企业当成独立的法人来看待，整个集团被看成一个大企业来管理，"统一领导"的财务原则绝对化；要么过度分权，采用纯粹"分权式"管理模式，大量的财务控制权下放到子公司，母公司控制协调能力削弱，"统一领导"的财务原则名存实亡。①

二、财务管理观念落后

我国企业集团要么由国有企业演变而来，要么由家族企业脱胎而来，大多数集团管理者缺乏基本的财务管理知识，财务管理观念落后，不注重资金的时间价值、投资风险、边际成本、机会成本等。由此导致一些企业集团的财务管理者，在筹资时，只关注筹资总额，不权衡资本成本，不考虑资本结构最优化；在投资时，只关注投资收益的高低，不测算风险报酬，不分析未来的现金流，不考虑投资组合最优化，从而导致企业集团的资源浪费，财务风险的加大，降低了企业的经济效益。

三、资金运作不规范

财务管理是企业管理的重要组成部分，而资金管理是财务管理的核心，国家和银行不可能为企业集团的发展提供足够的资金。对于企业集团来说，最重要的是要解决好企业内部资金的融通问题，使企业集团能够在低负债水平下通过内部资金的周转来解决资金需求问题。而我国目

---

① 吴璟：《我国企业集团财务管理模式优化探讨》，《产业与科技论坛》2009年第8期，第248—250页。

前的大多数企业集团内部尚缺乏有效的资金融通渠道，资金管理不善和利用率低的问题普遍存在，不能充分利用各下属公司在资金使用上的"时间差"，对外大举举债，致使资本结构不合理，财务风险加大。

四、财务监控失效

企业集团缺乏有效的约束制度，"内部人控制"现象突出，损害出资者利益。股东和经营者分离，而两者利益并不完全一致，由于信息不完全，导致出资者无法完全监督经营者的行为，从而产生委托—代理问题。如经营者行为短期化、盲目投资、成本费用难以控制；一些管理者甚至利用手中权力，转移或侵吞企业资产，或者在利益驱动下，隐瞒或虚报收入和利润，导致财务信息失真。

除此之外，我国企业集团的财务监控失效还表现在企业集团母公司对子公司的监管失效。母子公司之间可能存在着不同的利益，而我国目前的大多数企业集团因财务监控力度不够，致使下属公司经常滥用职权、谋取利益，有的甚至私设小金库或随意挪动资金、乱投资、乱担保，从而造成集团资产的大量流失。

五、缺乏全面的预算管理制度

由于我国企业集团形成的特殊性，大多数企业集团并没有建立起科学的预算管理制度，一些企业集团的预算甚至只涉及几个简单的经济指标，如销售量、销售收入、成本费用、目标利润等。在执行过程中，子公司可能自行其是，并不按照集团总部的预算来进行生产与经营。除此之外，在预算考评方面，一些企业集团往往只对财务指标（如投资报酬率）进行事后考核，较少考核非财务指标。实际上，非财务指标更能体现企业的成长和战略性，且不易被经理人操纵，它更直观、更易为员工和管理者所理解和接受。在一般情况下，只有当财务状况相当恶化时，较差的非财务指标（如市场占有率、顾客满意度等）才会在财务指标上反映出来，这样对整个企业集团的发展是极为不利的。[①]

---

① 顾杰：《我国企业集团财务管理存在的问题及对策》，《信阳农业高等专科学校学报》2008 年第 3 期，第 52—53 页。

9.5.2 中国企业集团财务管理体制的优化对策

针对中国企业集团财务管理体制存在的问题，应从以下几方面着手予以优化：

一、明晰产权，建立合理的法人治理体制

产权关系是企业集团的基础，企业集团母公司要对成员企业进行有效的治理，确保财务战略与财务政策的贯彻实施，就必须以能够对子公司保持有效的控制权为前提。要真正确立企业集团财务管理的核心地位，实现对企业总体资源实施有效的配置，企业集团必须从机制上、职责上、权限上及管理运作程序等方面，建立合理的法人治理体制，针对不同的企业类型及发展策略采取不同的持股方式。通过对成员企业的控股权或控制权，增强企业集团财务的凝聚力与领导驾驭能力。

二、科学设计财务决策程序

首先，要建立健全决策信息系统。决策的科学性来自于对客观情况的了解和分析，对相关因素的周密调查论证。因此，有必要建立一整套完备的信息收集、整理、储存系统，提高信息的准确性和及时性，减少信息传递损耗和延误，降低决策成本。同时，职能部门应在调查研究的基础上提出多种方案，便于决策者在各方案中做出选择。

其次，要建立健全规范的决策流程。决策者所做的每一项决策，都必须严格按照规定的流程进行。流程设计包括事前、事中、事后三个阶段的内容，事前要有缜密的调研分析、专家评估和民主评价，在此基础上进行充分的项目可行性论证，事中的实施过程要有检查监督，事后要有反馈报告。决策目标要明确，拟订的方案要尽量多而且可行，方案评审选优的方法要科学，决策方案的实施要坚决。财务决策流程既要考虑能够充分发挥民主，集思广益，又要适当集权，以迅速实现决策方案的甄选，尽快形成科学的执行力强的可行性方案，提高决策效率。①

---

① 肖剑：《我国企业集团财务管理体制问题与对策研究》，东北师范大学硕士论文，2005年。

三、建立健全财务控制制度

健全的财务控制制度包括预算控制制度、资产管理制度、成本费用控制制度、财务信息披露制度、资金结算制度等。预算控制是财务控制的最主要方式之一，它通过事先确定目标，然后收集、归纳、总结能够反映实际运行情况的信息，并将此进行比较，再根据差异分析来决定控制的方向和强度。

四、推行全面预算管理

在企业集团内部实行全面预算管理，不仅可以提高管理效率，优化资源配置，而且有利于明确母公司与子公司各自的责权利，实现集团的整体战略目标。为了搞好预算管理，应在集团公司董事会下设预算管理委员会，负责预算的编制、审定和组织实施及调整。在编制预算时，一般宜采用上下结合的方式，即首先由集团公司根据整个集团的发展战略提出预算目标，并将其进行分解下达给各子公司，然后各子公司结合自身情况编制各自的预算草案，由预算管理委员会对各子公司的预算草案进行汇总和审核，并召集各子公司的经营者进行预算的协调与调整，最后由预算管理委员会审批通过。在预算的执行过程中，集团的各级预算部门可通过建立严格的工作制度和实施适当的激励措施来保证各级预算目标的完成。若在预算的执行过程中出现需要调整的情况，则须经预算管理委员会批准。预算管理委员会还应制定相应的标准来对各子公司的预算完成情况进行考核并据以奖惩。①

主要参考文献

[1] 熊非非：《企业集团的财务管理研究》，武汉理工大学管理学硕士论文，2001 年。

[2] 中国集团公司促进会：《母子公司关系研究——企业集团的组

---

① 张成渊：《优化我国企业集团财务管理》，《发展研究》2005 年第 12 期，第 75—76 页。

织结构和管理控制》，中国财政经济出版社 2004 年版。

[3] 濮震玮、李真：《论母子公司财务管理模式及其财权配置》，《安徽工业大学学报（社会科学版）》2008 年第 1 期。

[4] 何敏：《关于企业集团财务管理模式选择的探讨》，《审计与理财》2009 年第 10 期。

[5] 于东智：《公司治理》，中国人民大学出版社 2005 年版。

[6] 严凡英：《集团公司各财务的职能定位如何划分?》，http://manage. org. cn/Article/200701/42014. html。

[7] 吴璟：《我国企业集团财务管理模式优化探讨》，《产业与科技论坛》2009 年第 8 期。

[8] 顾杰：《我国企业集团财务管理存在的问题及对策》，《信阳农业高等专科学校学报》2008 年第 3 期。

[8] 张成渊：《优化我国企业集团财务管理》，《发展研究》2005 年第 12 期。

[10] 肖剑：《我国企业集团财务管理体制问题与对策研究》，华东师范大学硕士论文，2005 年。

[11] 谭佰秋：《我国企业集团财务管理体制研究》，长春理工大学硕士论文，2007 年。

[12] 朱艳：《西方国家集团公司财务控制模式及其启示》，http://www. lwlm. com/qitajingjiguanli/201003/353116. htm。

[13] 雷均：《我国企业集团财务管理模式研究》，《企业经济》2009 年第 12 期。

[14] 罗文洁：《我国企业集团财务管理模式创新探索》，《学术论坛》2007 年第 1 期。

[15] 许春华：《企业集团财务管理模式问题研究》，广东工业大学硕士论文，2007 年。

[16] 卜志坤：《我国企业集团财务公司的发展问题及对策研究》，南京航空航天大学硕士论文，2008 年。

[17] 王伟东、董贤圣、丁建臣：《财务公司经营与管理》，中国人民大学出版社 2004 年版。

［18］中国财务公司协会：《中国财务公司的发展与前景》，中国金融出版社 2005 年版。

［19］莫继才：《企业集团财务公司功能定位及绩效评价研究》，复旦大学硕士论文，2008 年。

［20］李元清：《从强化财务公司融资功能角度看潞安集团资金链与产业链有效对接》，《煤》2008 年第 3 期。

［21］吴聪玉：《企业集团的财务监控问题》，西南交通大学硕士论文，2005 年。

10 企业集团高层管理团队

高层管理团队（Top Management Team，TMT），是由在组织中主要承担战略决策职责的高层管理者所组成的团队，是决定组织发展和影响组织绩效的核心群体。

在现代公司制企业中，高层管理团队是企业发展到一定阶段，为了适应复杂多变的经营环境而出现的一种新型核心决策群体（Core Decision Group，CDG），这种形态的发展是与企业特性及其所处的经营环境密切相关的。它通常由董事会成员和正、副总经理，以及其他共同参与战略决策的高层管理者组成，包括3—10名成员。由于企业高层管理团队通过战略决策过程对组织产生影响，因而其效能的高低、决策的正确与否，势必会对组织的绩效乃至长远发展产生重大影响。

10.1 企业集团高层管理团队概述

10.1.1 西方企业集团高层管理团队

一、高层管理团队的构成

在企业中，高层管理团队是指公司高层经理的相关小群体，包括CEO、总经理、副总经理以及直接向他们汇报工作的高级经理。1984年，汉布里克（Hambrick）与麦森（Mason）提出"高层梯队理论"（Upper Echelons Theory）。该理论既标志着有关领导团队或高层管理团队研究的开始，又是高层管理团队研究的理论基础。高层梯队理论的讲述重点放在整个高层管理团队，而非仅仅是管理者个人。组织的领导是一种共同的活动，最高管理者虽然是决策的主要制定者，但他们与组织的其他成员共同担当权力与责任。高层梯队理论的基本观点是，高层管理团队的特征会影响到组织绩效与战略选择，团队成员不同的认知基础、价值观、洞察力以及这些特质的作用过程会影响到组织的竞争行为，因而有必要理解整个领导团队的背景、经验及高层管理者的价值观。Hambrick 为高层管理团队研究搭建了基本的理论框架，包括团队组成、团队过程与团队结构。团队组成与结构主要是指高层管理团队成员的传记特点（包括年龄、教育、资历等）及职权结构。团队过程，包括团队成员之间的协调、沟通、冲突处理、领导、激励等行为。团队成员的特征与互动过程会直接影响高层决策，进而影响到组织绩效与战略选择。[1]

二、高层管理团队的构成因素对组织绩效的影响

Hambrick 和 Mason 经典的"高层梯队理论"认为，组织的战略选择和绩效水平在某种程度上取决于企业高层管理人员的管理背景和组成特征。若恩（Elron）和芬克尔斯坦（Finkelstein）指出，高层管理团队的大小，即高层管理团队人数的多少对组织业绩产生影响，主要是因为团队资源的多少取决于团队人员数目的大小。而团队的多样性，主要指的是团队成员在一些人口特征指标上的差异程度，包括年龄、受教育程度、专业方向、职业经历以及文化背景等，也会直接或间接地影响到组织的业绩水平。在过去的十几年中，研究人员发现了人口特征，包括年龄、性别、任职期限以及教育和种族等因素，对工作业绩结果的影响。Graves 和 Powell 研究了企业高层管理团队特征对下属业绩评定的影响以及招聘人员对候选人的评价以及员工与组织的结合度的影响等。在企业的高层管理层面，高层管理者在人口特征方面的差异程度被认为是反映了企业管理资源的安排，而这将影响一个企业的战略结果。Hambrick、Cho 和 Chen 研究指出，企业高层管理团队成员的相似或差异程度可以通过其决策过程影响到组织的绩效；类似的原理，Bichel 和 Jackson 研

---

[1]　任长江：《高层管理团队的战略决策绩效》，知识产权出版社 2010 年版。

究揭示了团队内部的差异也有可能提高决策过程质量，带来组织创新。因此，Burke 和 Steensma 建议采用工作轮换和产业间联系的方法提高团队成员之间的差异性，以提升组织的创新能力。尽管团队多样性有利于提高组织有效性，它也可能对组织产生不利的影响，如团队成员多样性可能带来的成员之间的矛盾可能伤及组织有效性。但是 Amason 的研究表明，团队成员之间的异质性与意见不合之间并不存在显著的相关关系。另外，Elron 在跨国公司样本中发现高层管理团队文化背景多样性与子公司绩效之间存在正相关关系。

三、高层管理团队的构成因素对战略决策的影响

Hambrick 和 Mason 提出的高层梯队理论认为战略选择是一个非常复杂和含义广泛的决策，而复杂的决策是多行为因素的结果，反映了决策者的特质。由于战略决策者所处的环境非常复杂，管理者不可能观察到组织和外部环境的每一个方面，致使最终的理解存在缺陷。因此，高层梯队理论提出战略领导者的研究重点应该是整个高层管理团队，而不仅仅是领导者个人。同时，应重点研究高层管理团队的人口背景特征。Smith、Dugan 和 Trompenaarstll 将这些变量归纳为对 TMT 研究有意义的三个主要概念组：人口统计学、过程和心理维度。人口统计学变量指的是团队总的外部特征，如团队的异质性、任期、年龄和团队大小等。Hambrick、Cho 和 Chen 研究了 TMT 的异质性对企业竞争策略的影响，Boeker 研究了 TMT 的特征如何影响组织绩效和影响策略的改变。Amason 和 Sapienzat 认为高层管理团队成员背景的多样性有利于改善决策质量，因为他们可以从不同的角度来分析一个复杂的问题。团队教育水平的异质性表现出两个相互矛盾的作用：一方面，团队成员的教育水平相差越大，越容易产生冲突，团队对于战略制定程序、战略目标、战略计划的分歧越大；另一方面，教育水平的异质性为团队提供了多元的信息、对现象更深层次的理解，从而提高了战略决策质量以及组织绩效。同时，团队内适度的讨论强化了教育水平异质性的积极影响，因为没有讨论，由团队教育水平异质性导致的认知差异还只是停留在初始阶段，没有实现观念的相互交流、融合，而团队成员之间的相互讨论，使成员当遇到新的观点、信息时会重新审视他人的观点和思考是否忽略了关键

的影响因素。Bantel 和 Jackson、Wiersema 和 Bird 通过高层管理团队成员间年龄差异性对人员更替影响的研究发现，成员间年龄差距对团队人员保留产生副作用，因为年龄相近的团队更易产生人际吸引，可以更好地保留团队成员。处于同一年龄段的管理者常常拥有相似的经历和相近的价值观与信仰，他们对公司战略的看法也可能较相似。因此，他们之的关系更趋融合，合作更加顺利，容易在决策时达成一致。Hambrick 和 Aveni 认为，在复杂环境中，当公司面临多样顾客群体的不同需求时，高层管理团队成员的多样化职业背景显得特别重要。越是大规模和多元化经营的企业，高层管理团队越需要具备各种专业背景的成员。Dearborn、Simon 和张平认为当一群具有不同职业背景的管理人员在面对同一问题，要求他们从整个公司的角度出发讨论此问题时，他们思考问题的主要出发点还是先考虑自己部门的行动和目标，也就是职能部门工作经历相似的管理者观念相似。Bantel 和 Jackson 对小型银行的高层管理团队组成特征异质性与战略的关系进行研究，发现，TMT 成员在职业背景方面越是具有多样性，就越会产生好的战略决策。但是，团队成员在经验上的多样性会对投资回报和整个组织的绩效产生副作用，这是由于 TMT 内部的非正式沟通造成的。Sutcliffe 的研究发现，TMT 职业经验异质性越高，团队对于外部环境中机会的识别能力越差，原因可能是比较高的团队职业经验异质性阻碍了团队内有效的交流。

10.1.2　中国企业集团高层管理团队

目前，国内企业对于（TMT）的组建没有西方国家企业集团的成熟，原因有很多。总结起来主要有如下两个原因：一是国有大型企业由于长期存在体制问题，在发展过程中并没有形成群体的团队决策。没有建立现代企业制度以前，这些企业在决策时听政府的，由领导说了算。二是民营企业在发展的过程中家族的烙印明显，其决策也大都由创始人或是家族继承人决定，因此主要以研究个人决策为主，很少研究群体决策。随着改革的深入，市场竞争日趋激烈，国有企业改革取得了一定的成果，股份制改造逐渐完成，上市公司日益增多。企业领导人在企业发展的过程中越来越显得力不从心，他们对于个体决策并无完全的把握，也慢慢地认识到企业不可能靠一个人发展，因此在企业内开始引进职业经理人，逐渐建立起有效的管理团队（特别是高层管理团队）来决定企业的发展方向和发展步伐。而民营企业也开始引进职业经理人，总的来说，我国学者孙海法等从以下角度对企业集团 TMT 进行了研究：①

孙海法、伍晓奕（2003）等学者通过改进高层梯队理论为 TMT 的运作柔性研究搭建了基本的理论框架，高层梯队理论从五个方面来描述和评价 TMT：团队成员组成、团队管理过程、团队成员结构、激励、领导，并将这五个维度归结为团队组成、团队结构与团队运作过程三个方面。组织结构特征是在 TMT 组建或变动时形成的特点，是 TMT 较稳定的、客观的特征。团队成员的互动影响了高层决策，TMT 的运作柔性在很大程度上由 TMT 成员之间的这种互动过程决定。

魏立群、王智慧（2002）通过对沪、深两市的 114 家上市公司高管的有关特征与其业绩之间关系的实证分析，得出了有关中国企业高管的几个人口特征指标与公司绩效之间的不同于西方研究的结论。经过初步分析，确定了在中国企业对组织绩效产生影响的两个最重要的高层管理人员特征指标，即企业高层管理团队成员的平均年龄和人口学特征多样性指标。研究的结果表明，中国企业高层管理团队成员的平均年龄与企业组织绩效成正相关关系。一般认为，有关管理者年龄对管理有效性的影响可以从经验的积累和适应变化两个方面来看。相对于年轻的管理者，年龄较大的管理者经验会比较丰富，但其适应变化与创新的能力可能不如年轻者。应该说，年轻的管理者与年长的管理者各有其优势。然而，由于中国社会在传统上是以"关系"为基础的社会，企业经营成功在很大程度上依赖于管理者努力与其他企业、个人及政府部门所建立的关系及"网络"联系，而且这一传统不大可能随着市场化的确立而迅速消失，因此随着时间而不断积累起来的经营关系对年长的管理者来说是其提高组织绩效十分重要的武器。同时，限于中国企业目前仍处于经济发展的转型过程，充分鼓励和利用年轻管理者创新精神发挥的机制还不完善，使得年轻管理者的优势发挥受限。总的来说，在现阶段，高层管理人员的平均年龄较高对组织绩效的提高是有利的。

---

① 戴伟辉：《高层管理团队的群体分析》，知识产权出版社 2005 年版。

古家军、胡蓓（2008）① 通过构建 TMT 特征异质性（教育水平异质性、年龄异质性、任期异质性、职业背景异质性）对战略决策影响的基本模型，并通过对民营企业的调查，运用相关分析和结构方程，检验前因变量对结果变量的直接的影响。结果表明，西方关于 TMT 的研究结论在中国民营企业里基本能得到验证，这为我们研究中国民营企业的 TMT 提供了佐证材料。但研究也发现，TMT 成员的任期异质性对战略决策的准确性没有显著的影响，这与国外一些文献的研究正好相反。②

10.2　企业集团高层管理团队的选拔

10.2.1　西方企业集团高层管理团队选拔方式

一、竞争择优的选拔机制

典型的美英型公司是以股权分散为特征的，总经理往往持股甚少，报酬却很高，在经营管理过程中权力较大。这类企业在选拔经营者时注重两方面的资源——企业内人才和企业外人才。从企业外招聘总经理一般在以下几种情形下进行：一是相关的工作关系和知识可以比较迅速地得到开发和掌握（如在 6 个月内），典型的是在较为新的产业中规模较小的部门；二是当许多主要关键性工作关系和知识可以跨企业转移使用；三是企业处于困境，不得不从外部招聘总经理（如公司面临转产等）。招聘途径主要是通过经理招聘咨询协会，而大多数企业集团更加重视在企业内部培养自己未来的总经理人才。③

从企业内部培养总经理，要有一套完善的选拔机制，这套选拔机制包括两个环节。一是重视具有管理才能人员补充，二是有效的总经理后

---

①　胡蓓：《产业集团的人才集聚效应理论与实证研究》，科学出版社 2009 年版。

②　刘立东：《安徽上市公司高层管理团队建设现状与优化研究》，合肥工业大学硕士学位论文，2009 年。

③　上海理工大学现代企业研究所：《西方国家企业经营者管理方式及其启示》，《上海经济研究》1998 年第 1 期。

备人才发现机制。

因为只有大量有才能的优秀人才进入企业，才能形成择优录用竞争上岗机制，才能确保有大量优秀的后备人才。因此，外国企业集团主要做法包括：①与高校建立良好关系，对准硕士以上学历优秀人才，达到补充人员的目的。②保持人员招聘高标准，设置相应考核标准。③注重招聘有领导素质的应聘者。

二、系统的培养机制

对那些被选拔出来的总经理后备人才，根据不同情况，下大力气系统培养。培养工作的安排表现为一项正式普升计划一部分，表现为高素质培养过程的一个阶段，其关键是所提供的培养机会与培养对象的需要一致。主要培养机会包括：1. 任命新的职务，包括提升和横向调动。2. 正式培训，包括参加企业内部培训等。3. 使得到系统高级负责人指导。4. 从事专门项目规划工作，提供具有挑战性机会。

三、有效的激励机制

对于美英型股权分散型公司，总经理权力较大，有效的激励机制就显得十分重要。①激励性报酬所占比重大，与公司效益挂钩。②报酬随职位等递度大。③根据长期经营业绩的激励性报酬所占比重大，其形式有延期支付、分成、赠股等。

四、严格的约束机制

股权分散的公司，对总经理约束是十分重要的，需要一套完善机制来约束。①证券市场的约束。经营者业绩影响公司股价。②经理市场约束。建立"有上有下"的机制。③完善的立法、执法体制。④可靠的会计和独立审计制度。

10.2.2 中国企业集团高层管理团队选拔方式

经过 30 多年的国有企业改革，国有企业在制度创新方面已经取得明显的进展，相比之下，企业中经营者的选拔任用机制的改革是相对滞后的，表现在大部分国有企业经营者的选拔任用仍沿用选拔党政干部的做法，即行政任命制。根据中国企业联合会 2007 年对中国企业经营者的问卷调查显示，对国有企业经营者的选拔任用，虽然有几种不同的方式，但由政府直接任命的占 35%，如果考虑到国有企业董事会的组织形式和形成过程，那么有相当数量的经由董事会任命的经营者实质上也是由政府任命的，而从人才市场招聘的只占 2.5%。2008 年的统计显示，由政府任命的国企经营者数量有所下降，但仍占 30% 左右。随着国有企业改革的深入，国有企业已逐步转为直面市场的经营主体，许多已经改制为产权多元化的企业，经营者行政指派机制仍占主导地位的做法是和现代企业制度所要求的构架不相适应的。因此，对国有企业经营者的选拔任用机制进行改革，已成为国有企业改革工作的重中之重。当前国有企业经营者选拔任用机制除行政委任制占主导之外，还有选举制与选聘制。下面将针对这三种机制实施的状况进行分析，进而为建立和完善适应市场经济和现代企业制度的国有企业经营者选拔任用机制指明方向。[①]

一、行政委任制

行政委任制也称任命制，行政式"委任制"的最明显特征是：行政官员与企业家之间的角色互换，其相通之处只在于行政级别。众所周知，虽然呼吁取消国有企业行政级别已有多年，但不同的国有企业仍然具有不同的行政级别。这种由上级主管部门指定经营者的方式具有权力集中、任用程序简单明了、有利于统一指挥和政令贯彻等特点。但从多年的实践情况来看，委任制不适应市场经济的要求，主要因为，委任制是由上而下派干部，严酷的市场竞争原则对吃财政饭的干部构不成威胁，其结果是优者不胜、劣者不汰，能上不能下、能高不能低，造成岗位垄断，从而没有了竞争。此外，现行"行政委任制"所选拔出的国有企业的"企业家"的知识结构存在重大缺陷——来自实践经验的企业家能力部分的缺失。而且，选出之后的激励结构也不利于他们向市场

[①]　颜光华：《国有企业改革与企业家队伍建设》，上海财经大学出版社 2003 年版，第 102—105 页。

型企业家的转化和其知识结构的改善。由这种"企业家"统领国有企业的直接结果，必然造成国有经济部门的低效率、资产流失和管理上的"人治"。同时，委任制还滋生出了种种弊端，诸如各种腐败、堕落以及对职业经理人市场形成的遏制等。市场经济的要求是市场选择，在法律规定的范围内自由竞争，市场资源包括企业的资源均由市场配置。企业经营管理者是企业人力资源的重要组成部分，而上级主管部门任命经营管理者的方式则排斥自由竞争与市场配制资源的作用。可见，"干部委任制"这一旧时体制的产物，在经济转轨时期，已经远远不能适应社会主义市场经济体制确立的需要。面对企业全面走向竞争的新形势，必须逐步改革经营者的选拔方式和选拔机制，使得一大批真正具有经营管理能力和现代企业管理经验、政治素质好的人才走上企业的管理岗位，把企业的管理水平提升上新的高度，促进企业的快速发展。[①] 要切实取消企业的行政级别，不能按行政级别从政府官员中选取国有企业领导，冲破用人制度的行政级别"围墙"，扩大选择的范围，实施跨地区、跨所有制的竞争上岗政策；要切断国有企业家向政府官员过渡的途径，提高企业家基本的市场经营素质；要从人才市场招聘高级经理。因为企业家的人力资本是不可视和难以度量的，其价值只能通过其经营业绩间接地显示出来。

二、选举制

选举制又称代表制，是指关于选区划分以及相应的代表方式与投票方式的制度。一般说来，选举制能够较好地反映群众的意愿，体现民主管理的原则。民主选举的基本程序为：企业成立民主选举指导小组以广泛宣传发动，引导职工积极参与；按人才选拔的基本程序，先自荐再群众推荐后组织推荐；上级主管部门对候选人进行资格审查；职工代表大会或职工大会听取候选人竞选方案，群众无记名投票产生新任厂长、经理；上级组织部门办理任免手续，并选派好党组织书记和行政副职。民主选举厂长、经理可以稳定职工队伍，充分调动企业全体员工的主人翁精神和工作积极性，改善企业管理和生产经营。民主选举制度最初是在

---

① 中国人事科学研究院：《2005 中国人才报告》，人民出版社 2005 年版，第 99 页。

部分地区规模较小的国有企业中进行试点，取得了较好的成效。近年来，以及市场经济和社会的不断发展，以及国有企业的公司制改造的深化，这种方式的弊端逐渐显现出来，主要是经选举产生的经营者，容易掌握企业内部控制权，经营者和内部职工往往结合起来形成一个利益共同体，把国家作为资产所有者的意志和利益架空了，从而缺乏"所有者—经营者—职工"的三元制衡机制。①

三、选聘制

选聘制，是指用人单位根据需要在单位内部的工作人员中，经过挑选后予以聘任的一种形式。选聘制有较大的灵活性，聘任和受聘的双方是意愿一致的结合，当一方不愿留任时，可以按规定解聘或辞聘。

从目前的实际情况看，选聘制最大的优点是给国企经营者的选拔任用赋予了新的内容和形式，是继承和创新相统一的新方式。它有利于形成公开、平等、竞争、择优的用人环境，有利于建立公平竞争与择优任用、有效激励与严格监督、能上能下与充满活力的用人机制，真正做到多中选好、好中选优。因此，选聘制对于在国有企业中逐步取消不适应市场经济规律的官本位现象，对于促进我国经理市场的发育和完善实现经理人才供给与需求的市场调节，对于促进经理人才的合理流动解决我国目前存在的经理人才短缺与人才积压、浪费并存的不合理现象，具有极为重要的现实意义。当前我国国有大中型企业对高级经营管理人员的选拔任用已开始引用选聘制，如国资委自2003年9月起连续3次面向全球招聘国企高管人员，在海内外引起强烈反响。总而言之，在目前我国经理市场没有真正建立起来、优秀经营者十分缺乏的情况下，采取选聘制来选任经营者，是当前较为科学、有效、可行的选聘形式。同时也要看到，选聘制也存在着缺陷，通过选聘制产生的国企经营者搞垮国有企业的也绝非个别案例。②

实施选聘制的关键是要体现公平原则。首先，在选聘标准上，要根

---

① 李军：《如何完善国企经营者的选拔方式》，《决策参考》1997年第4期，第17页、第30页。
② 祁玉梅：《企业经营者选拔对策机制的对策研究》，东北师范大学硕士学位论文，2006年。

据待聘职位的具体要求，公开向企业内外发布有关招聘标准的具体信息。其次，在选聘范围上，无论哪种渠道产生的候选人，即无论是组织推荐、群众推荐、个人自荐、猎头公司推荐等，只要符合任职资格条件的，无论国内甚至海外，均一视同仁地为他们提供参加机会。最后，在选聘程序上，要制定一套科学、规范的选拔程序。只有遵循"三公"原则，才能最大限度地发挥选聘制的长处。

◆ 案例：红塔集团高层管理团队选拔的演变

1979—2006 年，红塔集团共发生了五次经营者变更。从红塔集团的经营者更替情况来看，无论是红塔的董事会还是总经理，对于何时更换经营者、如何选择候选人都没有发言权情况，红塔集团的经营者是由其上级主管部门即政府决定的，集团董事会只是形式上的表决，并没有实质的参与权。

从红塔集团的五次经营者的更换来看，经营者离任主要是因为：年龄或个人原因、公司的业绩不理想、公司治理结构调整、国有企业改革。第一种情况属于自然离职；后三种情况属于被迫离职。

由政府来选择国有企业的经营者很难避免"企业经营者"和"政府官员"二者的角色混淆。在政府官员选择经营者的体制中，作为大型国有企业红塔集团的经营者既要懂得经营管理，又要有相应的行政级别。因此，第一任董事长的继任者来自市政府，第二任董事长的继任者来自省委组织部。从红塔集团经营者更换前后的年税利变化可以看出，第二任就职之后，红塔集团的年税利不断下滑。其主要根源在于第二任盲目投资和扩张其他与烟草无关并不具备经营优势的产业，并且忽视了主营业务的经营管理。直到第三任之后，其业绩才有了很大的上升。虽然红塔集团培养的优秀领导人很多，但这样的国家垄断行业，每年向政府上缴大量的税利，政府的利益与国有企业的业绩有着密不可分的关系，国有企业经营者的继任其实是某种利益的分配过程。从这个角度来看，政府必然会对国有企业的经营者继任进行干预，因此红塔集团几乎不可能独立决定其经营者的继任者。

　　对红塔集团经营者管理的思考：

　　（1）政府的利益目标决定了国有企业经营者的变更。国有企业经营者的选择其实是一个利益分配的过程，在这个过程中，政府所追求的利益目标很难和企业一致。政府的利益实际上指的是政府官员的利益，政府官员追求的是政绩。

　　（2）选择国企经营者要考虑到级别对应。在中国，国有企业被分成若干级别，中央企业、地方企业等。相应地，企业的经营者级别也有所不同。红塔是一个厅级，红塔集团的董事长和总经理的待遇是"正厅级"干部。

　　（3）"政府官员"和"企业经营者"的混淆。政府在选择国有企业经营者的时候常常要考虑经营者的级别，这就不可避免地导致大型国有企业的经营者往往来自政府部门。"政府官员"和"企业经营者"分别具备完全不同的素质，优秀的企业经营者不大可能同时也是优秀的政府官员。企业经营者要具备经营管理才能、创新精神和风险意识，而政府官员则需要稳重、有领导才能。

　　（4）企业内部没有稳定的经营者继任制度和继任者的培养与选拔机制。政府控制国有企业经营者的继任与选拔，政府完全决定了什么时候更换经营者以及继任者的人选。如果企业出现突发事件急需更换经营者，那么政府很难在较短时间内选择到合适的继任者，而从企业外部选择经营者不能保证企业的可持续发展。

　　（5）外部经理市场发展滞后与政府指派经营者之间的恶性循环。如果企业由政府指派经营者，而不通过经理市场的竞争，经理市场就会越发滞后；经理市场越不完善，由政府来选派经营者的成本相对于企业在经理市场选择继任者的成本就越低，企业的经营者就会继续由政府指派，并进一步导致经理市场的落后。

10.3　企业集团高层管理团队的培养

　　企业集团在积极谋求可持续发展并致力于实现基业长青的过程中，由于发展迅猛、人才流动过速、竞争对手恶意挖角等因素，几乎所有市场化经营的企业集团，都面临着中高级管理人才严重短缺、管理类岗位"后继乏人"的严峻挑战。招募合适的员工，保留最优秀的人才，发展未来的领导人，这些任务在任何企业都是难题。

10.3.1　西方企业集团高层管理团队的培养步骤

西方企业集团高管培养大体上包括四个步骤：第一步是由一个专门的部门提出初步培养候选人，由现任 CEO 对候选人进行初步筛选，选出几个最优秀的候选人。第二步是在一定的年份中为候选人补上履历中欠缺的经历，并考察他们的发展潜力。例如，有些候选人缺乏管理一个完整业务活动的经历，需要将他们安排到某一子公司任总经理；有些候选人的业务经历缺乏战略高度，需要为他们提供对某重大战略事务的管理经历。有时还特别安排一些候选人到那些与外部环境发生最频繁、最复杂关系的企业，或是公司正在积极发展和推进的地区进行管理，以便候选人能表现出自己的协作能力和应付环境的能力。在这一过程中，CEO 直接关注候选人的表现。第三步是在 CEO 认为条件基本成熟后，这些候选人被介绍给董事会全体成员，接受董事会成员的观察和评价。同时，CEO 将对每一位候选人做出书面评价并出示给董事会。董事会与候选人共处的机会经过精心安排，不带有正式性和暗示性，以便董事会能观察到候选人真实的管理行为和效果。在这一过程结束后，每位董事都要为候选人进行评价并排出选择顺序。最后，CEO 和董事会共同给出培养结束后的成绩。

10.3.2　中国企业集团高层管理团队的培养模式

企业一般要对后备力量的选拔实施接班人计划，制订接班人计划要预测今后 5—10 年内企业将要空出多少个管理岗位、空出的具体时间；从发展的角度看，这些岗位都需要什么样的人，其知识、技能应达到什么样的程度，才能应对变化和挑战等。接班人的选拔是通过高层领导与专家评估相结合产生的。接班人的培养主要是正规学习、榜样性的学习（传、帮、带）、轮岗锻炼和工作实践等。如大学生被招聘到企业后，要先到基层工作，然后被有意识地轮调到几个部门工作。在此期间，人事部门一方面对其进行全面考察，一方面为他的发展创造机会。

一、人才培训

中国企业集团对其现有的管理人员进行有计划的培训，是一条简捷而富有成效的经营人才开发途径。因为在职管理人员对本企业的生产经营情况非常了解，并且已经具备了某一方面的专门知识和管理经验，一旦通过培训掌握了必要的跨国经营管理知识，就可以在国际市场上大显身手。人才培训的方式一般可分为外部培训、内部培训和岗位培训三种。外部培训是将管理人员送到国内外的高等院校、科研机构或企业系统学习或进修；内部培训是根据企业跨国经营的特点和具体要求举办培训班，聘请专家、学者、有经验的管理人员、技术人员进行短期培训；岗位培训是在工作岗位上直接培训具有国际化经营能力的管理人员和技术人员，在实践中一般是采取传、帮、带的方法。

二、高级管理人才的培养

企业集团的高级管理人才，是企业实践国内国际经营战略的关键。培养高级管理人才的一般做法是，选拔一批具有一定实际管理经验、有培养前途的管理人员到国内外著名大学，尤其是准备派驻国的大学进行培养，系统地学习有关国际管理、国际金融、国际财务等方面的知识；同时，实地考察国外大型跨国公司内部经营管理的先进经验，详细观察和了解它们的发展历史、经营战略、组织形式以及适应国际政治经济体制、文化背景等社会环境的公司组织结构、管理模式及经营方法，逐步形成一套企业管理、使用、培养经营高级管理人才的体系，从根本上解决企业培养高素质国际化经营管理人才的问题。

三、从党员干部中交流

这是中国特有的高管培养模式。党政机关干部通过参与企业经营管理，可直接感受企业经营的氛围和企业管理理念，逐步实现行政管理与企业管理有机结合，从而增强干部驾驭经济工作的能力。

10.4 企业集团高层管理团队的考核

10.4.1 西方企业集团高层管理团队的考核方式

总的来说，国外对企业集团高管团队业绩评价主要有三种基本方式：

一、以杜邦分析系统为代表的财务模式

1915—1918 年，美国杜邦公司为适应新经济形势首创了杜邦财务分析体系。这种以财务指标为主的业绩评价方法体系，多以投资报酬率、销售利润率、现金流量、内部报酬率等为核心，包括利润、收入、费用及由此所得的各种财务比率指标。这些财务指标便于对企业的经营业绩进行横向和纵向的比较。但只注重财务指标也使被考核者行为短期化，不利于企业的长远发展。[1]

二、以经济增加值（EVA）为代表的价值模式

这种模式以股东价值最大化为导向来进行企业业绩评价。价值模式中较为成熟的方法是 Stem Stewart 公司的经济增加值。另外，还有一些咨询公司也开发了不同的业绩评价指标，如沃尔特价值咨询公司著名的投资现金回报、波士顿咨询公司的完全商业回报、艾意凯和阿兰咨询公司的股东价值创造等。

EVA 通过对财务指标的调整，设计出能基于企业经济现实并能反映出企业未来价值创造的指标。这种调整以满足资本市场和股东的要求为前提、以股东财富最大化目标为导向来进行。

1997 年，Jeffrey 等人提出了修正的经济增加值（REVA）方法。REVA 指标中，公司用于创造利润的资本价值总额既不是公司资产的账

---

[1] 刘乃芬：《国企经营者的经营业绩考评研究》，中国石油大学（华东）硕士学位论文，2007 年。

面价值，也不是公司资产的经济价值，而是其市场价值。以市场价值为基础计算的 REVA 不但对公司当前的经营收益状况做出了评价，同时也对公司未来的经营收益能力做出了评价。Jeffrey 认为，对公司高层管理者的评价应以 REVA 为基础。公司的市场价值在 REVA 指标中代表实物资产和经营战略的价值之和；而在 EVA 指标中，仅代表实物资产的价值。

三、以平衡计分卡（BSC）为代表的平衡模式

平衡模式也就是在财务指标的基础上补充非财务指标，构成一个多指标的业绩评价指标体系。这种模式不仅要考虑财务指标与非财务指标之间的相互补充，还要考虑各个指标之间的权重问题。

1965 年，斯坦德利·E. 西肖尔在《密执安商务评论》7 月刊上发表的《组织效能评价标准》对衡量企业各种目标的指标进行了详细的分析与论述，并将各种评价指标及其相互关系组合成一个金字塔式的层次结构，从而使原先处于混乱状态的评价指标体系具有了逻辑和秩序。

克罗斯和林奇于 1990 年提出的业绩金字塔强调了公司总体战略与业绩指标间的重要联系。业绩金字塔模型从战略管理角度给出了业绩指标体系之间的因果关系，对指标体系的设计具有启发性，但没有形成可操作性的业绩评价系统。因此，虽然这个模型在理论上是比较成型的，但实际工作中较少采用。

卡普兰与戴维·诺顿提出的平衡计分卡是平衡模式的代表，也是目前世界上最流行的一种业绩评价模型。平衡计分卡从四个方面评价企业的经营业绩，包括财务、顾客、内部业务、学习和创新。平衡计分卡建立了财务指标与非财务指标相结合的业绩评价体系，注重企业整体最优而非局部最优，它强调企业从长期和短期、结果和过程等多个视野来思考问题。但平衡计分卡没有给出业绩评价与激励机制之间的明确关系，缺乏对知识和智力资本业绩的评价。

总之，西方企业业绩评价的理论研究与实践成果，为我们建立符合我国国情的国有企业业绩评价体系提供了宝贵的经验。

10.4.2　中国企业集团高层管理团队的考核方式

随着我国经济的发展、现代企业制度的建立以及企业所有权和经营权的最终分离，人们意识到经营者的经营绩效对企业发展具有举足轻重的作用。全面、准确、客观、公正地评价一个经营者的业绩，是企业管理中的一项系统工程。[①] 我国对企业高层管理团队业绩评价的研究探索经历了曲折的发展进程，随着经济体制的变化及国有企业的改革而逐渐走向成熟。[②]

一、客观业绩评价模式

同济大学的彭正龙教授运用系统工程的理论和方法，归纳出获利能力、偿债能力、经营效率和发展潜力四个模块八项指标（总资本报酬率、成本费用利润率、流动比率、资产负债率、应收账款周转率，产销平衡率、销售增长率和资本保值增值率），构建了企业经营业绩的理论模型；并采用离差最大化法进行多指标的数据综合，得出对经营者的业绩评价。西安理工大学的杨水利教授则针对国有企业的特点，设计了对其经营者的业绩评价指标体系，采用层次分析法中的分析比较矩阵确定各指标的权数，将灰色关联度、聚类分析方法和模糊数学相结合，建立了国有企业经营者的灰色评价模型；并运用该模型对西安10家国有制药企业的经营者业绩进行了评价和分析。[③]

二、主观业绩评价模式

历史上由于主观评价难以量化以及主观因素的副作用等原因，很少被人应用。但随着数理统计方法的不断进步，近来采用模糊数学对定性指标进行量化开始逐步被接受。这样，一些学者在对经营者的业绩评价

---

① 罗瑞荣：《基于企业绩效价值的经营者绩效考核研究》，江西财经大学硕士学位论文，2003年。

② 刘乃芬：《国企经营者的经营业绩考评研究》，中国石油大学（华东）硕士学位论文，2007年。

③ 袁优平：《新形势下国有企业经营者的绩效评价体系研究》，苏州大学硕士学位论文，2005年。

上引入了主观业绩评价。扬州大学的钱志洪等学者从企业声誉角度出发，认为一个企业的自创声誉主要根源于企业经营者的经营能力，是企业人、财、物的整合产生的系统效应。它受经营者管理水平的影响，而且也最能反映经营者水平的高低。但总体来看，目前的主观业绩评价更多的是对客观业绩评价的一个补充，完善经营者的业绩评价体系。

三、主、客观相结合的业绩评价模式

更多的学者充分认识到了主观业绩评价和客观业绩评价的互补性，提出采用定量、定性相结合的方法对企业经营者进行业绩评价。西安理工大学的蒋晓荣等将企业经营者的业绩评价指标分为直接业绩指标和间接业绩指标，直接业绩指标包括经营者的决策能力、激励能力及创新能力，间接业绩指标包括全员劳动生产率、净产值增长率、人均收入增长率等。这种指标体系设计的优点在于顾及到定量与定性指标的结合，在一定程度上提高了评价的公正性；缺点在于对经营者的业绩评价没有一个可以依据的主线，指标之间的关系比较松散。江西财经大学的卢福财教授根据经营者业绩评价的原则性要求，按照平衡计分卡的思路，在企业价值的基础上，构建了一个全新的经营者业绩评价体系——企业业绩价值体系；从财务业绩价值、已获其他经济业绩成果价值和未来其他经济业绩潜力价值几个方面进行评估，从而得出企业经营者的业绩评价结果。这种评价方法既综合了企业的财务业绩，也综合了非财务业绩，包括已经实现价值的指标，如市场占有率、产品合格率、客户满意度等，还包括企业实现未来价值的指标，如市场占有率增减率、客户满意度变化率等。近年来，以哈尔滨工业大学冯英俊教授为代表的一批学者提出了基于数据包络分析（DEA）的二次相对效益测算法，对经营者进行业绩评价。哈尔滨工业大学的程大友博士、南京航空航天大学的王鲁捷教授等人对这种方法进行了一些实证分析。他们发现，该方法可以有效剔除企业客观基础条件优劣的影响，明确了被测评人的业绩实现程度，有利于提高经营者的管理水平，是一种较为客观、公正的业绩评价方法。但这种评价方法的缺陷也是比较明显的：一是采用相对业绩评价必须有一组可以比较的对象；二是行业业绩或同行业中企业的业绩是一种私人信息，有时会因信息的收集成本太高而使相对业绩评价变得不可行。

10.4.3　中国企业集团高层管理团队业绩考核方式的缺陷与优化

中国企业集团高层管理团队业绩考核方式的缺陷主要有：

一是考核受考核者素质影响。除了一些能够量化的指标外，其他一些不能量化的考核指标主要看考核者自身素质如何，经常会因为考核者在德、智、能、才等方面存在各种各样的局限性而出现与实际工作量、工作质量、工作难度等实际情况偏差较大的不合理、不公正的考核结果。

二是许多国企考核制度本身存在问题。考核制度往往偏重于标准规范性而忽略了个性化特点。由于要求上级、同级、下级，以及其他局外人员参与考评，往往就使得被评议者要想被评价好点，就会出现被评价者为人做事处处小心，既不能得罪人，又不能太过锋芒外露，进而被评价者的创新性被扼杀或得不到充分的发挥。经常是才能平平而人缘好的评价结果较好，有才能有业绩的往往人际关系未处理好而得到较差的结果。

三是绩效指标设计不科学。第一种情况：考核指标设计太粗，所设计指标与直接被考核者所从事工作相脱节，尤其是在除业务类外的管理类、技术类、操作类、后勤类、行政类等人员的考核方面缺乏有效量化指标衡量；第二种情况：考核指标设计太细，单从指标上来看很科学、很合理，但在执行过程中，往往会出现考核数据难以收集，忽视关键指标的没有价值的考核结果；第三种情况：只考核关键指标，其他职能性指标、共性类指标被忽视，尤其是对业务类人员考核比较突出，往往只考核销售量，其他指标基本没有考虑。

四是考核结果得不到很好运用。绝大多数国企往往是为了考核而考核，并不是出于工作的实际需要，而是作为一项工作来应付上级检查，年底作为年度材料留存而已，考核结果既没有对被考核者进行及时有效的反馈，也没有在今后的员工成长、晋升中加以使用。

中国企业集团高层管理团队业绩考核方式优化举措：

一是对高管的考核者进行综合能力测评，测评通过的方可胜任，尤其要对考核者的品德进行测评；考核者要具有相对独立性，与被考核者没有直接利害关系。

二是建立以"绩效为导向"的企业文化，以业绩考核为主，辅以素质考核，既考核高管业绩，又着眼于高管的发展。强调管理的科学性与人性化的结合、科学管理和全员管理的结合，在考核过程中实行上级、同级、下级评议等多种评议方法相结合。

三是建立清晰的绩效考核战略，根据不同岗位差别，建立起符合各岗位特征的具体的目标、职责、任务等关键考核要素。通过强化高管的工作活动和工作结果使得高管的行为和目标能够与企业的战略保持一致。

四是考核指标设置要通过深入细致的工作分析将绩效考核指标具体化、个性化，符合岗位职责；绩效考核指标要由粗到细，由少到多，逐步进行完善；要注意量化指标和定性指标之间的平衡，争取做到能量化的尽量量化，不能量化的尽量细化。一要目标具体、明确，二要可衡量，三要考核方案可行，四要考核方案便于执行，五要有明确的考核时间节点。

五是在考核周期上要根据实际工作节点来进行，确保统计口径与实际业务节点相一致，既可以节约大量统计工作，又可以减少许多错误的发生。

◆ 案例：华为集团高层管理团队考核案例

怎样在尽可能公平的前提下去考核企业高管呢？怎样保障考核顺利推行？华为公司的一些做法也许能给出一些启示。

刚到华为时，作为人力资源部部长的孙维并没有体验过一次真正的绩效考核。当时的华为对于孙维这样的人，只关注其有没有及时填补公司的岗位空缺，招聘成功率及新聘员工的离职率等考核指标基本不会出现在孙维的工作范围之内，定性的考核指标让孙维对考核结果几乎漠不关心。

2001 年前后，孙维发现，工作指标越来越细化了，任务书里开始有一些对工作任务的清晰描述。

2006 年 3 月，孙维拿到的主要考核指标有三项：满足公司某研发部门新产品研发人手不足的需求、完成人力资源管理工作、完成对某销售部门新进员工的入职培训。

可以看出，这三个指标是从不同角度为孙维设置的。第一个指标是从公司目标的角度自上而下往下分解、支撑公司战略。为了协助公司新业务的发展，人力资源部必须提供人员数量、质量支持，对人力资源的考核与招聘率相对应，人员是否按时到位、新聘员工素质是否符合业务需求、新聘员工是否在短时间内离职，这些成为考核关键指标。第二个指标基于岗位职责，职能部门岗位工作的一大特点是与战略结合不是非常紧密，但每个岗位还是有其突出贡献表现方式的，这些表现方式就可作为一个关键指标来考核。"这里面会细分出很多量化的指标来，包括公司人力资源信息的定时上报、人力资源管理成本削减多少等。"第三个指标基于流程或客户，职能部门是保证生产销售部门服务质量的，与这些业务部门组成完整的流程，如果某部门提供的服务质量没有跟上，可能就会造成业务部门的滞后。

记者发现，在孙维的工作计划书中，"招聘成功率"及"新聘员工的离职率"代替了原来的"是否招到人"和"招到几个人"的考核条目。此外，许多之前难以考核的定性指标也逐渐量化，比如实施公司人力资源信息的管理或上报提交，这个指标也实现了数字化，分解为"员工人力资源信息与实际情况的吻合程度"、"员工信息有变动的时候是否及时更新（如每周更新）"、"是否按时上报"等考核指标，把这些指标套进 ABCDE 五级评分标准中进行评估，如此，对员工的工作要求就一目了然，人力资源信息定时上报的情况得到了彻底改变。值得注意的是，在华为，考核推行的步骤也被量化了，实施强制分布原则，分为 ABCD 四个档次，规定每年底，属于最低 D 档级的不得少于员工数的 5%，三级主管以下季度考、中高层管理人员半年述职一次，在考核的同时，设定下季度的目标。如果属于 D 档的，晋升与薪酬都会受到影响。

华为考核方式的启示：应从职业道德与业绩能力两方面对经理进行考核（其中职业道德包含德、勤、廉，业绩能力包含能、绩），加大职业道德及单项否决的考核力度，重点考核工作实绩。将考核贯穿于经理的产生和管理、激励和监督制约的全过程。考核应定性与定量指标相结合，对一个人的考核除了定量的财务等管理指标外，往往还需与定性的考核结合起来，否则会影响考核的准确性与科学性。

主要参考文献

［1］上海理工大学现代企业研究所：《西方国家企业经营者管理方式及其启示》，《上海经济研究》1998 年第 1 期。

［2］颜光华：《国有企业改革与企业家队伍建设》，上海财经大学出版社 2003 年版。

［3］中国人事科学研究院：《2005 中国人才报告》，人民出版社 2005 年版。

［4］李军：《如何完善国企经营者的选拔方式》，《决策参考》1997 年第 4 期。

［5］祁玉梅：《企业经营者选拔对策机制的对策研究》，东北师范大学硕士学位论文，2006 年。

［6］肖林：《我国国有企业高管人员选拔与任用机制研究》，对外经济贸易大学硕士学位论文，2006 年。

［7］韦恩卡·肖：《人力资源管理》，机械工业出版社 2006 年版。

［8］李维平：《国外企业经营管理人才培养选拔机制》，《中国人才》2003 年第 12 期。

［9］温海燕：《企业跨国经营人才的培养与开发》，《建材高教理论与实践》1998 年第 4 期。

［10］罗瑞荣：《基于企业绩效价值的经营者绩效考核研究》，江西财经大学硕士学位论文，2003 年。

［11］李苹莉：《经营者业绩评价——利益相关者模式》，浙江人民出版社 2001 年版。

［12］程国平：《经营者激励——理论、方案与机制》，经济管理出

版社 2002 年版。

[13] 杜胜利:《企业经营业绩评价》,经济科学出版社 1999 年版。

[14] 李麟、李骥:《企业价值评估与价值增长》,民主与建设出版社 2001 年版。

[15] 刘乃芬:《国企经营者的经营业绩考评研究》,中国石油大学(华东)硕士学位论文,2007 年。

[16] 袁优平:《新形势下国有企业经营者的绩效评价体系研究》,苏州大学硕士学位论文,2005 年。

[17] 王丽娜:《中国国有企业经营者选择改革方向的研究》,复旦大学博士学位论文,2007 年。

11 企业集团的跨国经营

中国企业集团的跨国经营，是参与国际竞争、确立中国企业在国际市场地位的必然选择，是充分利用国内外两个市场和两种资源、实现生产要素在更大范围内优化配置的根本途径。

11.1 中国企业集团跨国经营的发展历程

中国企业的跨国经营大致可以追溯到改革开放前，20 世纪 50—70 年代，曾经在海外开办的一些运输、贸易、金融等领域的合营或独资企业的经营活动。1978 年党的十一届三中全会确立了改革开放政策，为中国企业开展跨国经营活动奠定了制度基础。1979 年 8 月，国务院提出"出国办企业"，第一次把发展对外投资明确作为国家政策，进一步推动中国企业跨国经营活动开始了新的征程。1979 年 11 月，北京市友谊商业服务公司同日本东京九一商事株式会社合资在东京开办了"京和股份有限公司"，建立了中国对外开放以来第一家海外合资企业，标志着中国企业跨国经营的开始。之后随着改革的推进以及中国经济社会的快速发展，中国企业的跨国经营活动获得了迅速的发展，进行跨国经营的企业类型、规模以及其所属行业都逐渐得以丰富。但是，总体来看，20 世纪 90 年代以前参与对外直接投资的主要是专业外贸公司和部分省、市的国际经济技术合作公司；20 世纪 90 年代以后对外直接投资的参与主体才扩大到国有大中型生产企业、国际信托投资公司、科研机构和企业集团。[①] 并且，1995 年以前中国企业的对外开放主要是引进外国资金、技术、设备和管理经验等内向国际化活动，1995 年后才开始真正大规模"走出去"，进行外向国际化活动。本章讨论的企业集团跨国经营活动主要关注企业集团的外向国际化问题，在此研究范围下，中国企业集团的跨国经营活动大致可以划分为三个历史发展阶段。

11.1.1 1978—2000 年的起步阶段

改革开放政策促进我国企业跨国经营活动的发展。特别是从 1992 年江泽民同志在十四大报告中提出要"积极开拓国际市场，促进对外贸易多元化，发展外向型经济"，"积极扩大我国企业的对外投资和跨国经营"，"更多地利用国外资源和引进先进技术"之后，我国企业的国际化进程大大加快。当时提出的对外贸易多元化实际上是国际市场多元化，这是党中央在 20 世纪 90 年代初期提出的一个重要战略。据经贸部统计，截至 1992 年底，中国各类企业已在 120 多个国家和地区开办了各类非贸易企业 1363 家，中方投资 15.89 亿美元，占协议投资总额的 45%。这些海外企业的投资范围主要是开发国外资源（如林业、矿业、渔业）和各类加工、生产、装配企业，以及进出口贸易、工程承包、交通运输、咨询服务、百货商店、中餐馆和旅游业等。[②] 1993 年 3 月中共十四届二中全会明确提出"要实行国际市场多元化的战略，在继续巩固和扩大欧美、日本等市场的同时，努力开拓其他国际市场"。1993 年底，中共十四届三中全会把十四大确定的"开拓国际市场"和"利用国外资源"进一步具体化了，提出了"充分利用国际国内两个市场、两种资源"的概念，指出：要积极参与国际竞争与国际经济合作，发展开放型经济。"赋予具备条件的生产和科技企业对外经营权，发展一批国际化、实业化、集团化的综合贸易公司。"[③] 1997 年 9 月，江泽民同志在党的十五大政治报告中进一步提出"要努力提高对外开放水平"，

---

① 石建勋：《中国企业跨国经营战略》，机械工业出版社 2008 年版，第 38 页。
② 师英：《中国企业集团的跨国经营》，《国际经贸研究》1993 年第 2 期，第 47 页。
③ 陈扬勇：《江泽民"走出去"战略的形成及其重要意义》，http://theory.people.com.cn/GB/40557/138172/138202/8311431.html,2008-11-10。

"以提高效益为中心，努力扩大商品和服务的对外贸易，优化进出口结构"，"积极开拓国际市场"，第一次明确提出"鼓励能够发挥我国比较优势的对外投资。更好地利用国内国外两个市场、两种资源"。2000年3月的全国人大九届三次会议期间，我国正式提出"走出去"战略，指出随着我国经济的不断发展，我们要积极参与国际经济竞争，并努力掌握主动权。必须不失时机地实施"走出去"战略，把"引进来"和"走出去"紧密结合起来，更好地利用国内外两种资源、两个市场。

由于国家政策支持，在整个"九五"期间，中国年批准海外投资企业的年平均增长率达到20.66%，年批准海外投资额的年平均增长率达到70.71%，与"八五"期间相比取得很大进步。[①] 截至2000年底，经过中国对外经济贸易合作部批准或备案的境外中资企业总计6296家，协定投资总额达112亿美元，其中中方协定投资总额为76.3亿美元，遍及全球160多个国家和地区，涉及贸易、资源开发、工业生产加工、交通运输、旅游、承包劳务、研究开发、咨询服务、农业及农产品综合开发等诸多领域。[②] 20年来，中国海外企业数增长了146倍，平均每年增加320家；中方投资额增长206倍，平均每年增加3.8亿美元。仅在2000年一年间，经国务院授权部门批准并在外经贸部备案的境外中资企业就多达320家，协定投资总额达8.05亿美元，其中中方协定投资额6.22亿美元。[③] 截至2000年，我国已有12家企业集团的销售额入围世界500强行列，[④] 中国对外投资规模的快速增长，中国的企业集团起到了重要的骨干作用。

该阶段中国从事跨国经营的企业集团大致可分为三类：一类是具有较强的国际经营能力的贸易型跨国企业集团。其主要业务是经营进出口贸易，也从事一些海外投资活动，主要包括华润集团、中化集团、五矿

---

① 石建勋：《中国企业跨国经营战略》，机械工业出版社2008年版，第39页。

② 中华人民共和国对外贸易经济合作部《中国对外经济贸易白皮书》编委会：《中国对外经济贸易白皮书：1999年》，经济科学出版社1999年版，第107页。

③ 《中国企业对外投资的发展战略选择》，http://www.3722.cn/softdown/list.asp? id = 231910,2009-07-28。

④ 刘成银等：《国际化经营：企业集团迈向跨国公司的成功之路——兼论宝钢集团公司国际化经营》，《上海企业》2002年第3期。

集团等专业外贸公司。另一类是具有较强技术实力和经营能力的工贸一体化型企业集团。其通过联合一批在经济技术上有密切联系的企业，生产一种或几种产品并通过自己的销售系统打入国际市场，从事跨国生产和贸易，[①] 主要包括首都钢铁公司、深圳赛格集团、石家庄环宇电子集团和上海自行车集团等。第三类是具有较为雄厚的资金实力的金融型跨国企业集团。其主要业务是在国际资本和货币市场上筹措资金，通过在海外的分支机构对各国企业给予贷款，也从事少量非银行信贷业务的海外投资，主要包括中银集团、中信集团等。这些企业集团作为中国企业跨国经营的开拓者，积极投身于国际市场竞争，拓展对外贸易，发展跨国经营，使我国经济国际化程度不断提高，有力地推动着中国对外开放的发展进程，但其跨国经营活动处于刚刚起步的阶段，存在诸多问题：其一，企业集团海外投资规模普遍较小，形不成规模经济，缺乏国际竞争能力。投资方式多为国外贷款以现汇投入或以技术、设备和材料折价投入，难以上利润丰厚的大项目。而且该阶段由于受到企业改制滞后、企业投融资管理体制落后、政府管理体制落后等因素的制约，中国大型企业集团总体上存在数量少、跨地区跨行业发展困难、支撑带动作用不足等问题，从而影响到我国企业跨国集团经营的投资规模。其二，企业集团普遍缺乏理论和实战经验及高素质的跨国经营人才，加上研发能力低、产品缺乏技术优势等问题，使得我国工业生产型企业在海外很难形成规模。其三，企业集团跨国经营普遍缺乏战略意识和对国际市场的应变决策意识，其海外投资带有一定的盲目性和随机性。有的海外投资项目并不是企业集团经营活动向国际市场的自然延伸，而是政府行为的结果，不可避免地产生一些难以克服的问题。[②] 此外，企业集团的海外投资限制太多、手续烦琐等也是阻碍企业集团跨国经营发展的重要因素。[③]

---

① 李艳岩、王铁男：《中国企业集团跨国经营战略》，《学术交流》1996 年第 3 期，第18—21 页。

② 师英：《中国企业集团的跨国经营》，《国际经贸研究》1993 年第 2 期，第 47 页。

③ 刘彦杰：《我国企业集团跨国经营的现状、问题及对策》，《北京林业管理干部学院学报》2002 年第 1 期，第 36—39 页。

11.1.2　2001—2007 年的快速发展阶段

2002 年党的十六大明确提出了"引进来"和"走出去"并举的战略，为今后 20 年我国对外开放明确了目标。实施"走出去"战略，是党中央做出的关系我国发展和前途的全局性重大战略。我国在"十五"期间启动并实施的"走出去"战略，鼓励和支持有条件的各种所有制企业对外投资和跨国经营，主动参与各种形式的国际经济技术合作，推动了中国企业集团的跨国经营活动的快速发展。①

2001 年底，中国正式加入世界贸易组织，成为世界贸易组织成员。这是我国改革开放进程中具有历史意义的一件大事，一方面意味着中国将在更大范围、更广领域、更高层次上参与国际经济合作和竞争，另一方面为中国企业集团全方位、多层次地对外开放，实施跨国经营战略带来了重要战略机遇：其一，加入世界贸易组织后，中国的企业集团将享有世界贸易组织成员国应有的权利，可以有效避免过去在国际贸易中遭受的歧视性待遇，改变我国企业集团在跨国经营中的不利地位，为中国企业集团进入国际市场、进行跨国经营提供了更多的方便和可能。② 其二，加入世界贸易组织后，中国国内过去的垄断市场被逐渐打破，跨国公司大量进入，形成更加激烈的市场竞争环境。这将促使中国企业集团不断改革创新，从研发、生产、销售、管理等各个环节、各个方面提高自身的竞争实力。主动或被动的改革创新行为使企业集团在国内市场更易获得成功的同时也提高了中国企业集团在国际市场的竞争实力，大大提升了企业集团跨国经营的能力和成功的可能性。其三，加入世界贸易组织后，中国的企业集团将在国际上以较低成本采购其生产发展所需的紧缺资源，避开其在国内发展面临的资源匮乏瓶颈和对国内资源的高价恶性竞争，不仅可以保护国内资源的多度开发，也可以有效保护国内同行业的中小企业的良性发展。其四，加入世界贸易组织后，贸易和投资自由化大大促进了中国的"引进来"，大批跨国公司被中国非常富有潜

---

① 石建勋：《中国企业跨国经营战略》，机械工业出版社 2008 年版，第 39 页。

② 王杰华：《跨国经营——入世背景下企业集团发展的战略选择》，《金融教学与研究》2001 年第 5 期，第 14—16 页、第 20 页。

力的广阔的市场需求空间、低廉的物资和人力资源等所吸引，纷纷到中国投资建厂，从事跨国经营活动，在技术研发、发展战略、经营理念、管控模式、资金融通、人才培养等环节为中国企业集团跨国经营提供了许多可资借鉴的经验。这些经验成为后来中国企业跨国发展的宝贵财富，技术外溢等正外部性带来的学习示范效应非常明显。其五，世界贸易组织规则倡导的是以信用为基石的现代市场经济，客观上要求政府转变职能，从全能型政府向服务型政府转变，政府要更少地干预微观市场的运行，更多地做好宏观调控的职能，并给市场经济中的企业主体更多的经营自主权。这种客观要求给企业集团跨国经营提供了更优良的制度和市场环境，为企业集团跨国经营提供了更多地经营自主权，为大型企业集团（特别是国有的企业集团）建立现代企业制度、提升竞争力创造了良好的条件。

国内政策制度环境的优化和入世的正外部性效益有力推动了我国企业集团跨国经营的快速发展。伴随着企业集团跨国经营的快速发展和中国经济实力的整体增强，中国对外直接投资增势强劲。"十五"期间，中国年批准海外投资企业数量的年平均增长率达到 33.01%，比"九五"期间提高了 12.35 个百分点；年批准海外投资额的年平均增长率为 56.36%，比"九五"期间增速稍微放缓，但对外投资的质量和数量都大大提高，跨国并购成为中国企业集团跨国经营的重要方式。[①] 2002—2007 年，中国非金融类对外直接投资总额从 25 亿美元上升到 187 亿多美元，增长近 7 倍，从世界第 26 位上升到 13 位，居发展中国家首位；对外投资累计净额达 597 亿多美元，年均增速高达 60%。截至 2007 年底，中国非金融类对外直接投资存量 937 亿多美元，当年流量同比增长 6.2%；境外中资企业达 1.2 万余家，遍布全球 173 个国家和地区，中国企业对外投资已步入快速发展阶段。2007 年，中国对外直接投资额在 1000 万美元以上的国家和地区有 48 个，较上年增加 16 个，其中上亿美元的 16 个，主要分布在加拿大、香港、开曼群岛、澳大利亚、巴基斯坦、俄罗斯联邦、英国、南非、美国、哈萨克斯坦等国家和地区。[②] 该阶段

① 石建勋：《中国企业跨国经营战略》，机械工业出版社 2008 年版，第 39 页。
② 商务部对外经济合作司：《积极推动实施"走出去"战略 2007 年中国对外投资和合作情况》，http://www.cbumag.com/wz_detail.asp? id=172,2008-12-10。

中国对外投资形式日趋多样，但大部分投资还是主要集中在绿地投资和跨国并购，后者又主要集中在电信、家电、石化、汽车、资源开发等领域。此外，自2006年开始启动的境外经贸合作区建设有力地推动了中国企业的对外投资活动，中国企业跨国经营能力显著增强。中国一批有条件的大型企业和企业集团通过进行专业化、集约化和规模化的跨国经营，在更大范围内优化资源配置，增强了参与国际经济合作与竞争的能力，已成为具有较强国际竞争力的跨国公司。企业集团的对外投资合作和跨国经营，不仅密切了中国与世界各国的经贸合作关系，还促进了东道国的经济发展和就业。[①]

该阶段中国企业跨国经营面临的竞争对手主要是国际知名的大企业和大集团，甚至是大型跨国集团的战略联盟，因此若要真正跻身国际市场，参与国际化的跨国大企业、大集团及其联盟间的竞争，在国际市场上确立自己的一席之地，就必须发挥我国大型企业集团的在跨国经营中的主力军作用。这个时期，中国的企业集团普遍具有较强的资金实力，在行业间具有较强的并购重组能力和多元化经营发展的能力，同时企业集团也具备较为强大的国际经营和信息网络，可以支持它们广泛、系统、敏捷地收集、分析、处理各种经济信息，有利于集团把握国际经营的战略机遇；企业集团还具有吸引和储备熟悉和精通跨国经营业务的人才优势，及拥有对外自主经营权、多类商品出口权、投资项目审批权、海外投资项目决策权、生产经营自主权等政策优势，[②] 上述因素决定了该阶段中国企业跨国经营的主力军是企业集团，特别是在起步阶段积累了大量跨国经营经验的大型企业集团。[③] 总体来看，该阶段中国企业集团对外投资合作速度加快、规模扩大，其发展演变体现了以下一些趋势和特征：

---

① 《近6年来中国对外直接投资总额增长近7倍》，http://news. cnfol. com/080909/101, 1277,4739918,00. shtml,2008-09-09。

② 金丹、金川：《跨国经营——企业集团可持续发展的必然选择》，《北方经济》2006年第8期。

③ 姚建峰：《新形势下我国企业集团跨国经营战略的实施》，《云南财贸学院学报（社会科学版)》2004年第4期，第7—9页。

一、企业集团跨国经营动机由初级走向高级

这个时期，西方发达国家企业集团公司跨国经营的主要动因在于通过跨国经营控制东道国的某类商品市场，将生产经营活动由成本高的国家和地区向成本低的国家和地区转移，以求在国外获得更大的发展和高于本国经营的超额利润，已经处于跨国经营动机的较高级阶段。而该阶段我国企业集团跨国经营的主要动因正在由初级阶段向高级阶段过渡。该阶段初期，我国企业集团跨国经营的动因主要为获取国外资金，引进国外企业集团先进的科学技术和经营管理经验，摆脱国内政策对外贸公司的经营限制而获得更大、更灵活的对外贸易权利等。[①] 随着中国企业集团的发展壮大和国家政策向着有利于跨国经营的方向发展变化，企业集团的跨国经营动机逐步向高级化阶段演变，除了大多数企业集团跨国经营的动机仍然为较为传统的获得国际先进技术、规避贸易保护主义以外，已经有一些企业集团具有了全球发展的战略眼光，期望通过跨国经营获取世界资源配置权、分享国际市场利润、规避生产原材料国际价格波动带来的损失等。如上海宝钢集团为了获取世界资源配置权，规避国家铁矿石价格波动给企业盈利带来的不利影响，在 2005 年国际铁矿石价格暴涨以前就开始在全球寻求战略合作伙伴：2001 年，宝钢与巴西多西河谷公司合资开发年产 600 万吨的贝罗矿区铁矿床，所产铁矿石将优先供应宝钢；2002 年，宝钢与澳大利亚哈默斯利矿业公司组建合资企业，联合开采一个预计年产 1000 万吨的铁矿，产品优先供应宝钢。[②]

二、企业集团跨国经营的海外市场和行业逐步拓宽

该阶段由于企业的知名度和技术含量不高，使得我国企业集团跨国经营市场狭窄，其跨国经营的产业、产品结构相对集中在初级产品和资源开发业的生产经营，较为忽视对高新技术产业和第三产业的投资，跨国经营的区域市场也主要集中于亚洲地区。[③] 随着中国企业对外直接投

---

① 刘延吉：《中国企业集团跨国经营的若干思考》，《创新论坛》2003 年第 5 期。
② 梁佳丽：《中国钢铁企业跨国经营的动机》，《时代经贸》2006 年第 8 期，第 15—17 页。
③ 刘延吉：《中国企业集团跨国经营的若干思考》，《创新论坛》2003 年第 5 期。

资的高速发展，中国企业集团跨国经营的海外市场和行业狭窄的情况逐步好转。2002—2007 年，中国境外投资设立的非金融类经营机构已从6758 家上升至 1.2 万余家；投资区域从覆盖世界 160 多个国家和地区上升至 173 个国家和地区。该阶段随着中国对外直接投资流量的迅速上升，中国企业对外直接投资的行业分布更广泛，几乎遍及一、二、三产业的各个细分领域。① 根据 2006 年中国对外直接投资的统计公报，根据各行业投资金额占当年总流量的比例进行排序，前六位的行业从高到低为采矿业、交通运输、批发零售、制造业、商业服务、农林牧渔。上述数据表明，该阶段中国企业跨国经营所涉及的国家和地区、所涉及的行业都更广泛了，随之中国企业集团国际化的广度和深度都获得一定的提升，其跨国经营的海外市场和行业逐步拓宽。

三、企业集团跨国经营的方式从单一性向多样化发展

中国企业集团跨国经营的早期，其对外直接投资主要以绿地投资为主，跨国经营方式和经营领域主要集中在比较单一的商贸流通、航运和餐饮等行业。伴随着中国经济的发展和企业集团实力的增强，受到国际上兼并重组浪潮的影响，中国企业集团跨国经营方式逐步从单一性向多样化发展，跨国兼并重组、收购、参股等资本运作方式日渐成为跨国经营常用的手段，经营领域逐步扩展到获取资源、设立海外研究开发中心、提供咨询服务、创办工业园区等。2006 年，中国企业通过收购、兼并方式实现的海外直接投资达到 82.5 亿美元，占当年流量的 39%。并购主要集中在资源、电信、家电、石化、纺织、汽车等领域。② 通过跨国并购的方式，有利于企业集团迅速获得国外目标企业资产，并得到诸如土地、厂房、产品技术和熟练劳动力等一些现成的有用的生产要素，从而大大缩短项目的建设周期和投资周期；可以方便灵活地进入目标市场，减少目标市场的竞争；可以充分利用适合当地市场的原有的管理制度和管理人员，从而快速适应东道国的投资环境。③ 在中国化工集

---

① 刘阳春：《中国企业对外直接投资的特征研究》，《经济与管理研究》2008 年第 11 期。

② 常黎、傅星国：《WTO 与中国企业国际化》，《国际经济合作》2008 年第 8 期，第38—39 页。

③ 王林佳：《绿地投资与跨国并购的比较研究》，《商场现代化》2007 年第 17 期。

团全资收购全球最大的专业动物营养添加剂生产企业法国安迪苏公司的案例中，中国化工集团不仅获得了安迪苏公司在世界上处于最先进水平而国内处于空白的蛋氨酸生产技术，还获得了其约 800 项技术专利和遍及全球 140 个国家和地区的营销网络。

四、企业集团跨国经营逐步从初级阶段向中级阶段过渡

企业集团国际化大致可以分为初级、中级、高级三个连续的阶段：初级阶段，以出口为主要特征，包括直接出口、通过海外代理或者海外销售子公司出口；中级阶段，以直接投资为主要特征，包括建立海外生产基地，从事本地化生产，或是进行参股、并购、战略合作等多种国际化资本运作；高级阶段，以国际网络为主要特征，通过建立遍及全球市场的国际化网络，促进研发、生产、销售、服务等环节的最优配置，以及资源、技术、知识、产品、人才在网络中的多向流动。[①] 这个时期，中国企业集团跨国经营方式从初级阶段逐步扩展到大量采用直接投资的方式，在国外进行绿地投资或跨国并购。总的来看，企业集团的跨国经营逐步从初级阶段向中级阶段过渡，部分大型跨国企业集团甚至开始进入企业集团国际化的高级阶段。

这一时期，中国企业集团跨国经营发展迅速，成就颇多，但同时也必须理性地看到，囿于中国企业集团本身发展水平和宏观政策调控水平等因素的限制，该阶段中国企业集团跨国经营总体水平与发达国家相比还相差甚远，截至 2006 年境外投资总额尚不到中国当年国民生产总值的 2%，海外企业平均投资额不足 110 万美元，大大低于发达国家平均600 万美元的投资水平，同时也低于发展中国家平均 450 万美元的水平，这与中国作为世界最大的发展中国家的地位还很不相称[②]。

11.1.3　2008 年至今阶段

据国家商务部统计，2008 年中国境内投资者共对全球 112 个国家

---

① 常黎、傅星国：《WTO 与中国企业国际化》，《国际经济合作》2008 年第 8 期。
② 赵少平、郭世江：《中国企业跨国经营存在的问题与对策研究》，《北方经济》2007 年第 17 期。

和地区的 1500 多家境外企业进行了直接投资，当年累计实现非金融类对外直接投资 406.5 亿美元，较 2007 年同期增长了 63.6%；对外承包工程完成营业额 566 亿美元，同比增长 39.4%；对外劳务合作完成营业额 80.6 亿美元，同比增长 19.1%，其中仅 12 月份就完成营业额 95 亿美元，同比增长 28.4%；对外承包工程新签合同额 1046 亿美元，同比增长 34.8%，其中新签合同额在 1 亿美元以上的项目 195 个，同比增加 57 个。① 2008 年以来，中国对外直接投资成果中企业集团所做贡献较大，特别是合同额在 1 亿美元以上的项目多来自于企业集团的签约。如何把握机遇，迎接挑战，引领中国经济顺利走向国际化，进入一国经济国际化的高级发展阶段，实现从以商品流动为主向商品和要素全面双向流动的全方位开放转变，进一步从以政策性为主的开放向制度性开放转变，② 这是当前摆在中国企业集团面前的一个重大课题。

从 2008 年开始，全世界经历了一场自 1929 年以来最为严重的经济危机，其影响面之广、程度之深可谓前所未有，成为当前中国企业集团跨国经营面临的最主要的国际经济形势变化。国际金融危机导致的国际市场需求疲软，世界几个主要经济体经济发展急剧放缓，高通胀和低增长成为世界经济的主要发展趋势，这对中国企业集团跨国经营来讲是不利因素。但总的来看，在今后的几年时间里，国际金融危机对中国企业集团跨国经营带来的机遇大于挑战：其一，国际金融危机为企业集团发展跨国并购带来难得的机遇。欧美发达国家经济在金融危机中受到重创，全球大部分国家受到波及经济发展形势不容乐观，国外资产价格被低估，特别是国际能源价格大幅下降，能源矿产企业处境艰难，为了应对资金链断裂的危机，非常需要外国资本的介入，这个时期中国企业集团实施跨国并购或投资参股可以实现低价收购，这对中国企业集团是难得的机遇，对我国构建长期能源资源战略具有重要意义。其二，国际金融危机下，世界各国都在根据本国经济的实际情况加速进行产业结构调整，特别是南亚、中东和拉美国家产业结构的调整速度很快，部分领域

---

① 《2008 年中国非金融类对外直接投资同比增长逾六成》，http://www. gzboftec. gov. cn/articles/2009-1-27572. htm,2009-01-16。

② "中国企业国际化战略"课题组：《中国企业国际化战略报告 2007 蓝皮书》，http://cn. chinagate. cn/reports/2007-11-21/content_9268281_4. htm,2007-11-21。

的结构调整还打破了梯度推进的惯例，出现跳跃性发展的势头，有的甚至允许外国公司通过收购或参股方式投资基础电信、油气网开发等敏感行业，为中国产业的国际转移提供了广泛的市场空间和机遇，也为中国企业集团实行跨国并购提供了有利时机，降低了其进入国外市场将遇到的政治障碍。① 其三，在世界经济发展低迷的情况下，中国经济发展也受到影响，国内经济发展出现内需不足、宏观经济发展放缓的情况，企业集团跨国经营拉动中国出口的作用越来越明显，其带动国内产品、资金、技术、商品和管理等的出口同时还能拉动国内就业，因此国家积极鼓励并支持相关企业跨国并购，以占有更多的国际战略资源。温家宝在2009 年 3 月召开的十一届人大二次会议《政府工作报告》中强调："继续实施'走出去'战略。支持各类有条件的企业对外投资和开展跨国并购，充分发挥大型企业在'走出去'中的主力军作用。积极推进境外经贸合作区建设。发展境外资源合作开发、工程承包和劳务合作。加强企业对外投资合作的金融支持，拓宽对外投资渠道。"其四，国际金融危机造成大量欧美发达国家的大型金融机构破产，不少国际知名大公司、大集团纷纷裁员，为中国企业集团以较低成本吸纳和储备各类国际高端管理人才、金融人才和跨国经营人才提供了难得的历史机遇。② 其五，中国积累了巨额的外汇储备，截至 2008 年底，中国外汇储备已近 2万亿美元，成为中国企业"走出去"的重要物质基础和必要保障。这种情况下，中国企业集团加快跨国经营的步伐不仅具备了坚实的物质基础，而且在贸易顺差较大的情况下，还有利于促进中国的国际收支平衡。其六，当前中国政府对企业集团跨国经营提供的服务保障也越来越完善。例如，商务部在海外已有 200 多个经商参赞机构，其提供的各种信息服务已经能有效降低企业海外投资的盲目性。2009 年 3 月，商务部正式发布了《境外投资管理办法》，一方面进一步落实了企业境外投资的自主决策权，简化了境外投资核准程序和企业申报材料等，缩短了核准时限，使企业对外投资更便利；另一方面强化了商务部门对企

---

① 刑必刚：《中国企业跨国并购充满机遇》，http://www.chinanews. com. cn/gj/hwkzg/news/2008/08-06-1337077. shtml,2008-08-06。

② 詹碧英：《关于全球金融危机对民营企业的影响及应对的思考》，《中央社会主义学院学报》2009 年第 2 期。

业境外投资行为的引导服务，明确商务部门要加强对境外投资的引导、促进和服务工作。[①] 中国企业集团跨国经营获得了更多的政策和制度保障。

在这样的国际国内经济发展形势下，中国企业集团再次成为跨国发展的主力军，许多具有战略眼光的企业集团已经捷足先登，利用这个百年难遇的机会大量收购海外廉价资源。例如，首钢集团旗下的两家香港上市公司亚太资源和首钢首长国际企业有限公司在 2008 年初收购澳洲矿业公司涉嫌违规被迫放弃后，当金融危机引发铁矿石市场的不景气和澳洲吉布森山铁矿公司的资金链紧张时，首钢集团于 2008 年 11 月再次出手对吉布森山铁矿的收购，收购价格只是上次出价的 2.5 折，收购完成之后，根据全部行使选择权的不同，亚太资源和首长国际总共持有的吉布森山铁矿股份预计在 28.56%—40.46%之间，从而成为吉布森山铁矿公司的第一大股东。[②] 又如，2008 年 11 月，中国南车集团下属的株洲南车时代电气股份有限公司斥资 1672 万加元成功收购加拿大多伦多创业板上市公司 Dynex Power75%股权的案例。Dynex Power 是全球领先的大功率半导体产品的独立供货商之一，已有 50 多年的发展历史，并已在多伦多证券交易所创业板上市。2007 年在世界大功率半导体领域年销售收入的排名中，时代电气与 Dynex 均位列前十位，这次时代电气成功完成对 Dynex 股权收购后，时代电气在大功率半导体器件的实力得到明显加强，并将改变世界大功率半导体器件领域的竞争格局。这是中国轨道交通装备制造行业的首次跨国并购案例，也将为中国南车集团推进国际化战略提供有益经验。[③]

当前在挑战与机遇并存的国际经济环境下，中国企业集团"走出去"的道路并不平坦。TCL 集团至今还面临并购汤姆逊公司电视业务带来的经营压力；由于 2008 年净亏损 2 亿美元，至今收购 IBM 已 4 年的

---

① 李金桀、张玉玲：《中国企业"走出去"：更大胆些，更稳健些》，http://www. p5w. net/news/gncj/200903/t2241800. htm,2009-03-24。

② 陈姗姗：《首钢集团获批 1.625 亿澳元购吉布森山　收购价是原来 2.5 折》，《第一财经日报》2008 年 12 月 18 日。

③ 《中国南车跨国并购落定》，http://news. hexun. com/2008-11-05/110872576. html,2008-11-05。

联想集团，目前也受到"走出去"是否成功的质疑；中海油收购尤尼科最后功败垂成……大量跨国并购案例是否成功，还有待进一步观察。企业集团的跨国经营是一项系统工程，想要在跨国经营中获利，不能仅仅停留在收购企业和工厂的层面上，而应该把收购品牌、技术、渠道、资源等作为自己的主攻方向，并在收购成功后着力于整合国内外文化、资源、管理、人才、业务等各个方面，实现企业集团从跨国经营向成为具有国际先进技术和管理水平的全球化企业集团转变；必须着力于健全和完善集团的公司治理结构和集团的国际化管控模式，完善集团的决策机制和组织机制，压缩企业集团的管理链条，提高内部的资源配置效率，通过提升自身的技术研发能力，尽快拥有更多的自主知识产权、核心关键技术和自主品牌，提升企业集团的核心竞争力；在此基础上抓住国际分工和产业机构调整的有利时机，充分利用自身资金实力雄厚、公司治理结构相对完善、研发技术和能力相对领先等优势，将跨国经营战略将从重数量向重质量转变，从占据国际产业分工的价值链低端向占据价值链高端转变，从"产品生产者"向"资本输出者"转变，[①] 有效控制跨国经营风险，才更有可能在国际竞争中发展壮大，在国际产业大分工中占据有利地位，以此不断提高中国经济的国际竞争力和抗风险能力，稳定并扩大国际市场份额。

11.2　中国企业集团跨国经营战略

企业集团跨国经营战略是指企业集团在跨国经营过程中，为求得长期生存和不断发展，有效提升企业集团的国际竞争力，从跨国经营的国际环境出发，根据跨国经营的主观和客观需要出发所确定的长远、总体的目标和规划，对其海外事业发展总体布局进行的长远筹划和相应制定的发展方针等。对于一个处于刚刚走向国际化发展的企业集团来说，选择正确合适的跨国经营战略显得非常重要。事实上，跨国经营战略没有

---

① 张斌、刘丹：《"多国部队"招商　中国变身资本输出者》，http://money.163.com/09/0726/09/5F4V40IL00252G50.html，2009-07-26。

绝对的好与坏之分，关键是要根据企业集团所处行业和竞争对手情况等因素，选择与跨国经营环境相适应的、适合企业集团自身实际情况的、能有效提高企业集团国际竞争力的、指导企业集团走向成功国际化的战略。

11.2.1　中国企业集团跨国经营主要战略类型

一、跨国经营的区位选择和布局战略

中国企业集团跨国经营面临从众多国家和地区构成的国际市场中进行理性区域选择的问题，置身日益复杂多变的全球市场中的跨国经营区域选择和布局战略将受到诸多因素的影响。由于各个国家和地区的经济技术发展水平、资源供给条件、政治法律制度及社会文化环境等不同，使得进入这些国家和地区的区位障碍和区位优势不同，从而对我国企业集团跨国经营的区域选择和布局战略产生不同层次和不同程度的影响。跨国经营的区位障碍主要包括一个国家或地区政府使用关税、税收、利率、汇率、外商投资、对外贸易等政策造成的制度进入壁垒，该国家或地区历史习俗传统和社会文化环境等造成的软性进入壁垒，及该国家或地区区域内已有的和潜在的竞争企业造成的市场进入壁垒等。跨国经营的区位优势则主要是指跨越国家或地区的区位障碍进入其市场后可以获得的特定产品市场和较大的市场容量、本国不易获取的经营资源、当地政府的政策优惠等因素综合而成的比较优势。[①]　一般来讲，企业集团选择进入某个区域进行跨国经营的主要原则是跨越区位障碍的成本最小、进入市场后获得的区位优势最大。中国企业集团跨国经营的区域选择和布局战略经历了一个范围从窄到宽、国家和地区从少到多、跨越的区位障碍由易到难的发展过程。20世纪80年代跨国经营起步阶段，中国企业集团的跨国经营主要集中于美欧日、中国的港澳等少数发达国家或地区。随着中国经济的发展和社会的进步，企业集团不断发展壮大，其跨国经营范围逐渐扩展到周边国家和亚非拉等广大发展中国家和地区，呈

---

① 石建勋：《中国企业跨国经营战略——理论、案例与实操方案》，机械工业出版社2008年版，第122页、第124页。

现出多元化发展格局。① 目前我国企业集团跨国经营的区域分布主要是建立在国内行业发展和企业国际竞争力基础之上的，行业差异较大：贸易型企业集团跨国经营区域分布已比较广泛，但还是以发达国家和地区为主；资源开发型企业集团分布以非洲、美洲、大洋洲及俄罗斯等资源较丰富的国家为主，如苏丹、委内瑞拉、印尼等国的石油、天然气开发，澳大利亚的铁矿，赞比亚、秘鲁的铜矿，俄罗斯、美国、新西兰等国的森林开发，西非、西欧等地的远洋渔业；境外加工贸易型企业集团主要分布在发展中国家，其中纺织、轻工、家电、机械等国内重要产业的国际竞争力较强，在亚非拉国家办厂赢得了广泛的国际生存和发展空间；企业集团对外承包工程从西亚、北非地区起步并发展起来，现主要以发展中国家为主，东南亚市场崛起并取代中东成为我国对外承包工程的最大市场，欧洲和北美这些全球重要的建筑市场也成为企业集团跨国经营的重要发展目标②。

二、跨国经营的国际市场进入战略

中国企业集团跨国经营进入海外市场的方式很多，大致可以分为：包括在目标国家地区直接设立境外销售机构或子公司、设立国际业务部向目标国家的中间商出口产品等在内的贸易式进入方式，包括许可证贸易、特许经营、技术协议、服务合同、管理合同、建筑或交钥匙工程合同、生产合同、合作生产协议、国际分包合同等在内的契约式进入方式，包括投资新建、跨国并购、股权投资等在内的投资式进入方式。③总体看，中国企业集团的国际市场进入战略一般包括多种市场进入方式，是企业集团在不同阶段选择多种不同进入方式的最佳组合，但是在其包括的多种进入方式中一般有一两种方式起到了主导作用。采取什么样的国际市场进入战略，取决于企业集团对国际市场的特征、企业集团

---

① 《中国企业对外投资的模式分析》，http://www.caijingjx.com/putongjiaoyu/keyanxinxi/2008-03-05/287_2.html,2008-03-05。

② 商务部：《加快实施"走出去"战略的行业和区域选择（一）》，http://www.zjagri.gov.cn/html/gjjl/tradeCooperateView/2006012555087.html,2004-05-09。

③ 石建勋：《中国企业跨国经营战略——理论、案例与实操方案》，机械工业出版社2008年版，第148页。

自身特点和进入方式可行性的系统和细致分析的结果，以及对进入时战略机遇的判断，也就是说要具体问题具体分析。

三、跨国经营的品牌营销战略

品牌是企业重要的无形资产之一，是企业集团跨国经营综合优势的体现。据联合国工业计划署调查表明，名牌在整个产品品牌中所占比例不足 3%，但其市场占有率却高达 40% 以上。品牌不仅是市场竞争的结果，也是市场竞争的手段：日本为走出国门从经营做起，进行了 50 余年不懈的品牌培育，逐步使欧美发达国家和全世界接受了"日本制造"概念，佳能、松下、日立等公司成为众所周知的全球品牌；韩国从 20 世纪 80 年代起倾国力培育浦项、三星等企业集团，不断向世界宣传自己的品牌，逐步为世人所认知和接受。① 品牌成为这些跨国企业赢得国际市场的重要手段之一，也是其跨国经营的重要战略之一。中国企业集团长期以来缺少品牌意识，缺乏对品牌的培育和保护，并且长期大量从事"贴牌生产"的跨国经营模式，因此目前在国际上知名的品牌非常少。但是，当前已经有许多企业集团认识到品牌战略的重要性，开始实施创牌战略和创牌与贴牌结合的战略，并取得一些成功经验。事实上，并不是说创牌战略就一定优于贴牌战略，一个跨国企业集团采用哪种品牌战略要根据企业集团自身特点和其所处的行业竞争情况等因素来确定。

四、企业集团参与跨国战略联盟

由于国际专业化分工与协作的发展、科技的飞速进步、国际互联网的普及等经济技术因素，企业集团跨国经营的成功在激烈竞争中产生，但同时也离不开与其他企业的密切合作，企业集团跨国战略联盟应运而生。企业集团跨国战略联盟是企业全球化的一场巨大而深刻的变革，是一种既竞争又合作的新的国际经营方式。战略联盟是近年来国际上新兴的竞争模式与经营理念，其概念最早由美国 DEC 公司总裁霍普德和管理学家内格尔提出。它是指两个或两个以上的企业（或特定事业部、职

---

① 陈益群：《中国企业实施跨国经营战略探讨》，《国际化经营》2008 年第 5 期。

能部门等）为实现其特定的战略目标（如共同拥有市场、共同使用资源等）通过契约、协议而结成的优势相长、风险共担、要素多向流动、组织松散结合的一种新型经营方式。它包括了跨国公司之间通过许可证协议、特许专营协议、单方持股、相互持股及合资办厂等多种形式进行协同和合作，是一种既竞争又合作的新型跨国经营方式。美国非官方的研究机构布兹—艾伦—汉密尔顿咨询公司的研究表明，当今企业已将寻找战略合作伙伴视为其生存与发展必不可少的手段。[①] 目前，越来越多的全球企业以不同的方式与其直接或间接竞争者结成战略联盟，目的是从中受益并对抗其他竞争者。中国一些大型企业集团也开始采取加入跨国公司国际性战略联盟的方式从事跨国经营。[②] 跨国战略联盟不仅有利于企业集团充分利用联盟关系中围绕在其周遭的中小型企业的劳动力成本低、信息充分和市场反应灵敏等优势，使集团得到开发、销售等环节的协调配合，从而产生战略联盟的结构效益、协同效益和规模效益；还有利于企业集团充分利用联盟方已有的国际产业分工和协作网络，减少经营活动的摩擦和成本，从而大大增强企业集团跨国经营的竞争力；也有利于企业集团克服自身劣势，利用联盟方的优势更迅速地抢占国际市场机会，从而实现联盟各方的多赢局面。一般来讲，企业集团可根据自身的需要，选择与相关跨国企业形成研究开发跨国战略联盟、生产制造跨国战略联盟、联合销售跨国战略联盟以及多种联盟方式混合的跨国战略联盟，以便于迅速融入国际市场中。[③]

11.2.2　中国企业集团跨国经营战略的案例

一、区位选择和布局战略案例

企业集团跨国经营的区域选择和布局战略对企业集团跨国经营的成功与否显得至关重要，是中国企业集团"走出去"首要考虑的因素，其中不乏成功案例。以新希望集团为例：于 20 世纪 80 年代开始创业的

---

① 赵妍：《国际企业战略联盟及对我国的启示》，河北大学硕士论文，2003 年。
② 姚建峰：《新形势下我国企业集团跨国经营战略的实施》，《云南财贸学院学报（社会科学版）》2004 年第 4 期，第 7—9 页。
③ 金丹、金川：《跨国经营——企业集团可持续发展的必然选择》，《北方经济》2006 年第 8 期。

新希望集团，经过 20 多年的积累在行业内具备了较强的竞争实力，在很多民营企业还忙于考虑发展壮大国内市场的时候，在中国农牧业特别是饲料行业竞争异常激烈的情况下，通过认真考察、分析和筹划，决定从东南亚市场开始进行跨国经营，取得了很大成功。新希望集团跨国经营的成功首先在于其跨国经营区域选择和布局战略的成功。新希望集团在开始跨国经营之前，比较全面系统地考察了与自身从事产业相关的国际市场，并结合自身特点对这些国家和地区的市场区位障碍和区位优势等因素进行了详尽的分析：首先到美国、欧洲、日本等相对比较发达的国家考察，发现这些发达国家的相关产业发展比较成熟，竞争对手实力比较强，而且相关产业链也比较完善，自身进入其市场的区位障碍大且区位优势并不明显；同时通过对我国周边国家和地区的考察发现，企业在这些周边国家不仅品牌形象好、产品影响力大、企业诚信的认同度高，具有强大的地缘优势，而且与这些国家和地区相关产业链上的企业相比，其在企业发展规模、产品技术、营销管理、行业经验、产业链的配套等方面都非常具有比较优势；再加上新希望集团通过在国内产业多年的良性发展，跟花旗、汇丰、渣打等国际金融巨头都建立了良好的合作关系，并签署有战略合作协议，这些国际金融机构在新希望集团"走出去"时不仅可以通过其设在本地的分支机构为其提供金融服务和融资支持，还可以为其介绍当地的相关法律法规，积极利用自身在当地的市场、政府各方人脉关系，为新希望集团尽快融入本土市场搭建桥梁。新希望集团在综合分析上述影响因素基础上，对进入各类可能的国际市场的区位障碍和区位优势有了清醒的认识，判断其在东南亚地区投资比在发达国家投资更可能取得跨国经营的成功，从而确定了正确的跨国经营区域选择和布局战略，对其跨国经营的成功起到了至关重要的作用。①

二、跨国经营的国际市场进入战略案例

中国企业集团跨国经营的国际市场进入战略的选择，成功的例子

---

① 冯帆、赵阳：《由新希望集团看中国民营企业"走出去"》，《华商（理论研究）》2008 年第 11 期。

不少。

（1）建立海外营销渠道式的进入战略，以三九集团为代表，包括福建福耀集团、天津天狮集团、中粮集团、中化集团和中技集团等。自1992年以来，三九集团采取建立海外营销渠道的进入战略，先后在香港、俄罗斯、马来西亚、德国、美国、南非、新加坡、日本、中东地区等国家和地区设立了营销公司，负责让这些国家和地区的消费者了解三九产品，以此开拓三九产品海外销售市场，成为三九集团跨国经营的窗口。海外营销公司的发展壮大，使三九集团产品的市场由单一国内市场逐步演变成为全球性市场。

（2）境外加工贸易投资式的进入战略，以华源集团为代表，包括深圳康佳集团、珠海格力集团和江苏春兰集团等。1992年诞生于上海浦东新区的以纺织业为支柱产业的大型国有企业集团——华源集团，在20世纪90年代中后期，面临国内市场萎缩、生产能力过剩，在国际市场上又不断受到贸易壁垒的限制情况下，抛弃单纯依靠出口占领海外市场的传统做法，毅然采取了境外加工贸易投资式的国际市场进入战略，先后在塔吉克斯坦、尼日尔、墨西哥、加拿大和泰国等地投资建立海外生产加工基地并合理利用原产地规则，有效绕过国外贸易壁垒，规避反倾销，拓展了海外市场，并带动和扩大了国内设备、技术、原材料、零配件出口，取得了跨国经营的成功。

（3）海外创立自主品牌的"先难后易"的进入战略，采取这种国际市场进入战略的成功者代表是海尔集团。早在20世纪80年代，海尔集团总经理张瑞敏就提出了"创海尔世界知名品牌"的战略，海尔先进入欧美等在国际经济舞台上分量最重的发达国家和地区，靠质量和信誉让当地消费者认同了海尔品牌，取得当地名牌地位，然后靠品牌优势以高屋建瓴之势进入发展中国家，取得跨国经营的成功。2004年1月31日，世界五大品牌价值评估机构之一的世界品牌实验室编制的《世界最具影响力的100个品牌》报告揭晓，中国大陆只有海尔集团一家入选，排在第95位。

（4）跨国并购资产式的进入战略，以我国三大石油巨头——中石化、中石油和中海油的跨国并购为代表。它们通过部分或全部并购国外企业资产，获取稀缺资源，解决其发展的能源瓶颈等问题。这种国际市场进入战略是目前中国企业集团使用较多的一种战略，如万向集团整体收购美国舍勒公司、海尔集团收购意大利电冰箱制造厂、北京东方电子集团收购韩国现代电子、中国网通（香港）公司牵头收购亚洲环球电信网络资产、华立集团收购飞利浦在美国圣何塞的 CDMA 移动通信部门、上海制皂集团有限公司收购美国 SPS 公司和 Polystor 公司可充电电池生产资产项目等都属于企业集团采用跨国并购资产式的国际市场进入战略取得成功的例子。

（5）跨国并购品牌式的进入战略，以 TCL 集团为代表。2002 年 9 月，中国 TCL 集团下属的 TCL 国际控股有限公司，通过其新成立的全资附属公司施耐德电子有限公司，收购了具有 113 年历史、在德国和欧洲有广泛的基础、号称"德国三大民族品牌之一"的百年老店施耐德电子有限公司的主要资产，后又于 2003 年 7 月花费几百万美元间接地全资收购了美国著名的家电企业戈维迪奥公司，并购后 TCL 集团在市场上继续使用被并购企业的原来品牌销售 TCL 集团的产品，以此努力扩大在美国市场的份额，从而取得跨国经营的成功。

（6）海外品牌输出模式的进入战略，以北京同仁堂集团为代表。如今已成为一家现代化的大型中药企业集团的同仁堂，不仅在中国已有330 多年的悠久历史，而且其作为中国第一个驰名商标，受到国际组织的保护，在世界 50 多个国家和地区办理了注册登记手续，其品牌誉满海内外，品牌优势得天独厚。同仁堂集团利用这种独特的品牌优势，采取海外品牌输出模式的国际市场进入战略，其跨国经营无论是使用品牌入股的合资形式，还是采取独资、特许加盟、连锁等其他方式，都特别注意把"同仁堂"这个中华老字号的金字招牌向海外输出，取得很大成功。目前，同仁堂的产品畅销全球 40 多个国家和地区，在海外也成立了 10 多家公司或药店。

（7）海外研发投资模式的进入战略，以华为集团为代表。华为集团跨国经营采取了海外研发投资模式的国际市场进入战略，在美国硅谷和达拉斯、印度班加罗尔、瑞典斯德哥尔摩、俄罗斯莫斯科等地建立了多家海外研发中心，并通过各种激励政策吸引国内外优秀科技人才进行研发。依托全球化技术开发网络，利用遍布世界各地的研发机构，以提供优质的产品和服务、更快的响应速度和更好的性能价格，帮助全球运营商确立可持续盈利的运营模式，从而取得跨国经营的成功。① 海外研发投资模式的进入战略也已成为我国企业集团进入国际市场的一个新亮点②

三、跨国经营的品牌营销战略案例

中国企业集团实施不同的品牌营销战略，成功经验不少。

中国企业集团中实施贴牌战略比较成功的有格兰仕集团。中国广东的格兰仕集团成功地运用贴牌战略弥补了企业本身产品知名度低的不足，并充分利用国际品牌的利润空间，迅速占有国际市场份额。目前，格兰仕集团拥有全球最大的微波炉生产基地，年生产能力占全球市场35%左右，产品畅销80余个国家，其70%的产品被贴上世界知名微波炉品牌成功地实现了跨国销售，集团的微波炉和光波炉都做到了世界第一。③ 通过贴牌战略，格兰仕集团以其劳动力资源优势在国际竞争中取胜，成功地融入了全球微波炉产业链的分工之中，成为该产业链中一个拥有强大竞争实力的生产环节，把劳动密集型的制造业作为其成功迈向世界知名企业的跳板。

中国企业集团中实施创牌战略比较成功的有海尔集团。海尔集团进军国际市场的战略目标为创中国的国际知名品牌，建立国际化海尔，早日进入世界500强，其基本战略思路为：首先采用本土化战略，即重视当地特殊的消费需求，调整自己的经营和管理战略，强调针对当地市场的特殊需求设计和营销产品，实现设计、生产、销售三位一体的本地化；④ 然后以过硬的产品质量和完善的售后服务进入发达国家建立起市场信誉，创出品牌，然后再利用品牌优势占领发展中国家的市场，实施创牌战略取得了显著成效。⑤ 海尔这种成功地把创牌战略与本土化战略

---

① 卢进勇等：《中国企业海外投资模式比较分析》，《国际经济合作》2005年第3期。

② 《中国企业对外投资的模式分析》，http://www.caijingx.com/putongjiaoyu/keyanxinxi/2008-03-05/287_2.html，2008-03-05。

③ 石建勋：《中国企业跨国经营战略——理论、案例与实操方案》，机械工业出版社2008年版。

④ 朱爱东：《我国企业集团跨国经营之对策选择》，《企业活力》2003年第6期。

⑤ 谭燕：《海尔的美国战略及启示》，《江苏商论》2004年第10期。

有机结合起来的成功的跨国经营模式被称为"海尔模式"，是一种先难后易型的海外扩张方式。①

中国企业集团中实施创牌与贴牌结合的战略比较成功的有青岛的双星集团。双星集团的跨国经营采用了创牌与贴牌结合的品牌战略，即在不同的市场根据情况灵活采用不同的品牌战略。在国际市场上，双星集团的产品出口到美国、日本、匈牙利、阿联酋、韩国、南非、俄罗斯、新加坡等100多个国家和地区，其中80%出口到美国，出口到美国的产品多采用贴牌方式，在销售过程中使用沃尔玛、派利斯、EXO、菲拉等国际品牌，而在其他国际市场上大多采用创牌战略，这样的跨国经营品牌战略也是一种成功地探索。②

中国企业集团中实施反向贴牌战略（"反向OEM"）比较成功的有TCL收购德国施耐德公司、联想收购IBM的PC事业部案例。"反向OEM"是指通过并购国外知名品牌，借助其品牌影响力开拓当地市场的海外投资方式。这种反向贴牌战略的主要特征包括：先收购国外当地知名品牌，获得或恢复当地消费者的认同，快速进入当地市场；由于所并购的多是经营不善或破产的海外公司现成的知名品牌，仍具有一定的影响力和销售渠道；该模式适用于具有一定能力收购和驾驭海外知名品牌的大型企业集团。③

四、企业集团参与跨国战略联盟案例

浙江万向集团是中国企业集团利用跨国战略联盟成功实施跨国经营的一个典型案例。1994年以来，万向集团在美国、巴西、墨西哥等国家设立了几十家子公司。在其跨国经营的发展过程中，集团先后与同行企业及国外汽车厂商建立了多个战略联盟，纳入它们的全球采购体系，成为它们市场的重要成员，通过战略联盟迅速盘活其存量资产，实现多

---

① 卢杰、黄新建：《民营企业在海外扩张中的地位及模式的选择》，《企业活力》2007年第8期。

② 《跨国经营的战略选择——创牌还是贴牌？》，http://www.qg.com.cn/articles/zhanlue/20070424113420867.htm,2009-07-30。

③ 卢杰、黄新建：《民营企业在海外扩张中的地位及模式的选择》，《企业活力》2007年第8期。

方共赢，提高了联盟各方的国际竞争力，形成了能够与通用汽车、福特汽车等在资源优化配置中抢占市场的实力。目前，万向集团这个主营汽车零部件的企业已经发展成为中国 120 家试点企业集团和 520 户重点企业之一，先后在美国、英国、德国、加拿大等欧美 7 个国家设立、并购、参股了 18 家公司，其海外资产已占总资产的 1/10 强，构建了覆盖全球 50 多个国家和地区的国际营销网络，成为面向世界的跨国企业集团，其麾下的万向美国公司是目前美国中西部发展最快、规模最大的中资企业。

另外一个成功利用跨国战略联盟的企业集团是华为集团。华为利用动态战略联盟策略，建立并参与了市场联盟、技术联盟及标准联盟：2003 年与 3COM 达成合作协议，结成市场联盟关系，3COM 利用华为在中国市场的销售渠道以及成本优势，华为则可以利用 3COM 在国际市场的品牌和地位，以 3COM 的品牌销售合资公司生产的数据通信产品；华为公司为了掌握和使用先进的技术，缩短研发投入和时间，先后与世界一流公司（如英特尔、惠普、微软等）进行合作和建立联合实验室，形成技术联盟关系；另外，华为加入了 ITU、3GPP、IEEE、IETF、ETSI、OMA、TMF、FSAN 和 DSLF 等 78 个国际标准组织，在标准选用的过程中，与上下游厂商进行协调，减少竞争，保持市场的稳定性，降低研发风险，延长产品生命周期。这些动态战略联盟在帮助华为集团防范与化解竞争和技术风险方面都起到了重要作用。[①]

11.3　中国企业集团跨国经营的风险及防控

自 20 世纪 90 年代中期我国政府正式提出"走出去"战略以来，我国企业集团纷纷加快了国际化经营步伐，无论是在进出口贸易、劳务输出、国际经济合作，还是在海外投资并购、参与全球生产研发体

---

① 许晖等：《高新技术企业国际化风险感知与防范研究——以华为公司为例》，《管理世界》2008 年第 4 期。

系、海外资源的战略性获得等方面都取得了长足进步；尤其是 2001
年我国加入 WTO 以后，随着我国企业集团实力的增强，我国大型企
业集团的国际化程度不断提高，国际化路径选择也日益多样化。但不
可否认的是，在全球经济活动中，中国企业集团国际化水平整体上还
比较初级，"走出去"战略在实施中屡屡出现不尽如人意的情况，像
TCL 并购法国汤姆逊彩电业务、联想收购 IBM PC 业务后所产生的整合
困境，以及中国铝业收购澳大利亚力拓的受挫，都令我们不得不认真
思考。

　　企业集团从事跨国经营活动，将面临比国内市场竞争更激烈、环境
更复杂的国际市场，其所处外部环境及其变化给企业集团跨国经营带来
更大的不确定性，进而对企业集团既定目标的影响与制约，形成企业集
团跨国经营的特殊风险，比如政治风险、东道国政策法律风险、宏观经
济环境风险、国际文化冲突风险、国际行业环境风险、集团国际化管控
风险等。本节拟对当前中国企业集团跨国经营过程中所面临的主要风险
进行详细的梳理与探讨，并在此基础上提出系统的、针对性的防范
措施。

11.3.1　中国企业集团跨国经营的风险类型

　　跨国经营风险按其来源可以划分为外部风险和内部风险两大类。外
部风险主要指企业集团跨国经营所处的外部环境及其变化给企业集团跨
国经营带来的不确定性，进而对企业集团既定目标的影响与制约，如政
治风险、东道国政策法律风险、宏观经济环境风险、国际文化冲突风
险、国际行业环境风险等。内部风险主要指企业集团自身的决策和经
营活动给企业集团跨国经营带来的不确定性，进而对企业集团既定目
标的影响与制约，其风险主要来自企业集团内部业务流程和职能部门
的各种决策、实施、协调等具体的经营活动，如集团的国际化管控风
险等。[①]

---

　　① 刑必刚：《中国企业跨国并购充满机遇》，http://www.chinanews.com.cn/gj/hwkzg/
news/2008/08-06/1337077.shtml,2008-08-06。

一、外部风险

(一) 政治风险

政治风险是指由于一国的政治原因或因特定的政治问题或出于维护国家安全的需要而采取的行动等，对企业集团跨国经营造成不利影响的可能性。政治风险与东道国的国家政策变化等行为有关，包括：政府征收、国有化、政局变化、政权更替、政府法令和决定的颁布实施，以及种族和宗教冲突、叛乱、战争、恐怖活动等引起的社会动荡，等等。由于政治风险具有高度的不可预测性、不可控制性和产生高额损失的可能性，往往会对企业集团的跨国经营活动造成直接而巨大的冲击，是企业集团决定是否进行跨国经营活动的先决条件。

由于我国目前实行的是社会主义市场经济制度，在意识形态、民主政治、制度安排等方面与西方资本主义国家存在着较大的差异，甚至是严重的对立；随着中国经济实力持续快速的增长，"中国威胁论"尘嚣日甚，加之地缘利益冲突和经济主导权（全球性/区域性）争夺日益明晰化，政治因素正日益成为中国企业集团跨国经营进程中所面临的第一大风险因素。

早在 1980 年 1 月，美国总统卡特在国会两院联席会议上宣称，任何企图阻碍从波斯湾向西方输送石油的敌对势力都被视为对美国生死攸关利益的威胁；面对这种威胁，"美国将使用包括军事力量在内的任何手段予以击退"。从那时起，这个被称为"卡特主义"的规则就一直主导着美国的海湾政策。一旦爆发局部战争，外国企业集团在这一地区的经营活动就会严重受阻，甚至被迫全面中止。1997 年 6 月，中国石油天然气集团公司与伊拉克前政府签署了关于开采阿赫代布油田的协议，这是当时中国在中东地区最大的石油项目，中方投资约 12 亿美元，但"9·11"事件后美国将伊拉克列为"邪恶轴心"，2003 年发动了伊拉克战争并推翻了萨达姆政权，结果导致该项目被迫中止。①

可以预见的是，随着中国经济的持续发展和中国企业集团实力的壮

---

① 陈万里：《国内企业实施国际化经营战略的风险分析》，《胜利油田职工大学学报》2007 年第 8 期。

大，将会有越来越多的中国企业集团走向国际市场，其更深入、更广泛地参与经济全球化的尝试将会遭遇更多更大的政治风险。[①]

（二）东道国政策法律风险

由于不了解或不熟悉东道国法律法规或其他原因，导致企业集团在跨国经营活动中发生违背东道国法律法规的情况，或者东道国执法不当甚至故意借法律形式制造障碍而导致企业集团遭受东道国法律惩罚的风险，都可以归为跨国经营的法律风险。目前，世界上已经有 60% 的国家有反托拉斯法及管理机构，虽然管理重点、标准及程序各不相同，但都给中国企业集团跨国经营带来不同程度的法律风险。

2004 年 1 月，TCL 收购法国汤姆逊公司的彩电业务导致巨亏的一个重要原因就是不熟悉欧洲法律制度，在并购后承担了过多的或有债务负担，拖累了整个并购业务；2004 年底，中国中化集团拟斥资 5.6 亿美元收购韩国第五大石油炼制企业集团——年生产能力达 1400 万吨的仁川炼油公司，在并购合同已基本签署的情况下，却在签署的排他性谅解备忘录中忽略了应该加上的附加限制条款，结果导致该公司最大债权人美国花旗银行利用该法律条款在债权人会上提出溢价收购要求（抬价至 8.5 亿美元），超出了中化集团的承受能力，最终导致此笔跨国并购的失败。[②]

与其他风险相比，法律风险的特殊性还在于，它不仅会造成企业集团跨国经营活动的重大财产损失，而且会对企业集团声誉和品牌形象等造成较恶劣的国际影响，严重的甚至还会追究企业集团领导人或主要员工的刑事责任，对企业集团的跨国经营活动造成直接而影响深远的危害。

（三）宏观经济环境风险

由于东道国利率、汇率、通胀率、经济发展水平与景气程度等因素的变动给企业集团的跨国经营带来不确定性，对企业集团跨国经营造成

[①] 江涌：《 "走出去" 的中资遭遇系列　风险最大的是政治风险》，http://news. xinhua-net. com/fortune/2007-10/29/content_6965721. htm,2007-10-29。

[②] 宋雪莲：《商务部总结跨国并购得失　政治风险最为突出》，http://www. china. com. cn/policy/txt/2007-07/09/content_8495468_4. htm,2007-07-09。

不利影响的可能性，就是宏观经济环境风险。宏观经济环境风险中最常见的是汇率风险，指因汇率波动造成的经济行为主体未来经营结果的不确定性，尤其指蒙受损失或丧失所期待利益的可能性，主要包括交易风险、折算风险和经济风险。① 近年来，受美元贬值和人民币升值的影响，我国企业集团面临的汇率风险逐步加大。据《中石油 2008 年半年度报告摘要》，因人民币对美元汇率的大幅波动造成中石油 2008 年上半年外汇净损失达人民币 10.28 亿元，是 2007 年同期的三倍多。这一方面是因为预防汇率风险意识与工作的不足；另一方面，是因当前特定的时代背景，我国石油企业集团的海外投资大都处于经济不稳地区，如委内瑞拉、苏丹、哈萨克斯坦、印尼等，容易产生较大的汇率风险。②

除了常见的汇率风险以外，像通胀率、经济发展水平和景气程度等因素的变动也会给企业集团的跨国经营带来不可预估的宏观经济环境风险。以 2007 年爆发的美国次贷危机为例：次贷危机造成了国际金融市场的动荡和货币紧缩，加大了中国企业集团"走出去"的融资风险和投资经营风险；并且随着次贷危机的不断深入，欧美国家的经济发展指数、经济景气程度下滑，进一步造成投资者的风险厌恶和离场情绪，从而引起更高等级的抵押支持证券的定价重估，给我国境内金融机构海外投资的安全性和收益性带来更高的风险。

（四）国际人文冲突风险

企业集团实施跨国经营战略时，还可能遭遇到由于母国与东道国之间在风俗传统、宗教信仰、价值观、文化观、语言、民族、人口等文因素方面的差异带来的冲突，从而可能给企业集团跨国经营带来损失。企业集团的跨国经营活动是通过来自不同人文背景的企业集团领导者、普通员工、中介机构的专业人士、政府工作人员等共同推进的，不同的风俗习惯、宗教信仰、价值观、文化观等因素之间的冲突将集中体现在跨国企业集团内部具有不同人文背景的领导者、员工之间在公司经营方针、目标市场选择、管理决策方式、员工行为准则等方面

---

① 王菲：《中国石油企业跨国经营外汇风险及防范》，《商场现代化》2008 年第 6 期。
② 黄莉：《石油企业集团跨国经营财务风险的对策研究》，《陕西行政学院学报》2009 年第 2 期。

认知不同的交锋上，体现在跨国并购双方企业集团文化的冲突方面，体现在企业集团跨国经营的东道国和母国之间国际人文冲突方面，等等。

据有关资料统计显示，全球范围内 80% 的跨国并购失败案例都是由于文化整合不力所造成的，由于不能与东道国被并购企业的领导班子及员工进行良好沟通，不能及时将企业集团价值观、文化观等企业集团文化理念体系植入并购后的新企业集团，或是忽视跨国并购后企业集团文化的协调和整合，将导致并购后企业集团内部人文冲突不断，难以有效整合人、财、物、信息资源等要素，造成企业集团跨国经营困难重重，最终甚至导致跨国经营的失败。[①]

（五）国际行业经营环境风险

国际行业经营环境风险是指从全球范围来看某一特定行业所处的市场环境，其具有的不确定性给该行业企业集团跨国经营带来损失的可能性，主要包括国际行业竞争风险（现有竞争对手状态、潜在进入者状态、市场需求潜力等方面带来的风险）、产品市场风险（由于产品价格、消费者偏好、替代品的可获取性、互补品的稀缺性等方面的变化带来的风险）、供应链风险（由于原材料的质量、供给、其他购买者需求等方面的变化带来的风险）、行业技术风险（行业劳动率、技术转让速度、技术发展水平等方面的变化带来的风险），等等。[②]

以国际原油市场产品价格风险为例，决定国际油价的因素很多，既包括开采加工运输成本，也包括地缘政治、美元贬值等因素，因此国际原油市场的价格波动往往难以预测，国际原油价格长期处于剧烈波动中，给该行业的企业集团跨国经营带来较大的风险。2008 年 7 月 11 日，国际油价达到一个阶段高点，每桶价格为 147.50 美元；而到年底，短短 5 个多月，油价已经跌穿每桶 40 美元，中国的几大石油企业集团因此蒙受巨大经济损失；时至 2009 年 7 月，国际原油价格又迅速上升到每桶 70 美元左右。国际油价的剧烈变动，不仅给我国几大石油企业集团带来巨大的价格风险，而且也给相关行业的经营活

---

① 李柯勇：《中国企业跨国经营风险透视》，http://finance.sina.com.cn, 2005-02-18。
② 许晖、姚力瑞：《我国企业跨国经营的风险测度》，《经济管理》2006 年第 1 期。

动带来了较大的不确定性。①

二、内部风险

企业集团跨国经营的内部风险含义广泛，主要包括企业集团国际化管控风险、跨国交易决策风险、跨国投融资决策风险、跨国营运决策风险、国际信用风险、国际人才风险等。企业集团跨国经营决策的前提条件是进行科学的项目可行性分析和项目评估，项目评估的结果是其海外投融资决策、跨国交易决策等一系列决策的重要依据，对于从源头上有效规避跨国经营风险、对于企业集团跨国经营项目的成败起到至关重要的作用。

在企业集团跨国经营的国际合作项目中，因为国际合作项目评估出现重大偏差导致决策失误和商业操作失败的案例屡见不鲜。2003 年，胜利油田胜大集团公司与阿塞拜疆共和国国家石油公司等国外石油公司合作开展的阿塞拜疆共和国 PIRSAAT 油田以及附近油区生产恢复、石油勘探开发及生产分成项目，就是由于资料收集不足、项目论证不充分、方案设计出现较大失误等因素的影响，造成项目实施后根本无法达到预期效果，从而使公司蒙受了较大的经济损失。② 2004 年，TCL 在并购阿尔卡特手机业务时，TCL 的管理层认为该交易结构相对简单，涉及人员和资源比较少，整合难度比较低，因此在没有向行业内的专业中介机构进行咨询，也没有对并购方案进行精心策划的情况下，自行设计了收购方案。由于在制定并购计划的过程中低估了并购整合国外业务的难度，没有进行专业的项目评估和可行性分析，加之其他因素的影响，造成 TCL 在并购阿尔卡特后一度整合艰难，给 TCL 的经营造成了极大的压力。

11.3.2　中国企业集团跨国经营的风险防控

从以上分析我们可以看出中国企业集团跨国经营中面临的各种风险

---

① 黄莉：《石油企业集团跨国经营财务风险的对策研究》，《陕西行政学院学报》2009 年第 2 期。

② 陈万里：《国内企业实施国际化经营战略的风险分析》，《胜利油田职工大学学报》2007 年第 8 期。

的严峻性，而目前我国企业集团在跨国经营风险的防范控制手段上还比较落后；政府对企业集团"走出去"战略的政策支持和引导明显落后于企业集团"走出去"的实践，从加强对跨国经营的宏观政策支持和引导、提升企业集团的核心竞争力、建立全面的跨国经营风险管控体系、提高跨文化交流和整合资源的能力、加强对高素质国际化经营管理人才的培养引进和储备等方面着手，采取有效的政策、技术和手段对跨国经营风险进行防控显得非常重要。

一、加强对企业集团跨国经营活动的国家政策支持与引导

近年来，我国政府为促进企业集团跨国经营发展，已出台了《境外投资管理办法》等多项相关的扶持和保护政策，一定程度上为防范跨国经营风险创造了有利条件；但与发达国家出台的相关法规政策相比，与我国企业集团跨国经营的实践需要相比，我国政府在支持企业集团跨国经营方面还存在较大的不足，应加强对企业集团跨国经营的宏观政策支持和引导。

加强和完善与跨国经营相关的立法。我国目前与跨国经营相关的配套政策法规还很不完善，有关企业集团跨国并购的立法散见于公司法和证券法中，政策有效供给严重不足，相对于日益兴起的海外并购实践活动已显滞后；与海外并购相关的法规主要由国务院部委颁布的办法、意见、条例等构成，缺乏约束力和权威性。[①] 目前，应加快制定并完善《境外合资经营企业法》、《中华人民共和国境外投资促进法》、《海外投资风险管理办法》、《海外并购促进法》等有关跨国经营的法律法规体系，为企业集团跨国经营提供全面可靠的法律支持与保障。

加强配套政策的支持力度，包括金融、财税、外汇管理服务政策等的支持力度。一是要制定专门的企业集团跨国经营金融支持政策，鼓励各种金融机构参与其中，为企业集团跨国经营提供全方位、多层次的金融服务。相关部门应制定并完善包括像《商业银行并购贷款风险管理指引》这一类的支持跨国经营的政策，加强对企业集团跨国经营的融资支

---

① 熊焰：《扶持企业走出去　政府急需完善配套措施》，http://money.163.com/09/0703/08/5D9KAG64002534M5.html,2009-07-03。

持力度，特别是要加强对民营企业集团"走出去"战略的金融支持，支持其在海外做大做强，为民族工业发展赢得更大发展空间。国家政策性金融机构应进一步加大对我国重点发展产业领域的境外并购的贷款支持力度，引导中国企业集团的跨国并购重点放在符合国家产业发展的战略性安排和国民经济的可持续发展要求的领域内。二是要加强税收政策对企业集团跨国经营的支持，通过对企业集团跨国经营行为实行税收优惠、减免甚至是补贴等支持政策，解决企业集团跨国经营受到国内、国外双重征税的问题，减轻企业集团跨国经营的负担。三是进一步完善外汇管理支持政策，取消在外汇资金来源审核、购汇审核、利润汇回等方面存在的不必要的限制，适当延长境内公司对境外投资企业集团出口收汇核销期限，放宽境外放款在资格条件和资金来源方面的要求，规避汇率风险、提供更多金融创新产品等，有效解决资本项目外汇管制过严、手续太烦琐等问题，为企业集团进行跨国经营提供外汇便利。①

加强对企业集团跨国经营行为的引导服务。加强行业协会的组织协调力量，成立相应的专业性领导协调小组，如可建立一个跨部门、跨行业、跨地区的全国企业跨国经营信息服务中心，加强跨国经营企业、相关管理服务部门及国际中介机构等的联系、合作和交流，提高跨国经营信息服务的及时性和可靠性，完善政府对企业集团的引导服务工作。同时，政府通过定期发布包括风险提示、比较优势、投资机遇分析等信息在内的企业跨国经营地区、行业指导信息，降低在这些国家地区和行业中存在的跨国经营风险。② 目前，我国国际贸易促进委员会已与近 200 个国家与地区的数百个商会建立了业务联系，建立了 15 个海外办事处，有 60 个地方分会、20 个行业分会，拥有几万家企业集团会员，形成了全球和全国的网络，③ 而中国驻外使馆下属的商务参赞处现在也有 200 多个，再加上我国众多的跨国经营企业和国际贸易投资中介机构等，打造全国企业跨国经营信息中心的基础相当雄厚。把它们的跨国经营信息

① 曾庆黎等：《论我国企业跨国经营的金融支持体系研究》，http://www.chinaacc.com/new/287_293_/2009_07_13_wa85416301317900294.shtml，2009-07-13。

② 谢作渺：《企业如何防范风险》，新华出版社 2002 年版，第 7—13 页。

③ 蓝文斌：《政府在企业跨国经营中对防范风险采取的措施》，《价值工程》2009 年第 1 期。

统一起来，建立起跨国经营发展相关各个领域的基本数据库，① 在网络技术支持下，实现各方信息的充分及时交流与综合利用，将能大大提高我国企业跨国经营的信息服务水平，有效降低我国企业集团跨国经营的风险。

此外，目前中国还非常缺乏权威的海外投资项目的咨询服务机构，中国企业集团每年所支付的庞大的跨国经营项目评估、法律事务等咨询费用都被国际知名的专业咨询机构赚取，因此我国有必要大力支持发展为跨国经营服务的，包括金融、法律、会计、咨询等在内的完善的市场中介机构组织体系，并促进其尽快在国际上建立声誉。

二、努力提升企业集团的核心竞争力

企业集团要实现跨国经营的可持续，必须具有国际市场竞争优势；可以说，国际市场竞争优势是防范跨国经营风险尤其是非系统性风险的最有效、也是最根本的措施。要具有可持续的国际市场竞争优势，必须着力增强企业集团自身的核心竞争力。

核心竞争力（Core Competence）概念最早由美国经济学家普拉哈拉德和哈默于 1990 年在《哈佛商业评论》提出，认为"就短期而言，公司产品的质量和性能决定了公司的竞争力，但长期而言，起决定作用的是造就和增强公司的核心竞争力"。企业集团的核心竞争力是企业集团内部一系列互补的知识、技能、优势整合在一起形成的多元复杂系统，是企业集团在经营过程中所形成的不易被竞争对手效仿的、能带来超额利润的、使企业集团保持持续竞争优势的能力。② 从目前整体情况看，中国企业集团的核心竞争力还比较弱，在技术创新能力、战略管理能力、资源整合能力、项目运作能力、人才培养能力、跨国经营能力等方面都与发达国家的国际性大企业集团存在很大差距。

据统计，2007 年中国前 500 家大企业集团的营业收入、利润总额、资产总额、劳动生产率、人均利润还分别只相当于 2007 年世界企业 500 强的 12.67%、11.85%、7.79%、27.46%、27.59%。虽然在全球金融

① 　岳思蕤：《中国企业跨国经营的政治风险研究》，武汉理工大学硕士论文，2006 年。
② 　史仕新等：《企业集团核心竞争力研究》，《生产力研究》2008 年第 21 期。

危机肆虐下，2009 年中国企业集团 500 强业绩首度超过世界 500 强企业集团，但仍面临诸多挑战。正如媒体形象地总结，中国 500 强还是"大老粗"："大"——中国企业集团 500 强中，六成多是国有及国有控股企业集团；"老"——传统行业占较大比重，"重化工"特征依旧，中石化连续 5 年名列榜首，中石油和国家电网公司分列第二、三名；"粗"——其中不少企业集团的业绩靠的是行业红利、资源红利和政策红利，而非技术红利、管理红利。①

导致我国企业集团自身实力不强的一个重要原因是缺乏自主创新能力，在国际舞台上往往受制于欧美跨国巨头。与世界 500 强企业集团相比较，目前我国企业集团的科技自主创新能力普遍不足，即使是全国 500 强企业集团的研发费用比重和研发投入水平都还有很大差距。据统计，2007 年中国 500 强企业集团研发费用占营业收入的比例平均为 0.87%，远低于世界 500 强平均 3%—5% 的水平。② 在国际专利方面，我国除华为集团已经跻身为全球第四大拥有国际专利数最多的企业集团外，其他企业集团的国际专利普遍较少，其专利申报、自主知识产权保护运用水平也普遍较低，相对于欧美跨国公司往往利用其作为产品和技术标准制定者的身份，把其专利标准嵌入各种国际标准中，进而主导国际市场话语权的情况，我国企业集团在参与国际竞争中因此而处于不利地位，增加了跨国经营的风险。

产品品牌竞争力弱、国际影响力不足也是制约我国企业集团跨国经营活动的因素。从世界品牌实验室独家编制的 2008 年度《世界品牌 500 强》排行榜来看，进入世界品牌 500 强的中国企业集团总数只有 15 个，主要集中在国有垄断行业；而 2008 年美国《商业周刊》杂志与国际品牌集团共同发布的 2008 年全球最佳品牌排行榜，中国企业集团无一上榜。③ 可以说，我国企业集团的品牌价值与其所实现的高额利润是不相匹配的，从另一个方面也说明了我国企业集团当前所获得的高额利

---

① 郝洪：《500 强不能总是"大老粗"》，http://edu.people.com.cn/GB/79457/9996259.html,2009-09-07。

② 国家发改委产业经济与技术经济研究所、北京师范大学课题组：《中国前 500 家大企业集团发展报告》，《经济研究参考》2009 年第 14 期。

③ 桑笑：《对如何提升我国企业集团国际竞争力的思考》，《现代经济》2008 年第 10 期。

润主要来自上文所提到的资源红利、政策红利，而不是企业集团自身实力的大提升。

因此，提高企业集团核心竞争力是中国企业集团跨国经营的基础和根本。为此，中国企业集团应进一步完善现代企业制度，完善公司治理结构和国际化管控体系，努力提高企业集团内部资源整合能力、自主创新能力、品牌竞争力等，在此基础上增强上述多种能力的整合优化能力，以此提高自身的核心竞争力，为防范跨国经营风险打下良好的内部基础。[1]

三、企业集团应建立全面的跨国经营风险防控体系

企业集团跨国经营风险防控体系是以企业集团跨国经营活动中可能遇到的外部和内部风险为主要研究对象，探讨企业集团跨国经营风险的运动规律和产生原因，并对企业集团跨国经营风险隐患及其发展趋势进行事前识别、评价、预控，事中动态监控和预警，加强风险保障的理论与方法。其目的在于防止和消除企业集团跨国经营的风险隐患，保证企业集团跨国经营防控体系处于良好的运行状态，使企业集团能够及时预防和控制跨国经营风险，将风险损失降至最低程度。

（一）加强对跨国经营风险的识别和判断

一个系统的风险管理过程主要包括三个阶段：风险识别、风险评价和风险控制。风险识别是企业集团从事跨国经营活动时进行风险管理应采取的首要步骤，同时也是进一步实施风险分析和控制及采取措施有效规避风险的前提和基础。企业集团建立全面的跨国经营风险防控体系，首先要考虑在事前加强对跨国经营风险的识别，通过建立科学的风险识别机制，对公司进入国际市场面临的不确定性进行系统而全面的分析，根据不确定性的性质、特征对所涉及的风险进行分类，考查目标风险的来源、发生概率、影响程度及损失暴露等风险因素，[2] 在此基础上对企业集团跨国经营项目给出正确的风险识别、评估和判断，以此作为企业

---

①　王小艳：《中国企业跨国经营风险的内因分析及对策探讨》，《湖南财经高等专科学校学报》2009 年第 6 期。

②　许晖、李硕：《我国高新技术企业国际化经营中的风险管理研究》，《国际贸易问题》2009 年第 2 期。

集团跨国经营决策的重要依据。

事实上，目前我国企业集团在国际风险管理中普遍缺乏对影响或制约企业集团跨国经营的各种风险因素进行识别的前瞻性，缺乏全面、系统识别跨国经营风险的方法体系，从而导致企业集团跨国经营风险难以有效规避进而造成大量损失。因此，笔者认为，我国企业集团跨国经营实施全面风险防控以降低风险的重点应放在企业集团"走出去"之前，即重点是在事前的风险识别、判断和预控上，应通过科学客观、详尽负责的可行性分析和项目评估等手段，充分考虑该项目所涉及的各种内外部因素和可能的风险，逐一进行必要而详尽的分析；在必要的时候可以考虑借助第三方评估机构等的力量，以使该项目的可行性研究深入细致，避免项目实施后所带来的难以挽回的损失。

（二）加强对跨国经营风险的动态监控和预警

由于国际市场环境的复杂性和动态变化性，因此在构建企业集团跨国经营的全面风险防控体系时应有意识地加强体系收集信息、甄别信息的功能，建立跨国经营风险的动态监控和预警机制。风险是动态的，因此在通过事前的风险识别和判断并做出海外投资决策后，企业集团必须建立起跨国经营风险的动态监控机制和预警体系。动态监控机制是指企业集团要建立及时收集、甄别相关信息，根据信息的动态变化情况来定期重新对风险进行评级的机制。根据国际通行惯例，可以将企业集团跨国经营项目的风险分为红色、橙色、黄色及绿色四个风险等级，其中：绿色代表该项目不存在明显风险，可以按计划继续推进；黄色表示该项目存在一定风险，需要对该项目的各个环节进行关注；橙色表示该项目存在较大风险，需要对该项目的各个环节进行进一步的检查和论证，必要时可以对一个或多个环节进行改造；红色表示该项目存在极大的风险隐患，要重新考虑是否继续进行该项目，甚至考虑终止该项目。当动态监控机制给出红色、橙色或黄色的评级时，就要启动跨国经营风险的预警机制，提醒企业集团采取相应的风险防范措施。

（三）加强跨国经营的风险保障建设

国际风云变幻莫测，跨国经营风险难以预测，仅有风险的监控、分析与预警机制是不够的，企业集团仍需要通过一些市场化行为建立跨国经营的风险保障机制，尽量转移跨国经营风险，尽量减少可能的损失。

但现实中，我国企业集团国际投资项目保险存在起步太晚、品种太少、费用太高、条件苛刻、保障范围有限等一系列问题，有助于分散海外投资风险的风险基金还相当缺乏。目前我国执行海外投资保险业务的机构是中国出口信用保险公司，该公司的成立时间较晚，而针对企业集团海外投资的保险品种直到 2003 年才推出来，可以说，我国海外投资保险制度仍处于发展的初级阶段，还有很多地方需要补充完善。为此，政府应加强对企业集团海外投资风险保障机制的建设，进一步完善相关的风险评估与保障体系，鼓励相关保险机构加大对中国企业集团海外并购项目提供风险保障的力度。① 而企业集团自身则应积极主动地加入这种保障机制，加强对其跨国经营行为的风险保障，同时可采取市场化的行为，充分利用海外市场先进的金融工具（如套期保值交易）来尽量减少项目风险。

四、努力提高企业集团跨文化交流和整合资源的能力

在正确认识及全面了解跨国经营的国际人文冲突风险基础上，我国企业集团应努力增强其跨文化的交流整合能力。只有以跨文化交流与整合资源能力的构建和提高为基础，企业集团才可能实现在全球范围内对其生产、管理、营销等各个环节的全部活动进行综合协调，以此提高其跨国经营效率，降低经营风险，获得全球竞争优势。

跨国经营企业集团要提高跨文化交流和整合资源的能力，首先要加强企业集团的全球学习能力，在企业集团内进行必要的跨文化培训。除了培训职员学习东道国企业集团的先进技术和管理知识外，尤其要注重加强职员对东道国文化的学习和理解，通过对东道国文化的认识、语言的学习、跨文化沟通、冲突处理及地区环境模拟等方面的培训，努力培养企业集团员工对东道国文化特征的理性和感性分析能力，并尽可能地尊重东道国的文化价值观②。其次要有意识地在公司内部建立起各种正式的和非正式的跨文化传播和沟通机制，通过招聘东道国职员融入公司

---

① 熊焰：《扶持企业走出去　政府急需完善配套措施》，http://money. 163. com/09/0703/08/5D9KAG64002534M5. html ,2009-07-03。
② 黄伟文：《中国企业跨国经营的文化准备》，《决策借鉴》2001 年第 6 期，第 2—6 页。

跨国经营团队，通过安排来自不同国家的职员形成团队开展工作，通过外派职员去国际知名跨国公司学习、交流等，促进企业集团员工之间的跨文化交流、学习和沟通理解，增强全体职员的跨文化交流能力和适应能力。最后要在跨文化交流沟通的基础上，在尊重各方国家文化价值观的基础上，整合双方乃至多方的企业集团文化，以此不断创新完善企业集团自身的经营理念和企业集团文化，并通过多种手段有效传播，取得广泛的国际认同。一些著名跨国公司成熟的企业集团管理理念体系值得我们学习和借鉴，如 IBM 公司"尊重个人、服务、追求卓越"的企业集团哲学、日本松下的"自来水哲学"及由此而来的企业集团定位。[1]

此外，本土化策略是许多企业集团跨国经营常用并被认为是最有效的跨文化管理策略，对于企业集团提高跨文化交流和整合资源的能力具有重要意义。如联想集团在收购 IBM 个人 PC 业务以后，继续委任原业务主管全权负责 PC 业务运营，且没有立即对其原班人员采取大的改动，其后再通过潜移默化的资源整合，将双方 PC 业务有机地融合起来，最终实现了盈利，这是本土化策略取得成功的一个典型案例。[2]

五、加强对高素质国际化经营管理人才的培养、引进和储备

国际市场的竞争，归根结底是人才的竞争，跨国经营企业集团要想有效地防控跨国经营风险，人才这个环节显得尤为重要。不论企业集团建立了怎样完善的风险防控体系和机制，所有一切防控措施最终都要依靠人来完成，因此企业集团应加强对谙熟国际市场的国际化人才的吸引、培养和储备，特别是专业化高素质的国际化风险管理人才。通过培养或招揽一批熟悉国际法律规定的、精通跨国经营管理的复合型人才，或将熟悉跨国经营、资本运作、公司改制、环境保护、知识产权、外经外贸的专家型法律人才组成顾问工作团队等方式，为企业集团跨国经营提供强大的人才支撑。

此外，企业集团还需要建立健全专门的跨国经营风险管理机构或部

---

① Duerr, M. G. , "International Business Management: It's Four Tasks", Conference Board Record, 1996, Vol. 10, 21-25。

② 顾天辉等：《文化风险与企业国际化》，《技术与创新管理》2009 年第 1 期。

门，培养或引进专业化、高素质的国际化风险管理人才来从事跨国经营风险的识别、评价、预控、预警和保障等技术性要求较高的业务，加强对跨国经营风险相关知识的学习与研究，加强对企业集团所有员工跨国经营风险意识和风险识别能力的培养，不断提高我国企业集团防控跨国经营风险的能力和水平。[①]

主要参考文献

[1] 石建勋：《中国企业跨国经营战略》，机械工业出版社 2008 年版。

[2] 师英：《中国企业集团的跨国经营》，《国际经贸研究》1993 年第 2 期。

[3] 陈扬勇：《江泽民"走出去"战略的形成及其重要意义》，http://theory.people.com.cn/GB/40557/138172/138202/8311431.html,2008-11-10。

[4] 温海成：《浅谈跨国的一般理论及中国企业跨国的战略选择》，《经济研究参考》2007 年第 16 期。

[5] 中华人民共和国对外贸易经济合作部《中国对外经济贸易白皮书》编委会：《中国对外经济贸易白皮书：1999 年》，经济科学出版社 1999 年版。

[6] 《2000 年中国出口 200 强进出口 500 强揭晓》，http://finance.sina.com.cn,2001-08-16。

[7] 《中国企业对外投资的发展战略选择》，http://www.3722.cn/softdown/list.asp？id＝231910,2009-07-28。

[8] 刘成银等：《国际化经营：企业集团迈向跨国公司的成功之路——兼论宝钢集团公司国际化经营》，《上海企业》2002 年第 3 期。

---

① 张新胜、王媛、迈克尔·M.伯瑞尔等：《国际管理学——全球化时代的管理学》，中国人民大学出版社 2002 年版，第 498—501 页。

［9］李艳岩、王铁男：《中国企业集团跨国经营战略》，《学术交流》1996 年第 3 期。

［10］刘彦杰：《我国企业集团跨国经营的现状、问题及对策》，《北京林业管理干部学院学报》2002 年第 1 期。

［11］王杰华：《跨国经营——入世背景下企业集团发展的战略选择》，《金融教学与研究》2001 年第 5 期。

［12］商务部对外经济合作司：《积极推动实施"走出去"战略 2007 年中国对外投资和合作情况》，http://www.cbumag.com/wz_detail.asp? id = 172,2008-12-10。

［13］《近 6 年来中国对外直接投资总额增长近 7 倍》，http://news.cnfol.com/080909/101,1277,4739918,00.shtml,2008-09-09。

［14］金丹、金川：《跨国经营——企业集团可持续发展的必然选择》，《北方经济》2006 年第 8 期。

［15］姚建峰：《新形势下我国企业集团跨国经营战略的实施》，《云南财贸学院学报（社会科学版）》2004 年第 4 期。

［16］刘延吉：《中国企业集团跨国经营的若干思考》，《创新论坛》2003 年第 5 期。

［17］梁佳丽：《中国钢铁企业跨国经营的动机》，《时代经贸》2006 年第 8 期。

［18］刘阳春：《中国企业对外直接投资的特征研究》，《经济与管理研究》2008 年第 11 期。

［19］常黎、傅星国：《WTO 与中国企业国际化》，《国际经济合作》2008 年第 8 期。

［20］王林佳：《绿地投资与跨国并购的比较研究》，《商场现代化》2007 年第 17 期。

［21］赵少平、郭世江：《中国企业跨国经营存在的问题与对策研究》，《北方经济》2007 年第 17 期。

［22］《中国经济总量已占世界 6% 跨入中等偏下收入国家行列》，http://www.sina.com.cn,2008-10-28。

[23] 董山峰等：《大改革 大开放 大发展》，http://www. gmw. cn/01gmrb/2008-12/18/content_870317. htm,2008-12-18。

[24] 《2008 年中国非金融类对外直接投资同比增长逾六成》，http:// www. gzboftec. gov. cn/articles/2009-1/27572. htm,2009-01-16。

[25] "中国企业国际化战略" 课题组：《中国企业国际化战略报告 2007 蓝皮书》，http://cn. chinagate. cn/reports/2007-11-21/content_9268281_4. htm,2007-11-21。

[26] 刑必刚：《中国企业跨国并购充满机遇》，http://www. chinanews. com. cn/gj/hwkzg/news/2008/08-06/1337077. shtml, 2008-08-06。

[27] 詹碧英：《关于全球金融危机对民营企业的影响及应对的思考》，《中央社会主义学院学报》2009 年第 2 期。

[28] 李金桀、张玉玲：《中国企业 "走出去"：更大胆些，更稳健些》，http://www. p5w. net/news/gncj/200903/t2241800. htm, 2009-03-24。

[29] 陈姗姗：《首钢集团获批 1. 625 亿澳元购吉布森山 收购价是原来 2.5 折》，《第一财经日报》2008 年 12 月 18 日。

[30] 《中国五矿成功收购澳大利亚 OZ 矿业》，http://www. qqkqw. com/News/V15617. aspx,2009-06-12。

[31] 《中国南车跨国并购落定》，http://news. hexun. com/2008-11-05/110872576. html,2008-11-05。

[32] 《中海油购得加拿大哈斯基能源 50% 股份》，http://www. nengyuan. cc/2008421/Info20084212779. html,2008-04-21。

[33] 张斌、刘丹：《 "多国部队" 招商 中国变身资本输出者》，http://money. 163. com/09/0726/09/5F4V40IL00252G50. html, 2009-07-26。

[34] 《中国企业对外投资的模式分析》，http://www. caijingjx. com/putongjiaoyu/keyanxinxi/2008-03-05/287_2. html,2008-03-05。

[35] 商务部：《加快实施 "走出去" 战略的行业和区域选择》，http:// www. zjagri. gov. cn/html/gjjl/tradeCooperateView/2006012555087.

html,2004-05-09。

[36] 冯帆、赵阳：《由新希望集团看中国民营企业"走出去"》，《华商（理论研究）》2008 年第 11 期。

[37] 卢进勇等：《中国企业海外投资模式比较分析》，《国际经济合作》2005 年第 3 期。

[38] 陈益群：《中国企业实施跨国经营战略探讨》，《国际化经营》2008 年第 5 期。

[39] 朱爱东：《我国企业集团跨国经营之对策选择》，《企业活力》2003 年第 6 期。

[40] 谭燕：《海尔的美国战略及启示》，《江苏商论》2004 年第 10 期。

[41] 卢杰、黄新建：《民营企业在海外扩张中的地位及模式的选择》，《企业活力》2007 年第 8 期。

[42]《跨国经营的战略选择——创牌还是贴牌?》，http://www.qg.com.cn/articles/zhanlue/20070424113420867.htm,2009-07-30。

[43] 赵妍：《国际企业战略联盟及对我国的启示》，河北大学硕士论文，2003 年。

[44] 许晖等：《高新技术企业国际化风险感知与防范研究——以华为公司为例》，《管理世界》2008 年第 4 期。

[45] 陈万里：《国内企业实施国际化经营战略的风险分析》，《胜利油田职工大学学报》2007 年第 8 期。

[46] 江涌：《"走出去"的中资遭遇系列风险 最大的是政治风险》，http://news.xinhuanet.com/fortune/2007-10/29/content—6965721.htm,2007-10-29。

[47] 孟卫兵：《中国企业跨国经营的风险及规避策略分析》，《现代商业》2007 年第 21 期。

[48] 宋雪莲：《商务部总结跨国并购得失 政治风险最为突出》，http://www.china.com.cn/policy/txt/2007-07-09/content_8495468_4.htm,2007-07-09。

[49] 商务部跨国经营管理人才培训教材编写组：《中外企业跨国经

营风险管理比较》，中国商务出版社 2009 年版。

[50]　王菲：《中国石油企业跨国经营外汇风险及防范》，《商场现代化》2008 年第 12 期。

[51]　黄莉：《石油企业集团跨国经营财务风险的对策研究》，《陕西行政学院学报》2009 年第 2 期。

[52]　李柯勇：《中国企业跨国经营风险透视》，http://finance. sina. com. cn,2005-02-18。

[53]　许晖、姚力瑞：《我国企业跨国经营的风险测度》，《经济管理》2006 年第 1 期。

[54]　熊焰：《扶持企业走出去　政府急需完善配套措施》，http://money. 163. com/09/0703/08/5D9KAG64002534M5. html, 2009-07-03。

[55]　曾庆黎等：《论我国企业跨国经营的金融支持体系研究》，http://www. chinaacc. com/new/287_293_/2009_7_13_wa85416301317900294. shtml,2009-7-13。

[56]　谢作渺：《企业如何防范风险》，新华出版社 2002 年版。

[57]　蓝文斌：《政府在企业跨国经营中对防范风险采取的措施》，《价值工程》2009 年第 1 期。

[58]　岳思薇：《中国企业跨国经营的政治风险研究》，武汉理工大学硕士论文，2006 年。

[59]　史仕新等：《企业集团核心竞争力研究》，《生产力研究》2008 年第 21 期。

[60]　国家发改委产业经济与技术经济研究所、北京师范大学课题组：《中国前 500 家大企业集团发展报告》，《经济研究参考》2009 年第 14 期。

[61]　桑笑：《对如何提升我国企业集团国际竞争力的思考》，《现代经济》2008 年第 10 期。

[62]　王小艳：《中国企业跨国经营风险的内因分析及对策探讨》，《湖南财经高等专科学校学报》2009 年第 6 期。

[63]　许晖、李硕：《我国高新技术企业国际化经营中的风险管理研

究》,《国际贸易问题》2009 年第 2 期。

[64] 黄伟文:《中国企业跨国经营的文化准备》,《决策借鉴》2001 年第 6 期。

[65] Duerr. M. G. , " International Business Management: It's Four Tasks",*Conference Board Record*,1996,Vol. 10,21-25.

[67] 顾天辉等:《文化风险与企业国际化》,《技术与创新管理》 2009 年第 1 期。

[68] 张新胜、王媛、迈克尔·M. 伯瑞尔等:《国际管理学——全 球化时代的管理学》,中国人民大学出版社 2002 年版。

[69] 郝洪:《500 强不能总是"大老粗"》,http://edu. people. com. cn/GB/79457/9996259. html,2009-09-07。

12 政府对企业集团的管理

企业集团在一国经济中具有的重要地位和作用，决定了政府对企业集团的管理具有一定的特殊性。我国企业集团尤其是国有企业集团，与政府的关系比国外更密切，相应地，政府对企业集团的管理，特点更为突出。观察我国政府与企业集团之间关系，可以发现政府通常扮演两种不同角色：一是制度供给者角色，即政府作为社会经济运行过程中的管理者，承担着调控企业集团运行的功能；二是所有者角色，即政府作为国有企业集团的出资人，直接行使着股东权利。当政府扮演制度供给者角色时，其目标会放在经济增长、物价稳定、扩大就业、促进发展等方面，如政府通过各种经济的、行政的和法律的手段，规范企业集团的经营活动，确保市场竞争有序和经济社会平稳运行；当政府扮演出资者角色时，其目标则是追求股权投资收益、资产的保值增值等，如政府通过产权管理、交易、重组等行为来引导和参与企业集团的经营活动。上述两种角色的存在，使政府行使公共职能和所有者所职能之间存在着一定冲突。如何处理好政府与企业集团的关系，如何加强政府对企业集团的管理，是本章研究的内容。

12.1 国外政府管理企业集团：
多模式与多手段并存

尽管各国政府都或多或少地以不同形式介入了企业集团的发展，对企业集团发展的关注程度一般要比对中小企业更高，支持力度更大，但就不同国家而言，由于存在着体制上、文化上、观念上的差异，不同国家的政府，在介入模式、介入方法和程度上有明显差别。

12.1.1 政府管理企业集团的模式

国外政府管理企业集团的模式，如果要细化到按具体的手段进行划分，无疑可以划分出很多种模式。但如果主要从政府运用什么样的机制对企业集团管理，则可以划分出以下几种代表模式。

一、以美国为代表的自由放任管理模式

美国实行的是自由竞争的市场经济，对企业的直接干预很少，对企业集团的发展、运行的管理，与对中小企业的管理大同小异，更多地依赖市场机制作用。换句话说，美国的企业集团主要是通过市场竞争、通过不断兼并和联合而逐步形成的，是市场经济发展到一定时期的产物。如果说在管理上存在区别，那就是为了弥补市场机制的不足、协调企业之间的关系，政府对国有企业、垄断财团、跨国公司、中小企业分别采取相应的管理措施。具体到对企业集团的管理，主要根据市场机制作用的要求，制定了一整套企业集团运行的规则和制度，政府完全按照自己制定的规则和制度，支持企业集团的发展，调控企业集团的运行。与对中小企业的管理进行比较，政府对大企业的私人经济权力过度集中要进行限制，即通过建立严厉的反垄断法律和金融规制，防止企业的股权过度集中从而形成垄断。美国的大型企业集团，虽然经营规模很大，在世界市场上占据主导地位，但公司内部的股权比较分散。美国政府正是通过促进公司股权的分散化，实现了生产的社会化与资本的适度集中的结合。

尽管英国曾经在第二次世界大战后，利用政府力量介入到企业的发展中，在许多行业中建立了一批国有企业集团，对推动企业集团发展起到了特殊作用。但随着20世纪70年代以来的私有化运动，政府与企业集团的关系，基本回归到自由竞争时期，对企业集团的管理，与美国的模式基本相似。

二、以日本为代表的政府行政指导管理模式

日本的企业集团，主要是在第二次世界大战以后建立的，它以政府的特权保护为资本积累的杠杆，在十余年时间内，形成了以三菱、三井、住友、芙蓉、第一劝银与三和六大企业为代表的企业集团。与美国和德国的财阀相比，日本在第二次世界大战后形成的企业集团，有与政府结合紧密、经营多样化和资本为同族控制的特征，与欧美财阀时期的企业集团有明显不同。德国和美国财阀也具有同族出资的性质，但是同族可以自由运用自己的财产，也可以随意转让自己与同族共有的那份财产。20 世纪 40 年代末期，日本政府实施了"解散财阀"的改革，制定了《关于禁止私人垄断和保护公平交易的法律》（简称《禁止垄断法》），1947 年 12 月又制定了《经济力量过度集中排除法》（简称《集排法》），前者确定了禁止垄断的基本原则，其中特别规定不准设立控股公司，后者规定了对经济力量过度集中的企业的认定。

"行政指导"是日本建立政府与企业关系的重要特点，指政府为了一定的行政目的或某种政策需要，建议、劝导、说服、鼓励企业与政府达成共识和合作的做法。这种行政指导，有的有法律依据，有的没有法律依据，但都不带有法律效力。日本官产复合体制下的行政指导，是日本产业行政的核心。由于受日本特有的历史文化氛围影响，再加上政府为加快产业结构调整制定的一系列产促进产业振兴政策的推动，如通过供给调节机制在产业间重点配置生产要素，为企业的发展提供保护手段，进而达到调整产业结构、维护产业发展秩序的目的。更具体的就是在设备投资和企业合作等方面如能按照政府意图行事，政府将给予低息、减税或免税的优惠，企业集团的发展实际上得到了政府的默许和支持，① 受"政官财"复合体制的影响，反垄断的作用被弱化。

三、以法国为代表的政府计划管理模式

以政府运用市场机制和行政机制程度进行判断，法国对企业集团的管理，介于美国与日本之间。法国拥有较多的国有企业，公用事业全部

---

① 张锐：《日本政府对企业集团的管理》，《经济论坛》1995 年第 12 期，第 45—46 页。

归国家所有，交通运输、邮电通讯等基础产业部门也归国家所有，国家还控制了银行、保险、煤炭、石油以及飞机、原子能等高新技术产业。因而在对企业集团的管理中，最典型的特点就是对企业集团进行计划引导和控制。虽然企业集团是在国家的政策指导和法律约束下，按企业化和市场化规律运作，但法国政府对企业采取的"计划管理"体制，使企业要按照"计划合同制"的规定来运行，即国家计划对其运行或行为起着重大的导向和调节作用，它规定一定时期内企业的发展战略和目标，规定未来发展的基本方向、总量增长指标、相应的配套措施。实行计划管理的原则是在保证市场机制作用的前提下，国家对市场进行广泛的有针对性的调节、干预和计划，从而使企业依从计划的指导。法国政府始终按照协商的原则，使计划的制订和执行在政府与社会之间进行对话的基础上形成，尽可能使计划能够反映企业的要求，从而使计划变成政府与企业的共同行动。计划一旦制订，必须经过立法程序，具有权威性。

四、以韩国为代表的政府过度介入管理模式

20 世纪 50 年代后期以来，韩国为了实现经济快速增长的目标，加强了对企业的扶持，采取政府与企业高度结合的办法，使财阀成为韩国经济转型和升级的助推器。政府为促使企业快速发展，给予企业多方面的帮助，与企业建立起共同的利益关系。在韩国经济发展初期，由于市场不完备，政府的财政金融经济杠杆不能有效发挥作用，于是政府想通过重点扶植几个大财阀来维持经济运行秩序，达到"政府调控财阀，财阀引导市场"的目的。因此，韩国政府从一开始就采取了重点扶植"据点企业"，以大企业为中心推进工业化路线。[①] 政府为促使企业经营规模扩大，可以在极短时间内将重要企业合并。实行准入规制政策，对重化工业实行许可证制度，只允许少数企业进入某个产业领域，限制其他企业进入。政府还可以直接干预企业经营目标的确定，甚至责成某些企业必须完成年度目标，并对完成目标的企业给予有形或无形的奖励。

---

① 钟坚：《韩国大企业发展模式的历史反思与制度分析》，《深圳大学学报（人文社会科学版）》2010 年第 5 期，第 78 页。

政府通过财政补贴、信贷分配、税制优惠、进口限制、出口奖励、经营许可等手段，将本国有限的资源集中运用于对国家发展最为有利的特定产业和企业，以强化本国的产业结构，提高其在国际市场上的竞争力。韩国提出的"有指导的资本主义"，一个非常重要的特征是行政手段的多渠道介入。如为了推动产品出口，政府往往根据所获得的信息和经济形势，为各行业、各企业和各种商品确定出口指标。这种以行政力量推动企业发展的做法，在非社会主义的后发展国家中是比较罕见的。显然，韩国的企业集团是在不完全市场竞争条件和政府强有力的扶植下形成的，带有浓厚的行政色彩。

五、国外政府管理企业集团的几点启示

第一，政府对企业集团的管理必须从本国的经济体制出发，从既定的经济发展模式和运行方式出发，合理界定企业集团在本国经济中的地位，从战略上确定企业集团的发展如何才能更好地体现政府经济发展意图，如何才能提升产业竞争力进而增强国家经济实力，在此基础上建立与企业集团的关系，选择相应手段对企业集团进行管理。

第二，要明确"政府不是万能的"，以正确的态度将政府对企业集团的关注放在恰当位置，以此为前提对企业集团进行分类管理，分类制定管理的政策和选择调控其运行的手段的做法。例如，对于重要的公共事业和基础设施，政府不仅在管理上可以干预多一些，而且可以通过产权关系介入企业内部的决策；对于进入竞争性领域的企业集团，则可以让其更多的面向市场经营，政府尽可能地少干预。

第三，国有企业集团是现代经济中重要的经济组织之一，它承担着为国家提供特定产品、间接影响宏观经济运行的功能。政府要在某些需要控制的领域中发挥引导甚至支配作用，可以考虑采取建立国有企业的办法，为增强政府对这类领域的控制创造条件。

第四，政府对企业集团的管理要有一定的灵活性，可以根据各阶段的情况变化进行调整，以便更好地发挥其在经济运行中的支撑作用。比如，在经济比较景气的阶段，对企业集团的政策支持力度可以少一些，让市场机制更多地发挥作用；在经济不景气的时候尤其是出现危机时，可以通过利用政策鼓励企业集团发展，增加对企业集团的投入来抵御

危机。

第五，要防止企业集团的垄断行为，防止其绑架国民经济。大企业的发展必然会产生程度不同的垄断，反垄断是政府管理大型企业集团的重要内容。尤其是是对一些巨型企业集团，因为其在国民经济中具有重要地位，可能会以各种方式要挟政府，绑架国民经济。如韩国政府在财阀企业遇到危机甚至资不抵债时，不能让其破产，反而给予紧急援助和保护，这进一步助长了财阀"大马不死"的心理，诱使财阀不计成本、不讲利润、不怕亏损，盲目进行扩张，这样反过来又增加了财阀的经营风险。同时，韩国在推行财阀体系的改革时，一旦触及财阀的切身利益，就会引发新的政治或经济危机。① 日本也有类似的情况。

12.1.2　政府管理企业集团的体制因素

政府对企业集团的管理，受一定的制度文化背景影响。有人认为，政府之所以参与对企业集团化过程的管理，主要是基于以下三个制度性因素，即产权制度、企业治理结构和企业并购市场制度。② 这一观点指出了产权制度是影响政府参与企业集团管理的重要因素。不过，站在更广泛的视角分析，政府与企业的关系，主要受经济运行机制、产权制度和文化背景三个方面因素的影响。

一、经济运行机制

凡是推崇自由竞争的国家，都比较看重市场机制的作用，对企业集团的管理，一般运用市场手段进行，这方面尤其以美国、英国最典型。美国经济的运行机制，主要依赖市场机制建立，行政手段只能建立在尊重市场机制作用的基础上，政府对企业集团的管理，也只能以市场机制为主要手段，一般情况下不会用行政手段干预企业集团经营。尽管自2007 年发生次贷危机最后演变为国际金融危机后，政府也直接对濒临破产的大企业进行救助，但这些举措，只是面对特殊情况时所采取的短

---

① 钟坚：《韩国大企业发展模式的历史反思与制度分析》，《深圳大学学报（人文社会科学版）》2010 年第 5 期，第 80 页。

② 明静安：《企业集团扩张中的政府行为分析》，郑州大学硕士论文，2000 年。

期行动，它并没有改变按照市场机制作用要求调控企业集团运行的原则。但只要是以市场机制为基本的经济运行，就不可能在对企业集团的管理上，出现根本性的转变。相反，一些过去比较强调政府作用的国家，纷纷降低了对企业集团的直接行政控制程度，更加强调以市场手段引导企业集团发展，从而使政府直接干预企业集团运行的行为削弱。日本、法国等是例子，韩国自 1997 年亚洲金融危机后，虽然已经对政府过度介入企业集团管理的方式进行了改革，但政府对企业的管理方式，以及企业对政府的过度依赖，并没有彻底改变，更是典型的例子。

二、企业产权关系

政府对企业集团的管理，受企业集团产权关系的影响很大。美国的企业基本上为私有企业，政府和企业之间没有产权关系纽带，企业集团除了规模更大、经营领域更广、在市场中的竞争优势更强等特点外，与其他企业没有根本区别。相应地，美国政府对企业集团的管理，一直没有进入过企业的内部，按照一般企业进行管理，不仅是情理之中的事，而且已经具有沿袭这种体制的强大惯性。而在法国、日本等国家，由于曾经有过国有企业大量存在的例子，使政府在直接参与国有企业管理中，不仅积累了经验，而且形成了一定的体制基础，或者是人们经常形容的"路径依赖"。何况这些国家在不少领域都保留了一定数量的国有企业，政府沿袭过去的手段对这类企业进行管理，是有一定基础的。政府通过对经营者的任命、对投资的限制等，直接控制这类企业的经营。即使当国有企业通过某种方式（如收购、兼并、联合等）进行集团化扩张时，企业的所有权和由此引起的企业控制支配权虽然会在不同所有者之间发生转移，政府在国有企业中的控制权可能已经丧失，但它仍然可以利用在原有产权制度下建立的干预机制，影响企业运行。也可以说，企业集团的产权关系从国有向民营转化后，政府直接介入企业管理的运行机制，可以不发生同步改变。韩国的情况则更加明显。不过，对于国有企业的管理，也存在着分类别进行的问题，相应地，政府与企业的关系也有区别。如西欧国家要根据各国实际情况决定必须占有的行业部门、需要直接控制的企业数量和实施控制的具体方式，以掌握"适度"和符合市场需求关系的"临界点"，在"适度"和"临界点"范围内可以更好地发挥超市场的行政力量的调节作用；对竞争性领域中的国有企业主要是国家参股或控股的混合公司，政府一般要求其按照市场法则参加公平竞争，政府不干预企业管理，原则上对其亏损不予补贴。

三、文化背景

从各国企业集团发展的实践看，文化背景一直是影响政府与企业集团关系的重要因素。如西方各国在文化方面存在的差异，使得现代西方市场经济形成了不同的美国式自由市场经济、德国式社会市场经济和日本式管理型市场经济等。[①] 当然，文化背景产生的影响，不仅仅体现在政府与企业集团的关系中，也体现在与所有企业关系中。在关于文化背景对政府与企业关系影响的研究中，我们所看到的更多的是一种描述，或者说是一种倾向，目前还缺乏强有力的证据来证明。尽管如此，我们还是可以通过大量的例子，看到这种情况的存在。比如，美国人崇尚个人自由的文化，这种文化反映到企业与政府的关系上，表现出的是企业自主性很强，经营基本上不找政府，政府也没有直接干预企业的习惯。而在日本、韩国等亚洲国家，历来就有企业与政府关系密切的传统，这可能与这些国家崇尚儒家文化、注重团队与协作、愿意服从于权威的文化有直接关系。在这些国家中，企业虽然也高度重视市场机制的作用，对市场的依赖性很强，但与此同时，企业也对政府有较强的依赖。同样，政府习惯于利用自己的能力帮助企业发展，为使这种帮助能够更有力度，能够在短期内见到成效，于是自觉或不自觉地在采用一些行政手段干预企业集团的经营，从而在某些方面形成了与企业集团的非市场经济关系。显然，受这种文化背景的影响，企业与政府之间存在着较为密切的相互依赖关系。

12.1.3 政府管理企业集团的常用手段

政府是最具权威的公共行政管理组织，所拥有的权力与其他非政府组织的权力相比，具有不可比拟的天然优势。政府权力具有权威性、强

---

① 谢汪送：《日本管理型市场经济的特征及对我国的启示》，《产业与科技论坛》2008 年第 5 期，第 254 页。

制性、普遍性、排他性。政府可根据国家宪法赋予的责任和权力，出于国家战略的考虑，拥有调动、分配和优先使用各种资源的权力，具备对产业的经济活动采取鼓励或限制的能力。相应地，政府对企业的管理，既运用经济手段，也运用行政手段和法律手段，还运用其他手段。各种手段不仅独立的发挥作用，而且也通过合理搭配发生作用。从各国实际看，常用的手段如下：

一、经济手段

经济手段是使用最广泛和最频繁，作用效果最明显，与市场机制结合最密切的手段。尤其是在市场经济国家，经济手段是最主要的手段，其他手段处于从属地位。

在大多数国家中，政府对于一般企业集团的管理，常用的经济手段有税收、利率、财政、汇率、债券等，与政府在宏观经济调控中运用的手段基本相同。不过，这些手段在针对不同企业集团时，会进一步细化和具体化，一般要从数量上、各种手段的组合运用上，对企业施加影响，使其按照政府的意图发展。如鼓励开发新产品，政府可能会从让税、贴息、政府采购等方面进行支持。对国有企业集团的管理，政府可以运用的经济手段则更多一些，除了运用上述手段外，政府还要控制企业的计划、预算、投资方向选择和价格，也包括发放贷款、提供补助金、提供优惠利率引导企业投资等。还有就是控制投资收益率一类投入产出指标，如果企业投资的预期收益率大大高于资本利率，政府往往予以鼓励；如果低于或接近资本利率，政府的审查就特别严格。

二、行政手段

行政手段的运用，主要针对国有企业集团。采用什么样的行政手段干预企业，引导企业经营，没有明确的范围规定，各个国家在具体运用中差异明显。如欧洲一些国家对国有企业的管理，直接将行政手段深入到企业内部，如政府直接任命经营者，规定经营者报酬；对投资项目进行控制，凡是投资达到一定额度的项目，均要由政府有关部门审批。又如通过划分项目投资额的管理权限，直接影响国有企业集团的投资；向企业派常驻官员，直接深入到企业集团的管理中。如财经部派出的"国家监督官"、主管部派出的"政府专员",他们的工作就是负责检查和通报企业的生产经营情况。

三、法律手段

政府对企业集团的管理,法律手段是重要的手段之一。运用法律手段对企业集团进行管理,首先是建立经济规范运行和公司规范运行法规,引导企业集团合法合规运行,严格按照合同履行义务,按照环境法保护环境,按照市场规则参与竞争。然后,政府按照相关法规对企业进行分类登记和管理。如对在竞争性行业的国有混合股份公司,按私法管理;对公益性和垄断性公营企业,以公法作为法律基础。购并立法直接影响企业购并的公正性和规范性,完备的法律将保障企业购并的规范发展。

除上述三种手段外,许多国家还根据自己的情况,运用文化、社会等辅助手段,对企业集团进行管理。

12.2　中国政府对企业集团的管理:
政府主导发展型

12.2.1　中国政府与企业集团之间关系的演变

中国政府对企业集团的管理,先后经历过传统计划经济体制下的管理、转轨时期的管理、建立现代企业制度时期的管理三个阶段,其管理关系变化的过程,反映了政府对企业集团的管理,经历了从形成到逐渐成熟的过程。

一、传统计划经济体制下的管理

在计划经济体制下,政府与企业的关系,是行政上下级关系,政企高度合一。政府对企业的管理,完全按照行政隶属关系进行管理。企业生产什么、生产多少要由政府决定,企业生产的产品由政府统一销售,企业的管理人员和职工由政府统一安排。这一时期的企业,不完全具备企业的特性，更没有真正意义上的企业集团。如果我们要将一些规模很大的工厂假定为"企业集团"，那么，这类"企业集团"完全受政府直接控制，没有自主经营权。在理论上，我们将政府与企业都视同为社会主义经济制度下不同的行政主体，只是在承担的职能上有差别，政府承担管理职能，企业专司生产职能。正统的政府管理企业的理论和企业经营的理论，不适合这种体制下的政府和企业，行政管理理论是政府管理企业的主要理论依据。

二、转轨时期政府对企业集团的管理

严格地讲，政府对企业集团的管理，出现在这一时期。从 20 世纪 80 年代开始，政府以大型国有工厂为依托，利用行政的办法，组建了一些国有企业集团。早期的企业集团完全没有产权纽带，主要是销售、产品生产上的横向经济联合。政府对这类集团的管理，仍然沿袭计划经济体制的做法，对其进行全面的计划管理，企业集团除了拥有非常有限的产品生产和销售自主权外，与政府的关系没有大的变化。政府对企业集团的管理，还是传统计划经济体制下的行政管理关系。20 世纪 90 年代以后，以股份制改革为重点的企业产权制度改革，开始扩大到大中型国有企业，一些企业按照股份制的要求，对国有工厂进行改组，组建股份制公司，由此建立了一批相对独立的大型企业。同时，经济运行机制出现重大突破，以市场为导向的改革，督促企业进入市场按照市场机制作用经营，使政府和企业的行政隶属关系开始解体。在这种情况下，已经建立起来的一些以产权关系为纽带、初步具备集团特征的企业，必须界定自己与政府的关系，从而建立依赖市场自主经营的机制。这一时期政府管理企业的理论，是在将企业视为相对独立的经济利益主体或者将企业模拟为独立商品生产者的前提下，建立了经营权与管理权相分离的"两权分离"理论，并且按照市场经济理论设计政府管理企业的机制。

三、市场经济体制时期对企业集团的管理

建立社会主义市场经济体制目标提出后，作为微观主体的国有企业，开始按照现代企业制度要求进行改革，政府与企业集团之间的关系进一步规范，从政企合一的体制向政企分开、政资分开的方向转变。如

何建立政府管控企业集团的体制，政府如何在不干预企业自主权的前提下推动企业集团发展，更好地担当起为企业集团服务的角色，成为重要内容。在这一阶段有两大特点：一是政府在调整国有经济战略布局中，通过促进要素向优势企业集中，组建了一批大型企业，形成了一批中央和省市区政府监管的国有企业集团；二是为规范政府与企业之间关系，进一步明确出资人，中央、省市区、地级市三级政府建立了专司国有资产管理的机构，形成了新的国有资产管理和经营体制。在理论上，我们廓清了政府与企业角色的理论混乱，强化了政府作为公共管理者的角色，弱化了作为资本所有者的角色；强化了企业集团作为经营者的角色，弱化了行政单位的角色。政府对企业集团的干预，不是简单地用行政手段代替市场进行资源配置，而是在市场配置资源机制发挥基础性作用的前提下起作用。

12.2.2　政府管理企业集团的突出特点

中国政府对企业集团的管理，虽然大量学习和借鉴了发达国家的经验和做法，但受企业集团产生的特殊性、中国经济运行的特殊性等影响，在建立与企业集团关系、选择管理企业集团运行的手段等方面，有一些比较明显的特色，甚至可以说是在包揽企业集团的发展任务。

一、企业集团的产生主要由政府推动

政府推动企业集团的形成和发展，在国外有不少例子，如第二次世界大战后的日本、法国、英国等国家，最典型的就是韩国政府。韩国在经济起飞阶段，通过利用经济的、行政的和法律的手段，大力推动企业集团的发展，在较短时间内形成了一批有影响的企业集团。但这些国家的做法，与我国有很大区别。首先，这些发达国家在第二次世界大战后组建国有企业集团，既是为了弥补市场机制作用缺陷而采取的措施，也是在战后为了使经济得到迅速恢复而采取的特殊措施。我国组建国有企业集团，主要是推动国有经济布局的战略性调整，使国有经济分布过宽的状况得到调整，推动企业集团发展的基础和动因不一样。其次，日本、韩国等国的许多企业集团，是以私有企业为基础发展起来的。在日

本经济中，企业集团占主体的是财阀，实质上是家族控制的企业。韩国的企业集团，也是以家族式的私有企业为基础建立。我国占主体的是国有企业集团，建立的基础也是国有企业的改制重组。近年来，虽然政府大力鼓励非公有制企业发展，民营企业集团和国外投资的企业集团数量在迅速增加，但远不如国有企业集团的数量多，对国民经济的影响比较有限。最后，国外政府推动企业集团的发展，有相对完善的市场经济环境，可以更好地利用市场机制去促进。我国目前的市场化水平还不高，企业要通过市场整合生产要素，遇到的困难多，对政府必然会存在着很强的依赖性。

二、企业集团的运行与政府关系密切

从我国企业集团产生的背景可以看到，政府与企业集团之间存在着天然的联系，与许多国家的情况差异明显。正因为如此，政府在调控企业集团的运行中，有着许多不同于国外的特点。首先，政府在多数企业集团中有自己的股权，许多大型企业集团的股份受政府控制。政府利用自己能够控制企业的有利条件，全方位地介入到企业集团的日常运行中，直接影响企业集团经营的宗旨、目标和行为。有的企业的经营目标也是由政府制定。其次，由于国有资产的出资者由各级政府分别代表，形成了中央、省区市、地级市三级监管的国有企业集团。县（区）一级尽管没有设立专门的国有资产监督管理代表机构，但政府仍然直接管理了一定数量的国有资产，只不过县级政府监管的国有企业，规模一般都比较小。中央和省区市监管的国有企业，大多数为国有控股或者独资的企业集团，就是地级市一级政府监管的国有企业，也有一些达到了企业集团的标准。再次，政府直接派出人员担任企业集团的董事和监事，政府的行政管理理念和方式被带入到企业集团，与企业集团相对复杂的行政组织结构方式融合，形成了既有政府管理方式又有企业集团经营方式的结合。这种情况，在国外不多见。最后，企业集团在遇到困难时，政府会积极地对其进行救助。在国外，虽然政府也会对遇到困难的企业集团给予帮助，但这种帮助限制很严，必须要得到有关方面的容许，受社会制约很大。但在我国，政府救助困难企业，一般是按能力来决定救助程度的。只要政府有能力，就一定会千方百计帮助企业克服困难。

三、企业集团的规模扩张和调整受政府支配

发达国家大多数企业集团的规模扩张，靠的是自主经营。无论是新项目的投资还是收购兼并，都由企业自己决定。相应地，企业在决定上项目时，决策速度快、效率高。我国的国有大型企业集团，重大投资项目要报政府，有的项目要经过政府批准，不仅企业缺乏自主权，而且决策时间长，常常会影响项目的及时实施，错过投资的好时机；有的投资项目往往是政府在直接安排；有的项目虽然不一定符合企业的情况，但政府一旦做出决策，企业不得不执行。在国有企业集团发展过程中，还频繁出现政府要求企业收购兼并困难企业或者为了扩大规模要求企业简单合并的做法。

此外，还可以概括出一些其他特点，如企业集团对政府的政策依赖性强，政府将企业集团的发展作为政府工作的重点，企业集团在政治上要享受与行政级别相关的待遇，等等。无论从哪个角度去观察，有一个最基本的特征就是政府在主导企业集团发展。

四、企业集团在间接地承担政府的某些职能

企业集团尤其是数量庞大的国有企业集团，在政府的宏观调控中，承担着作为政府调控经济运行工具的作用，是"政府调控企业集团，企业集团影响市场"的重要载体。例如，政府根据企业集团在产业组织中具有的引领和主导作用，通过鼓励企业集团向上下游或横向延伸，达到提高行业集中度、提高要素配置效率的目标。在推进产业优化升级中，政府通过影响企业集团的产业发展方向，使其成为引领产业优化升级的火车头。在经济出现过热时，政府通过限制大企业的投资冲动，达到抑制经济过热的目的；在经济不景气时，政府通过鼓励大企业增加投资和生产，起到稳定市场信心的作用。在一定程度上可以说，企业集团是政府宏观调控的着力点。

12.2.3 政府主导企业集团发展的优点与问题

政府主导企业发展的体制，虽然对于迅速推动企业做大做强的作用

非常明显，但也存在着不少问题，正确地认识和分析优劣，有助于进一步规范政府与企业集团之间的关系，促进企业集团健康发展。

一、政府主导企业集团发展的优点

政府主导企业集团发展，有利于迅速增强企业集团实力。我国是一个落后国家，表现在企业发展上，就是企业规模小、竞争能力弱，如何迅速增强企业实力，是摆在企业和政府面前的重大课题。从发达国家的经验可以看到，如果仅靠企业自身能力去实现规模扩张和竞争能力提升，其过程比较长，既不能满足中国经济发展战略目标提出的要求，也不能满足参与经济一体化条件下的国际竞争的要求。政府运用政策、资金、部分资源的开发权等推动企业发展，与企业一道建立内外共推的合力，可以使企业得到更快的发展。这种做法，无论是发展中国家还是发达国家，都可以找到例证，其中韩国、日本等东亚国家是典型代表。

政府主导企业集团发展，有利于弥补市场机制的不足。在市场经济还不尽完善的情况下，企业的规模扩张存在着要素市场不全、环境条件较差等问题，政府更多地介入企业集团的发展，有利于用行政手段弥补和纠正单纯市场机制存在的缺陷，实现规模效益，避免过度竞争。应当说，政府在培育要素市场、推进各方面的管理体制改革、促进资源充分有效配置方面，目前的影响仍然很大。尤其是政府掌握了一部分与企业规模扩张相关的资源，有能力帮助企业克服市场不能提供的条件，节省时间，节约交易费用。

政府主导企业集团发展，有利于打破条块分割与地方封锁。在企业集团的发展中，政府干预更多，再加上这种干预的权力分散在各部门和各级政府手中，如果企业在投资和购并企业中，一旦遇到行政障碍，要靠企业自己去解决很难。在这方面，利用政府的力量来协调、促进，借助一些行政手段来帮助企业实现扩张，其优势会比较明显。

二、政府主导企业集团发展的问题

应当看到，政府主导企业集团发展，也存在不少问题。

（1）企业集团对政府的依赖性强，削弱了企业自主发展的意识。由于企业长期依赖政府的帮助，这种帮助不仅体现在各种政策支持上，体现在容许国有企业集团优先进入一些垄断领域上，也体现在政府直接向其投入资金和无形资产上，还体现在政府运用自己的力量动员社会支持企业发展上。企业集团长期在这种环境中生存，已经形成了对政府的较强依赖关系。这种状况，对企业的长远发展是不利的。企业集团面向市场自主经营，是培育国内有实力的市场竞争主体、培育国际化大企业的必由之路。如果形成对政府的依赖，就很难树立强烈的竞争意识，很难建立面向市场经营的机制。

（2）利用行政方式撮合的企业集团，难以进入良性发展轨道。我国政府在推动企业集团发展的过程中，常常将经营业务关系不大的企业合并在一起。从表面上看，这类企业的资产规模、经营规模都上去了，满足了规模扩大的要求，但业务之间并没有太多的内在联系，只是挂了一个牌子，内部的关联度很低，不仅对提升企业竞争力的作用不大，而且还会削弱撮合在一起的各企业的竞争力。更为突出的问题是，一些部门和地方将企业集团看成是拯救危困企业的工具，要求强势企业兼并困难企业，按以强带弱、以优拖劣的思路推进企业集团化，达到为政府分忧、"帮贫扶困"、转嫁亏损的目的。这样做的结果是卸掉了政府的财政包袱，却增加了优势企业集团的负担。

（3）政府具有的双重角色，使企业集团的效益目标难以落实。政府的主要任务是提供公共服务、调节宏观经济运行、扩大就业、保持物价稳定等，不会将追求经营利润放在重要位置。当政府直接介入到企业集团的管理后，很容易自觉或不自觉地将在履行这种职能中树立的理念带到企业中，使企业的经营尽可能地兼顾到社会公共服务职能与企业经济效益之间的关系。应当承认，现代企业在从事经营中，必须履行一定的社会责任，对于国有企业而言，履行社会责任应当更多一些。但是，履行社会责任的前提，必须确保企业利润最大化，不能因履行社会责任而让企业放弃对利润的追求。尤其是当企业集团的经营与政府的职能目标发生冲突时，政府自然会利用其主导企业集团发展建立的体制机制，要求企业服从于政府的职能目标，这种情况，对企业的经营效益会产生严重影响。

（4）资产监管有制度难落实，资产的隐性流失难以控制。政企不分的合作，容易造成政府与企业职能错位，产生"政经勾结"、"权钱交易"的腐败现象，虽然对国有控股或国有独资的企业集团的资产，已经建立起了监管的机构和制度，但实际上，由于政府监管的任务只能落实到机构难以落实到具体执行人，在监管过程中往往会出现监管不到位、监管责任人不认真履行职责、监管随时受到非经济因素干扰等问题。这种运行方式，难以保证资产监管的有效性，难以保证资产不出现流失。

（5）政府在支持国有企业集团发展的同时，对非国有企业集团发展产生了抑制作用。政府不仅将大量资源投入到国有企业集团中，而且通过税收、财政补贴、优惠贷款甚至直接划拨的方式，对国有企业集团提供帮助。当国有企业集团遇到非国有企业的竞争，往往寻求政府的政策保护，由此在一些领域中建立了进入障碍，确保了自身的垄断地位。尽管我们也制定了鼓励非公有制企业发展的政策，并且一再承诺放宽投资领域限制，大力鼓励非公有制企业进入过去由国有企业控制的领域，但国有企业集团的特殊地位和政府支持其发展的态度，无形中制约了非国有企业在垄断领域中的发展。

12.3　完善政府管理方向：强化经济手段，弱化行政手段

完善政府对企业集团的管理，方向应当是强化经济手段的作用，弱化行政手段的作用；对各种经济性质的企业集团实行基本相同的管理政策，建立更加公平的、有利于企业集团的发展环境。因此，以市场机制为基础的经济手段调控，是政府管理企业集团的根本手段。

12.3.1　运用经济手段调控企业集团运行

我国政府在企业集团管理中运用的经济手段，与发达市场经济国家没有太大区别。如果要说存在什么差别的话，这种差别主要表现在运用力度、运用范围上。根据国内外政府运用经济手段的经验和我国的实

际，我们应逐步加强运用经济手段对企业集团进行管理。

一、财税手段运用要更加多样化

财税政策是政府管理企业集团的重要手段。政府在促进企业集团发展和调控企业集团运行中，最常用的就是财税手段。因为财税手段掌握在政府手里，运用的方式可以灵活多样，是政府在调控企业集团发展中能够自主运用的最重要手段之一。同时，财税手段对企业的利益影响明显，企业通过财税优惠政策得到的实惠多，积极性自然就高。

我国在对企业集团的税收管理中，已经经历过多次改革。1994 年，《国家税务总局〈关于大型企业集团征收所得税问题的通知〉（国税发［1994］27 号)》规定："经国务院批准成立的企业集团（第一批试点企业集团 55 家），其核心企业对紧密层企业资产控股为 100% 的，可由控股成员企业选择由核心企业统一合并纳税，并报国家税务总局批准。"首次明确了试点企业集团可以经批准实行合并纳税。1996 年，国家税务总局关于印发《总机构提取管理费税前扣除审批办法的通知》（国税发［1996］177 号）又进一步对总机构管理费在所得税前提取和扣除问题进行了明确。文件规定："凡具备企业法人资格和综合管理职能，并且为其下属分支机构和企业提供管理服务又无固定经营收入来源的经营管理与控制中心机构（以下简称总机构），可以按照细则的有关规定，向下属分支机构和企业提取（分摊）总机构管理费。具有多级管理机构的企业，可以分层次计提总机构管理费。"此外，政府在支持企业集团的发展中，已经建立了多方面的支持政策。

不过，在现有财政体制下，财税政策的运用，仍然存在着一些障碍。现行分税制下企业所得税按不同隶属关系分别上缴中央财政和地方财政，使得不同级财政所属企业的合并面临非常复杂的利益调整，使得中央企业和地方企业难以联合，跨地区企业也难以合并。

进一步完善运用财税手段鼓励企业集团发展的政策措施，可以考虑在以下几方面进行：

第一，对组建后的企业集团，内部成员企业的税收解缴，要由母公司统一进行，实现财政渠道的统一。考虑到地方利益，可以建立相关地方参与分税的办法。

第二，通过减税或免税的办法，鼓励企业集团做大。如政府为了让企业集团积极地参与收购兼并，政府承诺对购并后的企业在一定时期内减免税收。企业集团内的各子公司实现的利润，可以在集团内部进行充抵后，实行统一纳税，从而降低了纳税负担。

第三，对企业集团扩大生产规模，或者用实现的利润进行再投资，政府通过减免投资方向调节税（不是在各个时期都有），对新增生产能力在一定时间内减免税收，对新投资项目给予财政补贴等方式，对其进行支持。

第四，对企业集团的新产品、新技术开发，对设备和工艺的技术改造，对市场宣传和拓展等的全部或部分费用，允许实行税前抵扣，或者政府给予财政贴息、直接补助等扶持。

第五，在企业集团开展对外贸易和引进设备中，政府可以对鼓励出口的重点产品给予一定比例的退税，对限制出口的产品不能享受退税政策优惠，对企业集团引进先进设备和技术免进口税等。

我国正在加快转变经济发展方式，转变经济发展方式中最重要的内容就是促进经济结构优化升级，其中，企业组织结构的合理化、产品结构的合理化是最重要的内容之一。政府要明确把按现代化大生产要求建立起来的企业集团作为财政政策支持的重点，改革现行按企业行政隶属关系缴纳所得税的制度，使征税权与产权分开。充分利用财税手段鼓励企业集团整合资源，收购兼并，扩大规模，开发新产品和新支柱，能够为转变经济发展方式提供有力支撑。

二、金融手段运用要更有针对性

企业集团的发展需要大量的资金支持，光靠企业集团自身的努力，存在着较大的困难。因此，利用金融政策扶持企业集团发展，有着很大的调控空间。

我国现行的投融资体制不适应企业集团发展的要求。企业集团整体上不能成为投资主体和融资主体，核心企业也未能发挥投资中心和融资中心的作用，财务公司的设立和运作相当不便。从间接融资看，主要靠银行信贷，由于集团外部现行的投资体制关卡多、程序复杂、项目审批和贷款额度审批相互不配套，行政条块分割致使许多企业融资困难。另外，企业直接融资更困难。

虽然金融手段的运用，要受市场机制的制约，尤其是金融机构在向企业提供贷款方面，以及利率水平的确定方面，有着较大的自主权。但是，政府通过提高或降低存款准备金率，发行各种票据，增加货币发行量，放宽和收缩贷款规模、规定利率浮动区间，规定不同期限贷款比例等，间接或直接影响银行对企业集团的贷款规模、企业债的发行规模等。

政府要引导企业集团通过重点企业债券、股票优先上市、扩股融资、售股变现等多种资金渠道筹资，积极支持有条件的企业集团开办财务公司和成立信托投资公司等多种方式，推动企业集团从间接融资向直接融资过渡，增强企业集团筹资、融资能力。还可通过债转股方式从更深层次解决不良债务问题，适当放宽兼并方资产负债率，将被兼并企业所需核销的资金作为企业集团兼并该企业的补偿，对被兼并企业贷款停、免息冲销银行坏账准备金不足的，可以调剂使用呆账准备金等政策，加快完善现行支持企业集团化的金融政策。

政府还可以通过引导银行根据客户需求和自身资金状况支持企业集团重点项目和重点企业的生产经营，扩大公司的融资服务能力。如某省银行信贷支持重点中，就提出要重点支持在经济中具有基础性地位、发展前景好、具备一定垄断特性的行业，如电信服务行业，供电、供水、供气行业，石油、电力等行业，具有国际化经营优势的世界500强企业及其他优质外资企业，综合实力强、核心业务突出、运营稳健的大型集团企业，已形成较大规模的重点骨干企业，受规模经济、政府管制等因素影响行业门槛较高，产品在国内市场有一定份额、在区域市场占有较大份额的基础行业等。

三、投资手段要注重与其他手段配合

对企业集团的投资政策，是国家整个投资政策的重要内容之一。政府通过调节企业集团的投资规模、投资结构以及重大建设项目等，引导企业集团的发展。在很多时候，投资政策与产业政策、计划手段等分不开，因此，投资政策是介于经济手段和行政手段之间的政策手段。

要加快制定促进企业集团母公司作为承担国家重点项目投资主体的

具体政策，使企业集团母公司具有完整的投资功能和决策权，真正成为集团投资中心，并承担投资的风险责任。

四、高度重视价格手段的运用

许多大型企业集团在行业中占据了垄断地位，能够主导价格走向，对经济和居民生活的影响很大。如我国的大型煤炭、石油、天然气、电信、电力、水务、铁路、公路、航空企业等，如果将定价权完全交给企业集团，将会产生许多负面影响。因此，加强政府对企业集团的价格引导，通过资源供应、根据国际市场价格和我国实际制定价格浮动范围等，将价格控制在合理的区间内，是政府必须做的事情。

五、对一些企业运用专门的手段

除以上四种主要手段外，还有外汇手段、贸易手段、技术手段、环境手段等，虽然这类手段的运用不具有普遍性，但对一些企业集团而言，这类政策的作用非常重要。如政府对外向型企业集团，应引导其扩大进出口业务范围，在进出口配额、许可证、出口调节资金、海关监管便利等方面对其实行倾斜，并优先落实出口信贷规模等，使其享有等同于外贸企业的政策。政府还可综合运用财税、金融等政策手段，促进企业集团的技术改造、技术开发、技术转化及技术产业化。如可筹划和规范风险投资，强化证券市场管理，使科技板块处于优势地位，加大技术改造信贷投入力度，制定对技术创新项目贷款实行低息、贴息，拓展科技融资渠道等优惠政策。

12.3.2　运用法律手段规范企业集团管理

运用法律手段规范企业集团管理，重点是在现有法律法规基础上，针对企业集团发展与运行特点，建立和完善相关的法律法规。在这方面，仍然是一个薄弱环节。对已不适应企业集团发展的法律法规进行规范，是政府管理企业集团的一个长期和重要的任务。

建立和完善针对企业集团的法律法规，主要包括以下方面：

一、完善企业集团的登记管理法规

由于企业集团的定义内涵丰富，如以资本为主要联结纽带，由母公司、子公司、参股公司及其他成员企业或机构共同组成，具有一定规模的企业法人联合体等，实际操作中比较难把握，因此，明确地界定企业集团范围，完善登记管理的规定，有利于政府指导对其进行指导。在建立现代企业制度中，我国已经制定了相关的登记管理法规，并在规范企业集团发展中发挥了重要作用。但是，这些登记管理法规还很不完善，有的方面甚至存在着混淆的情况。进一步完善这类法规，需要从母、子公司范围的界定，母公司应当具备的资产规模、母、子公司关系变更的程序、管理机构的组织和职权、机构负责人的产生程序、任期和职权、审批的机关、运行的方式等方面逐步建立相对规范和统一的法规。

二、完善企业集团运行的管理法规

政府应尽快形成以专门的企业并购法为主体，以公司法、反不正当竞争法、金融法、税法、国有资产管理法、社会保障法等相关法律规范为补充的多维法律体系，以法律形式明确企业集团作为并购行为的主体具有的要求，明确政府部门在企业集团发展中的宏观职能，明确并购过程中的财产处理规范、工商登记、产品商检、统计标准以及职工安置等问题。企业集团化过程中的多维法律体系，不单是几部法律的问题，还应建立健全一整套的法律保障体系，即产权交易市场秩序化、政策法规明确化、政府行为规范化、国有资产管理法律化、金融体制完善化和收购程序合理化等。这样，在企业集团发展过程中，政府通过法律引导、法律规范、法律保证，对企业集团发展实行法律化、规范化的协调与管理，使企业集团发展真正纳入法律轨道健康发展。

三、建立适应我国企业集团的反垄断法规

从国际上看，垄断与企业集团关系最为密切，可以说是企业集团的伴生物。一方面企业集团内部特殊的组织形式而导致的交易关系可以带来一定的经济利益，另一方面它的存在也有可能破坏公平自由的市场竞

争环境，损害消费者权益①。正如于左所指出的那样，企业集团作为一种企业间组织，兼有"企业性"与"市场性"二重属性；企业集团的"二重性"是导致企业集团垄断行为隐蔽性和复杂性的根本原因；处理企业集团的反垄断问题需要准确判断企业集团行为属性。② 因此，政府对企业集团垄断性的管理，必须根据具体情况具体分析，尽量平衡兼顾各方的利益，做到既规制垄断的危害之处，又不影响到企业集团的规模发展。

在我国，由于许多国有大型企业集团进入了完全垄断，或者进入限制很严的领域，垄断性更强，故反垄断的任务越重，必须建立更加完善，更加适合我国国情的反垄断法律法规。在法律法规的制定中应重点考虑以下内容：

（一）针对合谋建立反垄断法律法规

根据国际经验看，与企业集团有关的合谋可划分为两种：第一种是企业集团内成员企业之间的合谋，如企业集团内的母公司与子公司以及处于同一母公司控制下的姊妹公司之间的合谋；第二种是企业集团内成员企业与企业集团外企业的合谋。这两种合谋在性质上有所不同，不同的性质决定了合谋是否受反垄断法管辖。对于第二种合谋，一般认为应受反垄断法管辖，并需根据本质违法原则予以认定。在我国，由于第二种合谋对公平的竞争秩序影响大，应作为法律法规制定时关注的重点。

（二）针对控制价格建立反垄断法律法规

我国的国有大型企业集团在产品的定价方面具有很强的支配能力，因为许多大型国有企业在行业中占据很大市场份额。我国的反垄断法还没有针对这种占有绝对市场优势的企业集团制定相关的抑制法规。当然，企业集团除了价格控制外，还对不同的对象采取不同的价格政策，以致出现价格歧视的情况。针对这类垄断行为，必须尽快从法律上进行规范，尽快建立相关法律法规势在必行。

---

① 张靖：《论对企业集团限制竞争协议的反垄断规制》，《湘潭大学学报（哲学社会科学版）》2009 年第 2 期。

② 于左：《企业集团引发的反垄断难题》，《中国工业经济》2007 年第 12 期。

（三）禁止设立垄断性企业集团

除国家有特殊要求的以外，对企业集团的新设、合并、兼并等，要有禁止设立垄断性集团的规定。对已经形成的垄断性集团，要通过拆分等方式，形成一定的竞争环境。

12.3.3　合理运用行政手段促进企业集团发展

我国促进企业集团发展的行政手段，可以在多个领域和以多种方式运用，产生的作用力比较直接，如果行政手段运用得好，容易在较短时间内收到明显效果。由于我国的企业集团尤其是大型国有企业集团，承担着部分准公共产品的生产，担负着重要的社会责任和保障重要产品的供应，其建立和运行方式有一定的特殊性，不能照搬国外管理企业集团的办法，适度地运用行政手段调控企业集团的运行，更适合我国企业集团的发展。

用行政手段管理企业集团，除了利用产权关系直接介入到国有企业集团内部参与决策外，应更多地利用政府的宏观调控权力，干预企业集团的运行。主要手段包括：

（一）产业政策

产业政策也可以建立在市场机制作用的基础上，成为一种非行政干预手段。但从日本等国的做法看，它的确是政府干预经济生活的重要手段之一，它将政府的宏观经济管理与企业的微观经济活动有效地结合起来。政府根据产业发展需要，规定哪些企业属于重点扶持对象，哪些产业属于重点限制对象，其背后都是以行政规定作为支撑。如政府重点扶植和保护特定产业的政策，主要是适当保护重点发展的产业部门的企业，为企业集团的发展提供保护。我国有多年成功运用产业政策的经验，适度的利用这种政策手段，可以更好地推动我国企业集团的发展，应当作为重要的宏观调控手段运用。

（二）计划指导

除了在特定时期和对特定的企业集团采取严格的、具有约束力的计划外，要增加经济计划的弹性，明确其不是指令性的，而是对企业集团发展的一个导向。在多数情况下，计划可以不对企业集团有约束力，同时在计划实施过程中，还要根据内外环境的变化进行适时调整。但可以针对不同企业的特点，采取行政指导的办法，与日本的做法类似，就是政府行政机关为了一定的行政目的或某种政策需要和期望，以口头或书面方式，对企业集团实行一种非权力性的行政措施，诸如建议、劝导、说服、鼓励等，以取得共识和对方的合作，从而实现政府的意图。

（三）土地政策

我国的土地配置制度是在政府直接干预下进行的，它带有非常浓厚的中国特色。考虑到中国土地资源非常有限，如果将土地交给市场去调节，可能达不到设想的目标。政府可利用土地指标调控企业集团的发展，对需要鼓励发展的企业优先满足其用地要求，对不符合发展方向的企业不提供用地，从而起到支持或限制的作用。

12.3.4 政府管理企业集团的政策措施

在促进企业集团发展，规范企业集团行为方面，国务院和各省市出台了一系列的政策和管理办法，对推动企业集团发展起到了极大地促进作用。

一、国家促进企业集团发展的政策措施

国务院在 2001 年批转的国家经贸委等部门《关于发展具有国际竞争力的大型企业集团指导意见》（国办发〔2001〕90 号）中明确指出，要按照市场经济规律发展企业集团，充分发挥市场在资源配置中的基础性作用，主要内容包括：

（1）坚持政企分开，避免行政干预，不搞"拉郎配"；政府要转换职能，为企业集团发展创造公平竞争的外部环境；企业集团要健全和完善作为市场竞争主体的各项功能。

（2）政府制定有关政策和办事程序应参照国际通行规则进行规范，为我国企业集团与国外跨国公司的竞争，创造公平的外部环境和条件。

（3）对具备条件的企业集团的国有资产实行授权经营。通过授权经营，明确和规范政府与企业集团的关系，建立国有资产经营责任制度，使企业集团成为投融资、结构调整和技术创新的主体。

（4）政府通过派出监事会，对企业集团的财务活动及企业集团负责人的经营管理行为进行监督，对企业集团负责人的经营管理业绩进行评价，并提出奖惩、任免建议。鼓励企业集团探索对经营管理人员的激励约束机制。

（5）支持具备条件的企业集团整体或主营业务在境内外资本市场发行股票，借助资本市场的规则和竞争压力，规范经营行为，增加决策的透明度，切实转换经营机制。对具备偿债能力的企业集团，可在国家批准的额度内，发行企业债券，有的经国家批准可在境外发债。

（6）选择一批大型的重点骨干企业集团，其中长期总体发展规划，经国务院或有关部门批准后，除国家另有规定或规划变更外，其具体投资项目不再审批，由企业集团按规划分步实施，报国务院有关部门备案。鼓励具备条件的企业集团进行技术创新试点。

（7）建立政府有关部门与企业集团定期沟通渠道。国务院有关部门定期召集会议，听取有关企业集团的情况汇报，研究企业集团在市场竞争中取得的经验、成效和遇到的问题。国家拟出台的支持企业发展的重要政策措施，可在企业集团中先行试点。

二、一些省级促进企业集团的政策措施

（一）四川省实行的政策措施

四川省在 2007 年出台的《四川省培育大企业大集团工作实施意见》（川府发 ［2007］ 27 号）中，对政府支持企业集团发展的政策比较具体，是经济手段、行政手段、法律手段结合后的运用，主要内容有：

对符合国家鼓励类产业的企业，依法享受 2010 年前减按 15% 的税率征收企业所得税的税收优惠政策。

企业为研究开发新产品、新技术、新工艺，在一个纳税年度实际发生的技术开发费，在按规定实行 100% 扣除的基础上，可再按当年实际发生额的 50% 在企业所得税税前加计扣除；年度实际发生的技术开发费当年不足抵扣的部分，可在以后年度所得税应纳税所得额中结转抵扣，抵扣的期限最长不得超过 5 年；经省级认定的创新型企业中的高新技术企业，可参照前 3 年实际发生技术开发费的平均数，实行研发经费预提留列支，年终据实结算。

符合国家产业政策的企业技术改造项目，其项目所需国产设备投资（不包括财政拨款）的40%，可从企业技术改造项目设备购置当年比前一年新增的企业所得税中抵免。

用电指标向纳入培育范围的企业重点倾斜，优先保证枯水期用电，特别是要确保迅速做强做大类企业生产、项目建设用电需要。建立企业销售收入、利税增长同企业年度用气指标的同步增长制度，在达到国家能耗与环保标准情况下，优先保障纳入培育范围的企业用气需要。

采用招标方式配置资源的，在国家法律法规和政策允许的范围内对纳入培育范围的企业可酌情加分、优先考虑。对与企业生产经营直接相关的矿产资源，符合国家规定的，可以协议出让方式配置给企业。对列入本名单的大企业涉及的探矿权采矿权价款，缴款确有困难，符合国家有关规定条件的，经国家批准可以折股方式出让矿权；对涉及的探矿权采矿权价款因数额较大，一次性缴纳确有困难的，经批准可以分期缴纳。

优先保障纳入培育范围的企业项目用地，市（州）难以保证其用地指标的，由省国土资源厅报省政府调剂解决；项目用地一次性缴纳土地出让价款有困难的，可以租赁或作价出资方式取得国有土地使用权，降低一次性投入成本；迅速做强做大类企业可根据企业发展需要，每年初提出年度用地计划，报所在市（州）和省国土资源部门列入年度计划；对纳入培育范围的企业用地，在规划上予以保障。

将纳入培育范围的企业列入铁路运输重点保障名单，在运输计划、车皮调配等方面给予优先保障。

鼓励主办银行对纳入培育范围的企业实行综合授信，对大额贷款需求，会同其他银行进行银团贷款；纳入培育范围的企业均可直接在省级银行开设账户，由省级分行进行贷款"直通车"服务，具备条件的可争取总行直贷；省级分行对在其开设账户的培育企业，应提供财务顾问服务。鼓励企业面向市场直接融资，支持纳入培育范围的企业通过上市融资和发行新股或可转换债等方式再融资；支持企业采取发行企业债券、短期融资券等债券市场产品并利用产业基金和风险投资基金实现自身发展。鼓励企业境内外引资并通过争取国家项目资金和国债资金等方式筹集发展资金。积极研究利用券商直投方式，推动证券公司直接进入风险投资领域，扩大投融资规模。

对纳入培育范围的企业首次获得中国驰名商标、中国名牌、中国出口名牌等国家级品牌的企业，由省政府给予 100 万元的奖励。

对纳入培育范围的企业通过工程承包、重大设备中标，勘探、开采、开发国外资源的重大项目和出口高新技术产品、机电产品的，省政府将给予支持。

纳入培育范围的企业享受《四川省人民政府关于印发加强自主创新促进高新技术产业发展若干政策的通知》（川府发〔2007〕23 号）中规定的相关政策，重点在加大财税支持力度，高新技术重点产品的政府首购、采购，鼓励创新成果知识产权化、商品化、产业化，加大知识产权保护，落实生产要素配置倾斜政策等方面切实抓落实。

纳入培育范围的企业在收购、兼并、重组过程中涉及存量土地、房产转让的，由有关部门依法变更权属，涉及的有关费用一律免交，在办理水、电、气及其他权证时，免收除工本费以外的其他费用；对兼并重组后取得重大成效，在全省有影响的项目，省政府给予支持；建立合理的地区利益分享机制，鼓励跨区域重组、扩张。

纳入培育范围的企业中的国有及国有控股企业剥离不良资产时，符合有关规定的，经有关部门批准予以核销；整体收购本省国有企业时，对被收购企业原有的不良资产，经有关部门批准可予以核销，对非经营性资产准予剥离；鼓励大企业对一些债务重、人员多的特困企业进行低成本重组；对处理和消化企业的历史潜亏而影响效益的，在对经营者业绩考核时，视同实现利润。

纳入培育范围的企业在 2006 年销售收入的基础上，每跨越一个百亿元台阶，由省政府给予企业领军人物 100 万元的奖励。

纳入培育范围的企业在生产经营和项目建设中，需要办理各种审批、备案、核准手续的，均可向省级相关部门直接申报；需要向国家相关部委争取支持的，由省级对口部门协助办理；根据企业提出的需求情况，由涉及的协调组组长单位作为该事项的责任单位，协调解决相关问题，提供"一站式"全流程服务；对重大事项可由联席会议指定相关部门实行代办。

(二) 浙江省的政策措施

浙江省在 2002 年出台的《关于进一步培育和发展大型企业集团的若干意见》中 (浙政发 [2002] 19 号),对政府部门提出了以下要求:

有关单位要对符合条件的企业集团,在境外投资、授信额度、外汇管理、出口信用保险、人员出入境管理等方面给予积极支持。

有关单位要支持有条件的企业集团申报建立财务公司,使企业集团能灵活调配资金,降低融资成本;支持和帮助企业股票上市、发行债券,为企业集团在境内外融资创造条件。

各级政府和有关部门要支持企业集团分离辅业和社会职能,分流富余人员、处置不良资产和进行内部重组。经有关部门批准,可用分离辅业变现的国有资产,支付分离分流的成本。要减轻企业负担,为企业集团发展创造更为宽松的环境。

鼓励企业集团积极研究、开发和运用高新技术来提高市场竞争能力。对企业集团的技术中心和科研开发项目优先纳入省级计划、申报国家计划,按规定给予税费优惠;鼓励企业集团在境外或合资兴办研发机构;支持企业集团与高等院校、科研院所的合作。优先安排企业技术改造项目的用地,经当地政府批准,可适当返还土地出让金及有关配套费用。

鼓励企业集团充分利用国际国内两种人才资源。加强企业高级经营管理人才的培训,逐步走经营者市场化、职业化道路。

三、一些市 (地) 的政策措施

苏州市在 2006 年颁布的《关于扶持大企业 (集团) 做强做大的政策措施》,对政府管理企业集团提出了以下要求:

对列入市"大企业 (集团)"名录的大企业 (集团),由当地政府对企业做强做大进行扶持,具体操作办法由各市、区自行制定。

有关部门要按照投资额大、产业带动性强、有利于优化工业经济结构的标准,每年排出一批省级和市级重大技改项目,经市政府批准列入当年考核目标管理。凡经筛选列入省级重点技改项目享受省贴息资金的,各地政府应按规定的比例确保落实地方配套资金。同时在新型工业化专项资金中设立市级技术改造专项,并参照《江苏省企业技术改造专项资金管理办法》，对列入市级的重点技改项目，以当年购买技术设备贷款利息发生额，在市级技改专项中给予一定贴息补助。被列入"大企业（集团）"名录的大企业（集团）优先享受。

对大企业（集团）为促进科技进步、环境保护和国家鼓励投资的关键设备，按照国家税务总局《关于下放管理的固定资产加速折旧审批项目后续管理工作的通知》（国税发〔2003〕113号）规定，经主管税务机关批准，可在正常折旧年限的基础上加速折旧。

大企业（集团）开发具有自主知识产权的新产品、实施科技成果转化、科技攻关、产学研创新项目等，优先享受市政府苏府〔2006〕74号自主创新配套政策。

凡开展循环经济、实施清洁生产、采取节能环保技术措施的大企业（集团）优先列为试点，享受省、市政府有关节能环保的各项扶持政策。

对大企业兼并、收购、控股本市范围内其他企业，减免兼并过程中发生的市及各市、区政府权限范围内的各种行政规费；兼并、收购、控股苏州市以外的优质企业，并在苏州总部纳税的，由当地政府给予相应奖励；对列入市"大企业（集团）"名录的大企业（集团）及其控股子企业，被确认为拟上市企业的，按照市政府批转《关于鼓励企业上市的若干意见》（苏府〔2006〕45号），享受相关扶持政策。

帮助企业积极参加反倾销应诉；支持大企业（集团）引用国内外科技、管理、经营人才，并优先享受有关紧缺人才政策。

对企业应用ERP管理的，在项目竣工验收合格后，可在市级技改专项中给予一定补助。

对大企业（集团）新上符合国家产业政策、且有利于提高企业核心竞争力的重大项目用地予以重点保障，其中对外资1亿美元、内资10亿元以上的项目，积极申报省和国家，争取省和国家的支持。在用电计划、燃料供应、大宗原材料运输等方面向列入扶持对象的大企业（集团）倾斜。

从产业带动、缴纳税收、外贸出口、节能环保、对GDP的贡献等多方面对大企业（集团）进行评价，每年组织召开一次全市推进大企业（集团）发展工作会议。

主要参考文献

[1] 汪大海：《我国企业集团化过程中政府管理模式的建构》，《中国行政管理》2000 年第 3 期。

[2] 于左：《企业集团引发的反垄断难题》，《中国工业经济》2007 年第 12 期。

[3] 蓝海林：《经济转型中我国国有企业集团行为的研究》，暨南大学博士论文，2004 年。

[4] 张锐：《日本政府对企业集团的管理》，《经济论坛》1995 年第 12 期。

[5] 张靖：《论企业集团限制竞争协议的反垄断规制》，《湘潭大学学报（哲学社会科学版)》2009 年第 2 期。

[6] 王文英：《论日本财阀系企业集团的形成及其特征》，《苏州大学学报（哲学社会科学版)》2008 年第 2 期。

[7] 钟坚：《韩国大企业发展模式的历史反思与制度分析》，《深圳大学学报（人文社会科学版)》，2010 年第 5 期。

[8] 谢汪送：《日本管理型市场经济的特征及对我国的启示》，《产业与科技论坛》2008 年第 5 期。

[9] 王河：《国家对企业集团的协调、监督和管理》，《宁夏社会科学》1994 年第 1 期。

[10] 张定、牛利霞：《政府与企业集团关系的制度分析》，《华北水利水电学院学报（社科版)》2001 年第 2 期。

[11] 王键：《日本政府干预经济述论》，《中国社会科学院研究生院学报》2003 年第 3 期。